Rodney Huddleston
Geoffrey K. Pullum

「英文法大事典」シリーズ

【編集委員長】畠山雄二
【監訳】藤田耕司・長谷川信子・竹沢幸一

The Cambridge Grammar of the English Language

3

名詞と名詞句

寺田寛
中川直志
柳朋宏
茨木正志郎
［訳］

開拓社

『英文法大事典』の刊行にあたって

英語をネタにして生計を立てている人の間で‘CGEL’といったら２つのものが思い浮かべられるであろう．*A Comprehensive Grammar of the English Language*（Quirk et al.（1985））と *The Cambridge Grammar of the English Language*（Rodney Huddleston and Geoffrey K. Pullum（2002））である．‘CGEL’と聞いてこの２つが思い浮かべられないような人はモグリの英語ケンキュウシャといってもいいであろう．それぐらい，この２つの CGEL は英語をネタにして生計を立てている人（すなわち英語の教育者ならびに研究者）の間ではバイブル的な存在になっている．ちょうど，ちゃんと受験英語をやった人にとって『英文法解説』（江川泰一郎）が受験英語のバイブル的参考書であるように．

さて，この２つの CGEL であるが，*The Cambridge Grammar of the English Language* は，*A Comprehensive Grammar of the English Language* を踏み台にしてつくられている．踏み台とされた *A Comprehensive Grammar of the English Language* であるが，これはすでに一定の，そして非常に高い評価を受けており，英文法の「標準テキスト」となっている．しかし，*The Cambridge Grammar of the English Language* の編者の１人である Huddleston が，*Language*, Vol. 64, Num. 2, pp. 345–354 で同書を評論しているように，*A Comprehensive Grammar of the English Language*（Quirk et al.（1985））には少なくない，しかも深刻な問題がある．

Huddleston のいうことをそのまま紹介すれば，*A Comprehensive Grammar of the English Language*（Quirk et al.（1985））は‘It will be an indispensable sourcebook for research in most areas of English grammar. Nevertheless, there are some respects in which it is seriously flawed and disappointing. A number of quite basic categories and concepts do not seem to have been thought through with sufficient care; this results in a remarkable amount of unclarity and inconsistency in the analysis, and in the organization of the grammar.（CGEL（Quirk et al.（1985））は英文法を学ぶにあたり，ほとんどの分野において，今後なくてはならない，そして何か調べたいときはまず手にしないといけないものとなるでしょう．でも，CGEL（Quirk et al.（1985）には看過できないミスや読んでいてガッカリするところがあります．かなり多くの基本的な文法範疇や概念が精査された上で使われていると

は思えないところがあるのです．そして，その結果，分析にかなり多くの不明瞭さや不統一が見られ，英文法全体の枠組みもぼんやりして一貫性のないものになってしまっているのです)’ なのである (同評論 p. 346 参照).

A Comprehensive Grammar of the English Language (Quirk et al. (1985)) を批判した Rodney Huddleston が Geoffrey K. Pullum といっしょにつくった本，それが *The Cambridge Grammar of the English Language* (Rodney Huddleston and Geoffrey K. Pullum (2002)) である．このような経緯からもわかるように，*The Cambridge Grammar of the English Language* は *A Comprehensive Grammar of the English Language* を凌駕したものとなっている．*The Cambridge Grammar of the English Language* がまだ刊行されていない段階で *A Comprehensive Grammar of the English Language* が世界最高峰の英文法書であったように，*The Cambridge Grammar of the English Language* が刊行され，それを凌駕する英文法書がいまだ出ていない今日，*The Cambridge Grammar of the English Language* が今ある世界最高峰の英文法書であるといっても過言ではない．

さて，そのような世界最高峰の英文法書 *The Cambridge Grammar of the English Language* (Rodney Huddleston and Geoffrey K. Pullum (2002)) であるが，編者の Rodney Huddleston と Geoffrey K. Pullum は，ともに，広い意味での生成文法学派の研究者である．ただ，Huddleston はもともと Halliday 派の機能文法の研究者であったし，Pullum は一般化句構造文法 (GPSG) の創始者の 1 人でもある．このことからわかるように，*The Cambridge Grammar of the English Language* は生成文法系の編者によってつくられてはいるものの，言語をさまざまな観点から眺められる，そういったバランスのとれた編者によってつくられている．誰が読んでも，そしてどんな立場の人が読んでも，さらに素人ばかりでなくプロが読んでもいろいろ学べる世界最高峰の英文法書，それが *The Cambridge Grammar of the English Language* なのである．

上で触れたように，*The Cambridge Grammar of the English Language* は生成文法的なバックボーンとツールを用いて書かれている．しかし，あくまで英語という言語の記述がメインでテクニカルな説明はなされていない．生成文法や機能文法，そして認知言語学や一般化句構造文法などすべての現代言語学の文法理論を通してどれだけ英語を記述できるか，そしていかにして英語の真の姿に向き合えるか，そのような目的をもって書かれたものが *The Cambridge Grammar of the English Language* だともいえる．

The Cambridge Grammar of the English Language では，これまで生成文

法などで等閑視されてきた言語事実がたくさん紹介されている．たとえば，いわゆる破格文がいろいろ紹介されているが，文法から逸脱したこのような文をいかに分析したらいいか，生成文法をはじめ認知言語学や機能文法，そして一般化句構造文法 (GPSG) の後継者である主辞駆動句構造文法 (HPSG) にとって大きな課題となるであろう．このように，*The Cambridge Grammar of the English Language* では破格文をはじめ，いわゆる規範文法を否定する例がたくさん紹介されているが，その意味でも，*The Cambridge Grammar of the English Language* は規範文法だけでなく理論言語学にも非常にチャレンジングなものとなっている．

本気で英語を勉強したり，真摯に英語に向き合ったり，さらには英語学を極めようと思っている人にとって避けては通れない本，それが *The Cambridge Grammar of the English Language* であるが，原著を読んだことがある人ならわかるように，かなり骨の折れる本である．骨が折れる理由は 2 つある．1 つは分量である．1860 ページあり，しかも重量が 3.1kg もある．これだけの分量を読むのは文字通り骨が折れる．

残るもう 1 つの骨が折れること，それは，*The Cambridge Grammar of the English Language* の英文と内容のレベルの高さである．*The Cambridge Grammar of the English Language* が英語ネイティブを読者として想定していることもあり，英語非ネイティブのためにやさしい英語を使って書かれてはいない．さらに内容もいっさい妥協せずクオリティの高いものになっている．ことばをことばで説明するというメタ言語的な内容も多いだけに，高度な英文読解力と論理的思考力が読み手に要求される．

骨を 2 つ折らないと *The Cambridge Grammar of the English Language* は読むことができない．暇人ならともかく，そしてかなり高い英語力がある人ならともかく，英語にあまり自信のない人が膨大な時間をかけて骨を 2 本も折るのはかなり酷なことである．そもそも，骨を 2 本折ったところで正しく読めていないのであればそれこそ骨折り損というものである．

そこで，皆さんの代わりに骨を折ってやろう！ということで刊行されたのが本シリーズ『英文法大事典』全 11 巻である．本シリーズを刊行するにあたり，合計 104 本の骨が折られることになった．つまり，本シリーズ『英文法大事典』全 11 巻を刊行するにあたり，総勢 52 名の方に参戦していただくことになった．

The Cambridge Grammar of the English Language を完訳するという無謀とも思えるプロジェクトに参加して下さった 52 名の方々には心から感謝する次第である．まず，監訳者の藤田耕司氏と長谷川信子氏，そして竹沢幸一氏の

3 氏に心から感謝申し上げる．各氏の厳しい原稿チェックがなければこれほどハイクオリティのものを世に出すことはできなかった．ちなみに，本シリーズはどの巻も 10 回以上のチェックを経た後に刊行されている．

各巻の責任訳者にも感謝申し上げたい．各巻のタイトルならびに責任訳者は次のとおりであるが，各巻の共訳者をうまくとりまとめていただいた．

第 0 巻『英文法と統語論の概観』（本田謙介）原著 1 章と 2 章の翻訳
第 1 巻『動詞と非定形節，そして動詞を欠いた節』（谷口一美）原著 3 章と 14 章の翻訳
第 2 巻『補部となる節，付加部となる節』（木口寛久）原著 4 章と 8 章の翻訳
第 3 巻『名詞と名詞句』（寺田寛）原著 5 章の翻訳
第 4 巻『形容詞と副詞』（田中江扶）原著 6 章の翻訳
第 5 巻『前置詞と前置詞句，そして否定』（縄田裕幸）原著 7 章と 9 章の翻訳
第 6 巻『節のタイプと発話力，そして発話の内容』（松本マスミ）原著 10 章と 11 章の翻訳
第 7 巻『関係詞と比較構文』（岩田彩志）原著 12 章と 13 章の翻訳
第 8 巻『接続詞と句読法』（岸本秀樹）原著 15 章と 20 章の翻訳
第 9 巻『情報構造と照応表現』（保坂道雄）原著 16 章と 17 章の翻訳
第 10 巻『形態論と語形成』（今仁生美）原著 18 章と 19 章の翻訳

いうまでもなく，各巻の訳者の方たちにも心から感謝申し上げる．根気と集中力と体力と知力のいる翻訳作業，本当にご苦労さまでした．そして，この巨大プロジェクトに参加してくださり，ありがとうございました．

最後になるが，開拓社の川田賢氏に心から感謝申し上げる次第である．訳者の人選など，そして本つくりのプロセスなど，すべて私のやりたいようにやらせてもらった．気持よく仕事をやらせてくれた川田氏の懐の深さに感謝する次第である．

なお，本シリーズ『英文法大事典』は *The Cambridge Grammar of the English Language* の完訳ということもあり，読者の利便性を考えて意訳しながらも，原著を忠実に訳している．原著の例文には，ところによって，タブー語やののしり語などの表現が含まれている場合もあるが，これも英語という言語の特徴的な部分でもあり，それらも忠実に訳している．読者諸氏にはこの点どうかご理解いただければと思う．

読者諸氏には，ぜひ，本シリーズ『英文法大事典』全 11 巻を通読していた

だき，世界最高峰の英文法書 *The Cambridge Grammar of the English Language* (Rodney Huddleston and Geoffrey K. Pullum (2002)) を堪能していただきたい．そして，英語の教育と研究に大いに役立てていただきたい．

編集委員長　畠山 雄二

まえがき

本巻『名詞と名詞句』は，*The Cambridge Grammar of the English Language* (CGEL) の第 5 章の翻訳です．

いきなりですが，次のようなクイズを出題します．その英文はどれも基礎的・日常的なものです．答えをお考えになってください．本巻にはクイズの答えと詳しい解説があります．各問のページ番号をご参考にその答えを本文から探していただけるようにしています．

Q1　Jill has an excellent knowledge of Greek.（ジルはギリシャ語を熟知している）という言い方がある．しかし *They both have excellent knowledges of Greek.（彼女らは二人ともギリシャ語を熟知している）は非文法的である．これはなぜ？
　　☞ 38 ページあたり（ただし 158 ページも）

Q2　I'm no longer friends with him.（私はもうあいつとは付き合っていないわ）というとき，friends が複数形になるのはなぜ？
　　☞ 52 ページあたり

Q3　I have a younger sister.（私には妹がいます）というとき，younger sister には不定冠詞 a や数詞の one などが必ずつく．一方，I have elder brothers.（私には複数の兄がいます）という場合には冠詞がいらない．これはなぜ？
　　☞ 79 ページあたり

Q4　「おしなべてライオンは猛獣だ」と一般論をいう際に，次のうちのどれを使ってはいけない？
　　A lion is a ferocious beast.　　Lions are ferocious beasts.
　　The lion is a ferocious beast.　The lions are ferocious beasts.
　　☞ 214, 215 ページあたり

Q5　あなたがピアノなどの楽器を演奏するなら，I play the piano. それとも I play piano. のどちらを使えばよい？
　　☞ 217 ページあたり

Q6　He went to America yesterday. というときの yesterday の品詞は名詞？ それとも副詞？

☞ 5, 6 ページ

Q7 *We dismissed treasurer.（我々は出納係を解任した）という場合には treasurer（出納係）の the が省略できないのに，Henry became (the) treasurer.（ヘンリーは出納係になった）という場合に冠詞が省けるのはなぜ？
☞ 7，8，200，201，219，220 ページ

Q8 horse's（馬の）や phase's（時期の）のように，/s/ や /z/ の音で終わる語に所有を表す 's がつくと /ɨz/ と発音される．/ɨ/ は /i/ と /u/ の中間あたりで発音される中舌母音である．たとえば goose（ガチョウ）とその複数形 geese にこの 's がつくと，それぞれ /guːs·ɨz/, /giːs·ɨz/ と発音される．ではアヒルの複数形 ducks の所有形 ducks'（アヒルたちの）の発音は /dʌks/ それとも /dʌks·ɨz/，あるいはどちらでもよい？
☞ 399 ～ 401 ページ

Q9 The baby lost his/her/its rattle.（その赤ん坊が自分のガラガラをなくした）や，the baby who/which took the rattle（ガラガラをとった赤ん坊）などの表現がある．his や her や who ではなく，its や which を使って赤ん坊を指すのはどういう場合？
☞ 417 および 435, 436 ページ

Q10 次の括弧にはどのような be 動詞の形が現れる？
[(Either) the twins or Mary] (　　) sure to go.
（双子かメアリー（のいずれか）がきっと行く）
I don't think (either) Mary or the twins (　　) going to help you.
（メアリーにせよ例の双子にせよ，いずれもあなたを助けるとは私は思わない）
Neither Mary nor the twins (　　) here yet.
（メアリーも双子もまだここに来ていない）
☞ 461 ～ 466 ページ

一口に名詞といっても，本巻には代名詞や数量詞も含まれます．名詞が単独で名詞句の主要部になる場合もあれば，名詞が主語や目的語（これらを補部とよんでいます）をとっている場合もあります．名詞句の内部に現れる要素として，形容詞などの修飾要素や名詞を限定するはたらきをもつ限定詞（本巻ではこれを決定詞と訳しています）や，そのほかの名詞句内部に現れるあらゆる要素があります．本巻はこれらの要素の性質やその語順を網羅的に記述・解説しています．とくに本巻が力を入れて記述しているのは，融合主要部構造 (fused-head construction) です．これはたとえば，many people（大勢の人々）という代わりに単に many（大勢）という形容詞に名詞や名詞句の機能をもた

せる構造をいいます．これまでこの構造については伝統文法で記述されることも，今日盛んに研究されている理論言語学によって現代風に料理されることもあまり多くなかったため，一読の価値があります．

中学校の教科書のうち，数学や理科や社会とは違って英語の教科書には主に英文が載っているだけです．和訳も文法説明もありません．もちろん教科書には，I have a dog. の dog に冠詞 a をつけなければならない理由も書かれてはいません．しかし，英語の授業では言語活動が重視される中で，学習者は文法をみっちり教わる機会があるわけではありません．教える側はどうでしょうか．はたらきすぎが問題となっている学校現場で英語教師が CGEL のような英文法書を紐解く時間は限られています．本巻は CGEL の原文に多くの解説を盛り込みました．ゆえに英語を学ぶ側にも教える側にも体系的に名詞や名詞句の知識がご理解いただけることと思います．今後ますます奨励されていく能動学習 (active learning) の一助にもなれば幸いです．

本巻の翻訳に当たり，訳者たちは何度も訳を吟味し，母語話者にも情報提供を求めました．大阪教育大学の Jason Ginsburg 先生，Bruce Malcolm 先生，Justin Pool 先生には，大変お世話になりました．この場をお借りして厚く御礼を申し上げます．

本巻には差別的かつ不適切な英語表現も含まれていますが，原文のまま採用し，訳をする際に配慮を行ったつもりです．これも含め，不愉快に思われる点もあるかと思われますが，ご海容いただければ幸いです．

第 3 巻責任訳者　寺田　寛

目　　次

『英文法大事典』刊行にあたって　iii
まえがき　viii
例の提示に関する但し書き　xvi

名詞と名詞句

John Payne and Rodney Huddleston

第 1 章　名詞と名詞句の弁別特性 ………………………… 3

第 2 章　名詞の類別と名詞句構造の概要 ………………… 9

第 3 章　数と可算性 ……………………………………… 23

3.1　可算名詞と不可算名詞 ………………………………… 24
3.2　単数名詞と複数名詞 …………………………………… 40
3.2.1　-s 語尾をもつ複数形専用名詞 ……………………… 41
3.2.2　その他の複数形専用名詞 …………………………… 53
3.2.3　-s 語尾をもつ単数形の名詞 ………………………… 55
3.2.4　単数形と複数形の解釈の揺れ ……………………… 61
3.3　不可算数量名詞 ………………………………………… 63
3.4　名詞句内部の数の一致と選択 ………………………… 72

第 4 章　決定詞の機能 …………………………………… 79

第 5 章　数量化 …………………………………………… 87

5.1　存在数量化と全称数量化と否定 ……………………… 88
5.2　尺度含意 (scalar entailment) と尺度推意 (scalar implicature) ………… 102

第 6 章　冠詞と定性を表す範疇 ……………………………… 117

6.1　定冠詞 the ………………………………………………… 117
6.2　定冠詞 a ………………………………………………… 126

第 7 章　その他の決定詞類 ………………………………… 131

7.1　指示的決定詞類 this と that ……………………………… 131
7.2　人称決定詞類 wed と youd ……………………………… 133
7.3　全称決定詞類 all と both ………………………………… 135
7.4　分配決定詞類 each と every ……………………………… 143
7.5　存在決定詞類 some と any ……………………………… 148
7.6　基数詞 …………………………………………………… 161
7.7　離接決定詞類 either と neither ………………………… 167
7.8　否定決定詞類 no と none ………………………………… 171
7.9　二者択一的・追加的決定詞類 another ………………… 175
7.10　肯定的僅少(性)決定詞類 a little, a few, several など ……… 177
7.11　程度決定詞類 many, much, few, little ………………… 181
7.12　十分(性)決定詞類 enough と sufficient ……………… 188
7.13　疑問決定詞類 which, what, whichever, whatever ……… 191
7.14　関係決定詞類 which, what, whichever, whatever ……… 193

第 8 章　名詞句の指示的用法と非指示的用法 ……………… 197

8.1　指示と外延 ……………………………………………… 197
8.2　指示的名詞句と非指示的名詞句の対比 ………………… 199
8.3.　非指示的名詞句の特殊例 ……………………………… 203
8.4.　限られた条件下で許される冠詞の非指示的用法 ……… 216
8.5.　限られた条件下で許される無決定詞名詞句の非指示的解釈 …… 220

第 9 章　融合主要部名詞句と省略が起きている名詞句 ……… 225

9.1　融合主要部構造の概略 …………………………………… 225
9.2　決定詞と主要部の融合 …………………………………… 230
9.3　内部修飾要素と主要部の融合 …………………………… 239
9.4　決定詞前位要素と主要部の融合 ………………………… 247
9.5　融合主要部分析とその他の分析との比較 ……………… 248
9.6　複合決定詞類 …………………………………………… 258
9.7　後位修飾要素の省略 …………………………………… 262

第 10 章　代名詞 …… 264
10.1　代名詞の下位範疇 …… 265
10.1.1　人称代名詞 (personal pronouns) …… 265
10.1.2　相互代名詞 (reciprocal pronoun) …… 271
10.1.3　疑問代名詞と関係代名詞 (interrogative and relative pronoun) …… 272
10.1.4　時を表す直示的代名詞 (deictic temporal pronoun) …… 273
10.2　代名詞を主要部とする名詞句の構造 …… 274

第 11 章　決定詞類句 …… 278

第 12 章　決定詞前位修飾語 …… 286

第 13 章　周辺部修飾要素 …… 294

第 14 章　内部依存要素 …… 301
14.1　補部 (complements) …… 301
14.2　修飾要素 …… 312
14.3　同格修飾要素 …… 322
14.4　複合小名詞句と複合名詞の区別 …… 326

第 15 章　名詞句構造内の語順 …… 335

第 16 章　格 …… 344
16.1　はじめに …… 344
16.2　主格と対格 …… 349
16.2.1　等位接続されていない人称代名詞／決定詞類 …… 349
16.2.2　等位接続構文 (coordinative constructions) …… 358
16.2.3　who と whom …… 362
16.3　6 つのタイプの属格構造 …… 370
16.4　属格代名詞 …… 377
16.5　主語兼決定詞属格 …… 381
16.5.1　決定詞機能と主語機能のかけもち …… 381
16.5.2　節構造における主語との意味上の比較 …… 384
16.5.3　補部化の交替パターン …… 388

16.6 主要部と句属格名詞句 (phrasal genitives) …… 396
16.7 属格をともなう構造における形容詞 own …… 404

第 17 章 性と代名詞・先行詞一致 …… 408

17.1 文法範疇としての性 …… 408
17.2 人称代名詞と先行詞の一致 …… 412
17.2.1 一致関係の性質 …… 412
17.2.2 男性，女性，中性 …… 415
17.2.3 普通名詞の性のクラス …… 418
17.2.4 性別を指定せず人間を表す単数形代名詞 …… 422
17.2.5 人称と数 …… 430
17.3 関係代名詞と先行詞のあいだの一致 …… 435

第 18 章 主語・動詞一致 …… 440

18.1 単純一致 (simple agreement) …… 440
18.2 意味的な理由で集合名詞や数透過性名詞 (number-transparent noun) に起きる単純一致規則の解除 …… 445
18.3 解除のさらなる例と交替 …… 451
18.4 主語内の等位接続 …… 459

第 19 章 叙述部とその被叙述部における数 …… 468

19.1 合致する数の意味的性質 …… 468
19.2 非数量詞構文における分配的叙述部と非分配的叙述部 …… 473
19.3 数量詞構文における分配的解釈 …… 478

第 20 章 固有名称，固有名詞と呼称 …… 481

20.1 固有名称と固有名詞の区別 …… 481
20.2 固有名称の形式 …… 483
20.2.1 強固有名称と弱固有名称 …… 484
20.2.2 単純主要部をもつ固有名称と複合主要部をもつ固有名称 …… 487
20.3 装飾部 …… 491
20.4 固有名称の二次的用法 …… 493
20.5 よびかけ語の機能をもつ名詞句 …… 497

文献情報：もっと知りたい人のために …… 501

参考文献 …… 511

索　　引 …… 521

原著者・編集委員長・監訳者・訳者紹介 …… 532

例の提示に関する但し書き

太字イタリック体：屈折形態素を取り除いた語彙素を表している．
　例）動詞 ***go***

二重引用符：意味や命題を表している．

一重下線・二重下線と角括弧：例文の一部を強調している．

スモールキャピタル：焦点ストレスを表している．
　例）I DID tell you.

矢印：↗は上昇ピッチのイントネーションを示し，↘は下降ピッチのイントネーションを表している．
　例）Is it a boy ↗ or a girl ↘?

___：文中の空所を表している．
　例）Kim bought ___.

·：語中の形態論的な区切りないし構成素を表している．
　例）work·er·s，接尾辞·s

下付き文字：照応語とその先行詞の関係を表している．
　例）Jill_i said she_i would help. では，she は Jill を指していることを表している．

例文を解釈するにあたっての文法性を以下の記号で表している．

* 非文法的	例）*This books is mine.
# 意味的ないし語用論的に変則的	例）#We frightened the cheese.
% ある方言でのみ文法的	例）%He hadn't many friends.
? 文法性が疑わしい	例）?Sue he gave the key.
! 非標準的	例）!I can't hardly hear.

スラッシュ記号：選択肢の区切りを表している．

例）The picture seemed excellent/distorted. は The picture seemed excellent. と The picture seemed distorted. の 2 例をまとめた書き方となっており，I asked you not to leave/*to don't leave until tomorrow. は I asked you not to leave until tomorrow. と *I asked you to don't leave until tomorrow. をまとめた書き方になっている．選択肢が 1 語である場合を除き，スラッシュの前後にはスペースを置いている．

丸括弧：随意的な要素を表している．

例）The error was overlooked (by Pat). は The error was overlooked by Pat. と The error was overlooked. の 2 例をまとめた書き方になっている．

会話中の A や B：異なる話者を示している．

例）A: Where's the key?　B: It's in the top drawer.

専門家向けの解説：

研究者向けの解説はフォントをゴシック体にした上で網かけにしている．この部分は本文の分析を支持する言語学的な議論となっている．読み飛ばしても本文の流れを理解する上で支障はない．

The Cambridge Grammar of the English Language

名詞と名詞句

この巻は，名詞句の構造と主にその構造の内部で機能する２つの語彙範疇，すなわち**名詞**（nouns）と**決定詞類**（determinatives）の統語論について論じる．

第 1 章　名詞と名詞句の弁別特性

■名詞句の定義特性の概要

(1) i. 名詞句の機能　典型的に名詞句は，適切な格形式になっていれば節構造における補部（complement）としての機能をはたすことができる．ここでいう補部とは主語，目的語，叙述補部[1]のことである．例：

The doctor arrived.（お医者様がご到着です）［主語］

We need a doctor.（お医者様をよばないと）［目的語］

Kim is a doctor.（キムはお医者様です）［叙述補部］

ii. 名詞句の構造　名詞句は主要部としての名詞からできており，その名詞は単独で現れることもあるし，依存要素を 1 つ以上ともなって現れることもある．ただし，名詞句が融合主要部構造（fused-head construction）に現れる場合にはこの限りではない．本シリーズでは次の例の下線部にみられる構造をこの融合主要部構造とよぶことにしている．

Two of them were broken.（それらのうち 2 つが壊れた）

Many would disagree.（多くの人が反対するだろう）

It benefits the rich.（それにより金持ちが得をする）

---

[1] 訳者注：叙述補部（predicative complement）と叙述付加部（predicative adjunct）をまとめて predicative（叙述部）と著者たちはよんでいる．Kim is a doctor. の a doctor のように，叙述補部は主語を叙述し，節にとっての必須要素である．叙述付加部は，He died young.（彼は若くして亡くなった）や Furious, he stormed out of the room.（彼は激高し，ものすごい勢いで部屋を飛び出した）の young や furious のように付加部位置を占める叙述部である．

■ 名詞の定義特性の概要

(2)

i.	屈折 (inflection)	典型的に名詞は数と格に応じて屈折（つまり語形が変化）する．数には単数と複数の対立，格には常格と属格の対立がある．
ii.	機能 (function)	名詞は名詞句構造における主要部として機能するのがその特徴である．
iii.	依存要素 (dependents)	さまざまな依存要素の中には，（ほとんど）名詞主要部としか共起しないものがある．そのような依存要素とは， 特定の決定詞類 (a book や every day), 主要部前位形容詞句 (good news (朗報)), 関係節 (people who work (はたらく人々)) である． 逆に，名詞は目的語をとらないという点において動詞や前置詞と異なる．例： I dislike it. (私はそれを疎ましく思っています) *my dislike it. (私がそれを疎ましく思うこと)

■ 名詞句の屈折

規則変化をする dog（犬）と不規則変化をする child（子ども）を用いて，以上の典型的な名詞の 4 つの屈折形の例を (3) に示す．

(3)

	常格形 (plain)	属格形 (genitive)	常格形	属格形
単数形 (singular)	dog	dog's	child	child's
複数形 (plural)	dogs	dogs'	children	children's

すべての名詞に単数形と複数形の対立があるわけではない．たとえば equipment（設備）には複数形が，outskirts（町はずれ）には単数形がない．[2]

下記の例からわかるように，人称代名詞には名詞とは異なる屈折形をもつものがある．

---

[2] 訳者注：これらの問題については，第 3 章の第 2 節（以下，3.2 節のように表記する）でとり上げる．

(4)

主格 (nominative)	対格 (accusative)	依存属格 (dependent genitive)	独立属格 (independent genitive)	再帰形 (reflexive)
I	me	my	mine	myself
he	him	his	his	himself
she	her	her	hers	herself

■代名詞が名詞の下部範疇であるという考え方とその根拠

代名詞を独立の品詞と捉える伝統的な見方がある．ところが，代名詞を名詞範疇の下部範疇とみなすべき強い根拠がある．代名詞は，典型的な名詞とは屈折が異なるし，典型的な名詞のようにいろいろな依存要素をとれるわけではない．しかし代名詞を主要部とする句は，伝統的な意味における名詞（すなわち，普通名詞と固有名詞）を主要部にもつ句と同じ機能をはたす．それゆえ，代名詞は名詞としての資格をもつのである．普通名詞・固有名詞と代名詞にみられるこのような機能面での類似性を裏づけるのが，(5i–iii) にあげた節構造における 3 つの主要な補部機能（主語・目的語・述語）である．

(5)

	普通名詞／固有名詞 (common / proper noun)	代名詞 (pronoun)	
i.	a. [The boss] / [Liz] was late.（上司が／リズが遅刻した）	b. [She] was late.（彼女が遅刻した）	［主語］
ii.	a. I'll tell [the boss] / [Liz].（私が上司に／リズに話すよ）	b. I'll tell [her].（私が彼女に話すよ）	［目的語］
iii.	a. It was [the boss] / [Liz] who left.（帰ったのは上司／リズだった）	b. It was [she / her] who left.（帰ったのは彼女だった）	［述語］

■名詞句のそのほかの機能

名詞句が節構造における補部としての典型的な機能をはたすことは上でみた．それに加えて，名詞句はほかにも多くの機能をはたす．それらの機能を列挙しよう．

(6) i. I was talking [to the doctor]. ［前置詞句内の補部］
(私はお医者様に話をしていました)

ii. I like [Sue's analysis of the passive construction]. ［名詞句内の主語兼決定詞］
(私はスーが提案した受動構文の分析を気に入っています)

iii. Fred arrived the day before yesterday. ［節内の付加部］
(フレッドは一昨日到着した)

iv. The nail was [three inches long]. ［形容詞句内の修飾要素］
(その釘の長さは 3 インチだった)

v. Fred arrived [a whole day late]. ［副詞句内の修飾要素］
(フレッドはまる一日遅れて到着した)

vi. The wreck was discovered [a mile under the sea]. ［前置詞句内の修飾要素］
(その難破船は深さ 1 マイルの海底で発見された)

vii. She was writing a treatise on [the opera 'Carmen']. ［名詞句内の修飾要素］
(彼女は歌劇『カルメン』に関する専門書を書いていた)

viii. I finally met his wife, a distinguished anthropologist. ［補足要素 (supplement)］
(私は有名な人類学者である彼の妻にやっとお目にかかりました)

ix. Elizabeth, your taxi is here. ［よびかけ］
(エリザベス！タクシーが来たよ)

(6ii) において，名詞句 Sue's とさらに大きな（括弧内の）名詞句の関係は，[3] 節構造における主語名詞句と動詞の関係にかなり似かよっている．そのためここでは Sue's を**主語兼決定詞** (**subject-determiner**) と分析する．すなわち，Sue's は，主語の機能と決定詞の機能を併せもっているということである．(6iii–ix) の機能は，かなり狭い範囲の名詞句に限られる．[4]

---

[3] 訳者注： 正確には，Sue's と括弧内の名詞句の関係というよりも，Sue's と名詞 analysis の関係というべきであろう．

[4] (6iv–vi) のように，修飾するという機能に特化した名詞句が 1 つないしは 2 つあるので例をあげておく．

It's [a damn sight better than last time]. (それはこの前のに比べてすごくいいよ)

It's [a tad small]. (それは，少し小さいものだ)

これらの名詞句は節構造内の補部になって現れることはない．

■名詞句範疇としての虚辞 there

名詞を主要部にもつものは，それがどのような単位であったとしても，名詞句と同じ範疇に含めるのが妥当である．(たとえそれが節の内部の主語，目的語，叙述補部というすべての補部位置で機能をはたすのでなくとも) 少なくとも 1 つの補部位置に現れるのならばよしとする．ゆえに，虚辞の，つまり意味をもたない there (dummy *there*) も名詞範疇に含まれる．例：

(7)　There are several options open to us.　[主語]
　　(私たちには利用できる選択肢がいくつかある)

第 2 巻『補部となる節，付加部となる節』で，この文の主語は there であって，several options ではないことを論じている．そして意味を欠くこの there が名詞句であると認めるにはこれで十分である．たとえ there が (7) のような節の主語としてしか現れない場合であっても there は名詞句である．また，ここから発展して，(7) と関連のある下記のような目的語繰り上げ構文 (raised object construction) における目的語に there が現れる場合であってもそうである．

I believe there to be several options open to us.[5]
(私は自分たちに利用できる選択肢がいくつかあると信じています)

■名詞句範疇としての無決定詞役割名詞句 (bare role NP)[6]

president (大統領／社長／学長)，deputy leader of the party (政党の副指導者) などのような**無決定詞役割名詞句 (bare role NP)** も名詞句の範疇に含まれる．これらは決定詞を含まないという意味で bare (無決定詞) なのである．これらの無決定詞役割名詞句は，be (～である)，become (～になる)，appoint (～に指名する)，elect (～に選出する) などの動詞の叙述補部 (predicative complement) として現れるため，名詞句と認められる．しかし，この種の単数形名詞句は，主語としても目的語としても現れることができないという点で例外的

---

[5] 訳者注：この文において believe の補部に現れているのは，(7) の文を不定詞節に置き換えた [there to be several options open to us] である．この there は不定詞節の主語である虚辞 (dummy element) であるが，これが主節の目的語の位置に移動を受けているという分析がなされてきた．そのため，この構文は目的語繰り上げ構文とよばれている．例外的格標示構文とよばれることもある．

[6] 訳者注：bare NP は無冠詞名詞句と訳されることが多い．しかし，ここでいう bare は冠詞がついていないことでなく，決定詞がついていない名詞句のことであるので，以下では無決定詞と訳す．

存在である．この名詞句が主語や目的語として現れる場合には定冠詞 the などの決定詞が要求される．

(8) i. I'd like to be president. ［叙述補部］
(私は社長になりたいです)
ii. I'd like to meet *president/the president. ［目的語］
(私は社長にお会いしたいです)

第2章　名詞の類別と名詞句構造の概要

■普通名詞 (common nouns)，固有名詞 (proper nouns) と代名詞 (pronouns)

名詞についてまず第一に述べておくべきことは，名詞は3つの主要なクラスに分けられるということである．すなわち，普通名詞，固有名詞と代名詞である．

(1) i. The manager has just arrived. ［普通名詞］
(監督さんがただいまご到着です)

ii. Sue has just arrived. ［固有名詞］
(スーさんがただいまご到着です)

iii. She has just arrived. ［代名詞］
(彼女がただいまご到着です)

固有名詞の主な用法は，**固有名称 (proper name)** としての役割をはたす名詞句の主要部である．固有名詞はほかにもさまざまな用法がある．たとえば，

He thinks he's [another Einstein]
(彼は自分のことをアインシュタインの再来だと思っています)

という文では，括弧内の名詞句は固有名詞を主要部にもつが，それ自体は固有名称ではない．すべての固有名称が必ずしも固有名詞を主要部にもつとは限らないことを心にとどめておくべきである．たとえば，次のような名称の主要部(これには下線を引いてある) は普通名詞だからである．

The Open University (オープン大学)　　Rhode Island (ロードアイランド州)

代名詞は人称代名詞，疑問代名詞，関係代名詞などに細分化される．代名詞は，通常の名詞に比べてはるかに狭い範囲の依存要素しかとらず，とくに，決

定詞をとらないという点で，通常の名詞とは異なっている．[1] 普通名詞に個別の節を設ける必要はない．普通名詞はほかの範疇がもつ特別な性質をもたないデフォルトの範疇である．

■ 可算名詞（count noun）と不可算名詞（non-count noun）

つぎに名詞に設けるべき重要な区別は，可算名詞と不可算名詞の区別である．

(2) i. a. She was reading [a book].（彼女は本を 1 冊読んでいた）
b. May I have [another cake]?（ホールケーキをもう 1 台頂いていいですか）［可算名詞］
ii. a. She was reading [poetry].（彼女は詩を読んでいた）
b. May I have [some more cake]?（ケーキをもう少し頂いていいですか）［不可算名詞］

可算名詞は低い数字の数詞をとることができる．たとえば，three books（3 冊の本），ten cakes（10 台のケーキ）などである．ケーキの例からわかるように，多くの名詞は可算名詞と不可算名詞の両方の解釈を許す．可算名詞としての cake はほかのものとは別個に存在する 1 つの個（entity）つまりものを表しているのに対して，不可算名詞としての cake は何らかの物質を表している．

■ 小名詞句（nominal）

名詞と名詞句の中間に小名詞句なる範疇があるものと本シリーズでは考えている．

(3) a. the old man（例のご老人）
b. that book you were talking about（あなたがおっしゃっていたあの本）

(3a) では定冠詞 the が old man にとっての決定詞としての役目をはたしている．それに対し，(3b) の指示詞 that は book you were talking about を限定している．下線部の表現は単語ではなく，それゆえ名詞ではないが，それ自体で名詞句でもない．すなわち，下線部の表現は節構造において，主語や目的語などとして機能できないのである．次の例と比べてみよう．

---

[1] 訳者注：代名詞と固有名詞については，それぞれ，第 10 章と第 20 章で議論する．

*Old man gave it to me
（ご老人は私にそれをわけてくださった）
*Where can I find book you were talking about?
（あなたがおっしゃっていた本はどこに行けばありますか）

(3) の例において小名詞句は名詞句の主要部であるが，名詞句構造内で主要部前位つまり主要部よりも前に現れる依存要素としても機能することができる．これは名詞句にはない機能である．

(4) i. a. another United States warship
（もう一隻の合衆国の軍艦）
b. those Ministry of Defence officials
（あの国防省職員たち）
ii. a. *another The United States warship
b. *those the Ministry of Defence officials

(4i) では United States と Ministry of Defence が，それぞれ warship と officials を修飾している．それらの小名詞句は単語よりも大きなまとまりであるが，やはり名詞句ではない．次の例を比べてみよう．

*United States is sending a warship.（合衆国は軍艦を送り出している）
*She has joined Ministry of Defence.（彼女は国防省に入省した）

節構造において機能をはたすには，この小名詞句に決定詞をつけて名詞句にしなければならない．すなわち，次のようにしなければならない．

The United States is sending a warship.
She has joined the Ministry of Defence.

しかしその結果できる名詞句は，(4ii) からわかるように，小名詞句の代わりをすることはできない．小名詞句は主要部前位依存要素位置に現れる．

(3a) と (4ib) の名詞句の構造を以下に図示する．

(5)
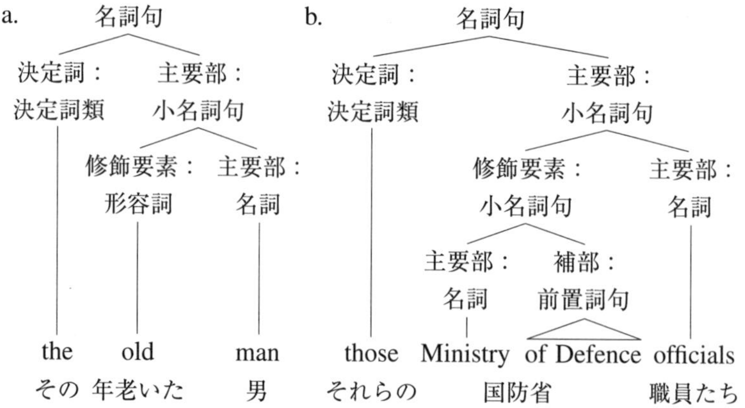

第 0 巻『英文法と統語論の概観』で説明したように，小名詞句という概念をここでは広い意味で用いることにする．つまり，ある名詞句の主要部はそれが単一の名詞である場合にもそれを小名詞句という．つまり，the old man における old が形容詞句かつ形容詞であるように，the man における man は小名詞句かつ名詞である．同様に，those Ministry officials（省ではたらくあの職員たち）という例では，名詞 Ministry からできた小名詞句つまり Ministry が officials にとっての修飾要素になっているのである．ここでは樹形図を簡略化して描き，上位のレベルの構成素が主要部要素だけである場合にはそれを省くことにする．[2]

---

[2] 訳者注：the man と those Ministry officials は次のような樹形図をもつ．

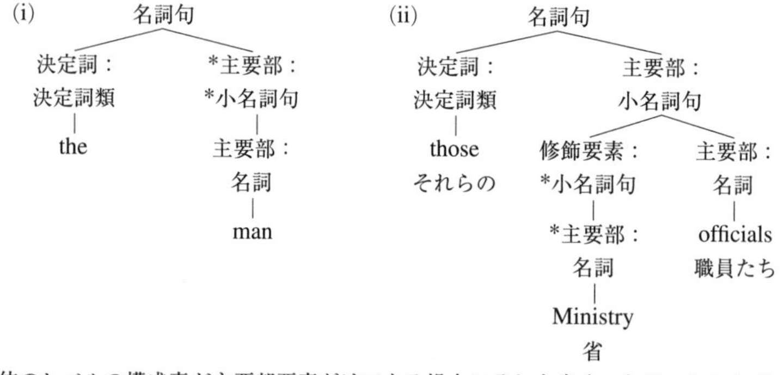

「上位のレベルの構成素が主要部要素だけである場合にそれを省く」とは，たとえば，すぐ上の (i) の樹形図のように，man に修飾要素がつかないような場合，man の上に「主要部：名詞」とだけ書いて，「主要部：小名詞句」という（* がついている）構成素を省くということ．(ii) でも，* の構成素を省いて「修飾要素：名詞」とだけ書くと考えられる．

■名詞句の構造におけるさまざまな機能

ある名詞句は，それが主要部要素だけでできている場合もあれば，主要部に 1 つ以上の依存要素をともなってできている場合もある．種類によっては，主要部より前に現れる依存要素もあれば，主要部の後ろに現れる依存要素もある．それぞれを**主要部前位依存要素（pre-head dependents）**と**主要部後位依存要素（post-head dependents）**とよぶことにしよう．

・主要部と終端主要部

これまでみたように the man のように主要部位置に名詞 man が現れることもあれば，the old man のように主要部位置に小名詞句 old man が現れることもある．後者の例では，小名詞句自体の主要部は名詞 man である．このような名詞をここでは名詞句の**終端主要部（ultimate head）**とよぶことにする．終端主要部とは，樹形図の名詞句から一本の線を下へ向かって進み，どの中間主要部もつき抜けて，語のレベルに達するところまで線をつたっていったところにある最終的主要部要素のことである．それゆえ，名詞句構造における終端主要部は名詞である．ただし，主要部と依存要素が融合した，融合主要部構造（fused-head construction）の場合，そのほとんどが名詞を終端主要部にもたない.[3]

・決定詞

文法の観点からみて，もっとも重要な依存要素は決定詞である．なぜなら，多くの場合，この要素は義務的に現れねばならないからである．決定詞位置には決定詞類（あるいは決定詞類を主要部とする句，つまり，決定詞類句 DP[4]）が現れるか，そうでなければ，名詞句が現れる．この名詞句にはほとんどの場合属格が標示される．

(6) i. He broke [the glass].（彼はグラスを割った）　［決定詞類］
　ii. He broke [the teacher's glass].　［属格名詞句］
　　（彼は先生のグラスを割った）

---

[3] 訳者注：第 1 章の（1ii）の例を参照．次の例の下線部はいずれも名詞を主要部としないと分析する．

Two of them were broken.（それらのうち 2 つが壊れた）
Many would disagree.（多くの人が反対するだろう）
It benefits the rich.（それにより金持ちが得をする）

[4] 訳者注：決定詞類句には almost every（ほとんどすべて），at least two などがある．

名詞句構造における機能としての**決定詞 (determiner)** と語の範疇としての**決定詞類 (determinative)** とを本シリーズは区別していることに注意しよう. (6) の例からわかるように, 決定詞位置にはつねに決定詞類 (あるいは決定詞類句 DP) が現れるとは限らない. たとえば, (6ii) の the teacher's と主要部 glass の関係は, (6i) の the と glass の関係と同じであるが, the teacher はそれ自体で 1 つの名詞句構造をなす. その構造において the はその決定詞, teacher はその主要部である. 逆にいえば, 決定詞類のもっとも特徴的な機能は, 名詞句構造における決定詞としての機能であるが, 決定詞類の機能の大半は, 決定詞機能に限定されない. たとえば, all children という場合には, 決定詞類 all は決定詞であるが, all the children という場合には all は修飾要素である (つまり all the children では, all に代わって the が決定詞になっている). あるいは, 次のような場合にも all は (形容詞句 all confused の中の) 修飾要素になっている.

I was all confused. (私は全くわけがわかりませんでした)

・内部依存要素：修飾要素 (modifier) と補部 (complement)

名詞句ではなく小名詞句の直接構成素である依存要素を**内部依存要素 (internal dependent)** とよぶ. それに対して, 決定詞は**外部依存要素 (external dependent)** である. (5) に表してある構造を参照のこと.

主要部前位内部依存要素のさらなる例をあげておこう.

(7)	i.	the two mistakes I made (私がした 2 つのミス)	[決定詞類]
	ii.	an extremely old manuscript (きわめて古い原稿)	[形容詞句]
	iii.	Ministry of Defence officials (国防省の職員たち)	[小名詞句]
	iv.	some wonderfully warm woollen blankets (びっくりするほど暖かい ウール毛布)	[形容詞句 + 形容詞]

two のような決定詞類はそれが決定詞の後ろに現れると, (7i) のように, 内部依存要素として機能するが, それ以外の場合には下記の例の two のように, 決定詞として機能する.

I found [two mistakes]. (私は 2 つのミスに気がついた)

そのほかのタイプの名詞主要部の前に立つ内部依存要素は, (7iii) から明らかなように, 決定詞がなくてもよい. 構造の組み立ては回帰的 (recursive) すなわち繰り返しが可能である. ゆえにたとえば (7iv) では, woollen が blankets

を修飾して woollen blankets という小名詞句が作られる．そして wonderfully warm がこの小名詞句を修飾してより大きな小名詞句 wonderfully warm woollen blankets ができる．さらにこれに決定詞 some をつけて構造を組み立てれば，(7iv) のような全体の名詞句 some wonderfully warm woollen blankets ができる．

主要部の後ろに立つ内部依存要素の例は次のとおりである．

(8) i. a house as big as I have ever seen　[形容詞句]
(私が今までみたことのないほど大きな家)
ii. the nightlife in Paris (パリでの夜遊び)　[前置詞句]
iii. the proposal which she made (彼女が出した提案)　[関係節]
iv. the photographs of Paris which her father had taken　[前置詞句＋関係節]
(彼女の父親が撮影していたパリの写真)

主要部前位依存要素と同じように，これらの依存要素も主要部名詞と結びつくと小名詞句を形成する．そしてここでも構造の組み立ては回帰的である．たとえば (8iv) では，前置詞句 of Paris が名詞 photographs と結びついて小名詞句 [photographs of Paris] を形成している．そして今度はこの小名詞句 [photographs of Paris] が関係節によって後置修飾され，より大きな小名詞句 [photographs of Paris which her father had taken] を形成している，そしてこの小名詞句に決定詞 the がついている．それゆえ，[photographs of Paris which her father had taken] が名詞句の直接の主要部であるのに対して，名詞 photographs はその終端主要部である．

内部依存要素の範疇に属するものを，修飾要素と補部に分けよう．(7) における主要部の前に現れる依存要素は修飾要素である．これに対し，

the finance minister (財務大臣)　　our legal advisor (我々の顧問弁護士)

これらの下線部は名詞主要部の補部である．(8) の主要部の後ろに現れる依存要素のうち，(8iv) の of Paris は photographs の補部だが，残りの which her father had taken は修飾要素である．

・外部修飾要素：決定詞前位修飾要素と周辺部修飾要素

外部修飾要素 (external modifier) は，名詞句の直接構成素であって，小名詞句の直接構成素ではない．決定詞はどうかといえば，もうすでに取り上げてきたが，この意味で小名詞句の外部にある．それに加えて，外部修飾要素があり，これらは名詞句を修飾する．外部修飾要素に2種類あり，それらは**決定**

詞前位修飾要素（predeterminer modifiers）（あるいは簡略化していえば，**決定詞前位要素（predeterminers）**）と**周辺部修飾要素（peripheral modifiers）**である．

(9)	i. a.	He destroyed [both those copies]. （彼はこの両方のコピーを廃棄処分した）		［決定詞前位修飾要素］
	b.	It's [two thirds the price of the other one]. （そいつはもう片方の 3 分の 2 の値段だ）		
	c.	She had [such a brilliant idea] （彼女はそのような妙案を思いついていた）		
	ii. a.	[Even this house] is too expensive. （この家でさえあまりにも値段が高い）		［周辺部修飾要素］
	b.	We couldn't manage with [the car alone]. （その車 1 台だけで間に合わせることはできなかった）		
	c.	He took [by far the most difficult path]. （彼はとびぬけてもっとも困難な道を選んだ）		

決定詞前位修飾要素には次のようなさまざまな形式がある

決定詞類 all と both
分数
乗数（2 倍 twice や 3 倍 three times など）
一部の形容詞（例：(9ic) の such）
形容詞句（例：[How large a piece] do you need?（どれくらいの大きさに切ったのが必要ですか））

通常，決定詞前位修飾要素は決定詞の前に現れる．たとえば，both copies における both は決定詞であって，(9ia) の both those copies における both のような決定詞前位修飾要素ではない．さらに，such brilliant ideas において，such は内部修飾要素である．[5]

周辺部修飾要素は，副詞，前置詞句あるいは再帰代名詞という形式をとる．たとえば，Jill herself（ジル自身）のような例がある．周辺部修飾語は名詞句の先頭あるいは末尾のいずれかに現れる．前者の場合には，周辺部修飾要素はいかなる決定詞前位修飾要素よりも前に現れる．

[5] 訳者注：これに対し，(9ic) の such a brilliant idea の such は決定詞前位修飾要素である．

[Even such a pessimist as your father] admits the prospects are improving.
（[あなたのお父さんのような悲観的な人でさえ] 見通しが明るくなっていることを認めているわ）

この例のように周辺部修飾要素 even が決定詞前位修飾要素 such の前にある．
(9ia/iib) の樹形図構造は (10) のようになる．

(10)

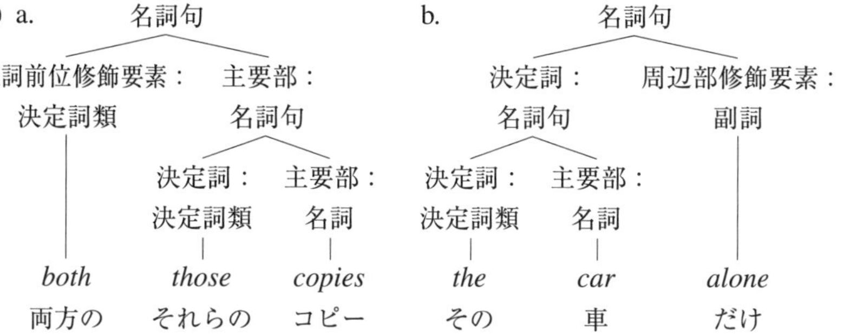

・多重の依存要素を含む名詞句のサンプル構造

（別の主要部との融合を起こしていない）名詞句の構造の概要をまとめるために，多重の依存要素を含む例文がもつ構造を (11) に提示しよう．この樹形図において，その内部構造が未分析のままになっている構成素を三角形で表記している．

(11)

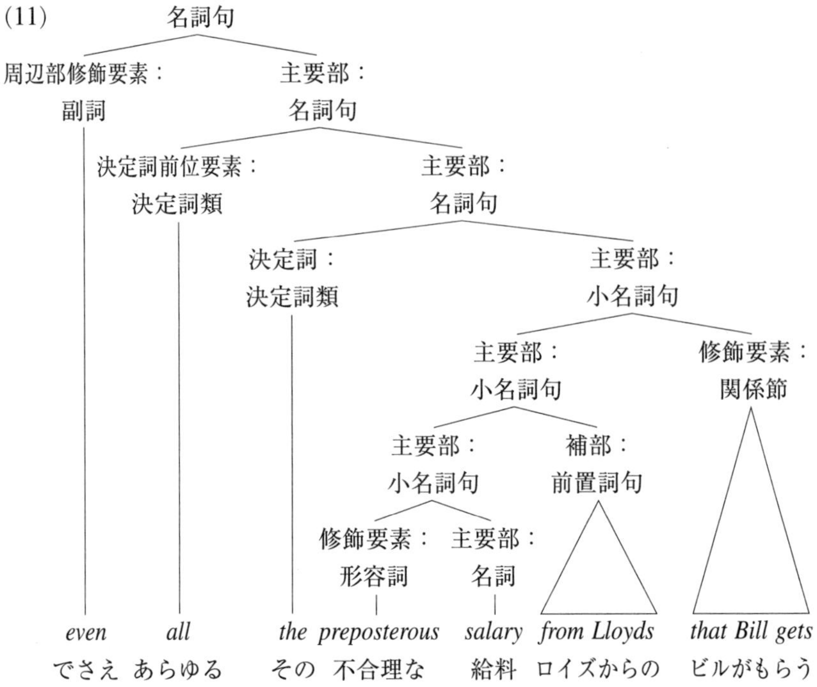

（ビルが受け取っている，ロイズから支給される不合理な給料全額でさえ）

■融合主要部構造 (fused-head construction)

融合主要部名詞句（fused-head NP）とは，その主要部が依存要素としての機能を併せもつ名詞句である．その主要部は名詞句構造における依存要素と融合される場合が多い．ここでいう依存要素とは内部修飾要素，決定詞，（時として）決定詞前位要素の三者である．[6]

---

[6] もっと複雑な融合の事例もある．それは名詞主要部と関係節の冒頭要素が融合を起こす場合である．たとえば，

He quickly devoured [what was left of the shepherd's pie].

（あいつは，シェパーズパイの食べ残しをあっというまにたいらげた）

という場合の what がそうである．この融合型関係節構文（fused relative construction）については，第 7 巻『関係詞と比較構文』で論じる．

(12) i. a. He ignored [the most important of her criticisms].
(彼は彼女の批判のうちもっとも重要なものを無視した)
b. This proposal would benefit [the rich].
(この提案により金持ちが得をするだろう)
［修飾要素兼主要部］[7]

ii. a. Four boys played croquet and [two] played tennis.
(4 人の少年がクローケーを，そして 2 人がテニスをした)
b. [Many] would agree with you on that point.
(多くの人がその点について君に賛成するだろう)
［決定詞兼主要部］

iii. Jo earns three times that amount, and I earn [double].　［決定詞前位要素兼主要部］
(ジョーはその額の 3 倍を，私は 2 倍を稼ぐ)

ここで，括弧内の表現は名詞句であり，下線を引いた表現は，主要部の機能と依存要素の機能を併せもっている．主要部が融合されない構造 the most important criticisms における most important と，(12i) の融合主要部の most important は，ある程度は同じように理解される．しかし (12i) の most important は融合主要部構造の主要部位置を占めてもおり，of her criticisms をその補部にとっている．意味を変えずに別の主要部を融合主要部に足すことが，場合によっては可能であろう．たとえば，(12iib) の many に people を補って many people (大勢の人たち) にすることができるし，(12iii) の double に that amount を補って double that amount (その 2 倍の額) にすることができよう．しかし，(12i) のような事例ではこのように単純に補うということができない．まさにこれを根拠として，融合主要部構造では主要部が省略されているという分析ではなく，主要部が依存要素の機能と融合しているという分析が正しいという立場をとる．融合主要部名詞句の樹形図については第 9 章の (7) で提示しよう．[8]

---

[7] 訳者注：たとえば (12iia) では決定詞 two が主要部 boys と融合され，融合主要部 two となっている．この決定詞兼主要部である two が名詞句の決定詞と主要部の役割を兼ねている．同様に，(12i) では修飾要素と主要部が，(12iii) では決定詞前位要素と主要部が，それぞれ融合を受けている．

[8] ほかにもう 1 つ構造があるがこれはあまり重要なものではない．その構造には名詞句があるとみなされるが，その名詞句は名詞を主要部としていない．この名詞句を混成名詞句 (hybrid NP) とよぶことにしよう．むしろ動名分詞の動詞句がこの名詞句の主要部になっていると考えられる．例：

There was [no stopping her]. (彼女を止めることは誰にもできなかった)

これについては第 1 巻『動詞と非定形節，そして動詞を欠いた節』の議論を参照．

ある観点に立てば，融合主要部のさまざまなタイプを，その主要部の統語範疇に基づいて区別できる．また別の観点に立てば，それらの構造と解釈に基づいて，融合主要部のさまざまなタイプを区別できる．ここでは，下記の 3 タイプをあげる．

(a)　単純融合主要部名詞句 (simple fused-head NP)

このタイプは，（12iia）の two や（12iii）の double にみられるものである．これらの例では，先行詞から復元可能な主要部を補うことができる．たとえば，two boys や double that amount のようにである．

(b)　部分詞融合主要部名詞句 (partitive fused-head NP)

（12ia）でみた the most important of her criticisms（彼女の批判のうちのもっとも重要なもの）は，**部分(詞)名詞句 (partitive NP)** である．ほかにも，most of the boys（その少年たちのほとんど），two of these chairs（これらのイスのうちの 2 脚）などの例がある．この名詞句の内部には of 前置詞句が現れる．of の補部は部分(詞)斜格句 (partitive oblique) とよばれ，全体集合を表す．この集合の部分集合を表すのが部分詞名詞句である．上に提示した例は明示的部分詞 (explicit partitive) である．すなわち，of 句が表面に現れているので，部分を表していることがはっきりと明示されている．ところが黙示的部分詞 (implicit partitive) というものもある．その場合，of 句が表面に現れないにもかかわらず，部分を表していることが前後関係から復元可能なのである．たとえば次の例がそれに該当する．

He made ten mistakes but most were fairly trivial.
（あいつは 10 個のミスをしたが，ほとんどが些細なミスだった）

この例において，most は most of them という意味である．[9]

［訳者注：原著では動名詞と現在分詞の区別を設けず，gerund-participle とよんでいるため，本シリーズでは「動名分詞」という訳が採用されているのに従っておく．］

[9] 訳者注：部分詞融合主要部名詞句の内部構造を下記のような表にまとめておく．

部分詞融合主要部名詞句			
名詞主要部（部分集合を表す）	of	部分（詞）斜格句（全体集合を表す）	
the most important	of	her criticisms	明示的部分詞
most	of	the boys	
most			黙示的部分詞

(c)　特殊融合主要部名詞句 (special fused-head NP)

これ以外の2つの例，つまり（12ib）と（12iia）の the rich と many は，上記の比較的わかりやすい単純タイプ（a），部分詞タイプ（b）のどちらにも分類されず，ここでいう特殊な解釈をもっている．the rich は rich people（金持ち）のことであるし，many は many people（大勢の人々）のことである．しかし特殊な解釈はいつも people を融合主要部に組み込めば得られるというわけではない．次の例文がそうである．

They are striving for [the unobtainable].
（彼(女)らは手に入らないものを手に入れようともがいている）

この文で，[　] 内の内容は that which is unobtainable（手に入れることができないもの）という意味である．

■名詞句範疇から除外される従属節

伝統文法で一般に「名詞節」とよばれるある種の従属節は，名詞句に似たところがある．しかし，それらは名詞範疇の仲間入りをする要件を満たしていない．以下の例を比べてみよう．

(13) i. That he was guilty was obvious to everyone.
（あいつが有罪であることは誰の目にも明らかだった）［平叙文の内容をもつ節］
ii. Whether it will work remains unclear.
（それがうまくいくかどうかはわからないままだ）［疑問文の内容をもつ節］
iii. For her to be so late is most unusual.
（彼女がそんなに遅れるのは非常にめずらしい）［不定詞節］
iv. Finding suitable lodgings proved to be difficult.
（条件に合う下宿をみつけるのは難しいことがわかった）［動名分詞節］

(13) のような節は，動詞の主語や内部補部として機能するという点で名詞句に似ている．しかし，節の分布は名詞句の分布とは決して同じではない．例をあげる．

It was obvious to everyone that he was guilty.
（あいつが有罪であることは誰の目にも明らかだった）

このような例において，節は外置を受けた主語になれるのに対して，非常に限られた名詞句を除くいかなる名詞句もこの位置に現れることはできない．きわめて重要なことに，従属節はその内部構造が名詞句とは著しく異なる．(13i-iii）には，従属接続詞と明らかに動詞的な主要部が現れている．(13iv）の動名分詞構造は，従属接続詞によって導かれるのをよしとしないし，そのほかのタイプの従属節よりも名詞句と密接な関係をもっている．しかし，ここでも動名分詞構造を名詞句ではなく節として扱うべき十分な理由がある．[10]

[10] 訳者注：これについては，第 1 巻『動詞と非定形節，そして動詞を欠いた節』で論じる．

第3章　数と可算性

数 (number) という文法用語は，単数と複数を区別する文法体系の名称である．言語によっては，数の文法形式に単数と複数だけでなく3つ以上の用語をもっているものもある．たとえば，両数 (dual)（あるいは双数ともいう）という範疇を用いる言語は珍しくない．両数は「2つ」を表す．それゆえ，複数形とは「2よりも大きい」ことを意味する表現であるのはいかにも両数をもつ言語らしい特徴である．英語で両数という素性がかかわってくるような場合がわずかだが，あるにはある．たとえば，both（両方（の））と either（2つのうちのどちらか（の））がそうである．そうではあるが，数の文法体系それ自体には単数形と複数形の対立しかない（英語で複数といえば，more than one（1よりも大きい）ことを意味する）．

数の文法体系は，主に名詞と名詞句に用いられる．いつもそうだとはいえないが一般的に，ある名詞句の数はその主要部名詞の数に合致する．数の文法体系は，以下の4つの主要な文法領域にかかわっている．

(1)	i.	名詞の屈折	英語の特徴として，複数形の名詞は形態的に有標だが (dog·s)，単数形の名詞は無標で，語基 (dog) と同一の形式をとる．
	ii.	名詞句内部における一致と選択	this dog に対して these dogs（一致） a dog に対して several dogs（選択）[1]
	iii.	代名詞と先行詞の一致	My dog hid its bone（私の犬は自分の骨を隠した）に対して My dogs hid their bones（私の犬たちは自分た

[1] 訳者注：数量詞によって単数形の名詞を選択するか複数形かが決まる．3.4.2 節を参照．

ちの骨を隠した）
iv. 主語と動詞の一致　The dog likes her（その犬は彼女が好きだ）
に対して
The dogs like her（その犬たちは彼女が好きだ）

3.2 節，3.4 節，および，第 17–18 章でこれらの問題をとり上げるが，まずは可算名詞と不可算名詞の区別を調べておく必要がある．この区別は数の文法体系と重要な関係があるからである．

3.1 可算名詞と不可算名詞

その名が示すとおり，可算名詞（count noun）は数えられるもの（entity），つまり人やものであるのに対して，不可算名詞（non-count noun）は数えられないもののことである．

(2) i. We need another plate.　［可算名詞］
(私たちにはお皿がもう 1 枚必要です)
ii. We need some more crockery.　［不可算名詞］
(私たちには陶器類がもう少し必要です)

■ 可算名詞であることを調べるテスト：基数詞とともに現れるかどうか
可算名詞かどうかを調べる簡単なテストがある．ある名詞が one，two，three などの基数詞と一緒に現れることができればそれは可算名詞である．

(3) i. one plate（1 枚の皿）　～ two plates（2 枚の皿）
～ three plates（3 枚の皿）　［可算名詞］
ii. *one crockery（1 つの陶器類）　～ *two crockeries（2 つの陶器類）
～ *three crockeries（3 つの陶器類）　［不可算名詞］

■ 可算名詞と不可算名詞の区別は名詞の意味や用法によって異なる
多くの名詞は可算名詞または不可算名詞のいずれの解釈でも使うことができる．

(4) i. Would you like [another chocolate]?　［可算名詞］
(チョコレートをもう 1 個召し上がる？)
ii. Would you like [some more chocolate]?　［不可算名詞］
(チョコレートをもう少し召し上がる？)

(4ii) の chocolate は食べ物の物質を表すが，(4i) の chocolate はその物質からなる個別の単位を表す（どちらの場合でも，純粋なチョコレートの物質以外に具やナッツなどの添え物が入っていてもかまわない）．これは**同音異義 (homonymy)** ではなく，**多義性 (polysemy)** の一例であるとみなしておこう．同音異義とは異なる語彙項目が同じ発音や綴りをもつことである．標準的な例として bank があり，この場合 2 つの同音異義的な語彙項目を関係のないものどうしと考えるのである．2 つの語彙項目のうちの一方は金融機関であり，他方は川のふちにある斜面つまり土手や川岸である．これらの同音異義語はもとを正せば同じ語源からたまたま派生されたものであるが，異なるルートを通って英語に入ってきている．より重要なことには，これらの語彙項目に意味的な関連性があるとは認識されていない．(4) の場合には，2 つの意味のあいだには明らかな関係があり，それゆえ，単一の語彙項目がもつ 2 つの意味であるとみなしておく．したがって chocolate は多義性を示す，すなわち，2 つ以上の意味をもつ．

それゆえ可算名詞と不可算名詞について述べる場合には，それぞれ，可算名詞の解釈と不可算名詞の解釈で使われる名詞のことを述べていると理解すべきであるということになる.[2] たしかに，piece（断片）などのようないくつかの名詞には認められた不可算名詞の用法がなく，上記の crockery（陶器類）などの名詞には認められた可算名詞の用法がない．これらはほんの一握りの例であり，chocolate が可算と不可算の両方に使えることは，少しも珍しいことではなく，きわめて一般的な現象の代表例である．以下の例からわかるように，幅広い範囲の名詞が可算と不可算の両方に使える．

(5)

	可算名詞	不可算名詞
i.	a. This proposal has three <u>advantages</u>. （この提案には 3 つの利点がある）	b. They took <u>advantage</u> of us. （彼(女)らは私たちを利用した）
ii.	a. He's promoting a new slimming <u>aid</u>. （彼はダイエットの新商品を売り込んでいる）	b. Foreign <u>aid</u> has been reduced again. （海外援助が再び減らされた）

---

[2] 訳者注：chocolate という多義的な語彙項目が 1 つ存在しているのであって，可算名詞の chocolate と不可算名詞の cholocate という別々の語彙項目が存在しているわけではないということ．銀行を意味する bank と土手を表す bank のように同音異義語は別々の語彙項目であるため，chocolate とは区別すべきである．

iii. a. I quoted two authorities in support.
(私は支持を得るべく 2 人の大家を引用した)
b. They don't have much authority.
(彼(女)らには大した権限がない)

iv. a. It is certainly a fine building.
(それは確かに立派な建物ね)
b. There's plenty of building going on.
(あちこちで建設ラッシュです)

v. a. Both covers were torn.
(表紙が両方とも破れていた)
b. The trees provided useful cover.
(その木々は立派な雨宿りになる)

vi. a. There are three details I would add.
(私なら追加する細目が 3 つある)
b. They didn't go into much detail.
(彼(女)らは詳細には立ち入らなかった)

vii. a. Change over to another discipline.
(別の学問分野に乗り換えなさい)
b. We need rather more discipline.
(規律がもっと必要です)

viii. a. My three main duties are as follows.
(私の主たる任務を 3 つあげます)
b. She has a strong sense of duty.
(彼女は義務感が強い)

ix. a. She wants a football for Christmas.
(彼女はクリスマスにサッカーのボールを欲しがっている)
b. Let's play football.
(サッカーをやろうよ)

x. a. Australia won more golds than ever.
(オーストラリアはいまだかつてないほど多くの金メダルを獲得した)
b. It isn't really made of gold.
(それは本当は金でできているのではないんだ)

xi. a. That's one of my two pet hates.
(虫の好かないことが 2 つあるんだけど，それはそのうちの 1 つだよ)
b. He still seems full of hate.
(彼はいまだに憎しみに満ちあふれている)

xii. a. I can't see a single white hair.
(私は白髪を一本もみつけられない)
b. He has blond hair.
(あいつは金髪だ)

xiii. a. Several improvements were made.
(改良が重ねられた)
b. There's been little improvement.
(ほとんど改善がみられない)

xiv. a. These are our two major necessities.
（この 2 つは我々の主な必需品です）

b. I see little necessity for change.
（変更を行う必要がほとんど見当たりません）

xv. a. She's written five papers already.
（彼女はすでに論文を 5 本書いた）

b. We haven't got much paper left.
（紙が残り少ないです）

xvi. a. I have several reasons for concern.
（私には懸念材料がいくつかある）

b. He's little reason to doubt her word.
（彼が彼女のことばを疑うわけがない）[3]

xvii. a. We've three sausages left.
（ソーセージが 3 本残っている）

b. I don't like sausage.
（私はソーセージが苦手です）

xviii. a. I've just had another good sleep.
（ぐっすりもうひと眠りしたところです）

b. I've not had much sleep.
（あまりよく眠れなかった）

xix. a. The word has two different spellings.
（この単語には綴りが 2 とおりある）

b. They should be taught spelling.
（彼(女)らは綴りを教わるべきだよ）

xx. a. These animals have two stomachs.
（これらの動物には胃が 2 つある）

b. I haven't much stomach for it.
（それはあまり気が進まない）

xxi. a. All previous studies are flawed.
（欠陥がない先行研究はない）

b. The question needs more study.
（その質問に答えるにはさらなる研究が必要だ）

xxii. a. Bear these truths constantly in mind.
（これらの事実を肝に銘じなさい）

b. There's some truth in what he says.
（彼がいうことにも一理ある）

xxiii. a. The gadget has several uses.
（その小道具はいろんなことに使える）

b. It's not much use complaining now.
（いまさら不平をいっても始まらない）

---

[3] 訳者注：アメリカ英語ではこの例文の has を短縮形（'s）にしないのが好まれる傾向がみられる．

xxiv. a. I've read her most important works.
(私は彼女の最重要作品を読んだ)

b. They haven't put in enough work.
(彼(女)らはまだ仕上げが不十分だ)

xxv. a. These are my two main worries.
(主にこの 2 つが私には心配だ)

b. It's a source of great worry to me.
(それは私の大きな悩みのタネだ)

■ 可算名詞と不可算名詞の概念化

可算名詞は同じ種類に属する複数の個（entity），つまり人やものが集まってできた 1 つのクラスを表す．たとえば，boy は少年たちのクラスを表す．それらの個は全体として同じ種類に属しており，それ以上細かい部分に分割できないという意味において，原子単位（atomic）である．1 人の少年の体は，頭，両腕，両脚などの部位から出来上がっているのだが，これらの部位が複数個あるからといって，それら自体で複数の少年になっているわけではない．一方，不可算名詞によって表される個は，さまざまな理由でそれ自体は数えられない（uncountable）であろう．そのようなタイプのうち 2 つをここでとり上げて考えてみよう．非常にきわだっている例を 1 つあげれば，次のような物質的存在（physical substance）を表す名詞の例がある．

water（水）　milk（牛乳）　soil（土）　silver（銀）　hydrogen（水素）

このような単語によって表される物質は本来，際限がない．すなわち，特定の量を切り離して個々の容器に入れることはできる．しかしだからといって，そのようないろいろな量に切り離したその物質にこの名詞をあてがえるかというと，（その名詞をその元来の意味で用いる場合には）それはできないのである．水，牛乳，土，銀，水素は細かい部分に分割できるため，原子単位と理解することはできない．ある量の水は任意にいくつもの部分に分割でき，それぞれの部分はそれ自体が（いろんな量の）水だからだ．このタイプの不可算名詞は個体に分かれていないため，数えようのないものなのである．

不可算名詞の第二のタイプは，最初に例としてあげた crockery（陶器類）を用いればわかりやすい．この語は，plate（小皿），dishes（大皿），cups（カップ）や saucers（受け皿）など，どれも食べ物や飲み物を入れるという共通の機能をもつ，いろいろなものをひっくるめたことばである．細分化できるという特性はここでも限られた程度にしか使えない．そこそこたくさんの量の crockery があるとして，それらを 2 つの部分に分けることはできるが，そのおのおのの部分もまたそれ自体で crockery なのである．しかし，そのような細分化は，物質に対して行うのとは違って，自由自在に行うことはできない．たとえば，カップのとっ手だけをとり外せば，とっ手は crockery ではなくなるし，ましてやカップをまるごと 1 個，ほかとはとり分けたとしても，カップ 1 個は crockery ではない．crockery と water の違いは，陶器類が異質のものからなるのに対し，水は同質のものからなるという点である．water を小分けしたものはいかなる量であれ，それは依然として water であるが，crockery はさまざまな種類の個（entity）から成り立っている．crockery は，その部分をみてみると，異質なものからなる**集合体（aggregate）**を表す．それにもかかわらず，その集合体は，ある物質と同じように，その固有の性質として際限がないので，そのうちのいくつかの構成部分を増減させることができるし，そうしてできた結果も，やはり crockery なのである．こういう理由から crockery が不可算名詞になっているのである．crockery を構成している個々の plates, dishes, cups や saucers などは数えられるが，その集合体そのものは数えられないのだ．このタイプの異質なものからなる集合体を表すそのほかの不可算名詞の例をあげておく．

(6) baggage（手荷物）
bedlinen（シーツと枕カバー）
clothing（衣類）
cutlery（カトラリー（フォークやナイフ））
equipment（装備）
footwear（はき物）
furniture（家具）
jewellery（宝石類）
luggage（手荷物）
machinery（機械装置）
tableware（食器類）
underwear（下着類）

■可算名詞と不可算名詞の多義性（polysemy）

可算名詞の意味と不可算名詞の意味がペアで存在することが完全に予測可能である場合がある．それゆえ，辞書にその両方を別々に記載しておく必要はない．というのは，一方から他方を推測することができるからである．しかし，多くの場合，そのような組み合わせは特定の項目に限られるため，関連する語彙項目に対してその両方の意味を辞書に明記せねばならない．以下のペアを参照しよう．

(a)　飲食物と取り分け分

(7) i. I don’t like beer.（私はビールが苦手です）　［不可算名詞］
ii. She offered me another beer.　［可算名詞］
（彼女は私にビールをもう一杯勧めた）

飲み物の名前は本来，不可算名詞であるが，ある名詞がその飲み物のとり分け分，すなわち glass（ガラスコップ），bottle（ビン），cup（カップ）など何であれそういったものに入ったとり分け分を表す場合には体系的に可算名詞の解釈を許す．(7) の例のような意味のペアは coffee（コーヒー），tea（紅茶），lemonade（レモネード），orange-juice（オレンジジュース），brandy（ブランデー）などにもみられ，これらには Ovaltine（オーバルティーン）や Milo（ミロ）などのような登録商標で知られる飲料も含まれる．[4] これは，ここで「〜のとり分け分」とよんでいる第二義，つまり二次的な意味が予測可能であり，辞書の語彙項目に記載しておく必要のない規則的なケースである．食べ物に関しては，レストランやカフェなどで注文する際に使われるような，その場その場の文脈でしか使えないような限られた可算名詞の意味がある．

(8) i. I'm going to have pork. ［不可算名詞］
(私，豚肉を頂くわ)
ii. That makes five porks and two turkeys, please. ［可算名詞］
(全部で豚肉料理を 5 品と七面鳥料理を 2 品お願いします)

(b)　いろいろな種類の食べ物

(9) i. We're having cheese for lunch. ［不可算名詞］
(私たちは昼食にチーズを頂くつもりです)
ii. These are two of my favourite cheeses. ［可算名詞］
(これらは私の大好きなチーズの種類のうちの 2 つなんです)

例文 (9i) は cheese の第一義を，例文 (9ii) は第二義であるチーズの「種類や変種」を表している．この場合にも可算名詞の意味が予測可能であり，辞書の記載項目に個別に分けて記載しておく必要がない．比較のために以下のような可算名詞としての例をあげておく．

an excellent brandy（上等のブランデー）
a slightly bitter coffee（ほろ苦い種類のコーヒー）
a very popular bread（大人気のパン）
a mild mustard（辛さ控えめの辛子）

[4] 訳者注：どちらも粉末麦芽飲料.

(c)　動物と食べ物

(10)　i.　I was lucky enough to catch a salmon today.　［可算名詞］
(サケが釣れるなんて運が良かったよ)

ii.　We're having salmon for dinner.　［不可算名詞］
(晩ごはんにサケの切り身を頂くつもりです)

この例にみられる第一義は可算名詞としての意味であり，salmon は特定の種 (species) としての魚を表す．第二義である不可算名詞としての意味では，salmon は食べ物としての物質を表す．このような意味の拡張は魚にはきわめて一般的に成り立つ．これは家禽すなわち，chicken（鶏）や turkey（七面鳥）などにも当てはまる．lamb（子羊）にも同様のことが当てはまる．しかし，cow（牛），pig（豚），sheep（羊），deer（鹿）の場合には食肉を表す別の語があり，それぞれ，beef（牛肉），pork（鶏肉），mutton（羊肉），venison（鹿肉）である．この食肉の意味は，上の (a) で述べたレストランで注文をする場合には，さらに可算名詞として再解釈される．次の例をみよう．

One roast beef and two lambs, please.
(ローストビーフを 1 品とラム肉料理を 2 品お願いします)

(d)　抽象名詞と出来事の具体例

(11)　i. a.　Considerable injustice was revealed during the enquiry.
(取り調べ中に相当な不正が明るみに出た)

b.　Serious harm was done to the project's prospects.
(その計画の見通しに深刻な損害がもたらされた)

［抽象名詞・不可算名詞］

ii. a.　Two fundamental injustices were revealed during the enquiry.
(取り調べ中に重要な不正行為が 2 件明るみに出た)

b.　*Two serious harms were done to the project's prospects.
(その計画の見通しに 2 つの深刻な損害がもたらされた)

［出来事名詞・可算名詞］

名詞には，第一義としては不可算名詞であるような抽象概念を表すものがたくさんある．ものによっては，(11ii) の injustice がそうであるように，第二義としては抽象概念の実例になるような 1 つの出来事を表す可算名詞もある．しかしこのような意味の拡張は，規則的かつ予測可能なものではない．不正の実例は数えられるが，損害の実例は数えられない．動詞由来の抽象名詞にもこれと同じ可算と不可算の交替がみられる．たとえば，discussion と permission を比べてみよう．これらはそれぞれ discuss と permit から派生された抽象名詞である．

(12) i. a. Full discussion of the land question is vital.
(その土地問題について議論を尽くすことが不可欠だ)
b. Permission is required.
(許可が要ります)
[抽象名詞・不可算名詞]

ii. a. Two discussions of the land question took place.
(その土地問題について 2 つの話し合いが行われた)
b. ?Two separate permissions are required.
(許可を 2 つ別々に受けないといけません)
[出来事名詞・可算名詞]

議論の実例は明らかに数えられるが，許可の実例というものはせいぜい数えられないとまでは言い切れないという程度のものに過ぎない．

(e) 抽象名詞と結果名詞

(13) i. Necessity is the mother of invention. [抽象名詞・不可算名詞]
(必要は発明の母である)

ii. ?There were two separate inventions of the light-bulb. [出来事名詞・可算名詞]
(白熱電球は 2 つの別々のところで発明された)

iii. Edison was honoured for three separate inventions. [結果名詞・可算名詞]
(エジソンは 3 つの別々の発明品で功績をたたえられた)

しかしながら結果を表す名詞は，出来事を表す名詞に比べて，可算名詞であることが多い．たとえば (13iii) における invention の可算名詞としての結果の意味 (つまり発明品) は申し分なく容認可能であるのに対して，(13ii) における出来事の意味 (つまり，発明という出来事) は，ここでもやはりよくてもせいぜい非文とまではいかないぐらいの程度である．

(f) もともとは可算名詞であるのに，間に合わせに物質名詞として解釈される場合

もともとは可算名詞であるような具体名詞が，いわば無理やりに，不可算名詞で用いられることがある．その場合，その名詞が表す個（entities）は，個体（individuals）ではなくむしろ物質（substance）として捉えなおされている．

(14) i. The termite was living on a diet of book.
（そのシロアリは本を餌にして生息していた）
ii. There was cat all over the driveway.
（猫のバラバラ死体が私道を覆い尽くすように散乱していた）

これらの例は，book と cat の意味を意図的に拡張している．このような拡張は原則としてかなり一般に適用可能であり，辞書の記載項目に記載しておく必要のない意味である．

■ 可算と不可算の対比および数の文法体系

可算名詞は単数形にも複数形にもなりうるのに対し，不可算名詞は一般に単数形である．たとえば，(6) における単数形の不可算名詞は，*bedlinens, *clothings, *cutleries などのように複数形に当たる形式をもたない．さらに，名詞が可算と不可算で意味が異なる場合には，複数形が現れると，ふつうは強制的に可算名詞の解釈になる．例をあげよう．

a box of chocolates（箱詰めのチョコレート製品）
its advantages（それの利点）　these aids（これらの補助器具）

それにもかかわらず，不可算名詞の複数形というものが実際にみられる．可算か不可算か，および，単数か複数か，2 つに 1 つというわけではなく全部で 4 通りの組み合わせが存在する．

(15)

	可算名詞	不可算名詞
単数	I'd like an apple. （リンゴを 1 個ください）	I'd like some cheese. （チーズをいくらかください）
複数	I'd like some biscuits. （ビスケットを何枚かください）	I'd like some oats. （オート麦をいくらかください）

通常は，複数で用いる biscuits とは異なり，oats（オート麦）には公認の単数形がなく，この名詞は *an oat や *two oats のような数詞の依存要素をとらない．

[専門的解説]

■ 語彙化と概念化における言語横断的な違い

ほとんど，いやともするとすべての言語において可算・不可算の区別は何らかの役割をはたしているようにみえる．しかし，１つ１つの個（entity）の概念化と語彙化のされ方には言語間でかなりの違いがある．よせ集めてひとまとまりにすれば，単一の物質だといえるような場合がある．そのような，おおよそ均質のものでできているこまごましたものや小片はどう扱われるか．言語間で違いがみられるのはこの点だ．つまり，それらの小片が微小で些末(さまつ)なものであれば，多くの言語では，その物質に焦点を当てる傾向がある．概念化が起こるとはこういうことだ．しかしその小片が些末なものとして扱われるには，一個一個が小さくなければならない．どれだけ小さくなければならないかは言語によって違いがあるだろう．英語で，たとえば次の語は物質を表す不可算名詞である．

dust（塵(ちり)）　sand（砂）　wheat（小麦）　grass（草）

なぜならこれらの語は，次のようにいえないからだ．

*one dust　*one sand　…

これは，まさしく water（水）と同じである．個々の小片について述べたいのなら，次のように，小片を表す別の可算名詞で始まる統語構造を用いなければならない．

particle of dust（塵の粒）　grain of sand（砂粒）
ear of wheat（小麦の穂）　blade of grass（草の葉）

それに対してエンドウ豆や苺やジャガイモなど，１つ１つが大きなものは英語では，１粒ずつあるいは１個ずつ個別化されているし，可算名詞として語彙化されている．例：

one pea（１粒のエンドウ豆）　one strawberry（１粒の苺）
one potato（１個のジャガイモ）

ちなみに，some mashed potato（いくらかのマッシュポテト）というのもあるが，これは複数個のジャガイモをつぶしてできた，均質な内容の１つの物質である．エンドウ豆や苺やジャガイモがそれぞれ複数個集まると，peas, stawberries, potatoes のように，これらの可算名詞を複数形にするだけでよい．これに対してロシア語では，エンドウ豆や苺やジャガイモは基本的に草と同じようにひとまとまりのものとして概念化され，1つの物質として捉えられる．そしてこの物質を不可算名詞で表す．たとえば，trava（ある量の草），gorox（ある量のエンドウ豆），klubnika（ある量の苺），kartoška（ある量のジャガイモ）がそうである．基本的な概念化を受けなかった可算名詞の形式は，単数類（singulative）とよばれ，個々の単位を表さねばならない．すなわち，何枚かの草の葉（blades of grass），ひと粒ひと粒のエンドウ豆（separate peas）などのようになる．

語彙化が行われる際に，抽象名詞（abstract noun）と集合体（aggregate）を表す具体名詞（concrete noun）には相違点がみられる．その相違点は，上でみたのと似ているが，さほど体系立ったものではない．たとえば英語では，furniture（家具類）は不可算単数(形)名詞であり，contents（中身）は不可算複数名詞である．フランス語では，その扱いが逆になっており，（英語の furniture に当たる）meubles が複数形であるのに対して，（英語の contents に当たる）contenu は単数形である．英語で情報は物質として次のように概念化される．

plenty of information（たくさんの情報）
**one information*（1つの情報）

そして，個々の「小片」についていうとき，英語では item/piece of information という複合的小名詞句を用いる．一方，フランス語ではこの基礎語彙として information は可算名詞である．「1つの情報」というとき，フランス語では，une information という（英語では an item of information）．

■ 可算単数名詞や不可算単数名詞につく決定詞

決定詞には，可算単数名詞と不可算単数名詞のどちらにもついてもよいものがある．

(16)　i. 可算名詞
the house（その家）
this piece（この一個）
my father（私の父）
no pianist（0人のピアニスト）

ii. 不可算名詞
the equipment（その設備）
this crockery（この陶器）
my clothing（私の衣類）
no milk（少しもないミルク）

同様のことは，that や my 以外の属格決定詞や some と any や which と what にも当てはまる．しかし，その他の決定詞の場合には，完全に，あるいは，主に，可算名詞か不可算名詞のどちらか一方に限って出てくるものがある．

(a)　可算単数名詞になじまない決定詞

(17)　a little（少量の）　enough（十分な）　little（ほとんど量のない）
much（多量の）　sufficient（十分な）

(18)

	可算名詞	不可算名詞
i.	a. *Why has he so much/little priest? （彼には（教会で説教をしてくれる）牧師さんがなぜそんなに多い／少ないのですか）	b. Why was there so much/little damage? （なぜそんなに損害がそんなに多かった／少なかったのですか）
ii.	a. *He damaged a little knee. （彼はひざを少し痛めた）	b. She drank a little water. （彼女は水を少し飲んだ）
iii.	a. *He has got enough/sufficient son. （彼には息子は十分にいる）	b. He has got enough/sufficient strength. （彼は十分に頑強だ）

(18iia) の例の little が形容詞で，a が不定冠詞ならば，つまり He damaged a small knee.（彼は小さなひざを痛めた）という意味ならば，この例はもちろん文法的である．すなわち，a little が形容詞ではなく決定詞類である場合をここでは問題にしているのだ．可算名詞の意味と不可算名詞の両方の意味をもつ名詞に，この手の決定詞が付くと不可算名詞の解釈のほうが選ばれる．たとえば次の例がそうである．

There isn't much chocolate left.（チョコレートはあまり残っていません）
We need a little discipline.（私たちには少しばかり訓練が必要ですね）
Does it provide enough cover?（その額で十分足りますか）

(b)　不可算単数名詞になじまない決定詞

(19)　another（もう 1 つの）　each（おのおのの）　either（どちらかの）
every（あらゆる）　neither（いずれも～ない）　one（1 つの）

(20)

	可算名詞	不可算名詞
i.	a. Each/Every boy won a prize. （おのおのの／あらゆる少年が賞をとった）	b. *He broke each/every crockery. （彼はおのおのの／あらゆる陶器類を壊した）

ii. a. I'll accept either / neither proposal.
（私はどちらの提案も受け入れる／受け入れない）
b. *I can repair either / neither damage.
（私はどちらの損傷も修復できる／できない）

iii. a. Choose one / another leader.
（1 人の／別の指導者を選びなさい）
b. *Choose one / another clothing.
（1 着の／別の衣類を選びなさい）

可算名詞と不可算名詞の両方の意味をもつ名詞があるとしよう．そこに，不可算単数名詞とは相性の悪い決定詞が出てきたらどうなるか．その決定詞は両者の意味のうち可算名詞の意味のほうを選ぶ．例：

He examined every chocolate in the box.
（彼は箱の中のチョコレートを 1 つ残らず吟味した）
Neither discipline appeals to her very much.
（彼女にはどちらの学問もあまり魅力的でない）
One cover was torn.
（カバーが 1 枚破れていた）

(c)　不定冠詞 a

一般に，不定冠詞の a は単数形の可算名詞を選択する．たとえば，a cup（1 個のカップ）というのはよいが，*a crockery（1 つの陶器類）というと不適格である．

Would you like a chocolate?（チョコレートをお 1 ついかがですか）

このように不定冠詞の a がつくとチョコレートは可算名詞の解釈になる．しかし，限られた条件のもとでは，不定冠詞の a が不可算名詞の単数形に現れてよい．

(21) i. a. A number of problems remain.（課題が山積だ）
b. He wastes a great deal of time.（彼は多くの時間を浪費する）
ii. a. I have a high regard for them.
（私は彼(女)らを高く評価している）
b. Jill has a good knowledge of Greek.
（ジルはギリシャ語がよくできる）

(21i) における number と deal は数量名詞である．すなわちこれらはここでは問題と時間を（おおざっぱに）数量化する役割をはたしている．deal は単数形でしか使われないが，**number** は複数形にしてもよい．

Huge numbers of bees were swarming in the garden.
（おびただしい数のミツバチが庭で群がっていた）

しかし，このおおざっぱな意味と基数詞は相性が悪い．

*Two numbers of problems remain.（問題がまだ２つ片付いていません）

(21iia) においてこのおおざっぱな意味で使われる regard には複数形がない．

*We both have high regards for them.
（私たちは２人とも彼(女)らを高く評価している）

(21iib) における knowledge は，不可算名詞の代表選手である．すなわち，knowledge には複数形が認められていない．そのため，much, little, enough という決定詞類をとる．

They have little knowledge of the matter.
（彼(女)らはその件を寡聞にして知らない）

では，(21iib) における不定冠詞 a はどんな効果をもっているのだろうか．ジルのもつあらゆる知識の中から，ギリシャ語に関する知識だけを個別化するのである．「ギリシャ語の知識」が個別化されたからには，同種の個 (entity) からなる１つのクラスの一員として１つの個になっていると思いたいところだが，実は「ギリシャ語の知識」は個にはなっていない．個別化はそこまではしないのだ．それゆえ，次のような例は不適格である．[5]

*Jill has an excellent knowledge of Greek and Liz has another.
（ジルはギリシャ語を熟知しており，リズも熟知している）
*They both have excellent knowledges of Greek.
（彼(女)らは２人ともギリシャ語を熟知している）

(d)　決定詞としての all

単数名詞句に現れる all は，（決定詞前位要素ではなく）決定詞であるため，

---

[5] 訳者注：可算名詞になっていない an excellent knowledge は，それに another をつけて another excellent knowledge of Greek ということはできないし，excellent knowledges of Greek のように複数形にすることもできない．それゆえ，a good knowledge of Greek はジルの知識のうちの一部分として切り離される（個別化される）が，個体すなわち可算名詞として概念化されているわけではない．

通常は不可算名詞に限って用いられる．

(22) a. *All cup had been broken.（カップが全部割れていた）
b. All fear had evaporated.（恐怖がすべて消え去っていた）

しかしながら，all は期間を表す可算単数名詞とともに現れてよい．

She spent all week marking exam papers.
（彼女は答案の採点にまる 1 週間を費やした）
We were at home all morning.（私たちは午前中ずっとうちにいた）

(e)　決定詞がつかない場合

無決定詞単数形名詞句は，通常，その主要部に可算普通名詞が現れることができない．

(23) i. a. *She married Englishman.
（彼女はイギリス人男性と結婚した）
b. She always drinks water.
（彼女はいつも水を飲む）
ii. a. *There had been a lot of vandal.
（心ないいたずらをする者が大勢いた）
b. There had been a lot of vandalism.
（器物損壊が横行していた）

ゆえに次のように決定詞がつかない chocolate は不可算名詞の意味で使われている．[6]

Chocolate is bad for your teeth.（チョコレートは歯に悪い）
I bought a bar of chocolate.（板チョコを 1 枚買った）

3.2　単数名詞と複数名詞

ほとんどの名詞には単数形と複数形の両方がある．

---

[6] 不可算名詞はしばしば「質量名詞 (mass noun)」とよばれる．本シリーズは「不可算 (non-count)」というよび名を好んで使ってきた．その理由の 1 つは，ある名詞が可算名詞か不可算名詞かを決めるのに使うテストからこのよび名がついているということである．またもう 1 つの理由は，「質量 (mass)」というよび名が不可算名詞の全域に当てはまるわけではないということである．「質量」という用語は，物質を表す water（水）や coal（石炭）などの名詞にはふさわしいが，knowledge（知識）や spelling（つづり）や work（仕事）などの抽象的不可算名詞にそのまま当てはまるかというとそれは釈然としない．

(24) i. 単数形 dog fox child mouse sheep
ii. 複数形 dogs foxes children mice sheep

単数形は，語基（base）と同じ形であり，複数形は語基に接尾辞をつけるか，その他の形態論的操作を経て形成される．これはつまり屈折が起こるということであり，複数形の形成については，第 10 巻『形態論と語形成』で詳細に記述する．ここで述べておく必要があるのは，少数の不規則変化名詞で複数形と単数形が同形をとるということだけである．これはたとえば，(24) における sheep がそうであり，語基と同じ形をもつ複数形のことを，**語基複数形（base plurals）** とよぶ．この事例は，名詞が単数形をもつが複数形をもたない場合とは明らかに異なる．なぜならば，語基複数形は通常の複数形と同じ位置に現れることができるからである．では比べてみよう．

(25) 複数形をもたない名詞 / 語基複数形
i. a. *these equipment（これらの設備） b. these sheep（ここにいる羊たち）
ii. a. *The equipment are ready.（例の設備は整っている） b. The sheep are ready.（例の羊たちは準備完了だ）

(24) に類似の例において，単数形で表される個（entity）が 2 つ以上集まってできる集合を複数形で表すことができる．そしてこの章では，そのような事例についてはこれだけ述べれば十分であろう．ここで主眼をおいているのは複数形でのみ用いられる名詞，すなわち，**複数形専用名詞（plural-only nouns）** であり，この名詞は，単数形をまったくもたないか（たとえば，cattle（牛）や clothes（衣服）），あるいは，単数形にすると複数形の場合とは意味が違ってしまうか（たとえば，spectacles（眼鏡）という意味での glasses や green vegetables（青野菜）という意味での greens）のいずれかである．[7] またここでは，対比して考えることで，複数形と似た形をもつ単数名詞（たとえば，mumps（おたふくかぜ）や mathematics（数学）など）に目を向けることにする．

[7] 複数形専用名詞 (plural-only nouns) は，これと同じことを表すラテン語の文法用語「絶対複数 (pluralia tantum)」というよび名でよばれることが多い．しかしこの用語を複数形専用名詞の一部に対してのみ用いている文法書がある．

3.2.1　-s 語尾をもつ複数形専用名詞

■ 2 部構成語 (bipartite)

複数形専用名詞のうちでかなりの多数派を占めるのは，2つの似た部品からできているものを表す一群の語である．それゆえこのような語を**2つの部分からできている語**とか**2部構成語 (bipartites)** とよぶことにしよう.[8] これには，(26i–iii) にあるように，衣料品，道具，視覚補助具の名称が含まれる．

(26) i. bloomers（ブルーマー，19世紀に流行した女性用ズボン), breeches（乗馬用の半ズボン), briefs（ブリーフ), britches（＝breeches)（アメリカ英語), corduroys（コールテンのズボン), drawers（ズボン下，ズロース), flannels（フランネル製のズボン), jeans（ジーンズ), knickerbockers（半ズボン), knickers（ニッカーズ，ブルーマー風のパンツ), overalls（(つなぎの) 作業着)（イギリス英語), pajamas（パジャマ)（アメリカ英語), panties（パンティー), pants（ズボン), pyjamas（＝pajamas)（イギリス英語), shorts（短パンツ), slacks（ズボン), tights（タイツ), trousers（ズボン), trunks（トランクス)

ii. bellows（ふいご), clippers（植木ばさみ), cutters（カッター), forceps（ピンセット), nutcrackers（クルミ割り器), pincers（くぎ抜き), pliers（ペンチ), scales（天びん), scissors（はさみ), secateurs（せん定ばさみ), shears（大ばさみ), snippers（手ばさみ，トタンばさみ), tongs（トング), tweezers（毛抜き，ピンセット)

iii. binoculars（双眼鏡), clip-ons（眼鏡に装着するサングラス), glasses（眼鏡), goggles（ゴーグル), spectacles（眼鏡)

これらの名詞は，共通して pair（対(つい)）という語をともなうことからも，これらが2つの部分からなるという性質をもつことがわかる．例：

a pair of trousers / shears / spectacles
（ズボン1着／大ばさみ1挺(ちょう)／眼鏡1本）

(26i) における衣類の用語は，下半身に着用して，程度の差はあれ脚を覆う（あるいは少なくとも脚を通すための穴が開いている）衣類を表している．これらの衣服が2部構成の形をしているそもそもの理由は，もちろん脚が2本あるからだ．このたぐいの語はたくさんある．そのうちのいくつかは，たとえ

---

[8] これらは時として「総計複数 (summation plurals)」とよばれることがある．しかしこの用語をほかの種類の複数形専用名詞にも使う文法書もある．

ば drawers（ズボン下）のように今となってはやや時代遅れであるものや，はたまた bloomers（ブルーマー）のように古い時代に着用されていた衣服を表すものもある．上半身用の衣類は，両腕を覆うものであっても，2 部構成語として扱われていない．この上半身と下半身という対比にかかわって気をつけておきたいことがある．それは，英語には衣服のうちの，片腕を覆う部分を表す語として sleeve（袖）という語があるのだが，それに相当する片脚を覆う部分を表す語はないという点だ．ところが，イギリス英語の overalls（全身を覆う作業着）は体の上半身と下半身の両方を覆う衣服を表す．この場合，アメリカ英語は単数形の overall（サスペンダーのついたズボン，サロペット）を使うが，イギリス英語で overall といえば 2 つの部分に分かれていないコートのような形の衣服を表す．(26i) の語のうちのいくつかは，単数形にすると，あるタイプの布を表す．それに対して，2 部構成語の複数形は，trousers（ズボン）という意味をとり込んだ意味をもつ．たとえば corduroys（コーデュロイ，コールテンのズボン）は，corduroy（コーデュロイ生地）でできたズボンである．このグループの周辺に位置するかもしれない語がもう 2 つある．それはズボンをつり上げるヒモを表すもの，すなわち，イギリス英語の braces（ズボンつり）とアメリカ英語の suspenders（サスペンダー）である．

2 つの部分からなる道具には通常，一体となっていて別々に動く 2 つの可動部分がついている．scales（秤《はかり》）は，なぜ 2 つの部分からなる道具なのか．その原形にさかのぼると，天びんには，支点につながれた棒が一本ついており，その棒の端には 2 つの皿がついていた．何度か模様がえをした結果，秤は 2 つの部品からなる道具ではなくなってしまった．イギリス英語では複数形 scales が秤のようなものを指すのに使われるが，アメリカ英語では単数形が使われる．料理用の秤《スケール》はイギリス英語では (a pair of) kitchen scales というのに対し，アメリカ英語では a kitchen scale が使われる，といった具合である．同様に，クルミ割り器は (a pair of) nutcrackers とよんだり，a nutcracker とよんだりして，(地域差ではないが) 揺れがみられる．

(26iii) の視力補助具を表す語が 2 部構成語であるのは，両眼に当てるガラス（あるいはそれに代わるプラスティックなどの素材）のレンズが 2 枚使われているからである．さらに，glasses そのものがさまざまな複合語に用いられる．たとえば，field-glasses（携帯用双眼鏡）や sunglasses（サングラス）などがある．

(26i–iii) の 3 種類が，[a pair of 複数形] という構造になるのはなぜか．それは，これらの語が 2 つの部分からなる構造をもっているからである．しかし，その 2 つの部分が多くの場合一体となっていて，それぞれが単独には機能しない．ゆえに，2つのうちの一方だけを表す単数形は存在しないのである．

He had
- *torn his left slack.
  (彼は自分のスラックスの左脚を破ってしまっていた)[9]
- *damaged the lower shear.
  (彼は大ばさみの上刃(うわば)と下刃(したば)のうちの下刃を破損してしまっていた)[10]
- *cracked the right spectacle.
  (彼は眼鏡の右側のレンズにひびを入れてしまっていた)

He has a pair of shoes. (彼は靴を一足もっている)

この文は，He has two shoes (彼が片方の靴を2つもっている) ということを含意する．しかし，次の2つの文のあいだにはそのような含意関係は成り立たない．

He has a pair of slacks/scissors/glasses.
(彼はスラックスを1着／はさみを1挺(ちょう)／眼鏡を1点もっている)
He has *two slacks/?two scissors/two glasses.
(彼はスラックスの片側を2つ／はさみの片刃を2つ／眼鏡の片側を2つもっている)[11]

pair という表現を使わない場合に，2つの部分からなる語を単純に複数形にするとどうなるか．そのような2つの部分からなる語の複数形 (bipartite plurals) は，単一の衣服，道具あるいは視覚補助具に用いられるのがその特徴である．例：

I've torn my trousers. (僕ね，ズボンを破っちゃった)
These scissors need sharpening. (このはさみは研がないとね)
Where are the binoculars? (例の双眼鏡はどこだっけ)[12]

---

[9] 時として単数形の trouser をみかけることがある．

%He had snagged his left trouser on the wire
(彼はズボンの左脚をその針金に引っかけてしまっていた)

しかし，大半の話者にとってそのような例はまったく容認できないものである．

[10] 訳者注：はさみの下刃は lower blade という．

[11] 訳者注：ただし，He has two shoes というと，必ずしも左足と右足がそろった靴のひとそろいである必要はない．つまり，左足だけが2つあってもよいし，スニーカーの片方と革靴の片方でもかまわないことになる．*He has two slacks. という例はスラックスの左半分であれ右半分であれ，スラックスの片側が2つあるという意図で登場している．スラックスの場合にはこのような言い方は容認されないが，眼鏡の場合には容認され，はさみでは容認性が疑わしい．

[12] 訳者注：これらの例で，trousers や binoculars は複数個のズボンや双眼鏡を意味すると判断する話者もいる．

このように pair 表現を使わない複数形は単品を表す．では複数個あることを表すにはどうすればよいのだろうか．それについて確かなことは何もいえず，話者によって個人差がみられる．(27i) と (27ii) の (a) と (b) を比較しよう．

(27) i. a. Corduroys are still fashionable.
（コールテンのズボンはまだ流行し続けている）

b. %I'll get both these trousers cleaned.
（このズボンを 2 着とも洗濯に出そおっと）

ii. a. All the scissors need sharpening.
（例のはさみはどれも研がないとダメだ）

b. ?Have you got two tweezers I can borrow?
（毛抜きを 2 本貸してもらえる？）

(27ia) の例は総称的な用法を表し，完全に容認可能である．すなわち，次のような言い方は完全に不適切である．

Pairs of corduroys are no longer fashionable.
（コールテンのズボンはもう流行遅れだ）

なぜなら，pair 表現を使うと個々の単体に焦点が当たってしまうからだ．(27iia) では，2 つの部分からなる個体（つまり，はさみ）が集まって集合ができており，そのような定の集合のすべての構成員について述べている．ゆえに，これも容認度が高い．しかしこの場合には pairs of scissors（複数挺のはさみ）を使った言い方も容認可能であろう．ただし，そういう言い方は，(27iia) に比べるとやや不評であろう．例文 (27ib) は話者のあいだで揺れがある．すなわち，これを容認する話者もいれば，both (these) pairs of trousers（(これらの) 両方のズボン）になっていないと容認できないという話者もいる．(27iib) の例は著しく悪い．すなわち (27iib) は次の文と同じくらい容認できると判断する話者がほとんどいないはずである．

Have you got two pairs of tweezers I can borrow?
（毛抜きを 2 本貸してもらえる？）

2 つの部分からなるさまざまな名詞のあいだでも，いろいろな違いがみられるだろう．

?I've only got two jeans.（ジーンズを 2 本しか買ってこなかったよ）

この文はおそらく (27iib) よりも悪いだろう．概して，2 部構成語の複数形に，可算名詞のテストをかけると悪い結果になる．[13]

[専門的解説]

最後に，注意点を1つ．狭い範囲にしかみられない用法だが，2つの部分からなる名詞は単数形になることがある．

(28) i. This scissor reportedly never needs sharpening.
(この手のはさみは全く研がなくていいんだってさ)

ii. Ever wondered why someone can't design a flannel-lined jean?
(フランネルの裏地のついたジーンズというものがないのはなぜだろうと不思議に思ったことはないだろうか)

iii. Venetians were a wide-topped breeches narrowing to button or tie below the knee.
(ヴァニーシャンズは上が広くなっていて，ひざ下のボタンや結び目に向かって細くなるたぐいの半ズボンだった)

(28iii) においては (Venetians はある衣服を表しているが)，breeches が -s 語尾を保っていることに注意したい．すなわち，これが非屈折接尾辞として再分析されたからだと考えられる．つまりこれは，mumps (おたふくかぜ) などにみられるのと同じ現象であり，下記の 3.2.3 節で論じる．(28) のような例にもっとも出くわす可能性が高いのは宣伝文句，あるいは，衣服や道具などの史的調査などのようなノンフィクションの著作物である．この用法のもっとも重要な特性は，タイプに言及することであって，個々の実例 (individual specimens) に言及するのではないという点である．実例に言及するには，たとえば次の例のように，2つの部分からなる語が複数形でなければならない．

These scissors/*This scissor will have to be sharpened.
(このはさみは研がなければならないだろう)

2つの部分からなる語は，上述の「複数形専用名詞 (plural-only nouns)」の定義に当てはまるのだが，それは複数形でなければならないからである．[14]

---

[13] 訳者注：3.1 節で，one，two，three などの基数詞と一緒に現れることができれば可算名詞であることが確かめられるというテストが紹介されていた．jeans に two という基数詞をつけると悪くなっている．

[14] 屈折形でない語基は，複合語にみられたり，限定修飾要素 (attributive modifier) として使われたりする．たとえば，a trouser-press (ズボンプレッサー)，changes in forcep design

■小片や粒からなる物質を表す複数形

(29)　dregs（残りかす）　Epsom salts（エプソム塩（えん））[15]
grits（あらびきトウモロコシ）（アメリカ英語）　oats（オート麦）

これらの名詞が複数形であるのはなぜか．その小片や粒が複数あるからだ．しかし，1つ1つの小片や粒はそれ自体意味をなさず，それによりこの名詞には単数形がないし，基数詞やそれに類する数量詞がつかない．次の例をみよう．

*one oat　*two oats　*several oats　*how many oats

これに比べて次の例はましである．

?how much oats（どれぐらいの量のオート麦）

しかし，much と複数形とが衝突を起こすため文法性が疑わしい．chives（エゾネギ，アサツキ）はこの仲間かもしれない．ただし，それを構成している部分が粒というよりも葉ではあるが．もちろん，粒からなる物質を表す不可算単数名詞が存在する．以下のがそうである．

sand（砂）　gravel（じゃり）　rice（米）　sugar（砂糖）
salt（塩）（例えば Epsom salts（エプソム塩）とは違って料理用の塩）

これらとは異なり，複数形の名詞の場合，粒が比較的大きくなる傾向がみられる．（すなわち，問題にしている物質の全体量の割に粒が大きくなる）peas（エンドウ豆）とか noodles（麺類）のような食べ物の場合には，粒は数えられるほどに大きいので，これらの語 **pea** や **noodle** は可算名詞である．とはいえこれらの食べ物は，ほとんどの場合，その数などどうでもよさそうな文脈において複数形で出てくるのだが．

■いろいろな個の集合体を表す複数形

(30)　arms（武器）　clothes（衣類）　contents（内容）
covers（毛布やシーツなどの寝具）　dishes（食器類，料理）
goods（商品）　groceries（食料雑貨類）　leftovers（料理の残り物）
munitions（軍需品，必要品）　odds-and-ends（がらくた）

（ピンセットの設計変更）など．

[15] 訳者注：名前とはうらはらに塩ではなく硫酸マグネシウム．入浴剤として使われる．

refreshments（軽い飲食物）　remains（残り物，遺跡）
spoils（略奪品，利権，努力の成果）　supplies（必需品）
valuables（貴重品）

これらは，似ていないものどうしからなる集合の総称である．すなわち，ものが複数個あれば複数形にできる．しかし，それらが異質なものから成り立っていると，その数を数えられなくなり不可算名詞になる．(30) の名詞の意味は，集合的な性質をもっている．この性質は，上記の (6) にあげた不可算単数名詞の集合的な性質に似たところがある．そしてこの (6) が単数形なのに対し，(30) が複数形であるが，このように数に違いがあることは一般的な説明が難しい．(30) と (6) の名詞の文法的な違いを1つあげよう．それは，(30) のような複数形の名詞とは異なり，(6) のような単数形の名詞は，item や piece などのような名詞の後ろに of をつけて，その補部として現れるという点である．

(31) i. a. an item of clothing（1つの衣類）
b. *an item of clothes（1つの衣服）
ii. a. a piece of jewellery（1つの宝石）
b. *a piece of valuables（1つの貴重品）

contents（たとえば，the contents of the drawer（その引出しの中身））は，単数形の content（たとえば，the content of the essay（その随筆の内容））とは違った性質をもつ．後者の意味で使うのは，ほとんどの場合，単数形でしか使われない．不可算の covers は，ベッドカバー (bedcovers) を表し，これには sheets（シーツ）や blankets（毛布）や quilt（キルト）とかそういったものが含まれる．この単語はたとえば bookcover（ブックカバー）などに使われるような，可算名詞の **cover** とは違った性質をもつ．

I must do/wash the dishes.（皿洗いをしなくっちゃ）

こういうときの不可算名詞の dishes は，plates（平皿）や cups（カップ）や saucers（受け皿）などを含み，浅いボウルを表す可算名詞の **dish**（大皿）とは違った性質をもつ．

■明確な境界線がない複数のものからなる領域を表す複数形表現

(32) bushes（藪(やぶ)）　mountains（山脈）　plains（平原）
steppes（大草原）　woods（森林）

これらは，通常の可算名詞の複数形としても解釈できる．それは次の例からわかる．

We should plant a few bushes.（私たちは低木を少し植えるべきだな）
She climbed two mountains in one day.（彼女は1日で2つの山に登った）

しかしこれらには (33) の例のように不可算名詞の解釈もある．

(33) a. He threw it in the bushes.（彼はそれを茂みに投げ入れた）
b. She lives in the mountains.（彼女は山に住んでいる）

これらの例では，低木が茂っている地域や山が並んだ地域のことを述べていると理解される．しかしそれらは，可算名詞と捉えられるほどには個体として認識されていない．(33a) の文と次の文のあいだにははっきりとした対比がみられることに注意したい．

He threw it in two bushes.（彼はそれを2つの茂みに投げ入れた）

(33b) の文に関連していえば，次のように尋ねたとしたら滑稽である．

How many mountains does she live in?
（彼女はいくつの山の中に住んでいますか）[16]

catacombs（地下埋葬所）や ruins（廃墟・遺跡）はこのタイプの複数形と類似している．

■ その他の複数形専用名詞

(34) i. beginnings（初期）　belongings（所有物）
furnishings（備え付け家具）　goings-on（ふるまい）
lodgings（下宿）　makings（素質）
proceedings（議事録）　savings（預金（額））
surroundings（環境）　writings（諸作品，著作集）

[16] 訳者注：He threw it in two bushes. には「2つの茂みのあいだに投げ入れた」という意味はない．この文が使われる状況として，たとえば互いの距離が近い2つの茂みの内部に飲み物を投げ入れるような場合が考えられる．(33a) とは対照的に，この文の bushes は可算名詞である．How many mountains does she live in? という文にも「彼女が山に囲まれて住んでいる」という意味はない．1人の人間が住んでいるのは1つの山の中であるという解釈がふつうであるため，この文は滑稽であると著者らは述べている．

ii. amends（償い，埋め合わせ）　damages（損害賠償（額））
deserts（当然の報い）　dues（会費）
earnings（所得）　proceeds（収入，売上高）
reparations（賠償金，慰謝料）　reprisals（賠償金）
returns（返送品）　wages（賃金）

iii. apologies（丁寧な断り（状），欠席の通知）
compliments（時候のあいさつ，表敬のことば）
condolences（弔辞，見舞いのことば）
regards（よろしくというあいさつ）
remembrances（よろしくとの伝言）

iv. alms（施しもの，義援金，慈善）　arrears（未返済の借金，仕事や支払いの遅れ）
ashes（灰，遺骨，廃墟）
auspices（保護，援助）　brains（頭脳）
credentials（成績証明書）　customs（関税，税関）
elders（年配者，長老）　eye-drops（目薬）
folks（人々，家族）　genitals（生殖器）
grassroots（一般大衆）　greens（青野菜）
grounds（運動場，根拠）　guts（内臓，根性）
heads（硬貨の表面）　heavens（天，空）
holidays（休暇）　humanities（人文学）
letters（文学，学識）　looks（容貌）
mains（水源，ガス・電気の供給）　minutes（議事録）
odds（勝ち目，見込み）　particulars（詳細，明細書）
reams（多量）　spirits（気分，酒精剤，蒸留酒）
tails（硬貨の裏面）　troops（軍隊）
wits（正気，心の平静）

(34i) の名詞は動詞の原形に接尾辞 -ing が付いている．それらの多くの複数名詞には単数形も存在している．しかし，両者の意味関係は，通常の単数形と複数形のペアにみられるような関係にはない．なぜなら，次の文は，beginning（兆し）が複数あったことを意味しないからだ．

The movement had its beginnings in the seventeenth century.
（その運動は 17 世紀にはその萌芽がみられた）

lodgings（下宿）は，単一の賃貸用宿泊場所を表せる．

My lodgings are next to the post office.（私の下宿は郵便局の隣だ）

それだけでなく lodgings は，複数の賃貸用宿泊場所も表せる．

Their lodgings are several miles apart.
（彼(女)らの下宿は互いに数マイル離れている）

makings（素質）は，大まかにいって「潜在能力」を意味している．例：

Kim has the makings of a fine writer.（キムには文章家の素質がある）

複数形専用の savings（預貯金）は，収入とかそういったものから貯えたお金を意味している．

We may have to draw on our savings.
（預金を下ろさないといけないかもしれない）

それに対し，**saving**（節約）は単数形も複数形ももっており，時間や費用を削減することを表す．

You can make a big saving/big savings by buying at the hypermarket.
（大型スーパーで買い物をすれば大幅な節約ができるよ）

単数形の writing には幅広い意味があるが，いずれも複数形の writings（著作集）の意味とは合致しない．後者は著作物に使われる．belongings（もちもの）と furnishings（備え付け家具，服飾品）は (30) と同じく集合体を表す．

(34ii) は，なされた行為に対する賠償と報酬にゆかりのある名詞である．earnings（所得）は (34i) に含まれてもおかしくない語である．(34ii) のほとんどの名詞には単数形が存在する．しかし，それらの単数形と複数形は，ふつうの単複の意味関係にはない．たとえば wages（賃金）は，ただ単に pay（給料）を意味しているだけである．次の 2 つの文を比べればはっきりする．

I haven't received this week's wages yet.
（今週の給料をまだもらってないよ）
There has been little increase in the average weekly wage this year.
（今年は平均週給額がほとんど増えなかった）

returns（利益）は，return がもっている 1 つの意味（つまり，利益）と大差ない．

I'm not satisfied with the return/returns on my investment.
（私は投資利益には満足していない）

(34iii) の名詞は，比較的フォーマルな場面で使われる感情表現で用いられる．

Please accept my condolences.（衷心よりお悔やみを申し上げます）
My father sends his regards.（父がよろしくと申しております）

thanks（謝辞）と congratulations（祝辞）を (34) に付け加えるとしたら，(34iii) か (34ii) だろう．

最後に，(34iv) には雑多な複数形専用名詞を集めてみた．heads（表）と tails（裏）といえば，コイン投げにつきものである．elders は「年配者」を意味する．たとえば，

Show more respect for your elders.（年上の者にもっと敬意を払わんか！）

といった具合である．eye-drops（目薬）は，eye-drop（涙，目薬）の単純な複数形として使われる．

He put two eye-drops in each eye.（彼は片目につき目薬を2滴ずつさした）

a bottle of eye-drops（ビン入りの目薬）という場合には液体の量を表している．複数形専用の不可算名詞 brains（頭脳）が使われる例をあげよう．

Use your brains.（頭を使えよ）　　She has brains.（彼女は切れ者だ）

2つめの例文は，She has a good brain.（彼女は優秀な頭脳のもち主だ）に近い意味をもつ．以上の brains を次のような通常の可算名詞 brains（脳）と比べておこう．

She examined the brains of the victims.（彼女は被害者たちの脳を調べた）

可算名詞の意味をもち，通常の複数形名詞にもなれるものをほかにもあげておく．

customs（例：customs and excise（間接消費税））
grounds（例：the palace grounds（宮廷の敷地））
looks（例：Kim has good looks（キムはよいつらがまえをしている））
spirits（例：They are in good spirits（彼(女)らは上機嫌だ））

folks は，属格決定詞がつくと，family と同じ意味で使われる．これは，くだけた文体で登場する．

My folks are pretty dumb.（うちの家族はかなりお人よしだよ）

folks はまたよびかけとしても使われ，この場合には家族の構成員だけを表すのではない．

Goodbye, folks!（皆さん，さよなら！）

複数形の folk については，以下の 3.2.2 節を参照のこと．

(34) にあがっている名詞の大半は単数形をもたないだけでなく，基数詞＋複数形の名詞という組合せをよしとしない．次の例がそうである．

*seven amends（7 つの償い）　*three folks of mine（私の家族の 3 人）

だからといって，minutes（議事録）は可算名詞にならないとは言い切れない．

Three separate minutes were kept of the meeting.
（その会議の議事録が別々に 3 つ記録された）

arrears（借金）も同様である．

There are three separate arrears on this account.
（この勘定には別々に 3 件の滞納がある）

■限られた機能をもつ複数形専用名詞

(35) i. at loggerheads with（～と仲たがいして）　at odds with（～ともめて）　for keeps（真剣勝負で）　in cahoots with（～と共謀して）　in the doldrums（停滞して）　on friendly terms with（～と懇意にして）
　ii. I'm no longer friends with him.
（私はもう彼とは付き合っていません）

(35i) のように，不可算複数形名詞を含み，程度の差こそあれおおよそ決まり文句といえるような言い方がたくさんある．(35ii) において，friends が複数形であるのは友好関係には 2 人の人間が必要だからである．例：

We are no longer friends（私たちはもう付き合っていません）

しかし，(35ii) では，この複数形名詞 friends が叙述補部として機能しており，単数形の主語 I をとっている．この friends は複数形専用不可算名詞であり，それがもつ用法は次の文にみられる通常の用法とは区別されねばならない．

They are friends of mine.
（彼(女)らは私の友だちである）

［参考］

He's a friend of mine.（彼は私の友だちである）

They are two old friends of mine.（彼(女)らは私の 2 人の旧友である）

friends with を使う言い方が人間関係に焦点を当てているのに対して，**friend of** のほうは被叙述要素（predicand）（つまり主語）の記述的特性を提供する．

3.2.2　その他の複数形専用名詞

(a)　単数形をもたない外来語の複数形

(36)　genitalia（生殖器）　minutiae（些細な点）　regalia（王位の象徴）

部分的に単数形として再分析されてきた少数の外来語の複数形については，3.2.4 節も参照のこと．

(b)　屈折しない複数形専用名詞

形態的に複数形としての標示をもたない複数形専用名詞がわずかながら存在する．

(37)　i.　cattle（畜牛）　livestock（家畜）　police（警察）　poultry$_1$（家禽(かきん)）
vermin（害虫，害獣）

ii.　folk（人々）　people$_1$（人々）

単数・複数の対立がないことは下記のようなペアをみればわかる．

(38)　a.　These cattle belong to my uncle.（これらの畜牛はおじのです）

b.　*This cattle belongs to my uncle.（この畜牛はおじのです）

（37i）の項目は小さな数の数詞とは相性が悪いが，桁が大きくて切りのいい数や概数を表す数詞（high round numeral）とは相性が良い．それゆえ，「擬似可算名詞」(quasi-count nouns）として分類されるかもしれない．それらが表すのは集団であろう．ある要素に小さな数の数詞が付くということは，細分化できない原子的な単位にまでその要素が個別化されているということだが，そのような個別化が（37i）の場合には起こらないということである．このような個別化が起こるためには，このような名詞を，真の（通常はより特定化した意味をもつ）可算名詞に置き換えなければならない．次の例を比較しよう．

(39)　i.　a thousand cattle　*seven cattle　seven cows
（千頭の畜牛）　（7 頭の畜牛）（7 頭の牛）

ii. two hundred police　*four police　four policemen/police officers
(200 人の警察官)　(4 人の警察官)　(4 人の警察官)

cattle（畜牛）の場合には，真の可算名詞を使わないとすれば，seven head of cattle（牛 7 頭）のように数量名詞表現を用いればよい．[17] poultry$_1$（家禽）は，雌鶏(めんどり)とその他の鶏(にわとり)を表し，不可算で単数形専用の poultry$_2$ とは区別される．poultry$_2$ は，これら「家禽の肉」を表す．

Poultry is cheaper than beef.（鶏肉は牛肉よりも安価である）

これに対し folk（人々）と people$_1$（人々）は，小さな数の数詞と共起する．

these three city folk（この 3 人の都市生活者）　two people（2 人）[18]

それゆえ，これらは単数形をもたないという点でのみ通常の可算名詞と異なる例外的可算名詞とみなしてよい．また，people$_1$ と **people**$_2$ は区別される．**people**$_2$ は，通常の単数形と複数形をもつ「国民」や「民族」という意味の名詞である．

They are a very family-oriented people$_2$.
（彼(女)らは家庭的な国民です）
Similar customs are found among many peoples$_2$ of the world.
（多くの民族のあいだで似たような慣習がみられます）

一個人といいたいのなら，*one people という代わりに one person を用いる．person はこの場合，単数形も複数形ももつ普通名詞である．そうすると，persons（人々）と people$_1$ はどう使い分ければいいのかということになる．後者のほうがかなり一般的な語であり，persons は法律やそれに類する文脈に（いつもというわけではないが）結び付けられることが多い．例をあげよう．

Persons using the footbridge do so at their own risk.
（この人道橋(じんどうきょう)[19] を利用する者は自己責任とし，当局は一切責任を負わない）

---

[17] 訳者注：seven head of cattle のように head に -s がつかないことに注意．-s をつけることを許す母語話者もいるようだ．

[18] この people という語はまた不可算名詞として「家族」という意味をもつ．ただしこれは廃(すた)れかかった用法である．例をあげる．

My people have lived in these parts for several generations.
（私の家族はいく世代ものあいだ，この辺りで暮らしてきました）

[19] 訳者注：谷間や川や海などにかけられた，車や馬には渡れない歩行者専用の橋の意．

という具合である．たしかに folk は，people$_1$ と類似の意味をもつ．しかしこの語はほかの語とふつうに組み合わせて使えるのだが，その数はわずかである．たとえば，次のようなものがある．

country folk（田舎の人たち）	city folk（都市生活者たち）
island folk（島民）	the folk around here（近隣住民）

この folk という語は固有名詞の修飾語とともに用いることもでき，集団としての同一性という people$_1$ と同じ意味合いをもつ．たとえば，次の例がある．

Virginia folk（ヴァージニア州の人々）
East Anglia folk（イーストアングリア地方の人々）

（規則変化の複数形接尾辞を含む，複数形専用の folks（家族）については，上記の（34iv）をみてほしい．）

3.2.3　-s 語尾をもつ単数形の名詞

みかけ上は複数形の名詞と同じ語尾をもちながらも，実際には単数形という名詞が英語にはいくつかある．わかりやすい例は，shingles（帯状疱疹）という病名である．単数形の shingle（小石）という名詞があるが，これは shingles とは意味的に（あるいは語源の点からも）関係がない．単数形の shingle があるせいで shingles があたかも複数形にみえるが，みかけに惑わされてはいけない．この shingles という語は単数形である．この語が文法的に単数形であることは次のような例からわかる．

(40)　Shingles is/*are often excruciatingly painful; I hope I never get it/*them.
（帯状疱疹は耐えられない痛みをともなうことが多い．そんな病気にかかるのはご免だ）

この事例は（41）と区別しておきたい．

(41)　i.　A very pleasant three days was spent with Kim's aunt in Brighton.
（ブライトンでキムのおばと過ごした 3 日間は非常に愉快だった）
ii.　Three ounces of sugar is rather too much.
（砂糖 3 オンス（約 84 グラム）はいくら何でも多すぎる）

ここで days と ounces は複数形の名詞であるが，それを含む名詞句は単数である．これは，動詞の形が三人称単数形の was や is になっていることからわかる．意味的な理由からこれらには再範疇化（recategorisation）が起きているのだ．すなわち（41i）では，three days という小名詞句が継続する時間を意味するため，再範疇化によって単数形になっている．一方（41ii）では，three ounces of sugar という名詞句が量を表すため，再範疇化によって単数形になっているのだ．（以下の 3.4 節で論じる）これらの構造と shingles の事例にははっきりとした違いがあるが，どちらか一方のタイプに分類するのがもっと難しい例があることを後でみることにしよう．

この shingles タイプに属すものの，下記の（a）–(d）のいずれにも分類されない語がある．それは不可算名詞 news である．次の例をみてもらおう．

This news is encouraging.（このニュースを聞いたら元気が出てくるわね）

この news という語は形態論的には new + s に分析可能であるが，new は名詞ではないし，-s は屈折接尾辞でもない．その他の事例については，いくつかのグループにまとめて議論しよう．

(a)　病気

(42)	i.	bends（潜函病，航空病）	hives（蕁麻疹，発疹）
		mumps（おたふく風邪）	rabies（恐水病，狂犬病）
		rickets（くる病）	shingles（帯状疱疹）
	ii.	haemorrhoids（痔）	hiccups（しゃっくり）
		measles（麻疹）	

(42i）にあがっている専門用語は単数形の名詞であり，ここでの模範例である shingles と同じようなふるまいをする．しかし中には（冠詞 the をともなう）bends のようなものもある．この手の語は語源の上では複数形であるにもかかわらず，病名として使われる場合には，-s がついているからといって必ずしも複数形というわけではない.[20]（42ii）の語はその点で異なり，-s がつかなければ単数であり -s がつけば複数形である．hiccup（しゃっくり）は，特徴的な音をともない，意志とは関係なく起こる呼吸器官の痙攣を表す単数形の名詞であり，hiccups はそれを単純に複数形にしたものである．例をあげておこう．

---

[20] 訳者注：bends（潜函病，航空病）のような語は the がついて単数形と複数形のどちらにも使われる．

I heard two further hiccups and then there was silence.
（しゃっくりがもう2回聞こえて，それから静かになった）

この hiccups は人や動物がそのような痙攣を生み出す状況をも表し，その場合，主語と動詞の一致ということでいえば単数形でも複数形でもどちらでもよい．たとえば，

Hiccups is/are unpleasant, I concede, but it/they are hardly life-threatening.
（しゃっくりは不快だというのは，まあ認めるとしても，まず命にかかわるものではない）

という具合である．ゆえに，hiccups は複数形の名詞として扱うのが最善であり，この名詞を主要部とする名詞句は痙攣そのものよりも，むしろその状況を表すと解釈されることで，単数形として再範疇化されることもあるし，されないこともある．つまりこれは，この名詞句を（41）と同じように扱うことになる．同じことは，haemorrhoids（痔）にも当てはまる．そしておそらくは measles（麻疹）にも同じことが当てはまるだろうが，違うところもある．それは，この語の場合には，この病気の特徴である斑点を表すのに measle や measles を使用することは比較的めずらしく，多くの話し手はこの病気を表す measles という形式だけを使うであろうし，そうした話し手にとってみれば，この語は（42i）の単数形の名詞の仲間である可能性が高い．

(b)　単数形でも複数形でも -s 語尾をともなう名詞

(43)　barracks（兵舎）
gallows（絞首台）
innings（クリケットの打ち番，得点）
links（ゴルフ場，ゴルフコース）
mews（うまや，馬小屋）
waterworks（水道設備）
crossroads（交差点，分岐点）
headquarters（本部）
kennels（ペット犬預かり所）
means（手段）
rapids（急流，早瀬）

ここで waterworks を一例にあげているが，gasworks（ガス工場）や ironworks（製鉄所）などといった -works を語尾にもつひとにぎりの複合語がある．クリケットなどの試合にかかわって，innings（打ち番，得点）という語が用いられる．野球用語に inning（回）があり，この場合 innings は規則的な変化をする複数形である．上記の kennels は不在の飼い主に代わって犬の飼育と世話を

する施設を表す.[21] そして kennels もまた kennel（犬小屋）の通常の複数形にもなれる. links は, ゴルフのコースを表す（そして golf をつけて複合語にすることが多い).

(43) にあがっている語は, 単数形でも複数形でも同じ形をもつ可算名詞である.

(44) i. This barracks is in urgent need of repair.
（この兵舎は今すぐ修理しないといけない）
ii. These two barracks have been used to accommodate refugees.
（これら 2 つの兵舎は難民に宿泊してもらうために使われてきた）

少なくともいくつかの例では, -s が通常の複数形接尾辞に由来しているのは明白であるが, この -s がついてもこれらの語は複数形とは限らない. 道路が交差する場所を crossroads（交差点）という. しかしこの語は交差した複数の道路を表すのではなく, 単数の概念である交差点を表している. この -s はこれらの語の語基の一部であって, 語基に添加された屈折接尾辞ではない. イギリス英語の licensed premises（酒・タバコ類販売免許店, いわゆるパブ）もこの仲間であり, 同様に体操などで用いられる splits（開脚座）も多くの人にとってはそうである. 例として, a licensed premises（一軒のパブ）と a finely executed splits（見事な全開脚座）をあげておく. また series（ひと続き）と species（種(しゅ)）もこの仲間なのかもしれないが, これらが形態的語尾 -s を含んでいるものとして認識されるのかどうか疑わしい.

(c) 語尾に -ics がつく名詞

(45) i. acoustics（音響学） classics（古典文学）
economics（経済学） ethics（倫理学）
linguistics（言語学） mathematics（数学）
mechanics（力学, 機械学） phonetics（音声学）
physics（物理学） politics（政治学）
semantics（意味論） statistics（統計学）
ii. athletics（運動競技） gymnastics（体育, 体操）

(45i) の名詞は学問分野を表す（いくつかはほかの意味ももっている）し,

[21] 訳者注：イギリス英語では -s 語尾がついて単数形扱いであるが, アメリカ英語では -s 語尾をつけない. 猫を一時預かってくれる施設を cattery という.

(45ii) の名詞はさまざまなスポーツ活動を表す．それらのうちのいくつかには，-s の付かない，単数形の同族名詞（すなわち，acoustic（アコースティック楽器，音響装置），classic（名著，古典），ethic（倫理，道徳），statistic（統計値））があり，これらは規則変化する可算複数形名詞をもつ．

(46) i. The new concert hall has two distinct acoustics.
(その新しい音楽堂は 2 つの異なる音響装置を備えている)
ii. Two distinct ethics are in conflict in this school.
(本校ではこの 2 つの倫理観が対立している)
iii. Two newly published statistics reveal that alcohol is good for you.
(新しく発表された 2 つの統計結果からアルコールは体に良いことがわかる)

語尾に -s のつかない形式が存在しない場合でも，用法によっては複数形の一致がみられる．[22]

(47) i. His politics are somewhat to the left of my own.
(彼の政治思想は私の政治思想よりちょっと左翼寄りだね)
ii. I recall the mental gymnastics that were required to keep up with him.
(彼のペースについていくには頭の体操が必要だったことを思い出します)
iii. I'm afraid the mechanics of the market are beyond me.
(残念ながら，市場のしくみは私の理解を越えています)

(46)-(47) の -ics がつく語が複数形であることは間違いないだろう．しかし，たとえば phonetics（音声学）の場合，phonetic という名詞は存在しない．そして，phonetics 自体は不可算単数形としてふるまう．このことは，以下の例のように much や it が出てくることから明らかである．

(48) There is unfortunately not much phonetics in the course: it's my best subject.
(残念ながらその課程にはあまり音声学の講義が多くない．なぜ残念かって私の得意科目だから)

この phonetics という語は複数形の名詞だと考えてみて，再範疇化を受けて単数形になっているに過ぎないという分析を行ったらどうだろう．このような分

[22] 訳者注：たとえば politic のような語は -s 語尾がつかない場合には名詞としての用法がない．しかし，politics は単数形だけでなく複数形にも使われる．

析には全く信憑性がなかろう．なぜなら，この語は単数形の名詞でしかないからだ．歴史的には，-ics は -ic＋複数形接尾辞からできているが，再分析を受けて学問分野を表す単一の接尾辞に統合されたといえる．しかし，再分析につきものの揺れが現在の体系にはみられる．たとえば athletics（運動競技）と mathematics（数学）のような語には単数形の一致と複数形の一致のあいだで揺れがみられる．そのような語や，学問分野の意味とその他の意味を両方もつ語についていえば，こういう語は学問分野の意味を表す際に単数形としてのふるまいをみせる．この単数形としてのふるまいを，この形式が（shingles（帯状疱疹）のように）形態的に単数形であると扱うべきなのだろうか．それとも，（(41) でみた three ounces of sugar（3 オンスの砂糖）の例のように）複数形の名詞句が再範疇化を受けたものとして扱うべきなのだろうか．判断が難しい．

(d)　ゲーム

(49) i. billiards（玉突き）　checkers（西洋碁）（アメリカ英語）
draughts（西洋碁）（イギリス英語）　fives（ファイブズ（球技））
ninepins（九柱戯（ボーリングに似た球技））
ii. cards（トランプ遊び）　darts（ダーツ（投げ矢））
dominoes（ドミノ遊び）　skittles（九柱戯（ボーリングに似た球技））

これらの単語は，種目名としては単数形の一致を示す．しかし，(49ii) の語はそのゲーム用品を意味するときには通常の複数名詞でも使われる．

(50) i. Billiards/Dominoes is one of my favourite games.
（ビリヤード／ドミノ遊びは私の大好きなゲームの 1 つだ）
ii. I've only three dominoes left.
（僕はドミノ牌を 3 個しか残さなかったよ）

(49ii) についてはこう考えれば自然である．まず，これらの名詞は複数形である．そして，その名詞を中心とする名詞句が，ゲーム（これは単数形の概念）を表すものとして解釈されたときに，単数形として再範疇化されたというわけである．それらの名詞句が，ゲーム用品の複数のピース（すなわち，トランプの札やダーツの矢やドミノの牌やスキットルのピンのこと）を表すと解釈されたときには再範疇化が起こらない．しかし，(49i) の名詞は，ゲームにのみ使われる（ただし，ゲームに関係のない意味ももっているがそれらは無視しておく）．それゆえ，たしかにこの名詞の語基に -s 語尾がついているが，ただ単に

単数名詞として扱うほうが得策である.[23]

3.2.4 単数形と複数形の解釈の揺れ

ラテン語の複数形語尾をもつ多くの名詞がある. それらが英語にとり込まれ, 単数形の解釈と複数形の解釈という2つの用法に分かれた.

(51) i. algae (藻類(そうるい))　bacteria (細菌)
criteria (基準)　data (資料)
insignia (記章, 勲章)　media (媒体, 手段, マスメディア)
phenomena (現象)
ii. ephemera (はかないもの)　erotica (性愛文学, 成人向け書籍)
exotica (異色の芸術作品)　paraphernalia (道具類一式, 私物)
trivia (雑学的知識)

たとえば次のように, 方言によっては文法的な表現がみられる.

%this algae (この藻(も))　%these algae (これらの藻類)
%the data that is relevant (その関連する資料)
%the data that are relevant (それらの関連する資料)
%too much trivia (あまりに多量の雑学的知識)
%too many trivia (あまりに多数の雑学的知識)

歴史的には (51i) の語は, 明らかに単数とわかる形式 (52) の複数形である.

(52) alga (藻(も))　bacterium (細菌)　criterion (基準)
datum (資料)　insigne (記章, 勲章)　medium (媒体)
phenomenon (現象)

しかしながら複数形に比べると, これらの単数形は, 程度の差こそあれ, めったにお目にかからない. このため, (51i) の形式を, 屈折の点で (52) の形式と関係のないものと思い込んで, (51i) を単数形として再分析する人が話者の中にはいる. alga, bacterium と insigne は, 専門的な言語使用域(レジスター)で使われることはあっても, それ以外で使われることはとくにまれであり, 多くの話者にとってはこれらに対応する (51) の形式しかなじみがないだろう. (51i) の項目のうちのいくつかは, 可算単数名詞として, それに対応する通常の複数形を

---

[23] 話者によっては, daughts (西洋碁) は (49ii) の仲間であり, そのゲームだけでなく碁石も意味する. 等位接続された表現 cowboys and indians (西部劇ごっこ) もまた (49ii) の仲間

もつという扱いを受けている．たとえば，

!bacterias（細菌）　!criterias（基準）　%insignias（記章）
!medias（媒体）　!phenomenas（現象）

という具合である．しかしながら，これらのうち，insignias（勲章）だけはかなりの程度受け入れられるようになっている．そしてそれはイギリス英語ではなくアメリカ英語においてである．つまり，ほかの語は，注釈記号として！がついているように，今なお明らかに非標準的である．しかし注意すべきことに，agenda（協議事項，予定表）や candelabra（大燭台（しょくだい），枝付き燭台）という語の歴史には，こうした可算単数名詞とする再分析が起こった．これらはもとはといえば複数形であったが，今では単数形になっている．だからといって，誰もとやかくいう者はいない．これらは規則変化名詞として agendas や candelabras という複数形をもつ．[24]

（51）の形式についていえば，criteria と phenomena を除くすべての語は，標準的とみなされるほど十分に単数形として定着している．そして data に関しては，とくにコンピューターやデータ処理の分野では単数形で使われるのが一般的になっており，それらの分野では datum はほとんど使用されない．media という語は，新聞・雑誌，ラジオ，テレビといったマスコミの手段に用いられる the media という成句（フレーズ）でもっとも頻繁に使われ，単数形の一致も複数形の一致もどちらも十分に定着している．

3.3　不可算数量名詞

もっともわかりやすい数量化（quantification）の手段には，決定詞（determiner）として，あるいは修飾語（modifier）として機能する数量詞（quantifier）がある．次のような例がそうである．

<u>many</u> books（多くの本）　these <u>three</u> houses（これら 3 軒の家）

しかし，数量化を表現するには，名詞を主要部としてその補部に of 前置詞句をとるという方法もある．この節では，a lot of people（大勢の人々）にみられるように，数量名詞が不可算であるような事例をとりあげる．

であるが，単数形にするとごっこ要員を意味する．

[24] とはいえ candelabra は，candelabrum（大燭台）の複数形としてなら今日でもみかける．candelabrum をみかけることはまれであるが．

ここでみていくことになる不可算数量名詞の表現には，(53) の 3 つの型がある．(53) では，二重線部は数量名詞であり，一重線部は**斜格句** (**oblique**) とここでよんでいるもの，つまり of の名詞句補部である．

(53)

	単数	複数
i.	a. [A lot of work] was done. (多くの仕事が片付いた)	b. [A lot of errors] were made. (エラーが多発した)
ii.	a. [A great deal of work] was done. (大量の仕事が片付いた)	b. *[A great deal of errors] were/was made. (エラーが大発生した)
iii.	a. *[Dozens of work] was/were done. (何十もの仕事が片付いた)	b. [Dozens of errors] were made. (何十ものエラーが発生した)

(53i) おいて名詞句全体の数を決めているのは，名詞 lot ではなく，斜格句 (of) work/errors である．すなわち，斜格句のもつ数がそれを含む名詞句全体に伝わって，名詞句全体のもつ数を決定する．lot はこのようにして数が決まるのを許容している．この点で，lot は「**それ自体では名詞句の数を決定せずに，斜格句に数を決定させる性質をもつ**」あるいは「**数透過性**(すうとうかせい)**をもつ**」(**number transparent**) という．[25] (53ii) における単数形の deal は単数形の斜格句を選択するが，(53iii) における複数形の dozens は複数形の斜格句を選択する．((53iib) と (53iiia) が非文なのは名詞句内部に問題があるからであって，主語と動詞の一致のせいでないことは，was と were のどちらが現れても非文になることからわかるだろう．)

斜格句は**部分詞** (**partitive**) あるいは**非部分詞** (**non-partitive**) のどちらにも使われる．

(54) i. [A lot of the delegates] complained. ［部分詞］
(例の代表者たちの多くが文句をいった)

ii. [A lot of people] complained. ［非部分詞］

[25] 訳者注：たとえば a picture of girls などの表現では，斜格句 girls が複数形であっても，名詞句全体は単数形である．なぜならば，斜格句のもつ複数性という数の素性が picture を通り過ぎて名詞句全体に浸透するのを picture が妨げているからである．すなわち，picture は数透過性をもたない．これに対して a lot of people のような名詞句が複数形になるのは斜格句 people の複数性が lot を通り過ぎて名詞句全体に浸透することが許されるからである．lot はそれゆえ数透過性をもつ名詞なのである．

（大勢の人たちが文句をいった）

(54i) では名詞句全体が，the delegates によって述べられている集合の中から，部分集合を抽出しているのに対して，(54ii) にはそのような部分集合の関係はない．通常，部分(詞)斜格句 (partitive oblique) は定表現 (definite) である．部分斜格句とは違って，非部分斜格句は融合主要部構造 (fused head construction) になじまない.[26]

(55) i. [Many of the delegates] complained. ［部分詞］
（例の代表者たちの多くが文句をいった）
ii. *[Many of delegates] complained. ［非部分詞］
（代表者たちの多くが文句をいった）

(55ii) に代わる言い方として，名詞句が別の名詞句に埋め込まれていない，ただ単なる次のような言い方がある．

[Many delegates] complained.（多くの代表者たちが文句をいった）

(a) 数透過性数量名詞 (number-transparent quantificational noun)

(53i) の lot と，次の例文に出てくる lot とは，区別されるべきである．後者の lot はグループを意味する可算名詞である．

We have two lots of visitors coming this afternoon, one at 2.30 and the other at 4.
（午後にお二組のお客様がお越しで，お一組は 2 時 30 分，もうお一組は 4 時のご到着です）

(53i) に出てきている用法での lot はもとの意味が漂白され不可算名詞になっており，[a lot of work] や [a lot of errors] はそれぞれ，much work と many errors を意味している．この名詞の of から後ろにある補部を省略してもよいが，それでもそれが省略されていることが理解できる．さらに省略されていても，その省略された補部が lot からなる名詞句が単数なのか複数なのかを決定する．このことは，次の動詞の形式をみれば明らかである．

[26] (55i) で of the delegates は定冠詞をともなうので部分斜格句であり，「代表者たちのうちの一部」であるという解釈をもつ．(55ii) では of delegates は無決定詞複数形で不定になっているので非部分斜格句である．非部分斜格句は a lot などとは共起できるが，many などの融合主要部構造とは共起しない．

(56) i. A: Where did all the money go?　B: A lot was spent on travel.
(有り金は全部どこへ行った？)　(多くは旅行に使ったよ)
ii. A: What happened to the protesters?　B: A lot were arrested.
(デモ隊はどうなったの？)　(多くは捕まったよ)

(56i) の a lot は a lot of money と理解されるので単数形であり，(56ii) の a lot は a lot of the protesters と理解されるので複数形である．

数透過性名詞 (number-transparent noun) の主なものをあげておく．

(57) i. lot　plenty　(a ～ of で「たくさんの」)
ii. lots　bags　heaps　loads　oodles　stacks
(～ of で「たくさんの」)
iii. remainder　rest　(the ～ of で「～の残り」)
iv. number (a ～ of で「いくつかの，たくさんの」)
couple (a ～ of で「2 つの，2 ～ 3 の」)

単数形の lot は a を決定詞にとり，その名詞の前に限られた数の修飾語句だけをとる．たとえば，

A whole/huge lot of time has been wasted.
(とてつもない時間が無駄になっている)

といった具合である．[27] plenty は形の上では単数形であるが，いかなる決定詞も修飾語もとらない．たとえば次の 2 つを比べるとよい．2 つめの例のようにはいわない．

plenty of butter/friends (たくさんのバター／友だち)
*a remarkable plenty of butter/friends (驚くべきたくさんのバター／友だち)

(57ii) の複数形は，決定詞ぬきで使われる．それらのうち，lots はくだけた語であり，それ以外の語は非常に口語的である．後者は，部分斜格句をまずとら

[27] この lot という語は，hell/heck という名詞の補部に現れてもよい．そして次のような例において，名詞句の樹形図構造の終端にある people から最上位にある名詞句まで複数形の素性が浸透していく．

A hell of a lot of people are going to be disappointed.
(どえらい数の人々がガッカリするだろうよ)

この構造についてのさらなる議論については，14.1 節を参照するとよい．

ない．たとえば次の２文を比べるとよい．２つめの文はまずいわない．

They have oodles of money.（彼(女)らは大金をもっている）
?Oodles of the money had already been spent.
（そのお金の多くがすでに費やされていた）

(57iii) の remainder と rest は定冠詞 the をとり，部分斜格句だけを許す．たとえば，次の例のうち２つめのようにはいわない．

the remainder/rest of the time/errors（残りの時間／残りの間違い）
*the remainder/rest of time/errors

(57iv) の number と couple は部分詞でも非部分詞でも用いられるが，複数形の斜格句しかとらない．たとえば，次の２つのペアをみればわかるだろう．

a number of the protesters（デモ隊のうちの多く）　a couple of days（2 日）
*a number of money（大金）　*a couple of hope（2 つの希望）

number と couple は単数形で現れる場合には必ず決定詞がつく．その場合の決定詞は，通常は a であるが，(58) のようにそれ以外の決定詞も可能である．ついでにいえば，**number** は複数形で現れることができるし，形容詞修飾語をともなうこともできる．ただし，どのような修飾語でもよいわけではなく，その数は限られている．例をあげよう．

(58) i. We found [huge numbers of ants] swarming all over the place.
（ものすごい数のアリがそこらじゅうに群がっているのに気が付いた）
ii. If [this number of people] come next time we'll bring in professional caterers.
（次回これだけの人数がやって来たら，仕出し屋を雇うことになるなあ）
iii. [Any number of people] could have done a better job than that.
（あれよりもっとましな仕事をしてくれる人はかなりたくさんいたでしょう）
iv. [The couple of mistakes she had made] were easily corrected.
（彼女はミスを２つやらかしていたけど，訂正はたやすかった）
v. [An unusually large number of people] have applied this year.
（今年はいつになく多くの志願者が受けに来た）
vi. [How large a number of students] have enrolled, did you say?
（どれだけ多くの学生が入学したとおっしゃいましたか）

number はいくつも意味をもつが，ここでとり上げている意味で用いる場合には定冠詞 the がつかない．数透過性（number-transparent），すなわち，それ自体では数を決定しないという性質をもつこの number という語が現れるとき，これは大ざっぱな数を表す．しかし，それ以外の場合には number は正確な数を表す．そしてこの場合には，number は the をとることができる．次の文がそのよい例だ．

The number of protesters arrested has not been revealed.
（デモ隊の逮捕者の数は明らかになっていない）

この文では，主語名詞句が単数形になっている．これは，この number は数透過性という性質をもたないときには単数形であり，これが主語名詞句の主要部になっているからである．

(b)　単数形の斜格句をとる不可算数量名詞

単数形の斜格句をとる不可算数量名詞のわかりやすい例をあげてみよう．(53ii) にあるような deal という語がそれに当たる．

a great deal of work（大量の仕事）　*a great deal of errors（大量のミス）

前者は文法的だが後者は非文法的である．非部分斜格句（ここでの of 句）には，不可算名詞が要求される．標準英語では，deal には不定冠詞だけでなく，通常，great や good といった形容詞の修飾語がついていなければならない．くだけた日常語の smidgen（ほんの少し）と bit（わずか）もこのタイプである．たとえば,

a smidgen/bit of improvement（ほんの少しの／わずかな改善）
*a smidgen/bit of improvements

前者は文法的だが後者は非文法的である．この例の bit は，非数量詞的な bit すなわち小片（piece）とは違う意味をもつ（例：two bits of cheese（チーズ2かけ））．同じように，多くの話者にとって，amount とか quantity は単数形の斜格句をとる場合に限って使われるが，次のような例は保守的な文法家と進歩的な文法家でその用法が分かれる．

%a large amount/quantity of stamps（大量の切手）

保守的な用法事典はそのような例をよしとしない傾向がみられる．しかし，より進歩的な用法事典は，そういった表現はきわめて一般的であると認めている．とくに，正確な数を特定することを問題にしないような場合，たとえば次

のような場合には，一般的であると認めている．

a large amount of pebbles（大量の小石）

さらに次のような不可算複数斜格句とも比べるとよかろう．

a huge amount/quantity of stolen goods（おびただしい量の盗品）

しかし，いずれにせよ，amount と quantity は可算名詞である点で deal とは異なる．たとえば，次のようにいえるのである．

Two small quantities of silver had been discovered.
（2 個の少量の銀が発見された）

(c)　複数形の斜格句をとる不可算数量名詞

(53iii) における dozens は以下の部類の代表例である (dozens of errors（何十ものエラー）はよいが，*dozens of work（何十もの仕事）とはいわないことを思い出そう)．

(59)	dozens（数十，多数）	scores（多数）
	tens（数十）	hundreds（数百）
	thousands（数千）	millions（数百万）
	billions（数十億）	zillions（おびただしい数）

かたやこれらの複数形の名詞 ((60i) の dozens や hundreds) と，かたや基数詞やそれに類する数量詞に出てくる単数形 ((60ii) の a dozen や three hundred) とを区別する．

(60)	i.	a. dozens of spiders （数十匹のクモ）	b. hundreds of voters （数百人の投票者）	[主要部名詞＋補部]
	ii.	a. a dozen spiders （12 匹のクモ）	b. three hundred voters （300 人の投票者）	[決定詞＋主要部名詞]

(60i) の名詞句の主要部は dozens/hundreds であるのに対し，(60ii) では名詞句の主要部は spiders/voters である．両者が決定的に異なるのは，名詞の外延（つまり spiders/voters などによって表されるものの集合）を数量化しようというときに，(60i) の複数名詞 dozens/hundreds と数量化される名詞 spiders/voters を直結することができないという点である．(60i) と次の例を比べればその点がはっきりするだろう．

*dozens spiders　*hundreds voters

つまり，複数名詞 dozens/hundreds には of が必要である．部分詞融合主要部構造では，これらの数量詞は定の of 句とともに現れることができる．

a dozen of the spiders（そのクモのうちの 12 匹）
three hundred of these voters（これらの投票者たちのうちの 300 人）

しかしもっとも単純な構造では，(60ii) のようにこれらの数量詞は後続する名詞主要部にとっての依存要素として現れる．

(59) における複数名詞の依存要素として数詞が現れることはできない．その点で，これらの複数名詞は不可算名詞である．数詞が使えない代わりに，主要部名詞＋補部構造を反復させて次のようにいえばよい．[28]

(61) i. a. *ten thousands of stars（何万という数の星）
b. tens of thousands of stars（何万という数の星）
ii. a. *seven thousand millions of stars（70 億もの数の星）
b. thousands of millions of stars（何十億という数の星）

この tens は主にこのような反復表現に限って使われる（?tens of mistakes（何十という誤り）というと文法性が疑わしい）．しかしこの反復表現は，many やいくつかの定の決定詞をとることができる．

many thousands of stars（何千もの星）
the thousands of stars you can see（目にみえる何千もの星）
those millions of people living in poverty（その何百万人もの生活困窮者）

■ a number of protesters（大勢のデモ隊）の名詞句の統語構造

本シリーズの分析は，a number of protesters（大勢のデモ隊）という表現において，number が主要部で，of protesters（抗議者たちの）がその補部であると

---

[28] 訳者注：たとえば (61ia) のように，複数名詞 thousands の直前に依存要素として ten をもってくることはできない．その代わりに (61ib) のように tens of ～という主要部＋補部構造をとらねばならない．この構造が反復されているというのは，次のように理解しよう．tens of thousands of stars では，[[$_{\text{主要部}}$ thousands] [$_{\text{補部}}$ of stars]] という主要部・補部構造があって，これがさらにより大きな構造に反復的に埋め込まれて，[[$_{\text{主要部}}$ tens] [$_{\text{補部}}$ of [thousands of stars]]] という構造ができている．

いう立場をとっている．これまで論じてきたその他の数量名詞構造にも同様の分析が当てはまる．多くの研究書は protesters が主要部で，a number of が複合数量詞であるという代案分析を唱えている．両方の立場を簡略化した樹形図構造に表すと次のようになるだろう．

(62) a.　b.

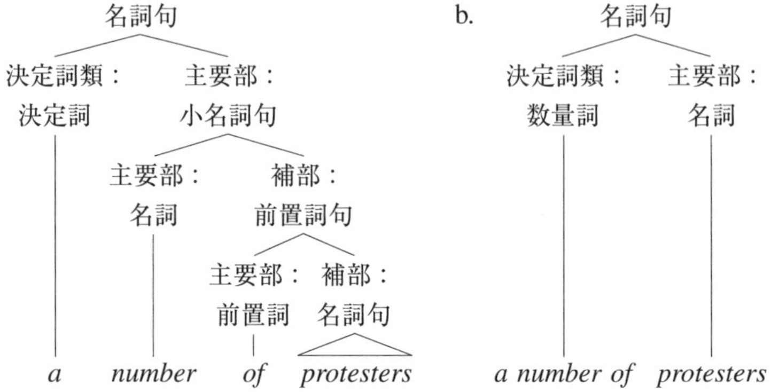

[専門的解説]

(62b) の分析を支持する主な動機づけは，名詞句全体の数が複数であるという点である．(62b) の分析をとるとこのことは，名詞句の数がその主要部によって決まるという一般規則から導かれる．それに対して，(62a) の分析をとると，数は名詞主要部によって決まるというよりも，むしろ数は斜格句から出発して，名詞句まで上へ上へと浸透するという特殊な規則が必要になってしまう．

たとえそうであっても (62a) の分析が，このような欠点を補って余りあるほどに優れていることを支持する説得力ある論拠があるとここでは考えている．

(a)　名詞の構造において of が (a) number とではなく斜格句と構成素をなすことを支持する証拠

(63) i. Most students like continuous assessment but [a number ___ prefer the old examination system].
(ほとんどの生徒が平常点評価を好むが，何人かは昔ながらの試験による評価方式を好む)

ii. We called a meeting of the first-year students, [of whom a number ___ had complained about the assessment system].

(1年生を集めて話し合いをした．彼(女)らのうちの何人かは評価方式に不満を述べていた)

斜格句が省略されると，of も脱落するということが例文（63i）からわかる．これは，前置詞句が省略される場合に一般にみられるのと同じである．(63ii) では，斜格句は省略ではなく関係詞になっていて，of whom が明らかに関係節の核前位（prenuclear）の位置を占める前置詞句である．[29] このように，省略と移動を（62b）の分析にすり合わせようとしても，納得のいく方法はない．

(b)　名詞句内で number の主要部前位を占める依存要素

(62b) の分析は実質的に a number of を1つの決まり文句や定型句（fixed phrase）として扱ってしまっている．つまり，この分析は，a number of を別のものに置き換え，それをさらに拡張できるような構造を仮定していないのである．しかし，上でみたように，a number of の a は他のいくつかの決定詞に（たとえば，(58ii–iii) にあるように this や any に）置き換えてもよいし，number は不可算名詞にもかかわらず単数形にも複数形にもなれるし，number は（(58v–vi) にあるように）形容詞修飾語をとることができる．とくに，how large a number of students（どれくらい大勢の学生）という場合の疑問詞句の位置に注意すべきである．[30] これらの構文をうまく扱うには，(62b) の分析は多くの面で，すでにこれまで名詞句に対して考えてきたことを再現するような構造を，複合数量詞句に仮定しなければならないだろう．

---

[29] 訳者注：関係節の内部で先行詞と主語のあいだの関係詞が現れる位置を核前位位置という．

(62a) の分析では of と斜格句が構成素をなしているので，斜格句を省略するときも移動するときも，前置詞全体がこのような操作を受けることが簡単に捉えられる．それに対して (62b) の構造では of と斜格句が構成素をなさないので，省略や移動を受けることがうまく捉えられない．

[30] 訳者注：how large a number of students という名詞句において，疑問詞句 how large は (62a) の構造でいえば，名詞 number（の前の決定詞 a）の前に現れる決定詞前位修飾要素として現れて，number を修飾している．(62b) の構造では a number of は単一の決定詞として分析されているため，how large は number をうまく修飾するのかどうか不明である．そのため (62b) の分析はまずいと述べていると考えられる．

3.4　名詞句内部の数の一致と選択

名詞句内部の要素どうしが組み合わされる際に従わなければならない，数に関する制約には，**一致**（**agreement**）と**選択**（**selection**）の 2 種類がある．

(64) i. a. this book / *this books　b. these books / *these book　［一致］
ii. a. one doctor / *one doctors　b. two doctors / *two doctor　［選択］

(64i) において，this と these は単一の **this** という語彙素（lexeme）[31] が屈折した形である．それゆえ，ここには一致が起こっている．つまり，一致の規則により，名詞主要部自体が単数形の場合には，this という単数形が出てこなければならないし，名詞主要部が複数形の場合には these という複数形が出てこなければならない．それに対し，(64ii) では two は one の複数形ではない．それは three でも同じことである．つまり one と two は，同一の語彙素から屈折によって出てくるのではない．one と two の屈折特性が，this と these の屈折特性と違っているだけというのではないのだ．では何が起きているのか．選択が関与している．すなわち，one は単数形の主要部を選択し，two は複数形の主要部を選択するということである．

■ 一致

名詞主要部と数で一致する依存要素には，指示詞の **this** と **that** の 2 つしかない．

(65) a.　this girl ～ these girls　　b.　that boy ～ those boys

[31] 訳者注：語彙素とは，統語環境によって異なる複数の異形を語彙的に（辞書という観点から）同一のものとみなしたものである．this と these は一方にある形態的特性が他方になく，この 2 者の現れる環境も異なるため，統語的な観点からは別の語であることになる．しかし，語彙的な観点からは this と these は「同じ語の異形態」とみなされる．このため this と these は同じ語彙素に属するという．同様に hard と harder，is と are もそれぞれ同じ語彙素に属する．ただし，efficiently と more efficiently は同じ語彙素に属さない．詳しくは第 0 巻『英文法と統語論の概観』を参照．

・複数形の指示詞と単数形の名詞が共存する these kind of dogs の構造

kind や **sort** や **type** などの名詞は，複数形の指示詞がついても例外的に単数形のままでよい．次の例を比べよう．

(66) i. a. [This kind of dog] is dangerous.
(この種の犬は危ない)
b. [These kinds of dogs] are dangerous.
(これらの種類の犬は危ない)
ii. [These kind of dogs] are dangerous.
(これらの種の犬は危ない)

(66i) の例は，通常の一致規則に従うが，(66ii) は従わない．(66ii) の括弧内の名詞句の意味は，次の点で (66ia) のそれと似ている．つまり，ある単一の種類の犬がおり，(66ib) のような複数の種類の犬を意味しないという点である．また，dogs of this kind (この種の犬たち) とも比較しよう．(66ii) の構造は，すでに 3.3 節で議論した a number of protesters の構造にみられるような，それ自体では数を決定せずに，他の要素に数を決定させる特性 (数透過性) を帯びている．なぜならば，名詞句全体が複数形であることを決定するのは斜格句 dogs であるからだ．しかし，(66ii) では指示決定詞まで複数形になっている．この構造は非常によく定着しており，くだけた文体では容認可能とみなされると思って間違いない．

■選択

決定詞のうち，the や which や no は名詞主要部が単数でも複数でもかまわずにそれに結び付くのだが，その他の決定詞は名詞主要部の数に応じて選択をはたらかせる．

(a)　単数形の主要部を選択する依存要素

(67) i. a (ある)　one (1 つの)　each (おのおのの)
every (あらゆる)　either (どちらかの)　neither (どちらの〜もない)
ii. much (多量の)　little (ほとんどない)　a little (少量の)

すでに述べたように，(67i) の語は可算名詞の単数形を選択し，(67ii) の語は不可算名詞の単数形を選択する．[32] 不定冠詞 a は，other と複合語を形成して

---

[32] more than one (1 つより多くの) や one more (もう 1 つ) などのように，たとえ one が more を主要部とする決定詞類句 DP 内部に現れても，one は単数形の主要部をとる．これに

another になったり，further（さらなる）や additional（追加的な）などの形容詞についたりする場合には，下記の (c) のグループ（すなわち，単数形あるいは数量化された複数形主要部）の仲間である．(67ii) の数量詞は oats（オート麦）のような不可算名詞の複数形を選択することもなきにしもあらずである，[33] 次の例をみよう．

?We haven't got much oats left.（オート麦が残り少ないわ）

(b)　複数形の主要部を選択する依存要素

(68)	i.	two（2 つの）	three（3 つの）
		2.3（/tuː pɔint θriː/）	one and a half（1.5 個の）
	ii.	both（両方の）	several（いくつかの）
		many（多数の）	few（ほとんどない）
		a few（少数の）	
	iii.	numerous（数多くの）	countless（無数の）
	iv.	we（我々）	you（あなた方）

(68i) の項目は，整数であるなしにかかわらず，1 よりも大きな数の例である．たとえば，half an apple（半分のりんご）と one and a half apples（りんご 1 個半）を比べればよかろう．(68iii) の項目は形容詞である．たとえば，numerous objections（多数の反対意見），countless mistakes（無数の誤り）のように使われる．一，二人称の決定詞類 we と you は，we veterans（我々経験豊富な者たち）や you youngsters（青年諸君）のような表現にみられる．[34]

ついては，第 11 章の (6) をみておきたい．しかし [one in ten] students（学生の 10 人に 1 人，10 人に 1 人の学生）のような例では，one は複数形の名詞を選択する．この例では，one in ten は「〜の 10%」という割合を表す決定詞類句である．名詞主要部は，それが等位接続表現 one or two（1 つか 2 つ）や one or more（1 つ以上）をともなう場合にも複数形になる．

[33] 訳者注：3.2.1 節 p. 46 を参照．

[34] 名詞の依存要素が you の場合に名詞主要部が複数形になるが，この決まりはよびかけ (vocative) の名詞句には当てはまらない．例をあげる．

Why did you miss the train, you fool?
（困っちゃうね君，なんだって電車に乗り遅れたりするんだ？）

また，You bastard!（あなたなんかもう知らないわ！）という感嘆表現においてもやはり主要部名詞が複数形にならない．そのような名詞句は，通常の節構造の補部位置に出てこない．

*You fool are late!（のんびり屋さんよ，とうに約束の時間が過ぎているぞ！）

(c)　単数形主要部を選択するか数量詞＋複数形主要部を選択する依存要素や連続した要素

(69)　another（もう 1 つの）　a further（さらなる）
an additional（追加の）　a good（十分な）

(70) i.　[Another body / *bodies] had been discovered.
（もう 1 つの遺体が発見されていた）
ii.　[Another three bodies] have been discovered.
（また新たに 3 つの遺体が発見されている）
iii.　[A further few / *many volunteers] were needed.
（さらにもう少しの／多くのボランティアが必要だった）
iv.　He ate [a good three hefty steaks] before leaving the table.
（彼は高価なステーキ肉をたっぷり 3 枚食べてからテーブルを後にした）

(69) の語の後ろに複数形の名詞主要部が出てこられるのは，その名詞主要部が数詞か数量詞 few をともなう場合に限られる．a good の後ろに単数形の主要部が出てくる場合，time（時期），period（期間），distance（距離），way（方法），stretch（(一続きの) 時間，距離），weight（重さ）などの抽象名詞（abstract noun）や，day（日にち），hour（時間），week（週）などの度量名詞（measure noun）をともなう場合に限られる．たとえば，次の例をみてみよう．

We have a good stretch still to cover.
（たどり着くまでまだかなり距離がある／やり終えるまでまだかなりの課題がある）
It took me a good day to finish the assignment.
（宿題を終えるのにまる 1 日かかった）

[専門的解説]

■複数形の度量句である小名詞句が単数形として再指定される場合

ある種の複数形の小名詞句が単数形として再指定されることがある．

(71) i.　[That ten days we spent in Florida] was fantastic.　[期間]
（[フロリダで過ごしたあの 10 日間] は素敵だった）
ii.　[This twenty dollars] isn't going to get us very far.　[金額]
（[この 20 ドル] で私たちが行けるところはたかが知れている）
iii.　[This next two miles] isn't going to be difficult.　[距離]
（[この次の 2 マイル] は大したことはなかろう）

iv. [This last fifty bars] clearly isn't Beethoven. [一続きの音楽]
([この最後の 50 小節] は明らかにベートーヴェンではない)

v. [That two pounds of sugar you bought] isn't going to be enough.
([君が買ったあの 2 ポンドの砂糖] では足りないよ) [量]

下線部の小名詞句はその内部の形式をみると複数形である（複数形の名詞を主要部にもつ）．しかし，それらの小名詞句は単一の個 (entity)，すなわち，一定の期間，金額，距離，一続きの音楽，量を表すものとして概念化されている．この単数形への概念化は，形式が複数形であることを帳消しにして，それらの名詞が単数形の主要部として扱われるようにするのである．これは，まさしく，that period of ten days（その 10 日間），this sum of twenty dollars（この総額 20 ドル）などと同じである.[35]

そのような再指定は一般に随意的である．たとえば，(71) のほかにも次のような例がみられる．

(72) i. [Those ten days we spent in Florida] were fantastic.
([フロリダで過ごしたあの 10 日間] は素敵だった)

ii. [These twenty dollars] aren't going to get us very far.
([この 20 ドル] で私たちが行けるところはたかが知れている)

iii. [These next two miles] aren't going to be difficult.
([次のこの 2 マイル] は大したことなかろう)

iv. [These last fifty bars] clearly aren't Beethoven.
([この最後の 50 小節] は明らかにベートーヴェンではない)

---

[35] 複数形主要部を単数形として再指定することは，主要部が数詞であるような融合主要部名詞句においてもみられる．例をあげておこう．

Then it would be reasonable to suppose that he showed the diamonds to you, his customer. Or showed you twenty five of them perhaps. Then he sent that twenty-five back to Antwerp by the Euro-Securo couriers.

（それなら，こう考えるのが当然の理というものです．彼がお客様であるあなたに例のダイヤモンドを全部みせたのでしょうよ．あるいはおそらく彼はそれらのダイヤモンドのうちの 25 個をあなたにみせたのでしょう．それから彼は宅配業者のユーロ・セキューロを使って，その 25 個をアントワープまで送り返したというわけです）

この文の that twenty-five（あの 25 個）が "that batch of twenty-five diamonds"（あの 25 個のダイヤモンドの束）を照応形として指していると解釈しておく．

［訳者注：that twenty-five は単数形の先行詞を指すため，単数形として再指定されるということ．すぐ上の例文は，Dick Francis による Straight という作品から採用されている.］

v. [Those two pounds of sugar you bought] aren't going to be enough.
([君が買ったあの2ポンドの砂糖] では足りないよ)

しかしながら単数形主要部をとる数量詞には，再指定が義務的に起きる.

(73) i. [Every ten days we've spent on the project] has/*have cost a fortune.
([その計画に費やした10日ごとに] 大金がかかった)
ii. [Each fifty bars] was/*were a new challenge.
([楽譜の各50小節] が新たな難関となって立ちはだかった)

複数形の小名詞句が単数形として再指定されることを (71) などでみた. (69) の another やその他の語と数量詞 (数詞や few など) をともなった複数形が共起することを (70) でみた. この両者は明らかに似ている. とくにこの単数形として再指定される小名詞句は，(70) と同じく次の例でも，数詞または few を数量詞としてともなわなければならないからである (cf. (70iii)).

That few/*many days we spent in Florida was fantastic.
(フロリダで過ごしたあのわずかな日々／多くの日々は素敵だった)

さらに複数形の度量小名詞句 (measure nominal) が単数形として再指定されることは，(71) と (73) の項目にみられるし，(70) にあるように another などにもみられる. しかし another をはじめとする (69) の項目は，複数形の度量小名詞句以外のものとも共起する. つまり度量句ではなく，かつ，単数形に再指定されることを許さないような複数形の小名詞句とも共起するのだ. 次の例を比べてみよう.

(74) i. [Another three days] are/is going to be needed.　[再指定可]
(もう3日必要になるだろう)
ii. [Another three bodies] have/*has been discovered. [再指定不可]
(遺体がもう3つ発見された)

(74i) における three days は，単一の期間を表すものとして概念化されうる度量句である. この場合，単数形としての再指定が起きている. これはちょうど this や every などに起きるのと同じである.[36] しかし，(74ii) における

[36] 訳者注： まとめれば，that や this や every や each は，その後ろに単数形として再指定される度量名詞句だけをとる. しかも数詞や few などがついていなければならない. 一方，

three bodies は，度量句ではなく，単数形に再指定を受けることができない．これは動詞 have / *has の形式からもわかるし，another を this やそのたぐいのものに置き換えられないことからもわかる．これについては次の例をみれば明らかだ．

Where did they find these / *this three bodies?
（彼（女）らはこの 3 つの遺体をどこで発見したのか）

それゆえ，another や an additional や a further や a good（＝(69)）は，概念的にも形式的にも複数形である小名詞句主要部と共起することができる．

(69) の項目は単数形として再指定される度量名詞句を許す．それだけでなく，単数形として再指定されないような複数形の小名詞句とも共起する．

第4章　決定詞の機能

決定詞は，名詞句の構造内の主要な機能である．ある決定詞が小名詞句に追加されると，名詞句レベルでの構造が形成される．単数(形)可算名詞（singular count noun）を主要部とする小名詞句の場合，決定詞をそれに追加することは一般に義務的である．[1]

(1) i. *[New car] was stolen.　［無決定詞可算単数小名詞句］
(新車が盗まれた)
ii. [The / One / Ally's new car] was stolen.　［決定詞＋可算単数小名詞句］
(例の／1台の／アリーの新車が盗まれた)

(1i) では，単数形の可算名詞 car を主要部とする new car が小名詞句になっている．小名詞句は単独では名詞句になれない．つまり節の主語としてふるまうことができるような名詞句にはなれないのである．(1ii) では，これと同じ形式をもつ小名詞句 new car に決定詞 the や one や Ally's を追加することで，the new car や one new car や Ally's new car という名詞句が形成されている．おのおのの決定詞は独自の専用の意味をもつ．しかしながら，すべての決定詞に共通する一般的な機能は，(the や Ally's などにみられる) 定性 (definiteness) あるいは (one にみられる) 不定性 (indefiniteness) という指定を名詞句に搭載することである．固有名詞はその本来の用途で用いる場合には内在的に定 (definite) である．この点について考察したいが，それは第20章まで見送ることにしよう．

[1] 訳者注：小名詞句に決定詞がついて名詞句になることを思い出してほしい．

■有決定詞名詞句と無決定詞名詞句 (determined and bare NPs)[2]

決定詞がついている名詞句を**有決定詞名詞句** (**determined NPs**) とよぶことにしよう．特定の環境では，決定詞を装備していないのに小名詞句がそれ自体で名詞句になることがある．そこで，ここでは**無決定詞名詞句** (**bare NPs**) に触れておく．複数形可算名詞を主要部とする小名詞句や，不可算名詞を主要部とする小名詞句は，決定詞をつけなければ自動的に，不定 (indefinite) と認めて差し支えない．そのような小名詞句は，次の文において，new cars や Danish cheese のような無決定詞不定名詞句 (bare indefinite NPs) になっている．

We used to buy new cars. (我々はきまって新車を買ったものだ)
We used to prefer Danish cheese.
(我々はいつもデンマーク産のチーズのほうを好んだものだ)

ではここで，(1) と複数形の (2) とを比較してみよう．

(2) i. [New cars] were stolen. ［無決定詞名詞句］
([新車が (何台か)] が盗まれた)
ii. [The/Two/Ally's new cars] were stolen. ［有決定詞名詞句］
(例の／2台の／アリーの新車が盗まれた)

(2i) において，小名詞句 new cars は，無決定詞不定名詞句 (bare indefinite NP) になっており，(2ii) では小名詞句があり，これに決定詞がつくことで (1) と同じように名詞句になっている．この場合，the new cars や Ally's new cars は定であり，two new cars は不定である．しかし，さまざまな条件の下で，無決定詞可算単数小名詞句が例外的に名詞句として現れることが許される．たとえば，次の例を比べてみよう．

Henry became treasurer. (ヘンリーは出納係になった)
Ed went to school. (エドは登校した)
What time did you have breakfast? (何時に朝ごはんを食べたの？)
We are monitoring the situation day by day.
(我々は日々その動向を監視している)[3]

---

[2] 訳者注：bare NP は冠詞がついていないことでなく，決定詞がついていない名詞句のことである．冠詞がついていなくても決定詞がついていれば bare NP ではないからである．第1章の p. 7 を参照．

[3] 訳者注：これらの構文については，8.5 節で議論する．

■ 決定詞のタイプ

ここでは決定詞のタイプを以下のように区別する．

(3) i.	基礎決定詞 (basic determiners)	決定詞類 (determinatives)	the tie (そのネクタイ)	those shoes (それらの靴)
		決定詞類句 (DPs)	almost every tie (ほぼすべてのネクタイ)	at least two shoes (少なくとも 2 足の靴)
ii.	主語兼決定詞 (subject-determiners)	属格名詞句 (genitive NPs)	my tie (私のネクタイ)	the boy's shoes (その少年の靴)
iii.	副決定詞 (minor determiners)	常格名詞句 (plain NPs)	what colour tie (何色のネクタイ)	this size shoes (この寸法の靴)
		前置詞句 (PPs)	over thirty ties (30 本を越すネクタイ)	up to thirty shoes (30 足までの靴)

・決定詞 (determiner) と決定詞類 (determinative) の区別

つぎに，決定詞と決定詞類という 2 つの概念を区別しておく．決定詞とは名詞句の構造における 1 つの**機能** (**function**) である．それに対して，決定詞類とは，語（と特定のより大きな表現）の**範疇** (**category**) であり，その特有の統語特性は，決定詞の機能をもつことである．決定詞類（あるいはそれを主要部とする句）は，もっとも基礎的な種類の決定詞（= (3i)）になるのだが，(3ii–iii) にみられるように，すべての決定詞がこのような（基礎的な決定詞の）形式をもつわけではない．逆にいえば，ほとんどの決定詞類は，(4i–v) にみられるように決定詞の機能とは別の機能を最低でも 1 つはたすことができるか，あるいは，(4vi–viii) にみられるように，融合主要部構造における主要部の機能と決定詞の機能を兼ね備えている．

(4) i. [All the vases] are broken.　［決定詞前位要素］
(すべての花瓶が割れている)

ii. [The three rings] were stolen.　［小名詞句内の修飾要素］
(例の 3 つの指輪が盗まれた)

iii. The problem isn't [that serious]. ［名詞以外の句にも現れる修飾要素］
(その問題はさほど深刻ではない)

iv. We are [three in number]. ［叙述補部］
(私たちは全部で 3 人だ)

v. The remark was [both offensive] and irrelevant. ［等位接続標識］
(その所見は不快かつ的外れだ)

vi. He gave ten copies to me and [six] to the others. ［単純融合主要部］
(彼はコピーを私に 10 部，残りの者に 6 部渡した)

vii. I had taken lots of books but all (of them) were novels. ［部分詞融合主要部］
(本をたくさん手にとったけど，みな小説だった)

viii. They couldn't find much to criticise. ［特殊融合主要部］
(彼(女)らが批判すべきだと思ったことは多くなかった)

伝統的に，決定詞類にさまざまな用法があるのはそれらが異なった品詞に分類されるからであるとされてきた．たとえば，both という語は，伝統的に both sides では形容詞，both of them では代名詞，both Jill and her husband では副詞とされている．ここで採用する枠組みでは，範疇よりもむしろ機能の面からこれらの違いを扱うのが一般により適切であることから，以下の第 9 章で融合主要部構造を議論する際に詳しくこの問題を扱うことにする．決定詞類と形容詞の統語的な区別については，本シリーズの第 4 巻『形容詞と副詞』で議論する．

・基礎決定詞 (basic determiners)

これらは一般に，単独で決定詞類として現れることもあれば，((3i) の almost と at least のような) 限られた範囲の修飾語をともなって決定詞類として現れることもある．この決定詞類の範疇には，(a few (2，3 の) や many a (たくさんの) や，100 より大きな数を表す基数詞のような) 特定の複合的な表現も含まれるが，それらの内部構造には一般的な統語規則は当てはまらない．決定詞類の範疇に属している主要なものを以下にあげよう．

(5)	i. the, a	冠詞 (articles)
	ii. **this**, **that**	指示決定詞類 (demonstrative determinatives)
	iii. **we**, you	人称決定詞類 (personal determinatives)
	iv. all, both	全称決定詞類 (universal determinatives)
	v. each, every	分配決定詞類 (distributive determinatives)
	vi. some, any	存在決定詞類 (existential determinatives)
	vii. one, two, three, …	基数詞 (cardinal numerals)
	viii. either, neither	離接決定詞類 (disjunctive determinatives)
	ix. **no**	否定決定詞類 (negative determinative)
	x. another	選択・追加決定詞類 (alternative-additive determinative)
	xi. a few, a little, several, …	肯定僅少 (性) 決定詞類 (positive paucal determinatives)
	xii. **many**, **much**, **few**, **little**, …	程度決定詞類 (degree determinatives)
	xiii. enough, sufficient	十分 (性) 決定詞類 (sufficiency determinatives)
	xiv. which, what, whichever, whatever	疑問・関係決定詞類 (interrogative and relative determinatives)[4]

太字の決定詞類は屈折形をもつ．すなわち，**this** と **that** は数に応じて屈折し，**we** は格に応じて屈折する (主格 (nominative) は we，対格 (accusative) は us)．また，**no** は依存形 (つまり単独では現れない no) と独立形 (単独で現れる none) で形が異なる．程度決定詞類は，原級，比較級，最上級に応じて屈折する (much，more，most など)．

決定詞であるがゆえに，定冠詞 the と (5ii–iv) の項目はそれがついた名詞句が定 (definite) であることを標示し，不定冠詞と (5v–xiii) の項目はそれが

---

[4] 関係詞の系列には，whichsoever (＝whichever) や whatsoever (＝whatever) という古形も含まれる．決定詞類の仲間である such には，副次的な用法もある．これについては第 12 章を参照するのがよい．たとえば last week や next year などのような時間的直示表現に使われる last (前の／昨 …／先 …) や next (次の／翌 …／来 …) なども決定詞の仲間かもしれない．このような例で，last と next が両者の中央に位置する決定詞類 this (現在の／今 …) とは対比的に用いられているからである．

［訳者注：現在時を指す this が決定詞類なので，過去と未来時を指す next や last も決定詞類であるかもしれないということ．］

ついた名詞句が不定（indefinite）であることを標示する．(5xiv) の項目は疑問詞としては不定であり，関係詞としては定である．基礎決定詞については，第 6 章と第 7 章で扱うことにする．

・主語兼決定詞

(3ii) にみられるような属格の名詞句は，決定詞の機能と名詞句内の主語の機能を兼ね備えている．それゆえ，本シリーズでは**主語兼決定詞**（**subject-determiner**）という用語でよんでいる．決定詞であるがゆえに，主語兼決定詞は名詞句が定であることを指定あるいは標示する．たとえば，Ally's new cars（アリーの新車）は，定であるという点で，the new cars belonging to Ally（アリーの所有する新車）に似ている．そして後者では主語兼決定詞によってではなく基礎決定詞 the によって定であることが指定される．属格の名詞句は決定詞としてのみならず，以下の 4 つの要素としても機能する．

決定詞と主要部を兼ねる融合形 (fused determiner-head)
（例：This car isn't as big as Ally's. (この車はアリーのほど大きくない))
叙述補部 (predicative complement)
（例：Everything here is Ally's. (ここにあるのはみなアリーのだ))
斜格属格句 (oblique genitive)
（例：a friend of Ally's (アリーの友人の 1 人))
動名分詞節の主語 (subject of a gerund-participial clause)
（例：I object to [Ally's being given extra privileges].
(私は [アリーが特権を追加してもらっていること] に反対する))

ほとんどの人称代名詞には依存形（my）と独立形（mine）という 2 つの属格形がある．属格名詞句の統語論と意味論については，16.3 ～ 16.6 節で記述する．

・副決定詞 (minor determiner)

決定詞の機能をはたすものは，このほかにもある．ごく限られた範囲の常格（非属格）をもつ名詞句（plain-case NPs）と前置詞句である．この常格をもつ名詞句は 2 種類に分けられる．第一のタイプとしては，size（寸法），shape（形状），colour（色合い）などといった，単純な特性を表す名詞を主要部とする名詞がある．これらは，たとえば次の例のように，疑問文でもっとも現れやすい．

[What size hat] do you take? (どれくらいのサイズの帽子をかぶるの？)

これらは，次の文にあるように，指示詞とともに現れることもできる．

They don't stock [that size shoes].（靴屋はそのサイズの靴を置いていない）

しかしこれよりも好まれる言い方がある．それは，that size が名詞の決定詞としてでなく，主要部後位修飾語になる，次のような言い方である．

They don't stock [shoes that size].（靴屋はそのサイズの靴を置いていない）

決定詞として機能する常格（非属格）をもつ名詞句の第二のタイプにあげるのは，曜日のよび名や時を表す代名詞（temporal pronouns）である．たとえば，Sunday morning（日曜の朝），tomorrow evening（明日の夕方）などというときの Sunday と tomorrow がそれである．これらの例で2番めにくる名詞 morning や evening を主要部とみなしておこう．なぜなら，これは全体の名詞句の数を標示するからだ．Sunday morning と Sunday mornings を比べればわかる．また，Sunday morning と this morning には違いがある．後者 this morning では，this は基礎決定詞である．

前置詞句決定詞は，通常，前置詞の補部に基数詞をとる．

(6)　around ten thousand copies（およそ1万枚のコピー）
between fifty and sixty tanks（50～60台の戦車）
close to a hundred tickets（100枚近くの切符）
from ten to fifteen judges（10～15人の裁判官たち）
in excess of ninety delegates（90名を越える代表者たち）
over a million people（100万人を越える人々）
under ten new drugs（10個に満たない新薬）
up to twenty minutes（20分以内）

これらの前置詞句は more than ten thousand（1万以上）のような決定詞類句と意味的に類似しており，後者については後ほど手短に論じる（第11章）．

[専門的解説]

■決定詞は名詞句の主要部ではなく依存要素としての機能をはたす

本シリーズで提示している分析は，the book のような単純な名詞句において，決定詞類 the ではなく，名詞 book をその主要部であるとみなしている．この点でこの分析は，近年の形式文法の多くの研究で採用されている考え方とは袂（たもと）を分かつ．もちろん名詞が名詞句の主要部であるということを暗黙のうちに意図してきたため，「名詞句」という用語を本シリーズでは使い続けてきたのである．

この伝統的な立場を，本シリーズが保持することにした主な理由が 2 つある．第一に，名詞句の選択特性を決めているのは名詞（あるいは小名詞句）だからである．わかりやすい例をあげよう．assassinate（暗殺する）という動詞がとる目的語の名詞句は人間である．なぜなら大統領を暗殺するとはいうが，犬を暗殺するとはいわないからである．一方，動詞が no をともなう名詞句を目的語として選択しないが，the をともなう名詞句を目的語に選択するということはあるだろうか．いや，そのような動詞は英語には存在しない．これはなぜか．決定詞の基礎的な意味機能は，決定詞がついた句が定である（すなわち，それがどれを指しているのかを聞き手がわかるだろうと話し手が想定している）のか，それとも不定である（どれを指しているのかを聞き手がわからないだろうと話し手が想定している）のかを表示することだからである．つまり決定詞の機能は，聞き手にとって同定可能であろうと話し手が想定しているかいなかを表すことである．それにこのような定か不定かという意味機能は，その決定詞がついた名詞句がより大きな構造に現れたときにはたすほかの役割とは独立したものである．[5] さらに，名詞句の主要部が名詞であると考える第二の理由をあげよう．決定詞をもたない通常の名詞句（たとえば，Kim，money，women，**they** など）が多数存在する一方で，名詞が終端主要部とならない名詞句 (both，several，the largest のような名詞句）は形式・用法ともかなり制限されるという点である．

そうであるならば，決定詞は（補部や修飾語句とは対比されるものとしての）ある種の依存要素であるということになる．すでにみたように，決定詞機能を具現するには決定詞類を用いる必要はなく，（より大きな句の中に埋め込まれた）名詞句を用いてもよい．[6] その場合，その埋め込まれた名詞句は属格か常格のいずれの格であってもよい．

---

[5] 訳者注：名詞句が節などの大きな構造に現れた場合にはたす役割とは，主語や目的語や叙述補部などといった文法機能やその他の機能（第 1 章の (1) の (i) と (6) を参照）．決定詞の機能が，名詞句の機能と独立しているため，名詞句の主要部が決定詞であると考えるのは問題だと述べている．

[6] 訳者注：決定詞機能は決定詞類以外に，名詞句によってもこれをはたすことができることを上でみた（[What size hat] do you take?（どのくらいのサイズの帽子をかぶるの？））．この文では名詞句である what size が hat を限定する決定詞として機能している．ゆえに，名詞句の主要部は決定詞であるという分析をとっている形式文法の立場は，決定詞類だけを名詞句の主要部とみなすべきではないと述べている．

第5章　**数量化**

すでにみたとおり，決定詞は名詞句を定あるいは不定のものとして標示するというはたらきをする．しかし同時に，基礎決定詞は数量化（quantification）を表現するのがその特徴である．（この点で，基礎決定詞は属格名詞句決定詞とは異なる．後者は，定であることを標示する機能と主語項（subject-argument）を表すという機能の両方を兼ね備えているからである．）ここでは数量化と数量詞を意味的な用語として使っている．そのため，数量化・数量詞という意味的な用語と決定詞類の統語範疇が一対一で対応しているわけではないことに注意すべきである．たとえば，さまざまな種類の数量化は very（とても），always（つねに），sometimes（時折），rarely（まれに）といった副詞や，numerous（数多くの），whole（すべての），complete（全部の）といった形容詞や，lot (a lot of（たくさんの）)，number (a number of（多数の）) といった名詞などのような，決定詞以外の範疇に属する語によって表される．そして，たとえば，指示詞 **this** と **that** などのような特定の決定詞類は，数量を表さない．それにもかかわらず，決定詞類と数量化のあいだには重要な相関関係があり，それゆえ，第6～7章で決定詞類を順にみていく前に，数量化にかかわるいくつかの一般的な問題を扱っておくのが有益である．

■叙述属性

数量詞の意味を議論する際に，**叙述属性**（**predication property**）という概念を用いることにしよう．この概念は，以下のような例を引き合いにして説明することができる．

(1) i. a. [Three students] coughed.
([3人の学生が] 咳をした)

b. They arrested [three students].
(彼(女)らは [3人の学生を] 逮捕した)

ii. a. [Enough money] is available.
([十分な資金が] 手に入る)

b. Kim gave them [enough money].
(キムは彼(女)らに [十分な資金を] 調達した)

叙述属性は，数量化された名詞句そのものを捨象(しゃしょう)した節によって得られる．ゆえに，(1i) には，

x coughed (x が咳をした)　they arrested *x* (彼(女)らが x を逮捕した)

というような x であるという叙述属性が含まれる．(1ii) に含まれる叙述属性は，次の2つである．

x is available (x が手に入る)
Kim gave them *x* (キムが彼(女)らに x を渡した)

それゆえ，(1i) の例文が表しているのは，「主要部 students によって表される集合を構成していて，かつ，(1i) の叙述属性をもつ構成員の人数は3人である」ということである．同様に，(1ii) の例文が表しているのは，「(1ii) の叙述属性をもつ資金の部分量の規模は，十分といえるだけの規準を満たしている」ということである．

5.1　存在数量化と全称数量化と否定

つぎに例をあげるのは2つの主要なタイプの数量化である．

(2)　存在数量化
a. [Some of the meat] was fresh.
([例の肉のいくらかは] 新鮮だった)

全称数量化
b. [All of the meat] was fresh.
([例の肉のすべてが] 新鮮だった)

存在数量化 (existential quantification) は，0より大きい数や量を表し，そのもっともわかりやすい表現として some がある．existential という用語は何を表しているのだろうか．(2a) のような単純な例が，いくらかの量の新鮮であった肉，すなわち，叙述属性 (*x* was fresh) を帯びているいくらかの量の肉が存在したことを断定しているということである．**全称数量化 (universal quantification)** は，all を最たる模範例とするいくつかの数量詞によって表さ

れる．全称数量化は，存在数量化と否定を用いて定義することができる．たとえば，(2b) の意味は，

It is not the case that some of the meat wasn't fresh.
(例の肉のうちのいくらかが新鮮でなかったということは真ではない)

であり，これを次のようにいい表すことができる．

None of the meat wasn't fresh. (例の肉には新鮮でないところがなかった)

たとえば，以下のような等式が成り立つ．

(3)	i. a. [All of the meat] was fresh. (例の肉の全部が新鮮だった)	≡	b. [None of the meat] wasn't fresh. (例の肉には新鮮でないところはなかった)
	ii. a. [Some of the meat] was fresh. (例の肉のいくらかが新鮮だった)	≡	b. [Not all of the meat] wasn't fresh. (例の肉の全部が新鮮でなかったというわけではない)

(3) のおのおののペアにおいて，(a) と (b) にとっての真理条件 (truth condition) は同一である．[1]

下記の一重否定 (single negation) を含むペアも等価 (equivalent) であり，二重線を引いた語は，一重線を引いた語をその作用域に含んでいる．[2]

---

[1] 訳者注：真理条件とはある文が真になるために満たすべき必要にして十分な条件をいう．2つの文の真理条件が同一である場合，両者は同義的である．

[2] 訳者注：「作用域に含む (having scope over)」という概念の説明については，第5巻『前置詞と前置詞句，そして否定』を参照しよう．

ここで採用されている下線による作用域の表記法は「二重線を引いた語は，一重線を引いた語をその作用域に含む」ということである．ゆえに，(4ia) では二重線を引いてある not が一重線の all をその作用域に含むため，「すべてが新鮮だったわけではない」という部分否定の解釈が表されている．一方 (4iia) では，二重線を引いてある all が一重線の not をその作用域に含むため，「新鮮でなかったのは全部だ」という全否定の解釈が表されている．なお，A≡B は A と B のあいだに等式が成り立ち，両者が等価であることを表す．

	全称数量詞		存在数量詞
(4) i.	a. [Not all of the meat] was fresh. （例の肉の全部が新鮮だったわけではない）	≡	b. [Some of the meat] wasn't fresh. （例の肉には新鮮でないところがいくらかあった）
ii.	a. [All of the meat] wasn't fresh. （例の肉の全部が新鮮ではなかった）	≡	b. [None of the meat] was fresh. （例の肉のどこも新鮮ではなかった）

(4ia) で all は否定の作用域に含まれるので，下記のように言い換えることができる．

It is not the case that all of the meat was fresh.
（例の肉の全部が新鮮だったというのは真ではない）

一方，(4ib) で some は否定辞をその作用域に含んでいるので，下記のように言い換えられる．

Some of the meat had the property that it wasn't fresh.
（例の肉のうちのいくらかはそれが新鮮ではないという属性をもっていた）

韻律 (prosody) を無視すれば，下記の文は作用域に関して曖昧である．

All of the meat wasn't fresh.
（例の肉の全部が新鮮だったわけではない／例の肉はどこも新鮮でなかった）

2 つのうちの一方の解釈では否定辞は全称数量詞を作用域に含む．すなわち，下記のように言い換えられる．

[All of the meat] wasn't fresh.（例の肉の全部が新鮮だったわけではない）

これは (4ia) の言い換えになっているだけである．これは下記のことわざにみられるようなたぐいの解釈である．

All that glitters is not gold.（光るもの必ずしも金ならず）

第二の解釈では，これは (4iia) の下線表記（つまり，二重線が一重線を作用域に含むという表記）を使って表そうとしている解釈であるが，all は否定辞を作用域に含んでいる．つまり，下記のようにいいかえられる．

All of the meat had the property of not being fresh.
（例の肉のどこをとってもそれが新鮮でないという属性をもっていた）

これは (4iib) と等価である．All of the meat wasn't fresh（=(4iia)）のような例文をみかけることはあまりない．なぜなら，これと等価でかつ一義的（曖昧でない）な，(4ia) あるいは (4ib) のような言い方をするのがふつうだからだ．

さて (4ia) や (4ib) および (4iia) において，数量詞と否定辞は文法的には別物であり区別される．2つの要素の下線の引き方にもそれがみてとれる．ところが (4iib) では，none（〜のどこも … ない）の中に数量化と否定が同居しているのだ．（全称数量詞を含む [not all of the meat]（例の肉の全部が … というわけではない）という言い方に合わせて「例の肉のどこも … ではない」というつもりで）*[not some of the meat] といってみても，それは文法的に認められない．not some などといわずに，none（〜のどこも … ない）を用いればよい．それゆえ，none は否定の存在数量詞（negative existential quantifier）である．ということは，none は否定と存在数量詞が合体した数量詞と分析できることになる．この場合には，否定のほうが存在数量詞をその作用域に含んでいる．

■非肯定的存在数量詞 any

ここまで，数量詞のついた名詞句が動詞の前に現れ，主語のはたらきをもつ例文をみてきた．以下で動詞後位の名詞句に目を向けると，（some と no に続いて）第三の存在数量詞として any が思い当たる．上記の (4) と次の例文を比べてみよう．

(5) i. a. He hadn't eaten [all of the meat].
(彼は例の肉の全部は食べていなかった)
≡ b. He hadn't eaten [some of the meat].
(例の肉には彼が食べていないところがいくらかあった)

ii. a. He hadn't eaten [all of the meat].
(彼は例の肉を全然食べていなかった)
≡ b. He had eaten [none of the meat].
(彼は例の肉を少しも食べていなかった)
b′. He hadn't eaten [any of the meat].
(彼は例の肉を少しも食べていなかった)

(5ia) において，否定は all を作用域に含む．すなわち下記のようにいいかえられる．

It is not the case that he had eaten all of the meat.
(彼が例の肉のすべてを食べてしまっていたというのは真でない)

これは (5ib) と等価であり，(5ib) では some が否定を作用域に含む．すなわち下記のようにいいかえられる．

There was some of the meat that he hadn't eaten.
(彼が食べていなかった肉のいくらかがあった)

(5ib) の言い方はたしかに許されるのだが，(5ia) に比べればあまり使われない．参考までに次の例をあげておく．[3]

I didn't agree with some of the things he said.
(彼の発言には私が同意しない内容がいくつか含まれていた)

(5iia) の文は，

All of the meat had the property that he hadn't eaten it.
(例の肉の全部が，彼がそれを食べていなかったという属性をもっていた)

という意味をもち，文法性がやや疑わしく，また不自然である．[4] それはなぜか．

He hadn't eaten all of the meat.

こういわれると，一般に，(5ia) (彼は例の肉のうちの全部は食べていなかった) のように，否定が all より広い作用域をもつと解釈されるからである．それゆえ，(5iia) よりもはるかによく使われるのは，否定が存在数量詞をその作用域に含む言い方である．そしてそのような言い方は，否定存在数量詞 none を含む形式つまり (5iib) と，否定が any を作用域にとる形式つまり (5iib′) の形式のうちのどちらでもよい．否定が広い作用域をもつ環境では，some の代わりに通常 any が用いられて存在数量化を表す．そしてここでは下記の文にアステリスク記号 (*) をつけて表記しておくことにする．

---

[3] 次の文では (5ib) と同じく，some が否定よりも広い作用域をもつ．

[4] 全称数量詞が主語位置に現れる (4iia) に比べて，目的語に現れる (5iia) では全称数量詞が否定を作用域に含む解釈が得にくくなるということに注意すべきである．

*He hadn't eaten [some of the meat].

ただし，先行する発話に

He had eaten some of the meat.
（彼は例の肉のいくらかを食べていた）

やそれに類する文があって，それを否定するような特殊な環境では，さきほどアステリスク記号をつけた次のような文が使われることもあるという但し書きを付け加えておく.

He hadn't eaten [some of the meat].
（彼が例の肉のいくらかを食べたなんてことはないよ）

疑問文の環境でも any は使われる．たとえば，次の文がそうである.

Had he eaten any of the meat?
（彼は例の肉のいくらかを食べていたのですか）

この際，some を使って，

Had he eaten some of the meat?
（彼は例の肉のいくらかを食べていたのですか）

という言い方も可能である．しかしこのように some を使うということは，この質問を発している人が Yes という答えを期待しているということである．それに対して，any を使う言い方は Yes か No のどちら寄りでもなく，相手から帰ってくる答えに肯定と否定のうちのどちらを期待する立場も表明してはいない.[5] しかし，any には，

He had eaten some of the meat.（彼は例の肉のいくらかを食べていた）

という文の some の代わりは務まらない．なぜなら，any がここでの関心事である存在数量詞としての意味を表すのは any が非肯定的環境 (**non-affirmative** context)（つまり否定文，疑問文，および他のさまざまな環境[6]）に置かれている場合に限られるからである．これで 3 つの存在数量化表現が出そろった．すなわち，基礎的存在数量詞 some（basic *some*）と非肯定的存在数量詞 any

---

[5] 訳者注：第 6 巻『節のタイプと発話力，そして発話の内容』を参照.
[6] 訳者注: 非肯定的環境については第 5 巻『前置詞と前置詞句，そして否定』で記述している.

(non-affirmative *any*) と否定存在数量詞 ***no*** (negative ***no***) である.

■ 可算名詞句

これまで，不可算名詞句を使ってきた．可算名詞の例は下記に示すとおりである.[7]

(6) a. He had eaten [all of the pies].
(彼は例の複数台のパイのすべてを食べてしまっていた)

b. He had eaten [some of the pies].
(彼は例の複数台のパイのうちのいくつかを食べてしまっていた)

例文 (6a) は，彼が食べてしまわなかったパイが 1 台もなかったことを論理的に含意 (entail) する．それに対して，存在数量詞を含む (6b) は，(パイが何台かあって) 彼が食べなかったという属性をもっていたパイはすべてのパイではないことを論理的に含意する．しかし，(6b) の some が表すのは 0 より大きな数であるというだけでなく 2 以上であることを表しているという点で，存在数量詞の場合には状況が複雑である．この複雑な状況は none や any には当てはまらない．たとえば，以下を比較してみよう.

(7) i. a. He hadn't eaten [all of the pies].
(彼は例のパイを全部は食べていなかった)

b. He hadn't eaten [some of the pies].
(例のパイのうち彼が食べていなかったのがいくつかあった)

ii. a. He hadn't eaten [all of the pies].
(彼は例のパイをどれもこれも全部食べていなかった)

≡ b. He had eaten [none of the pies].
(彼は例のパイを 1 つも食べていなかった)

b′. He hadn't eaten [any of the pies].
(彼は例のパイを 1 つも食べていなかった)

---

[7] 訳者注：a cake や a pizza や a pie といえば，一切れのことではない．切ってないホールケーキまるごと 1 台やピザまるごと 1 枚やパイまるごと 1 台である．複数形で出てくる場合にはまるごとのパイが複数個つまり何台もあるということである.

(7ib) は (7ia) を論理的に含意するが，(7ia) と等価ではない．なぜならば，(7ib) とは異なり，1 つを残してそれ以外のパイをすべて食べてしまっていたとしても (7ia) は真だからである．[8] 対応する (5ii) の例文が等価であるように，(7ii) の (3 つの) 例文は等価である．そして，全称数量化が含まれる例文 (7iia) よりも，存在数量化が含まれる例文 (7iib) や (7iib′) のような言い方が断然好まれる．これはちょうど，(5iia) よりも (5iib) や (5iib′) の言い方が好まれるのと同様である．

■両数性 (duality)

(7) の例文は，少なくとも 3 台のパイがあったことを伝えている．2 台しかパイがないことを筆者が知っているような筋書きを考えてみよう．筆者なら，all よりも both を使って，次のようにいうだろう．

He had eaten both of the pies. (彼は例のパイの両方を食べてしまっていた)

この筋書きでは，some の代わりにもってくることができるような別の単純な決定詞類は見当たらない．すなわち，次のどちらかをいうしかない．

He had eaten one or other of the pies.
(彼は例の (2 台の) パイのうちのどちらか 1 台を食べてしまっていた)
He had eaten one of the two pies.
(彼は例の 2 台のパイのうちの一方を食べてしまっていた)

しかし，any と none の代わりになるものとしてなら，それぞれ either と neither がある．このことから，(7) に対応する以下のパターンが得られる．

[8] 訳者注： some はその数が 2 以上であることを表しているため，(7ib) では彼が食べていなかったパイが 2 つ以上あったことになる．(7ia) では彼が食べなかったパイが 1 つしか残っていない可能性があるため，(7ia) は (7ib) を論理的に含意しない．

(8) i. a. He hadn't eaten [both of the pies].
（彼は例のパイの両方を食べてはいなかった）

ii. a. He hadn't eaten [both of the pies].
（例のパイのうち彼が食べなかったのは両方だった）

b. He had eaten [neither of the pies].
（彼は例のパイのどちらも食べていなかった）

b′. He hadn't eaten [either of the pies].
（彼は例のパイのいずれをも食べていなかった）

以前にみたように，(8iib/b′) は (8iia) よりも強く好まれる．

以下の (9) は，これまでに紹介してきた単純な数量詞の分類表である．

(9)

	全称数量詞	存在数量詞		
		基礎数量詞	**非肯定数量詞**	**否定数量詞**
中立	all （すべての）	some （いくつかの）	any （何か，何も）	**no** （少しもない）
両数	both （両方の）		either （どちらかの）	neither （どちらも～ない）

すでに述べたが，通常 all は集合の構成員が 2 つしかないとわかっている環境では使われない．次の both と all を比べるとよい．

Cars were parked on both/#all sides of the road.
（車は道路の両側に／すべての側に駐車してあった）

しかし，次のような例文には，（パイの台数が）「2 よりも大きい」という意味成分が含まれているが，それは含意 (entailment) ではなく，推意 (implicature) である．

He had eaten all of the pies.
（彼は例のパイのすべてを食べてしまっていた）

仮に次のような疑問文を発するとしよう．

Have all (the) mistakes been corrected?
((例の) ミスはすべて訂正されましたか)

ミスがちょうど2つあり，どちらのミスも訂正されたという状況では，この疑問文に対する正しい答えは，どうなるだろうか．No (いいえ訂正されませんでした) ではなく，Yes (はい訂正されました) である．そして，all of the meat (例の肉の全部) のような不可算名詞においては,「(肉の数が) 2より大きいはずだ」という推意は，もちろん出てこない．数量詞 all に「中立的 (neutral)」という名前を貼りつけているのは，まさにこういう理由からである．つまり all には集合の大きさや量を明確に表す標識がないからである．[9]

両数性を表す数量詞の系列のうちでは，存在数量詞 either や neither に比べて，全称数量詞 both のほうが,「2つ」という意味合いがより際立っている．たとえば，次の疑問文を比べてみればわかる．

(10) a. Did he eat both of the pies?
(彼は例のパイを両方とも食べましたか)

b. Did he eat either of the pies?
(彼は例のパイのどちらかを食べましたか)

(10a) に Yes と答えるということは，彼はパイを2台食べたことを含意するのに対して，(10b) に Yes と答えても，そのようなことを含意しない．なぜならば，((10b) では) 会話にとり上げている2台のパイがあるといっているだけだからである．等位接続の統語的なふるまいをみても，both のほうが「2つ」という意味合いがより際立っていることがうかがえる．等位構造の第1構成員 (第1等位項) を標示する機能をはたすことができる語として，both と either と neither の3つがある．そして，both は2項等位接続 (binary coordination) すなわち2つの語句を等位接続する場合に限って使われるが，either と neither は，2つの語句の等位接続に限られるわけではない．たとえば，

both Kim and Pat (キムとパットの両方とも)

という例はよいが,

*both Kim, Pat, and Alex (キムとパットとアレックスの両方とも)

---

[9] 訳者注：all には数が2つより多くなければならないという制約がはたらかないため，ミスが2つしかなくても，すべてのミスが訂正されればここでの問いに Yes と答えられるし，不可算名詞に all を用いることもできる．この意味で all を始めとして，some, any, no は中立的数量詞とよばれている．

という例は許されない．それに対して，次の例はどちらも許される．

either Kim, Pat, or Alex（キムかパットかアレックスのうちのいずれか）
neither Kim, Pat, nor Alex（キムもパットもアレックスも … ない）

■ **自由選択の any と either (free choice *any* and *either*)**

any と either は，肯定文ではない環境では存在数量詞として用いられる．それ以外にも，any と either はいわゆる**自由選択（free choice）**の意味でも用いられる．

(11) a. Any of these computers will do.
(これらのうちどのコンピューターでも事足りるだろう)

b. Either of these computers will do.
(これらのうちどちらのコンピューターでも事足りるだろう)

この場合にも，この例の any は 3 台以上のコンピューターの集合を推意させ (implicate)，either は 2 者だけで構成されている集合を前提とする（presuppose)．これらの文の解釈は次のようになる．すなわち，コンピューターの集合のうちから任意に 1 台を選び出すと，つまり，自由選択を行うと，選んだコンピューターは叙述属性（predication property）をもっている，つまりこの場合の叙述属性は，次のようなものであろう．

it will do（要求を満たす）

自由選択の場合には，これらの数量詞につねに強勢が置かれる．必要に応じて，下付き文字をつけて 2 つの意味を区別しておく．つまり，any_n や $either_n$ と書いてあれば，これらの項目が非肯定的存在数量詞の意味で現れていることを表しており，any_f や $either_f$ と書いてあればこれらが自由選択の意味で現れていることを表す．

これらのうち，any_f と $either_f$ は，非肯定の環境から排除されないので，下記の例のように，2 つの意味で曖昧さが生じることがある．

(12) Were [any/either of the students] allowed to take part?
(例の学生たちのうち，
{だれか／どちらか} 参加資格が与えられた人がいたのですか．
［非肯定的存在数量詞］／
{だれにでも／どちらにも} 参加資格が与えられたのですか． ［自由選択］)

(12) の非肯定的な存在数量詞の意味では，学生たちのうち，参加資格が与えられた者が少なくとも 1 名いたかどうかをこの文は問うている．(12) の (数量詞に強勢が置かれる) 自由選択の意味では，参加資格が一般に与えられたかどうか，すなわち，学生の集合から任意に選び出された 1 名が参加することができたのかどうかを，この文は問うているのである．この 2 つめの解釈において話し手が知りたいのは，どの (どちらの) 学生あるいは何人の学生に参加資格が与えられたかということについて，制限が課されたか，ということである．[10]

自由選択の any と either は全称数量化を推意させることが多い．上で引用した例文でもそうである．すなわち，(11) の例文は，例のコンピューターのうち，全部あるいは両方が用途にかなったものであるということを推意させる．また，(12) の自由選択の解釈に対して Yes の答えをする場合，それは，全員あるいは両方の学生たちが参加資格を与えられたということを推意させる．この意味の成分は，推意 (implicature) であって含意 (entailment) ではない．たとえば，

Take any_{f}/either_{f} of the computers.
(例のコンピューターのうち，{どれでも／どちらでも} もっていきなさい)

という命令文は，コンピューターの全部あるいは両方をもっていくようにという指令を与えているのではない．実際には，そのような環境では，もっていけるコンピューターの数を 1 台に限定するという推意がはたらく傾向がみられる．すなわち，それは次のようなものである．

Take any/either one of the computers.
(例のコンピューターのうち，{どれでも／どちらでも} 1 台もっていきなさい)

自由選択の数量詞は，特定の範囲の文脈でのみ認められる．たとえば，次の文は非肯定的な読みしか許さない．

We haven't had any rain for two months.
(2 か月間，雨が全然降っていません)

それに対し，次の文は，(主節が肯定文であることにより) 非肯定的な読みを排除するだけでなく，自由選択の読みも排除する．

---

[10] 訳者注：話し手はど (ちら) の学生にあるいは何人の学生にその制限が課されたかについては知らないが，学生に参加資格が与えられるうえで制限が課されたかどうかを知りたがっている．

*I had been for a long walk and was feeling hungry, so I ate any/either of the pies.
（長距離を歩き続けて空腹だったので，例のパイのうちのどれも／どちらも食べたよ）

■分配性 (distributivity) と全称数量詞 each と every

分配的数量化（**distributive** quantification）という概念は以下に例をあげた対比を使えばもっともうまく説明できる.

(13) i. Five students voted against the proposal.　［分配的］
（5 人の学生が例の提案に反対票を投じた）
ii. Five students lifted the piano onto the stage.
［非分配的（non-distributive）・協力的（joint)］
（5 人の学生が例のピアノを舞台の上に担ぎ上げた）

(13i) の叙述属性は下記のとおりである.

x voted against the proposal（x は例の提案に反対票を投じた）

この叙述属性が 5 人の学生に個別に適用される．つまり，当該の提案に対する反対票が 5 票入ったわけである．そのような場合，叙述は分配的に解釈されるという．それに対して，(13ii) の顕著な解釈はどうなるだろうか．(13ii) の叙述属性は，下記のようになる.

x lifted the piano onto the stage
（x が例のピアノを舞台の上に担ぎ上げた）

そして，この叙述属性が 5 人の学生に協力的，集合的に適用されるという解釈になる．つまり，5 人が一緒に担いだのである．それゆえここでは，叙述は非分配的に解釈される.

この例で，2 つの解釈を区別する統語的な標識が現れているわけではない．それゆえ，(13ii) は分配的に解釈することが原則として可能であり，その場合学生ら 1 人 1 人が別々に代わる代わるピアノを舞台の上に担ぎ上げたという読みになる．これは単に語用論的にみて考えにくいというだけのことなのだ．しかし，each や every という 2 つの全称数量詞があれば，これらは叙述属性が分配的に適用されることを明示的に表す標識となる．次の例を比べてみよう.

(14) i. Every student voted against the proposal.
(どの学生も例の提案に反対票を投じた)
ii. Each student lifted the piano onto the stage.
(おのおのの学生が例のピアノを舞台の上に担ぎ上げた)
［分配的］

この (14ii) は次のように解釈される．学生が 1 人でピアノを担ぎ上げた結果として，ピアノを舞台の上に担ぎ上げるという行為が学生の数と同じ回数だけ行われたという解釈である．ピアノがおもちゃだったり，小型だったり，あるいは重機を使って担ぎ上げたのであれば話は別だが，これは語用論的にみて現実離れした解釈である．

■ 全称数量詞の存在的前提 (existential presupposition)

通常，全称数量化される集合は空集合ではないことが前提になっている．つまり，最初からそれが存在するものとして話をしているということである．

all left-handed philosophers (あらゆる左利きの哲学者が …)

といえば，左利きの哲学者が存在することが前提になっているし，

all/both Kim's children (キムの子どもは全員／どちらも …)

といえば，キムに子どもがいることが前提になっているし，

each/every pie (おのおのの／あらゆるパイが …)
all the pies (すべてのパイが …)

といえば，文脈から同定可能であるような集合に属するパイが存在することが前提になっている．このような例はほかにいくらでもある．そのような存在が含意されない場合は確かにあるが，それでも全称数量詞の all と自由選択の any には違いがあることがわかるだろう．

(15) All/Any candidates who score 100% on the test will receive a $100 prize.
(そのテストで満点をとる {あらゆる受験者に／いかなる受験者も} 賞金として 100 ドルがもらえます)

この文から，満点をとる受験者が実際に存在することが含意されるわけではない．にもかかわらず，all を用いるということは，何人かの受験者が満点をとるだろうという信念に気持ちが傾いているということの現れである．それに対

して，自由選択の any を用いれば，気持ちの偏りがなくより中立的な立場をとっていることになる．分配的全称数量詞 each や every はこのような場合に all に似たふるまいをする．

5.2 尺度含意 (scalar entailment) と尺度推意 (scalar implicature)

■ 基数詞

基数詞決定詞類 (numeral determinative) はある集合の正確な**濃度 (cardinality)**（その集合に含まれる構成員の正確な数）を教えてくれるものと一般に考えられている.[11] ゆえに，(16i) のような簡単な例は (16ii–iii) の命題を表していることがわかるだろう．

(16) i. Max has [four children].
(マックスにはお子さんが 4 人います)
ii. Max has no less than four children　[下限]
(マックスにはお子さんが少なくとも 4 人います)
iii. Max has no more than four children　[上限]
(マックスのお子さんは多くても 4 人までです)

命題 (ii) は当該の集合の濃度の**下限 (lower bound)**，つまり at least four (少なくとも 4 人) という最小限の数を設定している．そして，命題 (iii) はその**上限 (upper bound)**，つまり not exceeding four (多くても 4 人を越えない) という最大限の数を設定している．たとえば次のような質問をしたとしよう．

How many children has Max got?
(マックスには何人のお子さんがいるんですか)

この質問に答えて (16i) のようにいうと，マックスには正確に 4 人の子どもがいると相手は理解するだろう．しかし，(16ii) と (16iii) という 2 つの意味成分はその位置づけが異なる．命題 (16ii) は含意である．すなわち，もしそれが偽であれば，必然的に (16i) そのものも偽である．しかし (16iii) は，強い推意であるがあくまで推意に過ぎない．つまり，(16iii) が偽であっても (16i) が真でありうる場合がある．たとえば，児童手当の追加給付を受ける資

---

[11] 訳者注：集合の濃度とはその集合の元（つまり構成要素）の数であり，濃度は基数を用いて表される．マックスの子どもの数が 4 人であり，それより多くも少なくもないとき，マックスの子どもの集合の濃度は 4 である．

格を得るためには，少なくとも 4 人の子どもがいなければならないと想定してみよう．たとえ筆者に子どもが 5 人いたとしても，役所の給付係と話をする場面では，自分には子どもが 4 人いると答えれば，正直に答えていることになるだろう．なぜならば，この場合に関係してくるのは下限の条件（lower bound condition）を満たしているかどうかということだけであるからだ．違う例として，いつになく大勢の客が来ることになっている状況を想定してみる．たとえば，14 人がやって来るとしよう．筆者は次のように尋ねることができる．

Have we got fourteen dining chairs?（食卓のイスは 14 脚あったっけ？）

これに対して Yes と答えたとするとそれは下限の条件を満たしているということにしかならないであろう．そこに次の文を付け加えても矛盾は生じない．

In fact we've got sixteen.（実際には 16 脚あるけどね）

数詞の five や four のようなペアの関係を以下の例でみてみよう．

(17) i. Max has five children（マックスに子どもが 5 人いる）
ということは，
Max has four children（マックスに子どもが 4 人いる）
ということを**含意（entail）**する
ii. Max has four children（マックスに子どもが 4 人いる）
ということは，
Max doesn't have five children（マックスに子どもが 5 人いない）
ということを**推意（implicate）**させる

基数詞に at least（少なくとも）を付け加えることで（17ii）での推意は取り消される．つまり，

Max has at least four children.
（マックスにはお子さんが少なくとも 4 人います）

といえば，おそらく 4 人より多いといって差し支えないだろう．また，at most（多くても）を付け加えることで，上限の推意（upper bound implicature）は含意に変換される．すなわち，

Max has at most four children.
（マックスのお子さんは多くてもせいぜい 4 人です）

という文は，

Max doesn't have five children.
（マックスに 5 人のお子さんはいません）

を含意する．しかし at most（多くても）を付け加えることによって，同時に，下限の含意が取り除かれる．すなわち，

Max has at most four children.
（マックスのお子さんは多くてもせいぜい 4 人です）

という文は，「マックスには（少なくとも）4 人の子どもがいる」ということを含意しないし，あるいは，実は「マックスには子どもが 3 人いる」ということをも含意しない．

(17ii) の推意は，通例，**尺度推意 (scalar implicature)** とよばれている．基数詞（およびそれが表す数）には，（小さな数から大きな数へ）順に並ぶという，誰でも知っている特性がある．すなわち，5 は 4 と 6 のあいだに現れるなどの特性である．ここではそれらの順に並んだ数列を**尺度 (scale)** とよぶことにする．ほかの条件が同じであれば，話し手は自分が真であると知っている事柄に整合するもっとも強い陳述を行うはずである．（たとえば）マックスに子どもが 5 人いるということを話し手が知っていたとしたら，聞き手は話し手が「マックスにはお子さんが 5 人います」と述べることを期待するだろう．ゆえに話し手は「マックスにはお子さんが 4 人います」という弱めの陳述を通常は行わない．「5 人います」ではなく「4 人います」という（弱めの陳述を選ぶ）ことがあるとしたら，それにはいくつかの理由が考えられる．もっともわかりやすい理由は，「5 人います」というのは事実に逆らうかもしれないからである．それゆえ一般に，(16i) は (16iii) を伝えるのであろう．[12] しかし，このような弱めの陳述を選ぶ理由がほかにもありうるので，(16iii) は推意であるが，含意ではない．より一般的にいえば，尺度上の特定の等級の語（ターム）を選択することが，より強い等級の語の否定の推意を生み出す．[13]

---

[12] 訳者注：話し手が聞き手に (16i)（＝マックスにはお子さんが 4 人います）というとしよう．聞き手は，話し手が真だと知っていることに整合するもっとも強い陳述を行うはずだ，と期待して聞いている．ゆえに，聞き手には，マックスにお子さんが 5 人いるはずはない，4 人までだという推意がはたらく．ゆえに，(16i) は (16iii)（＝マックスのお子さんは多くても 4 人までです）ということを聞き手に伝えることになる．つまり，(16iii) は (16i) の含意ではなく，聞き手の推意である．

[13] 訳者注：仮に，子だくさんの度合いを尺度で表すとしよう．尺度の特定の等級の語を理

■all と some

上記と同様に，all と some のあいだにも尺度関係が成り立つ．すなわち，all は some よりも強いのである．こうして，本質的に上記と同じ図式の含意と推意が生じるのである．

(18) a. All of her children have emigrated.
(彼女のお子さん方のうち全員が国外へ移住しました)
b. Some of her children have emigrated.
(彼女のお子さん方のうち何人かが国外へ移住しました)

この例で，(18a) は (18b) を含意し，(18b) は (18a) の否定，つまり，

Not all her children have emigrated.
(彼女のお子さん方のうち全員が国外へ移住したわけではありません)

を推意として生み出す.[14] ここでも，このような推意は強い推意であるが，こ

解するために，たとえば，(16i) の文では仮に，4人の子どもがいるマックスの子だくさん度は4等級だとしておこう．(16i) を発する話し手はこの等級を選択することに等しい．そして (16i) を伝えられた聞き手に (16iii) を推意させると上で述べた．それと同じように，子だくさん度4より強い等級（すなわち，子だくさん度が5以上）を否定した内容（すなわち，マックスの子だくさん度は5以上ではないということ，つまり下限の否定）を聞き手に推意させるわけである．これが一般に成り立つという．

[14] 厳密にいえば，含意関係が成り立つのは，全称数量詞によって修飾された集合が空集合でない場合に限られる．上記の (15) の議論をみよう．(i) の文そのものは (ii) を含意しない．

(i) All candidates who score 100% will win a prize.
(満点をとる受験生全員が賞をもらうだろう)
(ii) Some candidates who score 100% will win a prize.
(満点をとる受験生何人かが賞をもらうだろう)

しかし (i) と (iii) が2つとも成り立てば，それは (ii) を含意する．

(iii) Some candidates will score 100%.（満点をとる受験生が何人かいるでしょう）

［訳者注］:「含意関係が成り立つのは，全称数量詞によって修飾された集合が空集合でない場合に限られる」というのは彼女の子どもが1人も国外に移住していない場合には，(18a) が (18b) を含意しないということである．(15) では all candidates... というときには話し手は何人かの受験者が満点をとるだろうという信念に気持ちが傾いていると述べている．しかし，だからといって受験生が（0人の場合や）1人のみである場合が論理的に排除されるわけではない．一方，(ii) についていえば上の (6b) で述べたように，some candidates というからには2人以上いなければならない．それゆえ (i) が (ii) を含意しないことになる．(i) に (ii) の文が付け加わることで2人以上の受験生がいることが保証されるため，(i) かつ (iii) が (ii) を含意することになるのである．

れが含意でないことを証明するのは容易である．仮に，彼女には 5 人の子どもがいると仮定しよう．(18b) にとって，もっともらしいと思える状況設定はこうである．筆者が彼女の子どもたちのうちの 3 人の移住を聞き及んでおり，残りの 2 人の所在については何も知らない．このような状況では，筆者は (18a) よりも (18b) を好む．その理由は，(18a) が偽であるからではなく，その真偽が定かではないからである．((18b) の her を my に置き換えると推意が強められることに注意すべきである．なぜならば親なのだから自分のあらゆる子どもたちが移住したかどうかを把握していると思われるからだ．そう思うのがふつうであろう．) さらに 2 つめの理由として，(18b) が (18a) の否定を含意するならば，(18a) が (18b) を含意するのは論理的に不可能であろうと思われるからである.[15] しかし，(18a) が (18b) を含意することは明らかである．つまり，彼女の子どもたちの全員が移住していれば，必然的に子どもたちのうちの何人かは移住しているからである．

■比率的数量化 (proportional quantification) と非比率的数量化 (non-proportional quantification)

前節でみた部分否定の推意 (“not all” implicature) は，some のすべての用法にみられるわけではない．

(19) i. There were some children in the park.
(例の公園に子どもたちが何人かいました)
ii. I saw some children climb over the fence.
(数人の子どもたちが塀をよじ登って越えるのを目にしました)
[some の非比率的用法]

[15] 訳者注：「(18b) が (18a) の否定を含意するならば，(18a) が (18b) を含意するのは論理的に不可能である」とはどういうことか．命題 B が命題 A の否定を含意するならば A は B を含意するのが論理的に不可能である，ということを理解するうえでわかりやすい例をあげてみる．B を $x > 1$ とする．A を $x \leqq 1$ とする．このとき，$x > 1$ ならば $\neg (x \leqq 1)$ が成り立つので，B は A の否定を含意している (ただし，¬ は否定を表す記号である)．ゆえに，論理的に A は B を含意できないことになる．なぜならば，A (つまり $x \leqq 1$) ならば B (つまり，$x > 1$) が成り立たないからである．本文の例はどうか．(国外に移住した子どもの集合が 0 人だった場合を除いて考えるので) (18a, b) と (18a) の否定を次のように言い換えることができる．(18a) =「国外へ移住した彼女の子どもは 5 人全員だ」．(18b) =「国外へ移住した彼女の子どもは 2 ～ 5 人だ」．(18a)の否定 =「国外へ移住した彼女の子どもは 1 ～ 4 人だ」．(18a) が (18b) の否定を含意するためには，国外へ移住した彼女の子どもが 1 人である場合を除外することになる．これでは (18a) が (18b) を含意することは不可能である．なぜならば国外へ移住した彼女の子どもが 1 人の場合にはそれが成り立たないからである．

構文（19i）では，虚辞の there が主語として現れている．この文で some の代わりに not all を用いて，次のように書き変えることはできない．

#There were not all children in the park.
（例の公園に子どもが全員いたわけではない）

この文は語用論的に理解できないものであり，（19i）の推意を表すことができない．（19ii）に関して，some が強勢をもたず，/səm/（あるいは /sm/）に弱化される場合，どのような読みになるかについて述べておきたい．この場合，話し手が念頭においている集合には，塀をよじ登って越えていく様を話し手がみていない子どもたちは含まれない．つまり，塀をよじ登って越えていく一部始終を話し手が目撃したことが真として成り立たない子どもがいる場合，そのような子どもで構成されたいかなるより大きな個別の集合も，話し手は念頭においていない.[16] それゆえここでも，特定の集合に属す子どもたち全員が塀をよじ登って越えていくのを自分がみたわけではないということを話し手が推意しているのではない．この some が「全員ではない」(“not all”) という意味を表すのは，それが**比率的に**（**proportionally**）解釈される場合だけ，つまり，ある集合のすべての構成員が叙述属性をもつかどうかという問題が生じるような特定の集合が存在する場合だけなのだ．部分詞構造（partitive construction）は，そのような比率的解釈が必ず出てこないといけないような表現の1つである．どうして部分詞構造とよぶかといえば，関与する集合が部分斜格で表されるからである．（18b）では，彼女の子どもの集合にかかわる事柄が述べられていて，some がこの集合に関連して解釈される．すなわち，このことによって，some が all とは対比された some になるため，部分否定を推意させるというわけである．とはいえ，some が比率的解釈になるのは部分詞構造に限っ

---

[16] 訳者注：（19ii）の読みについて解説しよう．塀をよじ登って越えていく子どもたちの特定の集合があって，そのうちの一部は (A)，それ以外は (B) であるとしよう．

(A)　塀を越えるのを話し手が目撃していない子どもたち
(B)　塀を越えるのを話し手が目撃した子どもたち

(19ii) で some / s(ə)m/ が用いられているが，このとき（19ii）の話し手は（B）だけを念頭においているのであって，(A) + (B) という集合を念頭においているわけではないし，(A) + (B) のうちの（B）だけをとり上げて言及しているわけでもない．この場合の some にはそのような全体のうちの一部分という意味合いはない．some が not all（集合全体ではなくその一部分）という部分否定の意味になるのは，(A) + (B) という全体の集合が問題になる場合だけであり，この場合に生じる some の解釈が比率的解釈である．部分詞表現は some of … と表現され，この場合には比率的解釈が義務的である．

た話ではない．

(20) i. Some people misunderstood the question.
(例の質問を誤解した人がいたんです)
ii. Some people don't know how to say 'No'.
((頼みごとをされたときの) 断り方を知らない人がいるんです)
[some の比率的用法]

(20i) には，例の質問を尋ねられた人々 (おそらくあるテストの受験者だったり，国民投票の有権者だったりといった人々) からなる暗黙の集合があるため，some は比率的に解釈される．すなわち，some は all に対する some であり，「全員ではない (not all)」という推意を生み出している．(20ii) では，筆者は一般人について述べているが，一般人といえども 1 つの集合を構成するので，ここでもやはり部分否定を推意させる．

■比率的用法の most

同様に，most にも比率的用法と非比率的用法がある．ただしこの場合，両者は some に比べると，やや明確に区別され，most の非比率的用法は **many** と **much** の最上級としての用法である．下付き文字を使ってこれらの用法を区別しておく．ゆえに most_p と書いてあれば比率的用法の意味であり，most_s と書いてあれば非比率的用法すなわち最上級 (superlative) の意味である．

(21) i. Most_p students would regard that as unreasonable. [比率的用法]
(ほとんどの学生がそれを無茶だと考えるだろう)
ii. It's the Pyschology Department that attracts (the) most_s students. [最上級用法]
(もっとも多くの学生が集まるのは心理学科だ)

(21i) は学生全体のうち叙述属性が当てはまる者の割合が高いことを意味している．[17] それに対し (21ii) では，心理学科がもっとも多くの学生を集めているということ，つまり心理学科が他の学科よりも多くの学生を集めているということである．ここでも，比率的用法の most は all よりも弱いため，次のような，全員ではないという推意 ("not all" implicature) を生み出す．

[17] ここでの叙述属性は「*x* がそれを無茶だと考えるだろう」であり，これが当てはまる学生の割合が高いということ．

Not all students would regard that as unreasonable.
（すべての学生がそれを無茶とみなすとは限らない）

■all と $most_p$ と some のあいだの尺度関係

$most_p$ は all よりも弱いが，比率的用法の some よりは強い．そのため，この三者を強いものから順に並べると (22) のようになる．ここで，A > B は「A が B より強い」ことを表す．

(22)　all > $most_p$ > some

これらの数量詞は，それぞれがその右側にあるいかなるものも含意する．そしてその左側にあるいかなるものであれ，その否定を推意として生み出す．[18]

(23) i. I knew all of the delegates. ［(ii)-(iii) を含意する］
（私はその代表たちの全員を知っていた）
ii. I knew most of the delegates. ［(iii) を含意し，(i) の否定を推意させる］
（私はその代表たちの大半を知っていた）
iii. I knew some of the delegates. ［(i)-(ii) の否定を推意させる］
（私はその代表たちの何人かを知っていた）

■横溢（おういつ）（性）数量化

横溢（性）数量化 (**multal** quantification)，つまり，ものの数や量が多いことを表す数量化とは，many（多数の），much（多量の），a lot（たくさんの），a great deal（かなり多くの）などの項目による数量化のことである．それらが出てくる（すべてではないが）ほとんどの用法において，some と多さを表す数量詞には，等級がつけられる．例をあげておこう．

---

[18] 訳者注：「これらの数量詞は，それぞれがその右側にあるいかなるものも含意する」とあるが，たとえば，(23i) は (23ii) を含意するということである．すなわち全員の代表者のことを知っていれば，ほとんどの代表者のことを知っていることになる．「これらの数量詞は，その左側にあるいかなるものであれ，その否定を推意させる」とあるのは，たとえば，(23iii) は (23i) や (23ii) の否定を推意させるということである．つまり，「代表者の何人かを知っている.」ということは「代表者のほとんど／全員のことを知っているというわけではない.」ということを推意させる．

(24)　比率的用法 / 非比率的用法

	比率的用法	非比率的用法
i.	a. Many people think it's a conspiracy. (多くの人々がそれを陰謀だと思っている)	b. We're having a lot of friends round. (われわれは友人を大勢うちによぶつもりだ)[19]
ii.	a. Some people think it's a conspiracy. (数人の人々がそれを陰謀だと思っている)	b. We're having some friends round. (われわれは友人を数人うちによぶつもりだ)

比率的な事例でも非比率的な事例でも，(24i) は (24ii) を含意するが，(24ii) は非横溢的推意（“not multal” implicature）をもつ，つまり，(24iia) はこれを考えている人の比率は高いというところまではいかないということを推意させる．そして (24iib) では，家に招こうとしている友人の数は多いというところまでいかないということを推意させる．ここでは，推意を「あまりない (not many)」ではなく，「多くはない (not multal)」として指定しておく．なぜなら not many は，less than many（多くない）ではなく，few（ほとんどない）と解釈されるからである．[20]

しかしながら，横溢数量詞の比率的用法を (22) の尺度に単純に追加できるわけではない．なぜならば all，most，some は，当該の集合が大きいことを前提としないからである．たとえば，エドがミスを 6 つするとしよう．6 つのうち 4 つが些細なミスであれば，

Most of them were trivial.（ミスのほとんどは大したことがなかった）

といっても差し支えないだろう．しかし，

Many of them were trivial.（ミスの多くは大したことがなかった）

というのは適切ではなかろう．それゆえ，all（すべての）と比率的用法の $most_p$（ほとんどの）は many あるいは much を含意しない．many と much は「全部というわけではない (not all)」ということを推意させるが，not $most_p$（ほとんどではない）を推意させるか否かは文脈によって決まるところがきわめて大きい．

19　訳者注：これはイギリス英語に特有の表現である．アメリカ英語で「友人をうちによぶつもりだ」は，We're having friends over. という．

20　訳者注：第 5 巻『前置詞と前置詞句，そして否定』および，以下の脚注 22 を参照．

■僅少（性）数量化

僅少（性）数量化（**paucal** quantification），すなわち少なさを表す数量化とは，a few（少数の），a little（少量の），several（いくつかの），a bit（わずか）などの数量詞によって表される数量化をいう．これらは横溢数量詞と尺度関係にある．次の例を比べてみよう．

(25) i. a. I disagreed with many of his points.
(私は彼の主張の多くをはねのけた)
b. I made a lot of mistakes.
(私は多くのミスをした)
ii. a. I disagreed with a few of his points.
(私は彼の主張のうちの若干をはねのけた)
b. I made a few mistakes.
(私は若干のミスをした)

(25i) の例文は (25ii) の例文を含意し，後者は非横溢的推意すなわち「多くはない」という推意 ("not multal" implicature) を強く帯びている．

これに対し，some と僅少数量詞のあいだにはそのような関係はみられない．僅少数量詞は some を含意する．たとえば (25iib) は次の文を含意する．

I made some mistakes（私はいくつかのミスをした）

しかし，some には less than paucal（わずかな数量にも満たない）という推意はない．僅少数量詞が使われる数量化の尺度領域にも数量詞 some が使われてよい．数量詞 a few の下限は数でいえば「3」であり，それより小さい「2」は some に値する．ゆえに some はその上限が低いということがわかっていなくてもよいので使いやすい．[21]

■否定数量詞

(22) の尺度 (all > $most_p$ > some) を拡張することはできるだろうか．some の右側に何を付け加えてもうまくいかない．とくに no を用いてこの尺度の続

---

[21] 訳者注：僅少数量詞は「多くはない」という推意を生む．たとえば a few の下限は3であり，上限は低い．some の下限は2である．（ゆえに僅少数量詞の代わりに数量詞 some を使うことができる）．3つ以上のミスをしたという I made a few mistakes.（=25iib）は，2つ以上のミスをしたという I made some mistakes. を含意すると述べている．a few mistakes が some mistakes を含意するとはいっても，some は「わずかな数量にも満たない」という推意を生まない．その点が，some が僅少数量詞と違う点である．この注の冒頭に述べたとおり，僅少数量詞は「多くはない」という推意を生む．

きを書き足すことはできないのだ．上記の（18）と下記の（26）のペアを比べるとよい．

(26) a. Some of her friends voted for him.
（彼女の友だちのうちの何人かが彼に票を入れた）
b. None of her friends voted for him.
（彼女の友だちのうちの誰も彼に票を入れなかった）

例文（26b）は，（26a）の否定つまり，

It is not the case that some of her friends voted for him.
（彼女の友だちのだれかが彼に票を入れたというのは本当ではない）

を推意させるのではなく，（26a）の否定を含意する．[22] それゆえ，否定数量詞 **no** は存在数量詞 some よりも弱い数量詞ではない．すなわち，**no** は否定と存在数量詞を組み合わせたものであり，だからこそ（22）にある肯定数量詞の尺度には含まれないのだ．

同様に few も否定であるがゆえにこの尺度から除外される．この many と few の関係は，some と **no** の関係に等しい．例をみてみよう．

(27) a. Many of her friends voted for him.
（彼女の友だちのうちの多くは彼に票を入れた）
b. Few of her friends voted for him.
（彼女の友だちのうち，彼に票を入れた者はほとんどいなかった）

ここでも（27b）は，（27a）の偽（falsity）を単に推意させるのではなく，（27a）の偽を含意する．ではつぎに以下の文の違いに注目しよう．

---

[22] 訳者注：（22）の尺度（all > $most_p$ > some）（ただし，A > B は A が B よりも強いことを表す）に no を組み込むには，no がこの 3 つの数量詞よりも強いか弱いかということがわからなければならない．some と no を比べてみよう．some が no よりも強いのであれば，（条件 1）some が no を含意しなければならないし，（条件 2）no は some の否定を推意させる必要があることを上で述べた．しかし，本文にあるように（26b）の none は（26a）の some の否定を推意させない（ゆえに（条件 2）は満たされない）．ここで「(18b) が (18a) の否定を含意するならば，(18a) が (18b) を含意するのは論理的に不可能である.」と上述の（18）で述べていたことを思い出そう．(26b) が (26a) の否定を含意するので，(26a) が (26b) を含意することは論理的に不可能である（ゆえに（条件 1）も満たされない）．ゆえに，no は some よりも弱いとはいえない．ゆえに，no を（22）の尺度に組み込むことはできないというわけである．

(28) i. Some {if not all / indeed all} of her friends voted for him.
(彼女の友だちのうちの何人かが彼に票を入れた．いやともすると全員が入れたかもしれない／彼女の友だちのうちの何人かが，いや本当は全員が彼に票を入れた)

ii. *Few {if not many / indeed many} of her friends voted for him.
(彼女の友だちのうち彼に票を入れた者は，ほとんどいなかった．いやともすると大勢いた／彼女の友だちのうち彼に票を入れた者は，ほとんどいなかった．いや本当は大勢いた)

(28i) における if not all (いや，ともすれば全員が) という表現は，全員が彼に票を入れた可能性があることを認めることになる．これにより，if not all は some がもつ「全員が彼に票を入れたわけではない」という**推意** (“not all” **implicature**) を取り消す．それに対して，indeed all (本当は全員が) は，全員が彼に票を入れたと断定することになる．これにより，indeed all は some がもつ「全員が彼に票を入れたわけではない」という**含意**を取り消す．しかし，このようなあの手この手をもち出しても，few のもつ「多くはない」という**含意** (“not multal” **entailment**) を打ち消すことはできない．

しかし，few には，less than many (多いというところまではいかない) という意味はない．なぜなら，few は the opposite of many (「多い」の反対である) という意味をもつからだ．good と bad，big と small，old と young などのペアがそうであるように，many と few は反意語 (antonym) である．上で述べたように，many を否定すると少なさを表す僅少 (性の) 解釈 (paucal interpretation) が得られる傾向がある．次の例を比べてみればよかろう．

(29) a. He didn’t obtain many votes. (彼には多くの票が入らなかった)
b. He obtained few votes. (彼にはほとんど票が入らなかった)

(29a) から，彼の得票数が少なかったことが伝わる．しかし，これは推意である．つまり，彼はかなりの得票数を得ていた可能性があるが，にもかかわらず彼が得た得票数は many といえるほどの数に達するにはいく分足りなかったという可能性があるからである．しかし，few は，後者の筋書き (つまり，彼はかなりの得票数を得ていた可能性があるが，にもかかわらず many といえるほどの得票数には足りなかったという筋書き) で使われる可能性はないであろう．すなわち，例文 (29b) は，彼の得票数がわずかでしかなかったということを，単に推意させるのではなく，含意する．それゆえ，(29a) と (29b) は等価ではない．つまり，(29b) は (29a) を含意するのに対して，(29a) は

(29b) を推意させる.[23]

否定を表す語であるがゆえに，few は **no** と尺度関係にある．もし比率的用法だけでいえば not all は，単一の語でないにもかかわらず，これをこの否定の尺度上に配置することができる．その等級を (30) に表そう．

(30) **no** ＞ few ＞ not all

左端に **no** が立つのはこの 3 者のうちもっとも制限的であるという意味でもっとも強い数量詞だからだ．次の例を比べれば合点がいくだろう．

(31) i. None of her friends voted for him. ［(ii)-(iii) を含意する］
(彼女の友だちのうち，誰一人として彼に票を入れた人はいなかった)
ii. Few of her friends voted for him.
［(iii) を含意し，(i) の否定を推意させる］
(彼女の友だちのうち，ほとんど誰も彼に票を入れなかった)
iii. Not all of her friends voted for him. ［(i)-(ii) の否定を推意させる］
(彼女の友だちのうち，全員が彼に票を入れたわけではなかった)

(31i) にとっての真理条件は，(31ii) にとっての真理条件に比べるとより狭く，より制限されている．では (31ii) にとっての真理条件はどうかというと，これは (31iii) の真理条件よりも制限されている．

(30) から生じる含意と推意は，(22) の肯定の尺度にみられる含意と同じ原理に従う．つまり，(31) の右端に括弧書きしてあるように，尺度の中でより強い等級にある語(ターム)が弱い等級にある語を含意し，より弱い等級にある語がより強い等級にある語の否定を推意させるというわけである．推意は，some から “not all” へ生じる場合と同様に，few から “not none” へ生じる場合には，きわめて強くはたらくことが多く，ここで議論している例においてはとくにそうなる可能性が高い．しかし，ほかの事例では含意ではなく，推意を扱っていることがより明確である．たとえば，我々がこれから試験問題を一式，採点する場合を想定してみよう．筆者が仮に下記のような文を発したものとしよう．

---

[23] しかし決定詞類句の内部で not が many を修飾する場合には，僅少性すなわち少なさを表す含意が出てくる．すなわち，

Not many of her friends voted for him.
(彼女の友だちのうち彼に票を入れた者は多くなかった)

という文は，「投票した者も多かったが多数といえるほどではなかった」(a good number voted but not enough to qualify as many voted) という解釈にはならない．

Few will do as well as Kim Jones in last year's exam: of that we can be quite sure.
（昨年の試験でのキム・ジョーンズの出来具合に匹敵するような優秀な答案なんて今年はほとんどなかろう．太鼓判を押すよ）

昨年キムがとった（優秀な）成績に匹敵する者が，今年はせいぜい少数であろうという確信の強さを話し手はこの文で表しているわけである．しかし同じくらいの成績をとる者が少なくとも何人かはいるだろうということは，述べてはいない．(28i) の some の「全員というわけではない」という推意（“not all” implicature）について例をあげて明らかにしたのと同じように，キムの例文における「いないわけではない」という推意（“not none” implicature）を取り消すことができる．[24]

(32)　Few if any/indeed none of them did as well as Kim.
（彼(女)らのうち，キム並みによくできた者はいたとしてもほとんどいなかった．／彼(女)らのうち，キム並みによくできた者はほとんどいなかった．いや，本当に皆無だった）

・a few と few

この両者は，どちらも上限が低いという点で共通しており，どちらも僅少数量詞である．しかし，両者は肯定と否定とで対立している．[25] そのために，以下のような違いが生じることとなる．

(33)

		a few	few
i.	上限が低いこと	推意される	含意される
ii.	下限がゼロより大きいこと	含意される	推意される

（実際には，a few は下限が 2 より大きいことを含意する．）それゆえ，推意の取り消しに関して，a few は few と逆のふるまいをみせる．(28ii) と (32) と次の例を比べるのがよい．[26]

---

[24] 訳者注：(28i) の例，Some {if not all/indeed all} of her friends voted for him. という文では，if not all によって some がもつ「全員ではない」という推意を取り消すことができる．これと同様に，(32) の例でも，if any や indeed none などを追加するという奥の手を用いることで，キム並みの成績をとる者がいたとは述べていないことになる．つまりこれは few のもつ「いないわけではない」という推意を取り消すことができるということである．

[25] 訳者注：第 5 巻『前置詞と前置詞句，そして否定』を参照．

[26] 訳者注：(28ii) では，if not many や indeed many を追加しても，few のもつ「多くは

(34) i. A few if not many/indeed many of her friends voted for him.
(彼女の友だちのうち数人が，いやともすると大勢が彼に票を入れたかもしれない／彼女の友だちのうち数人が，いや本当は大勢が彼に票を入れた)

ii. *A few if any/indeed none of them did as well as Kim.
(キム並みにできるものは，いたとしても，数人はいた／キム並みにできる者は，彼(女)らのうち数人はいた．いや本当は誰もいなかった)

ない」という含意を取り消すことはできない．ゆえに，few は「上限が低い」という含意をもつ．(32) で，if any/indeed none を追加すれば，few のもつ「ほとんどいない」という推意を取り消すことができる（少なくとも何人かはキム並みにできる者がいたとは述べていないためである）．ゆえに，few の「下限がゼロより大きいこと」は，推意に過ぎず，含意ではないということになる．

それに対して，a few の場合はこれと逆である．すなわち，(34i) では，if not many/indeed many を用いれば，「多くはない」という推意を取り消すことができる．ゆえに，a few は「上限が低い」という推意を生む．(34ii) で，if any/indeed none を用いると非文になり，a few のもつ「ゼロではない」という含意は取り消されない．ゆえに，a few は，「下限がゼロより大きい」という含意をもつ．

以上をまとめたものが (33) である．

第６章　冠詞と定性を表す範疇

冠詞（**article**）という用語は，もっとも基本な定性表現・不定性表現を生み出す決定詞類の特別な下位範疇を表すことばとして使われる．この章では２つの冠詞 the と a を順に検討し，定名詞句と不定名詞句の対比からわかることを説明することにしよう．

6.1　定冠詞 the

定冠詞 the は，定性を表すもっとも基本的な表現である．定冠詞の例が（1）にあげてあり，この例から，the はあらゆるタイプの普通名詞，すなわち，可算単数名詞，可算複数名詞，不可算名詞のいずれとも共起することがわかる．

（1）　Bring me [the ladder/ladders/cement]!
　　　（例の｛はしご／セメント｝をもってきて！）

この例文で定冠詞が使われていることからわかるのは，話し手がどの指示物のことをいっているのかが聞き手にわかっているということである．ここでいう指示物とは，話し手が言及している，個々のはしご，ひとまとまりの複数のはしご，あるいは，一定量のセメントのことである．

■同定可能性

定冠詞によって表される同定可能性（identifiability）という概念は，聞き手が which 疑問文，すなわち「ど(ちら)のことをいっているのですか？」と問う疑問文を発しなくてもよいということである，と理解すればもっともわかりやすい．たとえば，次の例を比べよう．

(2) i. Where did you park the car?（例の車をどこに停めたの？）
ii. The father of one of my students rang me up last night.
（私が受けもっているうちの 1 人の生徒の父親が昨晩電話をかけてきた）
iii. The first person to run the mile in under four minutes was Roger Bannister.
（世界で初めて 1 マイル 4 分を切る走りをしたのはロジャー・バニスターだった）

例文 (2i) は，ああこういう状況なら，聞き手が定名詞句の指示物を知っていそうだなと思わせる，ありふれた場面を描いている．すなわち聞き手は，その車を運転していて，それが車であるということだけでなく，おそらくずっと多くのことを―たとえばその車がどんな色で，どんな車種か，などもろもろについて―知っているにちがいない．ゆえに聞き手は，Which car?（ど(ちら)の車のことをいっているのですか）と問い返す必要がない．つまり聞き手は，話し手が言及しているのがどの車のことなのかを知っているということである．[1]

しかし聞き手がすでに知っているということ (familiarity)，それは the が適切に使われるための必要条件ではない．聞き手が知っていなくても the が付くことがある．たとえば (2ii) では，話し手がどの生徒なのかということを明かしていないので，聞き手は電話をかけた父親がだれなのか予想もつかない．にもかかわらず，話し手はある特定の生徒を心に思い浮かべており，そしてその生徒の父親であるという属性によって，指示物についての情報が他とは識別される．それゆえ，同定可能なものになっている．したがって，次のように尋ねても意味をなさないであろう．

#Which father of one of your students?
（あなたが受けもっているうちの 1 人の生徒のどのお父さん？）

ただし，次のように尋ねるのはもちろん意味があるだろう．

Which one of your students?
（あなたの受けもっているうちのどの 1 人の生徒？）

しかしここで尋ねている which で始まる疑問文は，埋め込まれた名詞句，one of my students（私が受けもっている生徒のうちの 1 人）について尋ねており，こ

[1] もし聞き手が (2i) の発言に返答して，本当に which one?（ど(ちら)の車をですか？）と尋ねたとすると，次のようなことが起きたことになるだろう．話し手と聞き手のあいだの意思疎通がしばらく途絶えてしまっていて，にもかかわらず，話し手がどの車について話をしているかということを聞き手がまだ同定できるものと話し手は思い込んでしまっていたのである．

の 1 人の生徒は不定名詞句である．

それゆえ，the によって標示される同定可能性は，比較的弱い種類のものである．[2] このことはさらに（2iii）の例からもわかる．この例文では，述部が同定可能性をもたらすもっと強い情報を提供している．主語として機能する定の名詞句の主要部である小名詞句 first person to run the mile in under four minutes は，ほかには存在しない唯一の個人を特定している．そのため（2iii）の文に対しても聞き手が次のように尋ねたとしたらどうだろうか．

> #Which first person to run the mile in under four minutes?
> （その 1 マイルで 4 分を切る走りをするどの世界初の人がロジャー・バニスターだったのですか？）

これでは，かみ合わない質問をしていることになるだろう．しかし，その世界初の走者が誰なのかを聞き手が知らなくても，ほかには存在しない唯一の個人にしかその世界初という記述を満たせないことは，聞き手にはわかる．そのような個人が誰なのかを（2iii）の述部が教えてくれる．それゆえ，the が明確にしていることは，which ... ?（どの人ですか？）と聞き手が尋ねなくても済むほどに，その名詞句の主要部が同定可能な情報を提供しているということである．しかしこの主要部は，もちろん who ... ?（誰ですか？）と聞き手が尋ねなくても済むほどの情報を提供しているとは限らない．[3]

---

[2] 訳者注：（2ii）における同定可能性は，話し手の心の中で思い浮かべている対象（ここでは生徒）が他とは区別されるというだけで具体的に誰かということまでは同定されていないという意味で比較的弱い種類の同定可能性なのである．

[3] 訳者注：（2iii）に対する反応として，#Which first person to run the mile in under four minutes? のような疑問文はかみ合わないと述べているのはなぜか．1 マイルで 4 分を切る走りをする世界初のランナーには（2iii）によって，弱い種類の同定可能性がすでにもたらされているのにもかかわらず，聞き手はランナーについて弱い種類の同定を行おうとして which 疑問文を発しているからである．

ところが，（2iii）に対して聞き手は who を用いた疑問文を尋ねてよいという．これはなぜか．（2iii）では述部 Roger Bannister があるため，（2ii）よりも強い種類の同定可能性がもたらされている．にもかかわらず who が用いられているのは，弱い同定可能性ばかりか，より強い同定可能性が得られても（個人名が特定されていても），さらなる同定可能性を得るために who を用いることができるからである．仮に聞き手が（2iii）に対して Who is the first person to run the mile in under four minutes? と尋ねたとすると（問い返し疑問文を発しているのでなければ），1 マイルで 4 分を切る走りをする世界初のランナーのより一層強い同定可能性を得ようとしている．

■ 可算単数名詞句：同定可能性と唯一性（uniqueness）

定の可算単数名詞句の場合には，通常，名詞主要部で表される記述を満たす関係者（あるいは関連物）がただ 1 つ存在することを認識することによって，同定可能性が得られる．(2iii) では，話題に上っている離れ技をやってのけた世界初の人物が必ずただ 1 人存在する．(2ii) では，私が思い浮かべている生徒の父親である人物が同様にただ 1 人存在する可能性がある．そして (2i) では，関連する文脈において唯一の車が存在している．その文脈とは，聞き手がある特定の車を運転し続けていたことを話し手の側がわかっているというものであり，そしてこの車は話し手がいま言及しているまさにその車なのである．

しかし，ある状況のもとでは，たとえその文脈が小名詞句で与えられている記述を満たす関係者（あるいは関連物）の数を厳密にただ 1 つに制限しないような場合であっても，可算単数名詞に定冠詞をつけるのが適切であるということがありえる．たとえばそれは次のような例である．

(3) i. Put your cup down on <u>the arm of your chair</u>.
(自分のイスのひじかけに自分のカップを置きなさい)
ii. He married <u>the daughter of his bank manager</u>.
(彼は勤務先の銀行の支店長の娘と結婚した)

(ひじかけ) イスにはひじかけが 2 つ付いているが，(3i) で定冠詞が適切であるのは，どちらのひじかけを聞き手が選んでもかまわないと話し手が思っているからである．それゆえこの場合にも，定冠詞がつくのは，聞き手が

Which arm of my chair?（私のイスのどちらのひじかけですか？）

と尋ねる必要はないことを話し手が見越している印である．(3ii) の場合には，この銀行の支店長には実は娘が 2 人いる可能性があるのだが，それでも the が適切であるのは，聞き手が

Which one?（どちらのお嬢さんとですか？）

と尋ねる必要がないと話し手が思っているからである．すなわち，おそらくはもう 1 人の娘は既婚者であるか，結婚には早すぎる年齢であるか，あるいは，もしかするとあなたは娘が 2 人いることを知らず，かつ，それが何ら問題にならないからかもしれない．重要なのは，銀行の支店長が彼の結婚した女性の父親であったということだけなのだ．

■存在の前提

一般に，定冠詞を使用するということは，聞き手が同定できると思われているような個（entity）やその集合や量の存在を前提としている（presuppose）ということである．たとえば，(3ii) は，彼の銀行の支店長には娘が 1 人いることを前提としている．上記の例においては，当該の娘の存在が含意されている．しかし上記の前提はそういう含意がない文脈にも引き継がれる．これは何も珍しいことではない．たとえば，次のような文脈である．

He thinks it would be to his advantage to marry the daughter of his bank manager.
（彼は勤務先の銀行の支店長の娘と結婚すれば自分が有利になるだろうと考える）

同じことは否定的な文脈の場合でもみられる．たとえば，次のような例がそうである．

He didn't, after all, marry the daughter of his bank manager.
（彼は結局のところ勤務先の銀行の支店長の娘と結婚しなかった）

この場合，依然としてその銀行の支店長には娘が 1 人いるということを当然のこととみなしている．このような存在の前提を取り消すことは可能であるが，通常，第三者がいったことや提案したことを否定するような文脈でのみそのような取り消しが行われるものである．そのような文脈では，たとえば次のようにいうことができる．

He can't have married the daughter of his bank manager: his bank manager doesn't have a daughter.
（彼は勤務先の銀行の支店長の娘と結婚したはずはない．その支店長には娘がいないから）

■複数名詞句と不可算名詞句：全体性（totality）

唯一性（uniqueness）による同定可能性を上で説明したわけだが，この説明は定の複数形名詞句や不可算名詞句にも拡張できる．

(4) i. Where did you put the keys/the milk?
（君は {例のカギを／例のミルクを} 全部どこへやったんだ？）

ii. The parents of one of my students came round to see me last night.
（私が受けもっている 1 人の生徒の両親が昨晩私に会いにきた）

これらの名詞句は，(2i–ii) の可算単数名詞句と似ているが，個人にではなく集合や量に唯一性が成り立っているという点が異なる．しかし，その集合や量は最大であるということを理解すべきである．すなわちここでは，登場する複数のカギ，ミルク，両親の全体性が問題になっている．相手がカギを5本もっていたとすると，たとえば，その集合のうちの，4本のカギからなる部分集合，3本のカギからなる部分集合，2本のカギからなる部分集合というふうに，部分集合がいくつか存在するのだが，これらは関係のないものとして度外視される．なぜならば，この場面で，カギからなる唯一の最大集合 (unique maximal set) が存在していることによって，聞き手にとって同定可能なものとして話し手から提示されているのは，カギの集合全体だからだ (それらのカギはおそらく相手が最近までドアや金庫を開けるのに使っていたものなのである)．

しかし，定冠詞がほのめかすこの全体性という概念は，全称数量詞が表す全体性という概念よりも，いくらか弱いものであるということに注意しておくことは重要である．なぜならば，本質的に似かよった個がいくつか寄せ集まってその全体集合が出来上がっている場合には，定冠詞を使ってあるからといって，あらゆる個がその叙述属性 (predication property) をもっていることは含意されないからである．次の例を比較してみよう．

(5) a. The bathroom tiles are cracked.
(浴室のタイルにひびが入っているんです)

b. All the bathroom tiles are cracked.
(浴室のタイルというタイルにひびが入っているんです)

(5a) では，必ずしもタイル1枚ずつにひびが入っていなくともよい．むしろ，そのタイルの全体的な状態 (totality) から，ひびが入っているという印象を受ければそれでよい．もし話者がタイル1枚ずつに全部ひびが入っていると言いたいのならば，それを明確にするためには，(5b) にあるように，決定詞前位要素としての全称数量詞 all を付け足さなければならない．

■同定可能性の要求が満たされるさまざまな文脈のタイプ

定冠詞が適切とされる一連の文脈を次の例にあげておく．

(6) i. Could you do something about the hum?
(あのブンブンいう音を何とかして頂けますか)

ii. The president has been assassinated. (大統領は暗殺された)

iii. They have a cat and two dogs. The cat is over fifteen years old.

(彼(女)らは猫を1匹と犬を2匹飼っている．猫のほうは15歳を越えている)

iv. My car won't start; I think the battery is flat.
(私の車はエンジンがかからない．バッテリー切れだと思う)

v. She grabbed me by the arm. (彼女は私の腕をつかんだ)

vi. Everybody wants to be a member of the most popular team.
(誰もが一番人気のチームのメンバーになりたがる)

vii. They are interviewing the man who mows her lawn.
(彼(女)らは彼女の家の芝生を刈る男に事情聴取をしている)

viii. The racquet dropped from Andre Agassi's hand as if his fingers had grown numb.
(まるでアンドレ・アガシの指が麻痺(まひ)していたかのように，彼の手からラケットが落ちた)

(6i) において the hum (ブンブンいう音) は，その状況で知覚されるという性質のものであるがゆえに (つまり聞き手にはその音が聞こえていると話し手が思っているので)，聞き手にとって同定可能なのである．同様に，聞き手にみえるところに金づちがある状況では次のようにいう．

Pass me the hammer. (その金づちをとって)

また聞き手がをすきま風を感じる状況では，次のようにいうことができる．

Does the draught worry you? (そのすきま風が気にさわりますか)

例文 (6ii) は，話し手と聞き手が共有する言語外の知識によって，何のことなのかが同定可能になる状況の具体例である．もし (6ii) が「最新ニュース」として発せられると，この定名詞句は，話し手と聞き手が自国の大統領として知っている人物を指示していると解釈される可能性がもっとも高くなる．だがもちろん，これとは別の，ある特定の国についてリポートをしている2人の報道関係者のあいだで交わされるやりとりで (6ii) が発せられたならば，その定名詞句はその国の大統領のことを指示していても何ら不思議はない．この2人が共有するその国についての知識をつうじて，指示対象が同定可能であるからだ．

(6iii) では，最初の文が談話にある特定の猫を導入しているので，2つめの文の the cat の指示物がこの先行する会話の内容によって同定可能になる．(6iv) におけるバッテリーは，談話に導入されたばかりの車との関連性をつうじて，同定可能になるというわけである．すなわち，これはその車のバッテリーであると解釈される．例文（6v）もこれに似ている．話題に上っている腕は，目的語 me の指示対象と関連性があるため，私の腕と同定されるのである．この場合，別の表現方法として，次の例のように属格代名詞を使えばよかろう．

She grabbed me by my arm.（彼女は私の腕をつかんだ）

しかし，これら 2 つの言い方のうち，the を用いる（6v）の場合には厳しい制限が課せられている．第一に，the がついた名詞句の指示対象は，典型的に身体部位 (body-part) である．[4]

?She grabbed me by the tie.（彼女は私のネクタイをつかんだ）

第二に，身体部位名詞句とそれに結びついている名詞句はそれぞれ，単一の動詞の斜格補部 (oblique complement) と直接補部 (direct complement) である．次の文には the arm が me の身体の一部であるという 解釈はない．

I used the arm to help me get over the fence.[5]
（私はその片腕をたよりに塀を乗り越えた）

（6vi）に目を向けよう．この文に登場するチームがどのチームのことなのかが同定できるのは，修飾語句 most popular があるからである．人気をはかるものさしがあるとしたら，このチームはその頂点にあるため，選び出されるというわけである．ゆえに修飾語句が同定可能性を**確立する**といえる．同じことは（6vii）の関係節にも当てはまる．もちろん定冠詞は要求されてはいない．しかしここで定冠詞が使われているということは，man who mows her lawn（彼女の家の芝生を刈る男）が唯一無二の人物を記述したものとして提示されているということを意味している．

これに比べると，ありきたりでない書き方をしているのが，新聞のスポーツ記事の書き出し文の（6viii）である．この文で，ラケットという名詞句それ自体は，それがラケットであるということ以外には何らの情報ももたないのだ

---

4 訳者注：（6v）の身体部位名詞句 the arm を身体部位ではない名詞句 the tie（ネクタイ）に置き換えると，文の容認可能性が低くなるということ．

5 訳者注：この文に登場する「私」はほかの人の片腕をたよりに塀を乗り越えたという解釈になるということである．なぜなら，この文で me と the arm は 2 つの別の動詞の補部だからである．the arm が me の身体の一部であるという解釈を得るには，（6v）のように，直接補部 me と斜格補部 by the arm が同一の動詞 grab の補部でなければならないと述べている．

が，唯一無二のラケットであることをこの文は読み手に否応（いやおう）なく思い知らせる．それゆえ，それがどんなラケットかを理解するのに必要な情報を読み手が得る手がかりは叙述属性（predication property）をおいてほかにはない．したがって，同定可能性を**確立している**のは叙述（predication）であるといえる．次のような警告文についても同様である．

Beware of the dog!（猛犬注意！）

この文は，その読み手の近くに（一匹の）犬がいることを知らせるという役目をはたしており，その犬に注意するようにと警告を発している．

■強勢（stress）

一般に，音声が連続して発音される話し言葉（connected speech）では定冠詞に強勢が置かれない．定冠詞が /ðiː/ という強勢のある形式で使われるのは非常にまれなことだが，次のような例文では固有名詞[6]とともに定冠詞が強勢のある形で現れる．

Was it THE Bill Gates that he was talking about?
（彼が話していたのはあのビル・ゲイツについてだったの？）

また次のような文をみておきたい．このような文は，話題に上っている品物こそ，聞き手が探し求めているほかのどれでもないまさにその本であることの確認を話し手が求めている場合に発せられる．このような文では普通名詞とともに，定冠詞が強勢のある形で現れる．

Is that THE book you're looking for?
（あれはあなたが探しておられるまさにその本ですか）

■決定詞以外の機能

(7) i. She ran [the fastest she had ever run].
（彼女はこんなに速く走ったことがない）
ii. The longer we stay, [the more] chance there is we'll be caught.
（俺らは長居すればするほど捕まりやすくなるんだぞ）
［修飾要素］

[6] 訳者注：これについては 20.4 節で議論する．

比較級や最上級を用いる場合に，the は修飾語として現れる.[7] これらの例文の括弧でくくられている句はそれぞれ，副詞句と決定詞類句である.（7ii）において，the more chance は名詞句であるが，ここでの the は more を修飾している．つまりこれは，more chance を主要部とする決定詞ではない.

the は，ほかのほとんどの決定詞類とは異なり，融合主要部構造において機能をはたすことができない.

(8) i. *There's a spider in the bath. Get rid of [the] immediately! [it]
（風呂場にクモがいるわ．すぐに追い払ってよ！）
ii. *Do you prefer this version or [the Kim did]? [the one]
（こちらのバージョンがいいの？それともキムが手がけたほう？）
iii. *Wine from Australia is now more popular than [the from France]. [that]
（いまやワインはフランス産よりオーストラリア産のほうが人気だ）

これらの例では，the の代わりに右端の［　］内の形式を用いる必要がある．it や the one Kim did は融合主要部構造をもつ名詞句ではないが，that from France は融合主要部名詞句になっている.[8]

6.2　定冠詞 a

単数形可算名詞が不定性を表すうえで，不定冠詞 a はもっとも基本的な標識である．不定冠詞が複数形に使えないのは，これが数を表す one の非強勢形と同じ歴史的起源をもつからである．したがって音声が連続して発せられる話し言葉（connected speech）では，不定冠詞には強勢が置かれない．その代わりに，a には an という連結形 (liaison form) がある.[9]

不定名詞句が出てくるとき，話し手は聞き手がいかなるものも同定できないだろうと思っている．単数可算名詞を主要部にもつ名詞句に a がつけばそれは不定，the がつけばそれは定となる．この二者が定性・不定性の違いに直結している．次の例に目を向けよう.

---

[7] 訳者注：第 7 巻『関係詞と比較構文』を参照するとよい.
[8] 訳者注：第 9 章の（9）を参照.
[9] 訳者注：第 10 巻『形態論と語形成』を参照.

(9) a. Bring me a ladder!
((どんなのでもいいから) はしごをもってきて！)
b. Bring me the ladder! (例のはしごをもってきて！)

不定冠詞 a が使われるのはどういう状況だろうか．こんな状況がありうる．聞き手の目の届く範囲に 2 本以上のはしごがあって，それらには重要な点で (とくに寸法が異なるなどの点で) 違いがある．このような場合に the を使うのが不適切なのは，聞き手にはどのはしごのことを話し手がいっているのか見当がつかないからである (それゆえ，聞き手は Which ladder? (ど(っち)のはしごだよ？)という質問をせざるを得ないであろう)．またこんな状況もありうる．それは，聞き手の目の届く範囲に 1 つもはしごが置いていないので，どのはしごのことを話し手がいっているのかを知ろうにも役に立つ手掛かりがないという状況である．

■量的な不定性と量的でない不定性

不定冠詞 a は量で計りとられる不定性 (indefineteness) と，量で計りとられない不定性の 2 種類を表現できる．

(10)	量的な不定性 (quantitative)	量的でない不定性 (non-quantitative)
i.	a. She has just bought [a new car]. (彼女は新車を 1 台買ったばかりです)	b. Jill is [a doctor]. (ジルはお医者様です)
ii.	a. [A student] has complained about it. (1 人の生徒がそのことで文句をいったのです)	b. As [a doctor], Jill should know better. (ジルは医者としての力量を欠いています)
iii.	a. Jill found [a book on Greek syntax]. (ジルはギリシャ語統語論に関する本をみつけました)	b. Jill has [a good knowledge of Greek]. (ジルはギリシャ語に造詣が深いんです)

量的な用法の a は存在数量詞としての機能をはたす．単数形主要部を選択することによって，量的な用法の a は 1 (one) を表し，(10i–iii) の (a) の例文では彼女は多くても 1 台の車を買った，などの通常の尺度推意 (scalar implicature）が出てくる．[10] しかし，数がいくつかという問題は，a があることで，背景に隠れてしまって表面化しない．1 か，それとも，1 より多くかという区別が重要である場合には，a ではなく数詞の one を使う．(10ia/iiia) の例がそうであるように，この数量化は一般に非比率的であるが，比率的な用法も可能であることが (10iia) からわかる．すなわち，話し手は，生徒からなる定の集合に属する 1 人の生徒のことを述べることが可能である．それゆえこの比率的解釈において，「全員ではない」という推意（“not all” implicature）が得られる．[11] しかしその場合にも，one を使う場合に比べると，a を使う場合のほうが全体 (all) との対比が格段に目立たなくなる．a は決定詞機能をはたす場合にのみ現れる．部分詞やそのほかの融合主要部名詞句において，a は使われない．これでは文法体系上の空白ができてしまうように思われるが，その空白を one が埋めてくれる．[12]

量的でない用法の a は，(10ib/iib) にあるように，単に集合の構成員であるということを表す属性的叙述補部 (ascriptive predicative complements) にみられる．この例で述べられていることは，ジルが名詞 doctor によって表される集合に属していること，すなわち，彼女が医師の集合に属しているということである．叙述補部の位置にある単数名詞句は，被叙述部 (predicand) である Jill の単数性 (singularity) に合致しているが，それ自体では量的な a ではない（ゆえに存在数量詞としてはたらかない）ため，この単数形名詞句をこの用法では one に置き換えることはできないであろう．また (10iiib) がそうであるように，a は不可算名詞とともに現れて，量的でない a としても使われる．第 3 章の (21) をみるとよい．第 8 章の (14iia) でみる次のような文における総称的用法の a は，同様に，量的ではない用法の a である．

A lion is a ferocious beast.（ライオンは猛獣である）

---

[10] 訳者注： 尺度推意については，5.2 節の (17ii) の例を参照．話し手が 2 台の車を買ったのであれば「車を 2 台買いました」というはずなので，(10ia) のように「1 台の車を買いました」といえば，多くてもせいぜい 1 台の車しか買っていないだろうという尺度推意が得られる．

[11] 訳者注：5.2 節でみたように，(18b) Some of her children have emigrated. という文は，Not all her children have emigrated. すなわち移住したのは「全員ではないという推意（“not all” implicature)」を生む．これと同じように，(10iia) のように one ではなく a を用いても，「文句をいったのはクラスの生徒全員ではない」という推意 (“not all” implicature) が得られる．

[12] 訳者注： 定冠詞の場合には the good（善人たち）という融合主要部名詞句が存在する．不定冠詞の場合には「良いもの」というつもりで a good とはいえない．そのため，不定性を表す文法体系に空白ができてしまうのを避けるために，one を用いて a good one や good ones と表現する．

■不定冠詞 a が限定的修飾要素（attributive modifier）の内部に現れる場合に課される制約

不定冠詞 a は本質的に不定性を表す標識であるので，決定詞機能をはたす際に現れる．そして不定冠詞は基数詞とは異なり，それ自体で修飾語として機能することはできない．次の 2 つを比べるとよかろう．

its one redeeming feature（そいつの 1 つの取柄（とりえ））
*its a redeeming feature（〃）

とはいいつつも，決定詞あるいは修飾語のどちらの機能もはたせる特定の表現 ― とりわけ基数詞および属格句 ― には a が出てきてもよい．まずは，one が現れる基数詞および属格句の例をあげておこう．

(11)

	決定詞	修飾語
i.	a. [one hundred] charges（100 件の罪状）	b. these [one hundred] charges（これらの 100 件の罪状）
ii.	a. [one colleague's] house（1 人の同僚の家）	b. the [one dollar's] worth of coins（1 ドル分の例の複数の硬貨）

((11iia) と (11iib) で異なる名詞を選んだのは，限定属格名詞句として使える度量句の選択の幅が狭いからである．[13]) さてこれをふまえて話を進めると，数詞あるいは属格名詞句が決定詞機能をはたす場合には，a は one に置き換わることができるが，数詞あるいは属格名詞句が修飾語である場合には，それはできない．すなわち，

*these [a hundred] charges（これらの 100 件の罪状）
*the [a dollar's] worth of coins（1 ドル分の例の複数の硬貨）

この両者はいずれも非文法的である．では数詞や属格が決定詞の後ろに現れて修飾語の機能をはたすにはどうすればよいか．数詞や属格から a を落とすだけでよい．

[13] 訳者注：これについては，16.3 節を参照．

(12) i. a. [a hundred] charges
(100 件の罪状)
b. these [hundred] charges
(これらの 100 件の罪状)
ii. a. [a colleague's] house
(1 人の同僚の家)
b. the [dollar's] worth of coins
(1 ドル分の例の複数の硬貨)

この規則が当てはまるのは a が修飾要素の冒頭にある場合だけである．それゆえ，次のような例では a を落とさない．

(13) i. the [more than a hundred] charges that had been laid against them
(彼(女)らに対して問われていた 100 件を越える罪状)
ii. the [almost a dollar's] worth of coins that he had in his pocket
(彼のポケットに入っていたおよそ 1 ドル分の例の複数の硬貨)

第7章　その他の決定詞類

本章では，第4章の（5）であげた決定詞類（determinatives）について2種類の冠詞以外のものを順次説明する．主に決定詞機能（determiner function）を取り上げ，そのほかの用法については簡潔に扱う．

7.1　指示的決定詞類 this と that

指示的決定詞類（demonstrative determinatives）には近称（proximal）の **this** と遠称（distal）の **that** の2種類がある．両者とも数に合わせて変化し，決定詞として用いられる場合は主要部と一致する．たとえば単数形 this book に対して複数形 these books が，単数形 that book に対して複数形 those books が用いられる．

定冠詞と同じように決定詞は名詞句（NP）を定（definite）として標示する．たとえば，this book あるいは that book という場合，話し手が言及しているのがどの本であるかを聞き手はわかるにちがいないと判断したうえで話し手は this book や that book といっているのである．複数形の指示詞もまた，the と同じように，集合が全体として叙述属性（predication property）をもつことを表す．それでは以下の例文と第6章の（5）の例を比べてみよう．[1]

---

[1] 訳者注：第6章の（5）の例を（i）にあげる．そこで述べた説明を参照．（ia）では話し手が指している浴室のタイルが全体的に *x* are cracked（ひびが入っている）という叙述属性をもつ．（ib）では話し手が指す浴室のすべてのタイルがこの叙述属性をもつ．

(i) a. The bathroom tiles are cracked.
　b. All the bathroom tiles are cracked.

(1) a. Those bathroom tiles are cracked.
(あの浴室タイルにひびが入っているんです)
b. All those bathroom tiles are cracked.
(あの浴室タイルすべてにひびが入っているんです)

特殊な場合を除いて，指示詞が名詞につくことで基本的にその名詞は定の名詞となり，空間的直示（spatial deixis）を受ける．空間的直示という概念を理解するには次の例をあげておけばよかろう．

(2) a. Read me this book!（この本を読んで！）
b. Fetch me that book!（あの本をとってきて！）

近称の this（proximal *this*）はその本が話し手に比較的近いことを示し，遠称の that（distal *that*）は近くないことを示している．ただし近接性の捉え方はある程度主観的なものである．

指示詞は照応的に用いられることもある．

(3) i. Jones was playing chess. This new hobby that he had just discovered was taking up all of his time.
(ジョーンズはチェスの真っ最中だった．あいつは最近この新しい趣味に目覚めてしまい，寝ても覚めても四六時中チェスばかりやるようになっていた)
ii. I suggested we call the police, but he didn't like that idea.
(警察に電話することを私は提案したが，彼はその考えが気に入らなかった)

ここで下線を引いた名詞句の解釈は部分的にはその先行詞から生じている．(3i）で「新しい趣味」はチェスのことであるし，(3ii）で「彼が気に入らない考え」は警察に電話することである．どちらの場合も指示詞の代わりに the を用いることも可能であるが，this と that を用いることで，はっきりと明確な照応関係を表すことができる．[2]

■ 決定詞以外の機能

(4) i. Those cards are Kim's; [these] are yours. ［単純融合主要部］
(そのカードはキムので，これらはあなたのだ)

---

[2] 訳者注：指示詞の直示的用法と照応的用法については，本シリーズ第 9 巻の『情報構造と照応表現』を参照．

ii. [All those of them that were contaminated] we destroyed. ［部分詞融合主要部］
（汚染されたもののすべてを我々は廃棄処分した）

iii. It's a little late, but [that] doesn't matter. ［特殊融合主要部］
（少し遅れているが，それは問題ではない）

iv. We don't need [this much] sugar. ［修飾要素］
（こんなにたくさんの砂糖は必要ではない）

融合主要部構造については 9.2 節で議論する．決定詞が修飾要素として用いられることがある．それは段階的形容詞（gradable adjectives）を含む表現や副詞を含む表現において単数形とともに用いられる場合である．

The food wasn't [that bad]. ［段階的形容詞］
（その食べ物はそれほど悪くなかった）
I hadn't expected to finish [this quickly]. ［副詞］
（こんなに早く終えるとは予想していなかった）

また（4iv）のように，決定詞が中核的な程度決定詞類（degree determinatives）とともに用いられることもある．

7.2　人称決定詞類 we$_{d}$ と you$_{d}$

(5) i. [We$_{d}$ supporters of a federal Europe] will eventually win the argument.
（我々，連合ヨーロッパを支持する者たちは，最後にはその議論に勝つだろう）

ii. [You$_{d}$ students] should form a society.
（あなたたち学生諸君は，同好会（サークル）のようなものをつくるべきだ）

ここでの **we**$_{d}$ と **you**$_{d}$ は We$_{p}$ will eventually win the argument. や You$_{p}$ should form a society. で用いられる一人称・二人称複数代名詞の **we**$_{p}$ と **you**$_{p}$ に対応する決定詞類である．ほかの指示詞がつく場合もそうであるように，**we**$_{d}$ や **you**$_{d}$ がついた名詞句は定表現になる．すなわち，これらは定性（definiteness）を標示するのである．それだけでなくこれらは人称の直示（person deixis）をも表す．つまり，**we** は話し手を含む集合を表し，you は少なくとも 1 人の聞き手を含む（が話し手を含まない）集合を表す．**we**$_{d}$ は代名詞と同じように格変化し，主格 we に対し対格は us となる．これらのさまざまな格形式の分布については 16.2 節で述べる．

人称決定詞類（personal determinatives）は指示詞や定冠詞のようなほかの定決定詞（definite determiners）と同じように決定詞前位要素（predeterminer）として全称数量詞（universal quantifier）を用いることができる．

(6) i. a. all we_d supporters of a federal Europe
(我々，連合ヨーロッパを支持するあらゆる者たち)
b. all you students（あなた方学生の皆さん）
ii. a. all those supporters of a federal Europe
(連合ヨーロッパを支持する例のあらゆる者たち)
b. all the students（例の学生全員）

この特性によって人称決定詞類は人称代名詞と区別される．人称代名詞の場合は，後位修飾される場合のみ all が許容される．次の例を比べよう．

All we / you who support a federal Europe will win the argument.
(我々／あなた方，連合ヨーロッパを支持するあらゆる者たちが議論に勝つだろう)
*All we / you will win the argument.
(我々全員／あなた方全員が議論に勝つだろう)

ただし，(7) のような場合の we と you は代名詞である．

(7) i. We_p, the supporters of a federal Europe, will eventually win the argument.
(我々，連合ヨーロッパの支持者は最後には議論に勝つだろう)
ii. You_p, the students, should forma society.
(あなたたち学生諸君は，同好会（サークル）のようなものをつくるべきだ)

[専門的解説]
(7) において，supporters と students の決定詞は明らかに定冠詞であり，定冠詞がついた名詞句はそれだけで完全な名詞句である．そしてこれは人称代名詞 we と you の意味を補う同格（supplementary apposition）として出てきている．[3] 人称決定詞と人称代名詞が区別されると述べたが，両者が異なるものであることがわかる事例を 1 つあげておこう．それは人称決定詞が一人称複数 we と二人称複数 you のみであるのに対し，[4] 人称・数に関係なくすべ

[3] 訳者注：この表現については，本シリーズ第 8 巻『接続詞と句読法』を参照．
[4] 訳者注：例外については p. 74 注 34 を参照．

ての人称代名詞が同格として用いられる点である．この点をわかりやすくするために，一人称単数 I，二人称単数 you，三人称複数 they を用いた具体例をあげておこう．

(8)　決定詞＋名詞主要部　／　同格

i. a.*I president declare the meeting open.
　b. I, the president, declare the meeting open.
　（社長たる私が開会を宣言する）

ii. a.*You proponent of a federal Europe should support this proposal.
　b. You, the proponent of a federal Europe, should support this proposal.
　（連合ヨーロッパの提案者たるあなたがこの提案を支持すべきだ）

iii. a.*They poets are our guides.
　b. They, the poets, are our guides.
　（詩人たる彼(女)らが我々の道先案内人なのである）

7.3　全称決定詞類 all と both

全称決定詞類（universal determinative）all と both は全称数量化（universal quantification），すなわち数量がそれですべてであることを表す．both は厳密に 2 つの構成員からなる集合にのみ用いられる．all は集合の大きさに関係なく用いられる．しかし both との対比から，all が可算複数名詞句と用いられる場合は，その集合の構成員数が一般に「2 より多い（more than two）」ことが強く推意される．たとえば次の対比をみてみよう．

(9) a.　[Both parents] were interviewed.（両方の親が面談を受けた）
　b.　[All parents] were interviewed.（すべての親が面談を受けた）

(9a) では 2 人の親がかかわっており，（必ずしもその必要はないが）同じ人の両親である可能性が高い．しかし (9b) は，ある人の両親に対して用いられることはなく，あるグループをなす人々（たとえば，ある学校の生徒たち）の親たちについて述べているのだろう．

■ 可算性と数

both はそれが双数の意味をもつがゆえに，可算複数名詞主要部とのみ用いられる．all は不可算主要部とも問題なく用いられるが，可算単数形主要部と用いられるのはあまり一般的ではない．

(10) i. They used up [all the sugar]. ［不可算］
(彼(女)らはすべての砂糖を使い果たした)
ii. She had spent [all (the) morning] in the library. ［可算単数］
(彼女は図書館で午前中をすべて費やした)

可算単数名詞を用いてそのものの数がそれですべてであることを表そうとすると，不可算の場合と同じように，その部分全体を数量化することになる．ある量の sugar（砂糖）はより少量の砂糖に分けることができるように，morning（午前）はより短い長さの時間に分けることのできる一定の時間である．したがって，可算単数用法はさらに細分化可能な場合に制限されるので，次のようにいうことができる．

She read all the book.（彼女はその本を最初から最後まですべて読んだ）

これに対し次の文は，brother を細分化することはできないので，意味的におかしい．

#She went out with all her brother.
（彼女は自分の兄（または弟）を頭の先から足の先まですべて連れて出た）

・all と whole の違い

単数形主要部と用いられる場合，all は形容詞修飾語 whole とは異なるふるまいをみせる．

(11) i. a. I drank [all the whisky].
(私はウィスキーをすべて飲んだ)
b. ?I drank [the whole whisky].
(私はウィスキー全体を飲んだ)
ii. a. You will need [all your patience].
(もてるだけの忍耐がすべて必要になるだろう)
b. #You will need [your whole patience].
(まるごとの忍耐が必要になるだろう)
iii. a. ?Tell me [all the truth].
(あらゆる真実を語りなさい)
b. Tell me [the whole truth].
(ありのままの真実を語りなさい)
iv. a. I haven't read [all the book].
(その本を全部は読んでいない)
b. I haven't read [the whole book].
(その本を全部は読んでいない)
v. a. I spent [all the day] cooking.
(料理をして丸一日を過ごした)
b. I spent [the whole day] cooking.
(料理をして丸一日を過ごした)

vi. a. ?I broke [all the plate].
(1 枚のお皿をすべて割った)
b. ?I broke [the whole plate].
(1 枚のお皿全体を割った)

vii. a. *I spent [all a day] cooking.
(料理をしてある日一日中過ごした)
b. I spent [a whole day] cooking.
(私は 1 日，料理に明け暮れた)

viii. a. [All the committee] have voted.
(あらゆる委員たちが投票した)
b. [The whole committee] has voted.
(その委員会は (一丸となって) (誰かに) 票を入れた)

(11i) では不可算具体名詞 whisky が用いられている．これは少量に分けることができる物質なので，この名詞に all がついている (11ia) は申し分なく自然な表現であるが，whole がついている (11ib) はそうではない．(11ii) では不可算抽象名詞 patience が用いられており，all を用いるほうがずっと自然である．(11iii) の truth の場合は，whole のほうが好まれるが，the whole truth 自体が決まった言いまわしと捉えることができる．(11iv)-(11vi) では単数可算名詞が用いられており，どちらの表現も同様の文法性を示している．(11vi) の表現はどちらも疑わしいものである．これは，plate (皿) は，book (本) や day (日) とは異なり，簡単には細分化できるものとは捉えられないからである．少なくとも割るという行為に関しては細分化が難しいが，paint (塗る) のような動詞であれば可能なので，容認されるだろう.[5] (11vii) でははっきりとした文法性の違いが現れている．all は不定決定詞とは用いることはできないが，whole なら用いることができる．(11viii) では集合名詞が用いられている．all の場合，個々の委員を浮き彫りにするので，単数形 has ではなく have が好まれる．一方，whole は名詞をまとめて 1 つのものとする効果 (unifying effect) をはたらかせるので，have ではなく has が好まれる．

■修飾

修飾語 almost などを使って all を修飾することは可能であるが，both は「厳密に 2 つ」を意味するのでこれを修飾することはできない．

---

[5] 訳者注：(11iv) の 1 冊の本は章やページごとに細分化できるし，(11v) の 1 日は時間帯ごとに細分化できる．それに対して 1 枚の皿を物理的に壊してしまうと皿ではなくなってしまうため細分化できないが，壊さずに 1 枚の皿をより小さな部分に塗り分けることでそれを細分化できると述べている．

Almost all / *Almost both the candidates were interviewed.
（ほとんどすべての／ほとんど 2 人の受験者が面接を受けた）

not についても同じことが当てはまる.

Not all / *Not both students take that view.
（すべての学生／ 2 人の学生がそのように考えているわけではない）

not all は less than all（すべてより少ない）という意味なので，全体のうちのかなりの範囲を含む可能性がある．これとは対照的に less than both（2 つより少ない）は just one（たった 1 つ）もしくは neither（1 つもない）を意味するだけである.

■決定詞構造と決定詞前位要素構造の関係

all と both は決定詞としても決定詞前位要素（predeterminer）としても用いられるという点で決定詞類の中でも特異な存在である.

(12) i. [All / Both students] failed the philosophy exam. ［決定詞］
（すべての／両方の学生が哲学の試験に落ちた）
ii. [All / Both the students] failed the philosophy exam. ［決定詞前位要素］
（その学生のすべて／両方が哲学の試験に落ちた）

both の場合は（12i）と（12ii）は同じ意味を表している．both students は，two students とは対照的に定であり，特定できる集団全体を意味している．定冠詞 the は定性以上のことは表さないので，すでに定表現である both students に加えたとしても意味には影響しない.

しかしながら，all を決定詞として使うにはいくらか制限がついてくる．all は全称数量詞であるがゆえに，総称的な解釈をもつからだ.

All philosophers live long.（総じて哲学者は皆長生きである）

では，all が決定詞として用いられない場合はどうか．all は決定詞としてよりも決定詞前位要素として用いられるのが自然である．したがって，決定詞前位要素としての all を含む（12ii）に比べると，（12i）のように決定詞としての all を含む表現は，使用頻度がかなり低い．また次のような部分詞融合主要部構造に比べてもその使用頻度は低い.

All of the students failed the philosophy exam.
（その学生たちの全員が哲学の試験に落ちた）

ただし決定詞としての all を用いる構造を使わないというわけではない．(13) のような例があるからだ．

(13) i. We will be informing the market that the business is continuing to run as a separate entity, with all key staff remaining in place.
(当社は，主要な人員は全員残ったまま，継続して別の事業体として運営していくことを市場に通達する運びとなるだろう)
ii. All students who have failed must see their tutors tomorrow.
(不合格になった学生は全員，個別指導教員に明日面会しなければいけない)
iii. All three visitors left early.
(3 人の訪問者は全員早くに出発した)
iv. We spent all day at the beach.
(我々は丸一日浜辺で過ごした)

(13i) のほかより抜きんでていることを表す形容詞 (primacy adjective) である key は語彙的・形態的に唯一の集合を表しているので，the によって定性を示す必要がない．(13ii) は標識，掲示，履行 (禁止) 命令で用いられる決定詞 all の用法の例であり，(13iii) は内部修飾要素としての数詞 (numeral internal modifier) の前で all が用いられる例であり，(13iv) は期間を表す名詞 (time-period noun) とともに用いられる例である．また，これらすべての例において all は the で置き換えることも可能である.[6] all は唯一無二の集合を提示するし，all は定性を表す上で必要とされるわけだが，それ以上に all は全体性を強く押し出すので，all を定決定詞として捉えなければならない．これに関連していえば，一般的ではないが，次の例のように部分詞表現の斜格名詞句に用いることができる．

[Over 40% of all first-year logic students] go on to do a major in that field.
(論理学の 1 年生全体の 40% 以上が続けてその分野の専攻に進む)

■融合主要部

(14) i. Her friends have got their results: [all/both (of them)] have passed.
[部分詞融合主要部]

[6] このように all を the に置き換えることは付加部の機能をもつ名詞句にはできない．
He worked at home all day/*the day. (彼は一日中／その日一日在宅ではたらいた)

（彼女の友だちは自分たちの合否通知を受けとった.（その中の）全員／両方が合格した）

ii. [All here] admire her.
（ここにいるすべての人が彼女のことを尊敬している）
iii. [All I want] is peace and quiet.
（平穏無事に暮らせれば私はほかに何もいりません）
［特殊融合主要部］

all と both は一般的に of 句をともなう場合でもともなわない場合でも部分詞融合主要部名詞句に用いられる．その特例が次のような付加詞用法である．

They had both / all (of them) passed.（彼(女)らは全員／両方合格した）

加えて，all は特殊融合主要部名詞句にも生じ，(14ii) のように人を表し all people と言い換えられる解釈や (14iii) のように人以外を表す解釈が可能である．(14ii) の all は everyone よりも堅い表現であまり一般的ではない．しかし (14iii) で all を everything で代用することは every がもつ分配的意味のため難しい．このような無生物用法では，all には一般的に (14iii) の関係節のような従属要素が後続する．単独で現れる all は次のような定型表現に限られる傾向にある．

above all（とりわけ）　　All is well.（すべて順調である）
All is not lost.（望みはある）

[専門的解説]

· the both of us

このような種類の融合主要部名詞句はくだけた文体で用いられる場合がある.

%They had invited the both of us.
（彼(女)らは我々を２人とも 招待した）

広く受け入れられているのは the two of us や both of us である．統語的には the both of us という表現は例外的である．というのは，*the both students のように名詞主要部をもつ名詞句内において，both は the に後続しない（つまり，内部修飾要素としての機能では使われない）からである．部分斜格表現は人称代名詞に制限され，*the both of the students のように名詞句では非文法的となる.

■ その他の機能

(15) i. She did it [all by herself].　I'm [all wet].
(彼女はそれを独力で行った)　(私はびしょ濡れだ)
The coat is [all wool].　[修飾要素]
(そのコートはウール 100%だ)
ii. They invited [both Kim] and Pat.　[等位接続の標識]
(彼(女)らはキムとパットの両方を招待した)

all は前置詞句，形容詞句，副詞句，名詞句を修飾できる．(15i) の all wool の all は，下記の例の場合と同じように，名詞句内の周辺部修飾語 (peripheral modifier) であり，決定詞ではない．[7]

[All wool] is tax-free. (100%ウールは免税である)

all はまた the や that が修飾要素となっている形容詞句，副詞句，決定詞類句の強意的修飾語 (intensifying modifier) としても用いられる．

I feel [all the better for it]. (それのおかげでよりいっそう気分がいい)
The exam wasn't [all that difficult]. (その試験はそれほど難しくなかった)

この手の修飾語として both は用いられない．both は複数を表すからである．しかし both は (and をともなって) 等位接続の標識として用いられる．all は多重等位構造では用いられない．

*They invited all Kim, Pat, and Alex.
(彼(女)らはキム，パット，アレックスの全員を招待した)

■ 分配性 (distributivity)

all と both を用いると通常は分配的解釈 (distributive interpretation) が生じる．つまり叙述属性が集合の全構成員に個別に適用されるという解釈である．

(16) i. All members of the committee voted in favour of the resolution.
(委員会のすべての委員が決議案に賛成票を入れた)
ii. Both students bought a present for the teacher.
(両学生がその教員のために贈り物を購入した)

---

[7] 訳者注：第 13 章の (6ii) を参照.

(16i) の場合，投票は満場一致であり，委員たちはみな別々に決議案に賛成票を入れたことになる．満場一致ではなく過半数投票であれば all を使用することはせずに，単に the members of the committee（委員会の委員たちが）もしくはこの特定の事例であれば the committee を用いることになる．同様に (16ii) は特定の 1 人の教員に対して 2 つの贈り物が購入されたという意味になる．

all と both は each と every とは異なり非分配的解釈（non-distributive interpretation）ができる場合もあるが，分配的解釈については all よりも both の場合のほうが強く現れる．(17) の例文を比べてみよう．

(17) i. All/Both the students together had managed to lift the piano onto the stage.
（すべての／両方の学生が一緒になってピアノを舞台の上に担ぎ上げることができた）

ii. All/Both the students had handed in only five essays.
（すべての／両方の学生がたった 5 本のレポートを提出した）

(17i) では together が効いているので非分配的（協力的）解釈が強いられる．ゆえに分配的解釈を好む both は完全には適切ではないと感じる話し手もいる．この文から together を外しても all を用いた文は協力的解釈を保ったままだが，both の容認可能性は下がることになる．[8] これは both が本質的に分配的解釈を好むにもかかわらず，分配的解釈はピアノをもち上げるには人手が 2 人以上必要であるという一般的な予想と矛盾するからである．(17ii) では分配的解釈が好まれるので，学生 1 人 1 人が 5 本のレポートを提出したことになる．非分配的解釈では合計で 5 本のレポートとなる．この解釈は all を用いた文では成立するが，both を用いた文では 2 人の学生が 5 本のレポートを提出することになり，かなり無理な解釈になる．[9] between them（協力して）を付け加えると非分配的（協力的）解釈のみが可能になる．その場合でも，all の場合と比べると，both の場合，完全には容認可能な文にならないと感じる話し手がいる．

---

[8] 訳者注：(17i) で both を用いると，2 人の学生が協力してピアノを舞台の上に担ぎ上げたという協力的解釈にはならず，「1 人でピアノを担ぎ上げるという行為を両方の学生が 1 人ずつ行った」という分配的な解釈が強いられるという．ピアノは 1 人では担ぎ上げられないという言語外の知識がはたらいて，(17i) では both を用いると容認性が下がるという．

[9] 訳者注：both が分配的解釈を強く選好するということ．

・**相互的特性**

(18) i. All/Both of them had been to the same school.
(彼(女)らのうちの全員が／両方が同じ学校に通っていた)
ii. All/Both copies were identical/alike.
(すべての／両方の複写物は同一／そっくりだった)

文脈がなければ，(18i) は相互的に解釈される．つまり同じ学校というのは彼(女)ら全員が通っている学校が the same school as the person just mentioned (つい先ほどとり上げた人と同じ学校) ということではなく，the same school as each other (お互いの学校が同じである) という解釈になる．同じく (18ii) においても「同一であるとか，似ている」という相互的な解釈が生じる．こうした特性は each と共通しており，each がついた名詞句はそれを分配することが可能であると解釈される．

Each of them had been to the same school.
(彼(女)らの 1 人 1 人が同じ学校に通っていた)
Each copy was identical/alike.
(それぞれの複写物は同一／そっくりだった)

ただし分配可能であることは自明のことではなく，both の場合，完全には容認可能な文にならないと感じる話し手がいる．[10]

7.4　分配決定詞類 each と every

each と every は叙述属性の分配的解釈を明確に表しており，この属性から単数形主要部が用いられることになる．(17ii) と (19) を比べてみよう．

(17) ii. All/Both the students had handed in only five essays.
(すべての／両方の学生がたった 5 本のレポートを提出した)
(19) Each/Every student handed in only five essays.

---

[10] 規範文法の立場はこうした both の使用を伝統的に認めてこなかったが，実際の用法に基づいた語法書ではこれを十分に確立された用法であると認めている．奇妙なことに，この用法を認めない解説書は類語反復 (tautology) や余剰性 (redundancy) という説明を後ろ盾(うしろだて)にしているが，次のどちらの文においても both が余剰的だと考える理由はない．
Both copies were defective. (どちらの複写も不完全である)
Both copies were alike. (両方の複写物はそっくりだった)

（それぞれの学生が／どの学生もたった 5 本のレポートを提出した）

仮に 10 人の学生がいた場合，50 本のレポートが提出されたことになる（分配的解釈）．その学生がグループになって 5 本しか提出しない（協力的解釈）ということは考えにくい．こうした解釈は both に対しても当てはまるが，その場合は複数形主要部が用いられる．複数形の both students は定名詞句で特定できる 2 人組について述べている．一方単数形の each/every student は不定名詞である．こうなると個々の学生が注目されるのだが，だからといって，学生 1 人 1 人が誰なのかを特定できるわけではない．

■ each と every の違い

(a)　each は特定できる集合を通常ともなうが，every はそうではない

each student のような名詞句はそれ自体不定だが，each によってその数量が表されている学生は確定した集合ということになる．一方このことは every が用いられている場合には必ずしも当てはまらない．たとえば次の例を比べてみよう．

(20) i. a. Last year each student passed.
（昨年はそれぞれの学生が合格した）
b. Last year every student passed.
（昨年はどの学生も合格した）

ii. a. Each philosopher admires Aristotle.
（それぞれの哲学者はアリストテレスを尊敬している）
b. Every philosopher admires Aristotle.
（どの哲学者もアリストテレスを尊敬している）

iii. a. *We lunch together each other day.
b. We lunch together every other day.
（我々は 1 日おきに一緒に昼食を食べる）

(20i) では昨年の授業について述べているので，その授業を履修していた学生という特定できる学生の集団が存在することになる．このような文脈では each と every はどちらも適切である．しかし (20ii) でははっきりとした違いがある．(20iib) では総称的に解釈される．このことは分配性の違いを除けば all philosophers（総じて哲学者というものは皆 …）と同じである．これに対して (20iia) では，そのような総称的な解釈にはならない．むしろ，文脈から特定されうる哲学者の集団が存在し，その集団の 1 人 1 人がアリストテレスを尊敬していると解釈される．時間表現や度量表現の場合には，特定可能な集合と

いうものを each が必要とするのかどうかがあまりはっきりしない．そのため

We lunch together each day.（我々は毎日一緒に昼食を食べる）

ということができる．これに対して every は同様の文脈でより自由に用いることができる．そのため (20iii) にあげたような対比が生じる．同じ理由で，

I see her every two or three days.（私は 2, 3 日おきに彼女に会う）

のように every を用いて表すことができるが，each を用いて

*I see her each two or three days.

のように表すことはできない．

(b)　分配的意味は every よりも each のほうが強い

すでに述べたように each と every は分配的に解釈されるため，統語的には単数形主要部と用いられる．しかしながら each に関しては，この特性が強く，叙述属性が当該の集合の個々の成員に対して**別々に**当てはめられるものと一般に解釈される．(21) の例を比べてみよう．この例では every のほうが each よりも使用頻度が高いか，より自然である．

(21)　i.　Each / Every city in the region was destroyed by the earthquake.
(その地域のそれぞれの街が／どの街も地震で大きな被害を受けた)

ii.　I enjoyed each / every minute of it.
(私はそれを存分に楽しんだ)

(21i) ではどの街でもおおかた同時に地震の被害を受けた可能性が高いが，このことを表現するには，each よりも every を用いるほうが適している．each の場合は街が別々に破壊されたことを示唆している．(21ii) の enjoy every minute of は一般的な表現で，始めから終わりまで全体を通して楽しかったことになる．一方 each を用いた場合は，文字どおり，1 分また 1 分と楽しみが続いたというところに焦点が当てられている．[11]

---

[11] 慣用表現の every inch（正真正銘）と every bit（あらゆる点で）も比べてみよう．こうした表現は次のように用いられる．

She was every inch a philosopher.（彼女は正真正銘の哲学者だった）

It was every bit as good as I'd hoped.（それは私の希望どおりあらゆる点で良かった）

(c) every は 3 つ以上の構成員からなる集合を前提とするが each はそうではない

集合に 2 つの構成員しか含まれないとわかっている場合，all も every も通常用いない．その場合，次の例のように each を用いるしかない．

Cars were parked on each side of the road.
（車は道の両側に駐車されていた）

(d) every は全称的ではなく横溢的 (multal)，つまり，数量が多いと解釈される抽象名詞とも用いられる

(22) i. There is every possibility that she will make a complete recovery.
（彼女には完治の見込みがいくらでもあるわよ）
ii. I have every reason to believe that they were conspiring against us.
（彼(女)らが陰謀を画策していたと思える理由が山ほどある）

(22) での every の用法は第一義的な全称分配的意味をもつものではなく，副次的なものである．(22i) は彼女が完治する可能性が十分にあるという意味であり，(22ii) は話し手にはそういう考えを抱く強い理由があるという意味である．[12] これは every がもっている中心的な意味ではないので，(22) の名詞句が不可算ではなく可算名詞として解釈されるかどうかははっきりしない．実際，この意味での every は不可算名詞と結びついてよい．

He gave them every encouragement.（彼は彼(女)らを激励した）

(e) each は決定詞と主要部を兼ねる融合形 (fused determiner-head) として用いられるが every は用いられない

(23) i. a. Each (of them) was cut in two. b.*Every (of them) was cut in two.
（(その中の) それぞれが 2 つに切られた）
ii. a. They sold for two dollars each. b.*They sold for two dollars every.
（それらは 1 つ 2 ドルで売れた）

[12] 訳者注：本シリーズ第 9 巻『情報構造と照応表現』も参照．

every には依存用法しかないため,[13] 後続する主要部が必要である. そのため (23ib) は one を挿入すれば 次のように適格な文になる.

Every one (of them) was cut in two. (その中のいずれもが 2 つに切られた)

しかし同じことは (23iib) ではほとんど不可能である. each をともなう融合主要部名詞句は of 句がつく場合もあるし, つかない場合もあるがいずれにせよ, 通常はものの部分を表す部分詞表現として解釈される. each to %his/their own (好み／意見は人それぞれ) やその変形である to each %his/their own は特殊融合主要部名詞句の形をした決まった言いまわしであり, ここでの each は everyone の意味である.[14]

(f)　every は被修飾要素になれるが, each はそうではない

(24) a. [Almost every student] passed. (ほとんどどの学生も合格した)
　　b. *[Almost each student] passed.

(g)　every は属格決定詞に後続する修飾要素として用いられるが, each は用いられない

(25) a. They scrutinised [her every move].
　　　(彼(女)らは彼女の一挙一動を観察した)
　　b. *They scrutinised [her each move].

(25a) の her every move は every move she made (彼女のとったあらゆる行動) を意味している. こういう場合に用いられる名詞主要部は基本的に抽象名詞に限られる.

each と every は複合語形成においても違いがみられる. each は other と結びついて相互代名詞 each other になる. every は body や thing などと結びついて everybody, everyone, everything, everywhere のような複合語を形成する. さらに each と every は等位接続されると強意表現として用いられる.

---

[13] 訳者注: 独立用法とは, ある要素が単独で用いられる用法をいう. 依存用法とは, ある要素が単独ではなく, ほかの要素をともなって用いられる用法をいう.

[14] 訳者注: 建前上は性別に中立的である場合には, he や his などの表現は避けられることが多いため, 例文に%をつけてある. これについては 17.2.4 節の (a) を参照.

Each and every contestant will win a prize.
（どの参加者も賞を勝ち取るだろう）

7.5 存在決定詞類 some と any

some と any は 5.1 節で説明したように存在数量化（existential quantification）を表す．この存在決定詞類は決定詞の機能で主に用いられ，名詞句を不定要素として標示する．自由選択（free choice）の any（any_{f} と表記）を別にすれば，some と any は極性（すなわち肯定か否定文かという特性）に感応的な項目で，some は主に肯定文で用いられ，any は主に否定文で用いられる．[15]（26）の文を比べてみよう．[16]

(26) i. a. We've got some milk.　　b.*We've got any milk.
（牛乳をいくらか購入した）
ii. a.*We haven't got some milk.　　b. We haven't got any milk.
（牛乳をまったく購入しなかった）

■決定詞機能の some

存在決定詞 some の用法には以下のようなものがある．

(a) 基本となる非比率用法：複数形主要部と不可算主要部の前で用いる

(27) i. There are some letters for you.［複数］
（あなた宛の手紙が何通かある）
ii. We need some sugar.［不可算］
（砂糖がいくらか必要だ）

この例での some は典型的な存在数量詞であり，ゼロより大きい数量を表す．(27i) の複数形主要部の場合，その数量は少なくとも 2 つでなければならない．この用法では some は非比率用法であるので，どれくらいの割合であるかを問題としない．ゆえに手紙からなるある大きな集合のうち，1 つの部分集合がど

---

[15] 訳者注：some のように主に肯定文で用いられる極性項目を肯定極性項目（positive polarity item）といい，any や ever のように主に否定文で用いられる極性項目を否定極性項目（negative polarity item）という．

[16] 訳者注：some と any との関係については，本シリーズ第 5 巻『前置詞と前置詞句，そして否定』を参照．そこでは（26iia）のような文が容認される特殊な文脈が存在することについて述べる．

れくらいの割合を占めるのかということに話し手も聞き手も関心を寄せないのである．そのため some には「すべてではない（not all）」という推意（implicature）は得られないが，しばしば「多くはない（not multal）」という推意が得られることがある．すなわち手紙の数や砂糖の量はとりわけ多いものではないという意味である．この some には通常強勢が置かれず，/səm/ と発音される．否定平叙文では some の代わりに any を用いるのが一般的である．

(b)　「かなりの数量」を表す用法：複数形主要部と不可算主要部の前で用いる

(28) i. It was some years before she saw him again.　［複数］
（彼女が彼に再会したのは何年も経ってからのことだった）
ii. We discussed the problem at some length.　［不可算］
（我々はその問題についてかなり長く話した）

この例での some は音韻的に弱化して /səm/ になることはできず，否定の文脈においても any には置き換わらない．ここでの some も割合を表さないが，ゼロよりもかなり大きな数量を表している．そのため「多くはない」という推意は生じない．quite がしばしば周辺部修飾要素（peripheral modifier）として用いられると，それによって表される数量が多いことを表す．

We discussed the problem at quite some length.
（我々はその問題について相当長いあいだ話し合った）

この数量詞は通常，度量衡（寸法や分量や重さなど）を意味する主要部とのみ共起し，度量衡を表さない名詞句とは用いられない．

*There were quite some people at the demonstration.
（例のデモにはかなりの人数が参加した）

(c)　可算単数名詞が不確定なものを表す用法

(29) i. When I arrived, some student was waiting outside the door.
（私が到着したとき，ある学生がドアの外で待っていた）
ii. Some idiot must have left the oven on!
（オーブンをつけっぱなしにするだなんて忘れんぼさんのしわざに違いない！）
iii. Some day I will win the lottery.
（いつかは宝くじに当たると思う）

可算単数名詞の主要部には，some がつくときもあれば不定冠詞がつくときもある．両者はライバル関係にある．ただし不定冠詞のほうがデフォルトなので，特別なことがなければ不定冠詞が用いられる．some を用いた場合，その名詞の同一性（identity）はどうでもよいし，どんな人やもののことをいっているのかを特定しなくてよいということを話し手は伝えているのだ．すなわち (29i) ではその学生が誰であるかと聞き手が考える必要はないということである．この解釈では some は or other と用いられることもよくある．

Some student or other was waiting outside the door.
（だれかしら学生がドアの外で待っていた）

このような言い方をする場合，or other は等位接続された要素ではなく，間違いなく修飾要素である．(29ii) のような例では主要部名詞 idiot は**罵倒語**（**epithet**）として知られている要素で，客観的な記述というよりも関連する個人への苛立ちを表す役割をもつ感情表現である．罵倒語には不定冠詞 a よりも some をつけるほうが自然である．したがって不定冠詞を用いた次の文では idiot は罵倒語ではなくごくふつうの，人を記述する名詞（descriptive noun）として用いられている．

An idiot has left the oven on.
（どこかの忘れんぼさんがオーブンをつけっぱなしにしていた）

最後に (29iii) では some を不定冠詞に置き換えることはできないが，意味を変えずに one を用いて書き換えることは可能である．ただし day，time，place のような一部の名詞に限ったことである．この種の名詞句は somewhere のような複合語と類似しているが，統語的に合成された句であるという点で，somewhere とは袂（たもと）を分かつ．そのため，たとえば，決定詞と名詞のあいだに形容詞 other のような要素を挿入することが可能である．some other day（いつか別の日）という具合である．

(d)　強勢を受けた SOME の感嘆用法

(30) a. Those are <u>SOME elephants</u>! （あいつらはすごいゾウだね！）
b. <u>SOME hotel</u> that was! An utter disgrace!
（あそこはなんてホテルだ！ 全くもって不評だね！）

強い強勢（ただし対比強勢ではない）が置かれると，some は何か例外的なものに対する感情的反応を示す特殊な解釈になる．話し手の態度は (30a) の remarkable elephants（並外れたゾウ）のように好ましいこともあれば，(30b) のように好ましくないこともある．ここでは単数形と複数形の可算名詞主要部の例をあげた．不可算主要部は一般的ではないが用いられることもある．

That was some crockery they were using!
（あれは彼(女)らが使っていたすごい陶器類だった）

(e)　基本となる比率用法

(31) i. Some people left early.　［複数］
（早く出発した人が何人かいる）
ii. I think some candidate expressed a view on this issue.　［可算単数］
（この争点についての見解を表した候補者がいたと思う）
iii. Some cheese is made from goat's milk.　［不可算］
（ヤギの乳からつくられるチーズもある）

ここでの用法では，上記 (a) の用法とは対照的に，より大きな集合に対する数量に関心が向けられている．そのため，「すべてではない」(実際「大半ではない」) という推意が生じる．つまり (31i) では「全員が早く出発したわけではなく，大半の人が早く出発したわけでもない」という意味である．(a) の用法と同じように否定平叙文では any が一般に用いられる．

I don't think any people left early.（私は，誰も早く出発したとは思わない）

ただしこの用法では，some は強勢を受けるので /səm/ のように弱化されない．some には at least や場合によっては at most のような修飾語がつくこともある．

At least some people thought it was worthwhile.
（それに価値があると考える人が少なくとも何人かはいた）

また some は only の焦点にもなることがある．

Only SOME people read the whole report.
（何人かの人だけが報告書全体を読んだ）

こうした意味での some は複数形主要部及び不可算主要部と主に用いられるが，(31ii) のように可算単数形主要部とも用いることは可能である．割合を表さない some には不確定なものを表すという特殊な解釈があることを上記

(c) でみたが，そのような特殊な解釈はここでは出てこない．

■決定詞機能の any

any に関する 2 つの用法すなわち，非肯定的 any (non-affirmative *any*) の用法と自由選択 any (free choice *any*) の用法には大きな違いがある（前者を any_n と表記し，後者を any_f と表記する）．

(a) 非肯定的 any_n

any_n は本質的には比率や割合を表さない非比率用法と比率や割合を表す比率用法の some と同じ意味であるが，それが使われるのは非肯定的文脈に限られる．典型的には否定平叙文と疑問文で用いられる．

非比率用法の例を (32) にあげる．

(32) i. There aren't any letters for you. ［複数］
(あなた宛の手紙はない)
ii. We don't need any sugar. ［不可算］
(我々に砂糖は必要ない)
iii. I haven't got any job lined up for you today, I'm afraid. ［可算単数］
(残念ながら今日はあなた向けの仕事は準備できていない)

非肯定的 any_n と可算単数名詞との組み合わせは比較的珍しい．可算単数名詞の場合，some より不定冠詞 a のほうが好まれることはすでに述べたが，some とは異なり a は極性に感応的ではないので，非肯定的文脈においても a のほうが好まれる．つまり，次の 2 つの文のうち，2 番めのほうが一般には用いられる．

I haven't got any car. (車は所有していない)
I haven't got a car.

any を使った表現も間違いではないが，特殊な文脈を必要とする．たとえば車を所有していると思っている人に対して所有していないことを強調したいような場合である．any_n は可算なのか不可算なのかがやや曖昧になっているような単数形抽象名詞と用いられることもある．

They didn't make any attempt to justify their decision.
(彼(女)らは自分たちの決断を正当化しようとはしなかった)．

次の文では an attempt は可算名詞として，much attempt は不可算名詞として解釈される．

They didn't make an attempt / much attempt to justify their decision.

一般に，可算名詞の単数形を用いるか複数形を用いるかには no の選択と同じ要因がかかわっている．[17] たとえば，

They haven't got any child.（彼(女)らには子どもはいない）

よりも

They haven't got any children.

のように複数形を用いるのが一般的である．

any$_n$ の比率用法を（33）に例示する．

(33) i. I don't think any people left early. ［複数］
(誰も早く出発しなかったと思う)

ii. I don't think any candidate expressed a view on this issue. ［可算単数］
(どの候補者もこの争点について見解を表明しなかったと思う)

iii. I don't think any cheese is made from goat's milk. ［不可算］
(どのチーズもヤギの乳からつくられていないと思う)

比率用法での可算単数名詞の使用は，非比率用法の場合ほど制限されていない．これは比率用法の some が可算単数名詞とも用いられるのと同じである．

通常は any$_n$ に強勢は置かれないが，強勢が置かれることもある．たとえば，否定の焦点となる場合である．

I don't think ANY people left early.（誰も早く出発したとは思わない）

any$_n$ の否定指向性（negative orientation）は at all や whatever などの極性表現を加えることで強められる．

We hadn't made any progress at all / whatever.
(我々はまったく／少しも進歩していない)

---

[17] 訳者注：詳しくは 7.8 節を参照．

(b) 自由選択 any$_f$

(34) i. Any computers with defective keyboards should be returned. ［複数］
（欠陥キーボードが付属しているコンピューターはどれでも返品すべきだ）
ii. Any policeman will be able to tell you. ［可算単数］
（どの警察官もあなたに教えることができるでしょう）
iii. Any remaining dirt will have to be removed. ［不可算］
（残っている汚れはどんなものでも除去しなければならないだろう）

自由選択の any$_f$ は複数，可算単数，不可算のどの主要部と用いてもよい．この any$_f$ には選択の自由が許されているというわけである．そのためには，any が修飾している主要部が表す集合（あるいは分量）から任意の構成員（あるいは一部の量）を選択し，叙述属性を当てはめることになる．たとえば（34ii）では，どの警察官を選ぶかは情報を受け取る側の自由であり，どの警察官が選択されたとしても，その警察官は情報を必要としている側に教えることができるだろう，ということを表している．any$_f$ は自由選択を求めてくるわけであるが，求められる側は一度だけ選択を行えばそれで十分だという推意を any$_f$ は提供する．そしてこの推意は取り消すこともできる．（34ii）では最初に選ばれた警察官は通常必要な情報を提供するので，もうそれ以上は別の警察官に尋ねる必要はない．しかし（34i）では法助動詞 should により義務が課されるので，すべての欠陥コンピューターが選択されるまで自由選択が行われることになる．注意すべきことに，すべての欠陥コンピューターを返品しなければならないのは，小名詞句 computers が複数形だからというわけではない．ゆえに，単数形名詞に any がついている次の文にも同じように，欠陥キーボードがついてくるパソコンはどれでも返品せねばならないという推意が得られる．

Any computer with a defective keyboard should be returned.

以上の理由から，any$_f$ は全称数量詞 all と類似しており，any$_f$ を all に置き換えることもできる．

All computers with defective keyboards should be returned.[18]

[18] any は all と等位接続される場合がある．
He hadn't seen the indictment but asserted that he was totally innocent of any and all charges.
（彼は告訴状をみていなかったが，自分はありとあらゆる罪状について完全に無罪であると断言した）

しかしながら，any_f が‘all’を**意味しない**ことも明らかである．たとえば，次の 2 文には明らかな違いがある．

Come on, anyone, join me up here on the stage.
（誰かこっちに来て舞台に上がって）
Come on, everyone, join me up here on the stage.
（みんなこっちに来て舞台に上がって）

1 つめの例では anyone が使われていて，舞台に上がってくれる 1 人の協力者を求めている．一方，2 つめの例では everyone が用いられていて，聴衆のみんなに舞台に上がってくるようにというやや軽率なお願いをしている．

自由選択の any_f は基本となる比率用法の some と同じ意味をもっているが，特殊な推意が加えられる．たとえば，話し手が

Any_f first-year student could solve this puzzle.
（どの 1 年生でもこの難問を解くことができるだろう）

という場合，1 年生の誰かがこの難問を解くことができるだろうと述べていることになる．同時に特定の 1 年生を念頭にはおいておらず，1 年生であれば誰でもかまわないという意図で述べている．すべての 1 年生が難問を解けるだろうと**述べて**いるわけではないが，そのことを強く信じていることを推意させる．すべての 1 年生がその難問を解けなければ話し手が間違った主張をしたことになってしまうからだ．

・any_f と any_n の違い

この 2 種類の any にはいくつかの違いがある．第一の違いはすでに述べたように any_n は無強勢だが，any_f は常に強勢を受けることである．第二に，any_n は非肯定的文脈に限定されるが，any_f は極性に関係なく用いることができる．上記の例文中の any_f はすべて肯定の文脈に現れるものであるが，否定の文脈では 2 種類の用法に対比がみられる．

(35) i. [We don’t publish any_n letters:] we only accept commissioned articles.
（本誌はいかなる投稿論文も掲載しない．委嘱論文のみ受け付けている）

ii. [We don’t publish just any_f letters:] we reject more than half of those submitted.
（本誌はどの投稿論文でも掲載するわけではない．投稿論文の半数以上を不採用にしている）

(35i) は we publish no letters. と同じ意味である．(35ii) では自由選択 any_f が否定されている．編集担当者 (＝we) が投稿論文の選考に当たり，採用する論文もあれば，不採用にするものもある．第三の違いは，any_f は any_n とは異なり almost のような副詞による修飾が可能であるという点である．次のような対比が観察される．

(36) i. Jan will read [almost any_f computer magazines].
(ヤンはほとんどどんなコンピューターの雑誌も読むだろう)
ii. *Jan couldn't find [almost any_n computer magazines] in the shop.
(ヤンはその店でほとんどどんなコンピューターの雑誌もみつけることができなかった)

■some と any_n は量的不定表現に限られる

不定冠詞や無決定詞名詞句とは異なり，some と any_n は量的でない不定表現とはなじまない．

(a) 属性的叙述補部 (ascriptive predicative complements)

some と any_n は，ある集合に単に属しているに過ぎないということを表す属性的叙述補部には用いられない．(10ib, iib) のような単数形の可算名詞には不定冠詞が用いられ，複数形の名詞や可算名詞主要部には無決定詞名詞句が用いられる．(37a) と (37b) を比べてみよう．

(37) i. a. Jill is a doctor. (ジルは医者である)　　b.*Jill is some doctor.
ii. a. Jill and Ed are doctors. (ジルとエドは医者である)　　b.*Jill and Ed are some doctors.
iii. a. As doctors, they should know that. (彼(女)ら医者はそれを知っているはずだ)　　b.*As any doctors, they should know that.
iv. a. This liquid is sulphuric acid. (この液体は硫酸である)　　b.*This liquid is some sulphuric acid.
v. a. Jill wasn't a student. (ジルは学生ではなかった)　　b.*Jill wasn't any_n student.

some と any_n が叙述補部にはまったく用いられないわけではなく，(38) のように用いられる場合もある．

(38) i. Mary and Frieda are [some friends of ours that we met on holiday in Ibiza].
（メアリーとフリーダはイビーサでの休暇中に出会った友人である）

ii. This is [some sulphuric acid we have left over from the last experiment].
（これは前回の実験で残った硫酸である）

iii. Jill wasn't [any_n student of mine].
（ジルは私の教え子ではなかった）

ただし，(38) の例文は属性的 be 動詞 (ascriptive *be*) を含む構文ではない．叙述部分はある集合やタイプに属していることを表しているわけではなく，主語と述語が同一であること (identity) を表している．たとえば (37vb) は，

It is not the case that Jill was a member of the set of students.
（ジルが学生からなる集合の一員であるということは事実でない）

という意味で容認されることはないのである．これに対して，(38iii) は，

It is not the case that Jill was one of my students.
（ジルが私の教え子の 1 人であったということは事実ではない）

というのと同じ意味を表すものと捉えることができる．この言い換え文の中の was は主語と述語が同一であるという指定的な意味 (specifying sense) で使われている．[19]

(b) 総称表現

some は総称の意味では用いられない．(39) の (a) の文のみが総称的解釈を表すことができる．

---

[19] 訳者注：このような be 動詞を指定的 be 動詞 (specifying *be*) という．8.3 節 (c) を参照．指定的 be 動詞は主語と述語が同一であると指定し，同一性の解釈を与える．属性的 be 動詞 (ascriptive *be*) は主語にはある属性が備わっているという解釈を与える．(37vb) は属性文であり，(38iii) は指定文である．

(39) i. a. [A lion] is a ferocious beast.
(ライオンは猛獣だ)
b. [Some lion] is a ferocious beast.
(あるライオンが猛獣だ)
ii. a. [Lions] are ferocious beasts.
(ライオンは猛獣だ)
b. [Some lions] are ferocious beasts.
(ライオンには猛獣もいる)
iii. a. [Sulphuric acid] is a dangerous substance.
(硫酸は危険な物質だ)
b.*[Some sulphuric acid] is a dangerous substance.
(硫酸には危険な物質もある)

(c) 個体化された不可算名詞句 (individuated non-count NPs)

Jill has a good knowledge of Greek. (＝第 3 章 (21iib))
(ジルはギリシャ語について十分な知識をもっている)

このような例における不定冠詞 a は some や any_n で置き換えることはできない．次の文は非文である．

*Jill doesn't have any good knowledge of Greek.

(d) 無決定詞複数名詞句とのさらなる相違点

これ以外の構文で，some をともなう名詞句は量的不定表現として用いられるのに対して，無決定詞複数名詞句 (bare plural NP) は量的でない不定表現として用いられる．

(40) i. [Some seats] / [Seats] are available at fifty dollars.
(座席には 50 ドルで購入できるものがある／座席は 50 ドルで購入できる)
ii. Everybody went to the post office to buy [some stamps] / [stamps].
(みんなが数枚の切手／複数枚の切手を買うために郵便局に行った)

(40i) で some をともなう例は劇場の切符売場の店員がいいそうな表現であり，50 ドルの席が 2 席以上あることを表している．一方，決定詞のつかない seats の例は劇場外の貼り紙に書いてあるような表現であり，座席が完売していない限り，もっといえば 1 席だけ売れ残っている場合でさえ，そのような貼り紙が貼られたままになっていても何ら不思議はない．(40ii) については，主語が分配を表す everybody なので，some を使った場合はそれぞれの人が 2 枚以上切手を買ったことになる．一方で決定詞のつかない stamps の場合は，実際に購入した切手の枚数に関係なく，単にそれぞれの人が切手購入にかかわったことのみを表している．

[専門的解説]

■ some と any_n の関係と不定冠詞

以下にあげる一連の例文について考えてみよう．

(41) i. a. We need a chair.　b. We don't need a chair.
(我々にはイスが必要だ)　(我々にイスは必要ない)
ii. a. We need some chairs.　b. We don't need any_n chairs.
(我々にはイスが数脚必要だ)　(我々にイスは必要ない)
iii. a. We need some furniture.　b. We don't need any_n furniture.
(我々には家具が必要だ)　(我々に家具は必要ない)

不定冠詞は可算単数形主要部とのみ用いられるので，(41ii) と (41iii) の例では用いられない．(41ii) と (41iii) での some と any_n の使用は本質的には (41i) での不定冠詞と同じ役割を担っている．つまり，some は複数形主要部を選択する不定冠詞として，any_n は不可算主要部を選択する不定冠詞として捉えることができる．実際，そのような分析を行っている研究もあるが，ここでは上述のデータと 2 つの理由からその分析には従わないこととする．その第一の理由は，some と any_n が複数形主要部と不可算主要部だけでなく，頻度は低いものの，(30) のように可算単数形主要部とも用いられるということである．したがって，some と any_n は不定冠詞と相補分布をなすというよりも対比をなす．第二の理由は (37)-(40) の例をあげて述べたように，some と any_n は量的用法に限れば，不定冠詞に比べるとその分布が制限されているということである．

■ some と any_n のその他の機能

(a)　決定詞と主要部を兼ねる融合形

(42) i. a. I need some dollar coins; have you got <u>some</u> I could borrow?
(何枚かドル硬貨が必要だ．何枚か借りてもいいですか)
b. I wanted to borrow some dollar coins but she didn't have <u>any</u>.
(何枚かドル硬貨を借りたかったが，彼女は 1 枚ももっていなかった)
[単純融合主要部構造]

ii. a. Can I have some of this custard? （このカスタードのお菓子を少しもらえますか） b. There are a lot of applicants but I don't think any are suitable. （たくさんの志願者がいるが誰も相応しいとは思わない）		［部分詞融合主要部構造］
iii. The film is disappointing—some might put it more strongly than that. （映画は期待外れだ．もっと厳しいことをいう人がいるかもしれない）		［特殊融合主要部構造］

any_n には some people を表すような (42iii) の some に対応する特殊融合主要部の用法はない．

(b)　修飾要素

(43) i. Have you got [some/any more] milk?
（もう少し牛乳はありますか）
ii. Are you feeling [any better]/[any more relaxed]?
（少しは気分がよくなっていますか／少しは落ち着いた気持ちになっていますか）

(43i) では some と any は決定詞類句内の more を修飾している．(43ii) では any_n は比較級の程度修飾要素として用いられている．アメリカ英語ではこういう場合に some が使われるが，次のような表現はかなり口語的か非標準的である．

%I'm feeling some better.

肯定的解釈をともなう標準的な語は somewhat である．

I'm feeling somewhat better.（僕はいくらか気分がよくなってきている）

some と any_n は節構造における程度修飾要素としても用いられるが，主にアメリカ英語のくだけた言いまわしである．

%She may be oversimplifying some.
（彼女は物事を少し単純化しすぎているかもしれない）
%That wouldn't help us any.
（それでは少しも我々の役には立たないだろう）

次の例のように「およそ」の意味をもつ some はこれとは別の語であると考えられ，副詞に分類される．

We had some thirty applications for the position.
(その職(ポスト)にはおよそ 30 件の応募があった)

7.6　基数詞

基数詞 (cardinal numerals) は主に決定詞類であるが，副次的な用法としては数によって変化するので名詞範疇でもある．

They set off in threes/enrolled in their hundreds.
(彼(女)らは 3 人組みになって出発した／100 人単位で登録した)

実際にこのような用いられ方をするのは，小さい数か切りのいい数や概数 (round numeral) のみである．[20]

■基数詞の形

基数詞はどんな数も表すことができるので，それ自体で決定詞類の無限の部分集合を形成することになる．0 から 99 までの整数を表す数は単一の語 (zero/nought (0)，three (3)，thirteen (13)，thirty (30)，thirty-three (33) など) である．数が大きくなると統語的に複雑になる (three hundred (300)，three hundred and thirty-three (333) など)．分数の場合も同じである (one and a half (1½))．[21]

統語的に複雑な数詞の内部構造はほかに類をみないほど独特の規則に従っている．些末(さまつ)な例外が 1 つあるものの，その内部構造は外部の統語的環境からは影響を受けない．したがって，すべての数詞を，ほかの修飾要素をともなわない決定詞類と同じように，語彙範疇の決定詞類として扱うことにしよう．[22]

数詞の形が名詞句の外部の統語構造から影響を受ける唯一の例外とは，one hundred (100)，one thousand (1000)，one million (1,000,000) のように乗数

---

[20] 数詞はしばしば記号の名称のようにメタ言語的に用いられることがある．
They added a '3' before all the Brisbane telephone numbers.
(彼 (女) らはブリズベンのすべての電話番号の前に「3」を加えた)

[21] ただし 1 よりも小さい分数は決定詞前位修飾機能の名詞や名詞句で表される (第 12 章を参照)．

[22] 訳者注：こうした理由から形式については本シリーズ第 10 巻『形態論と語形成』を参照．

が 1 で始まる数詞を含む場合である．ここでの one はこれを自由に不定冠詞に置き換えて，a hundred，a thousand，a million のように表すことができる．ただし，この冠詞は数詞の欠かせない一部分であり，独立した決定詞ではないと捉えるべきである．たとえば，a hundred days は「決定詞（a hundred）＋主要部（days）」という構造をしているのであって，「決定詞（a）＋修飾要素（hundred）＋主要部（days）」という構造をしているのではない．したがって名詞句全体は明らかに複数であり，単数ではない．[23] しかし数詞が修飾要素として機能している場合，最初の a は 6.2 節の規則にしたがって脱落する．したがって，たとえば every one hundred days（100 日毎に）の代わりに *every a hundred days ということはできず，every hundred days と言い換えられる．

■解釈と修飾

5.2 節で述べたように，数詞は通常ある集合の正確な個数を表すものとして解釈される．しかし not more than（せいぜい〜）という意味成分は推意（implicature）がはたらいている箇所である．

Five people complained.（5 名が不平をいった）

この文は「多くてもせいぜい 5 人が不平をいった」という推意を生み出すが，それは含意（entailment）ではない．[24] 数詞は at least（少なくとも）や at most（多くても）から，かなり広範囲の修飾表現とともに使われ，some fifteen mistakes（およそ 15 の間違い）のように概数を表すあまたの表現とともに用いられる．

■数詞 one と単数類 one の違い

最初に 3 種類の one を区別しておく．

---

[23] 対照的に a marvellous hundred days（すばらしい 100 日）では a は決定詞であり，hundred とはまったく無関係である．この言いまわしについては 3.4 節を参照．

[24] 訳者注：仮に不平をいった人が 6 人いた場合には，話し手はふつう「6 人が不平をいった」というはずである．ゆえに「5 人が不平をいった」と話し手が述べた場合には，聞き手は「不平をいったのは最大で 5 人だ」という推意をはたらかせる．仮に不平をいった人が 10 人いたとしよう．その場合でも，話し手が「5 人が不平をいった」という発話は偽ではない．10 人が不平をいったのであれば，5 人が不平をいったことは論理的に含意されるからである．しかし，「5 人が不平をいった」という文は，「不平をいった人が 6 人以上はいなかった（多くてもせいぜい 5 人が不平をいった）」ということまでは含意しない．

① 人称代名詞：
One should keep oneself informed of these matters.
（人は自らのアンテナを高くしてこうした事柄をつねに把握しておくべきだ）
② 普通名詞（照応的に用いられ複数形にもなる）：
a red car and three black ones（赤い車 1 台と 3 台の黒いの）
③ 決定詞類（この節の対象となる語）

決定詞類 one は基数詞に分類されるが，大きな数の数詞とは異なる用法がいくつか存在する．そこで 2 つの用法を区別し，それらを**数詞**（**numeral**）one_n と**単数類**（**singulative**）one_s と呼び分けることにする．

(44)

	数詞 one_n	単数類 one_s
i.	a. We have one_n son and two daughters.（我々夫婦は一男二女をもうけた）	b. She arrived one_s rainy morning.（彼女はある雨の朝到着した）
ii.	a. Only / At least one_n student failed.（たった／少なくとも 1 人の学生が落第した）	b. Not one_s student failed.（どの学生も落第しなかった）
iii.	a. I need one_n or more volunteers.（私は有志が 1 人以上必要だ）	b. For one_s reason or another they didn't charge us.（どういうわけか彼(女)らは我々を責めなかった）
iv.	a. That one_n mistake cost him his job.（その 1 つの過ちのため彼は仕事を失った）	b. ［修飾要素としての用法はない］
v.	a. ［感情的用法はない］	b. That's one_s big elephant.（あれはものすごく大きなゾウだ）

one_n は（複数形になると）それより大きな基数詞に取って代わる．(44ia) の one_n が次の文では two に置き換わっている．

We have two sons.（うちには息子が 2 人いる）

一方，one_s はそのような置き換えができない．(44ib) と次の文を比べれば一目瞭然である．

*She arrived two rainy mornings.

語源を紐解けば，不定冠詞 a は one が弱化して派生されたものである．したがって one_s は多くの場面で a の強勢形と同じように用いられる．(44ii) では他の基数詞と同じように one_n が at least（少なくとも），at most（多くても），more than（以上）のような修飾要素をともなっている．また，one_n は名詞句を修飾する要素（たとえば only など）の焦点になることができる．[25] それに対して one_s はそのような修飾要素の焦点になることはできないが，not で one_s を否定することができる．この not は，下記のように，数の大きな基数詞とは一般には用いられないが,[26] a とはふつうに用いられる．

*Not five students failed the exam.
（試験に落ちた学生は 5 人といなかった）
Not one_s/a day passed without Fred losing his glasses.
（1 日もたたないうちにフレッドはメガネをどこかへやってしまった）

数詞 one_n は or more と等位接続されると数詞であることがよくわかる．(44iiia) や three or more（3 つ以上）のような表現である．これに対して，単数類 one_s が等位接続される場合には (44iiib) のように another が用いられる．この文で問題となっているのは「理由が何なのか」ということであり「理由がいくつあるか」ではない．[27] 数詞 one_n と another の組み合わせは下記のような例においてもみられる．

One_s problem followed another.（問題が次々と起こった）

(44iva) のように，one_n は決定詞に後続する修飾要素として用いられることがある．またこれ以外の基数詞もこの位置で使用可能である．

Those two mistakes cost him his job.
（あの 2 つの過ちのため彼は仕事を失った）

しかし one_s は不定冠詞と同じで, 決定詞の機能しかはたさない．最後に (44vb)

---

[25] 訳者注：第 13 章を参照．

[26] このような組み合わせが許容されるのは度量表現の場合である．
I saw her not five minutes ago.（5 分もたたないつい先ほど彼女に会ったところだ）

[27] このような場合，one_s を some で置き換えることができる．ここではこの some を曖昧な可算単数用法とよぶことにする．たとえば，for some reason or another（なんだかんだ理由をつけて）のような例がそうである．これによく似た交替現象は次の例でも観察される．
One_s/Some day soon I'll make amends.
（いつか近いうちに埋め合わせをするつもりだ）

が表しているのは，one_s が感情的効果を表すため強い強勢を受けることである．この文はゾウが並外れて大きいことを伝えている．この構造は some を用いた (30) と類似している．強調の one は単数か複数かという対立（1 かそれとも 1 より大きいかという対立）とは無関係である．[28] やや似ている事例は，次の例文の hell と結びついた one_s の用法である．

We had one_s hell of a week-end.（私たちはものすごい週末を過ごした）

ただしこの場合 one_s は強勢を受けないし，さらに a で置き換えることが可能である．

■融合主要部名詞句

基数詞は単純融合主要部名詞句と部分詞融合主要部名詞句に現れるのが一般的で，one_n も同じように現れる．one_s が単純融合形で用いられる場合は，a が融合主要部として用いられないからである．また特殊融合形の場合は「1 人の人」として解釈される．

(45) i. a. Kim has written four novels, and Pat has written <u>two</u>/<u>one</u>$_n$.
（キムは小説を 4 編書き，パットは 2 編／1 編書いた）
b. Mary bought a book, and I bought *<u>a</u>/<u>one</u>$_s$ as well.
（メアリーは本を 1 冊買った．私も 1 冊買った）
［単純タイプ］

ii. They gave us four copies but <u>two</u>/<u>one</u>$_n$ of them seemed defective.
（彼(女)らは我々に複写を 4 部わたしたが，そのうち 2 部／1 部には不備があるようだった）
［部分詞タイプ］

iii. He behaved like <u>one</u>$_s$ who considers himself born to rule.
（彼はこの世を支配するために生まれてきたと思っている人のようにふるまった）
［特殊タイプ］

■ゼロを表す zero と nought

zero とイギリス英語の nought は基数詞の枠に収まりきらないところのある項目である．2 つの語が基数詞のように用いられることがある．その用途は，

---

[28] 訳者注：強意の one_s は「まさしく〜な」や「滅多にお目にかかれない」という意味をもつ．

zero/nought times ten（0×10）のような算術演算，zero percent（0%）のような百分率，zero/nought point two（0.2）のような少数，そして zero/nought degrees Celsius（0°C）のような温度測定である．zero はまた no の代わりをする決定詞としても用いられるが，nought にはそのような用法はない（no 自体は基数詞ではないので数量表現にはならない）．

(46) a. They made zero/no errors.
(彼(女)らは 1 つとしてミスをしなかった)

b. They have zero/no chance of winning.
(彼(女)らに勝ち目はない)

no に比べて zero の使用はかなりまれである．zero は 0 を表す数学用語に由来するため，zero を用いることで何となく科学的性格を帯びる傾向にある．zero は no とは異なり否定を表す標識ではないので，付加疑問文をつくる際にこの違いが生じる．[29] つまり zero は否定要素ではないので，次の例のように否定を表す標識が現れる．

They made zero errors, <u>didn't they?</u>
(彼(女)らは 1 つもミスをしなかったね？)

しかし no は否定要素なので次の例のように否定を表す標識が現れない．

They made no errors, <u>did they?</u>
(彼(女)らは 1 つもミスをしなかったね？)[30]

7.7　離接決定詞類 either と neither

■決定詞としての either：非肯定的用法と自由選択用法

either は either parent（一方の親）のように可算単数形主要部と用いられるが，複数形主要部 (*either children) や不可算主要部 (*either information) とは用いられない．any と同じように非肯定的用法 (either$_{n}$ と表記）と自由選択用法 (either$_{f}$ と表記）がある．

---

[29] 訳者注：本シリーズ第 5 巻『前置詞と前置詞句，そして否定』を参照．

[30] 専門分野の言語使用域（レジスター）では 0 を表す語がいくつか存在する．たとえばサッカーでは nil が，テニスのようなラケットを使うスポーツでは love がそれぞれ 0 点を表す語として用いられる．

(47) i. a. He didn't like $either_n$ teacher.
(彼はどちらの教員も気に入らなかった)
b.*He liked either teacher.
ii. a. Did $either_n$ boy have a key?
(どちらかの少年がカギをもっていましたか)
b.*Either boy had a key.
iii. a. You can take $either_f$ computer.
(どちらのコンピューターをもっていっても良い)
b.*She had taken either computer.

(47) の容認されない (b) の例は肯定文であり，自由選択の解釈にもならない.

■双数性：any と both との関係における either

either は any とは異なり，聞き手によって特定できる 2 つの構成員からなる集合から一方を選び出してもらうことが前提となっている．したがって (47ia) の either teacher は either of the two teachers (2 人の教員のうちのどちらか) と同じ意味である．either が双数性と結びついているため，either は both と似ている．しかし両者の違いは，(48) の (a) と (b) の対比をみれば，一目瞭然である．

(48) i. a. Did either boy have a key?
(＝(47iia))
(どちらかの少年がカギをもっていましたか)
b. Did both boys have a key?
(両方の少年がカギをもっていましたか)
ii. a. If either parent dies, Jill will inherit the business.
(一方の親が亡くなったら，ジルは家業を継ぐだろう)
b. If both parents die, Jill will inherit the business.
(両親が亡くなったら，ジルは家業を継ぐだろう)

2 つの疑問文 (48ia) と (48ib) のおのおのに yes という返答をするには，(48ia) と (48ib) では明らかに違う条件を満たさねばならない．(48ib) では 2 人の少年のそれぞれがカギをもっていなければならないが，(48ia) では一方のみがカギをもっていればよい．同様に (48iia) と (48iib) ではジルが家業を継ぐ条件が異なる．(48iib) では両親とも亡くなれば家業を継ぐことになるが，(48iia) では片親がなくなれば条件を満たすことになる．したがって both が意味するのは集合の全体性 (totality) である．そのため both は全称数量詞である．これに対し $either_n$ は存在数量詞である．つまり少なくとも 1 つの要素を表している．この違いにより，both は複数形と用いられ，either は単数形と用いられる．また，both boys は定であるが，either boy は不定である．

2 つの構成員からなる確定した集合が前提となるかどうかで双数の either と中立的 any が区別される．(47) の either は any に置き換えることもできる．その場合，容認できる (a) の例と容認できない (b) の例の対比は保持されるが，any に置き換えたことで，3 人以上の教員・少年，3 台以上のコンピューターがかかわるという推意が出てくる．しかしながら，any はそもそも確定した集合を前提としないので，any を用いて (47ia) に似た意味の文をつくろうと思えば，次の例のように，of に導かれた明示的部分詞句 (explicitly partitive phrase) を用いる必要がある．

He didn't like any of the teachers.
(彼はその教員たちの誰も好きではなかった)

both の場合と同じように，either は 2 つの構成員だけからなる集合に対してのみ用いられるので，修飾要素は用いられない．たとえば，下記の例のように any は hardly や almost で修飾されるが，either はされない．

He liked <u>hardly</u> any of the teachers.
(彼はその教員たちのうちのほとんど誰も好きではなかった)
*He liked <u>hardly</u> either of the teachers.
(彼はその教員たちのうちのほとんどどちらも好きではなかった)
<u>Almost</u> any of the computers would do the job.
(そのコンピューターのうちのほとんどどれもが役目をはたしてくれるだろう)
*<u>Almost</u> either of the computers would do the job.
(そのコンピューターのうちのほとんどどちらもが役目をはたしてくれるだろう)

■等位構造の標識としての either

both と同じように either は名詞句構造の決定詞としてだけではなく，等位構造の第 1 等位項の標識としての役割を担っている．

(49) i. a. either parent
(一方の親)
b. both parents
(両方の親)
ii. a. either her father or her mother
(彼女の父親か母親の一方)
b. both her father and her mother
(彼女の父親と母親の両方)

both が等位接続詞 and と相関的に用いられるのに対し，either は or と用いられる．(49ii) の (a) と (b) の関係は (49i) の名詞句の関係と同じである．or を用いた等位接続は**離接とか選言**（**disjunction**）という名で知られる意味関係を表している．[31] それゆえここでは either を離接決定詞類に分類しておく．either にも both と同じく名詞句決定詞としての用法と等位構造の標識としての用法があることは上で述べた．しかしながら both に比べると，either の場合これら 2 つの用法は密接な関係にはない．その理由は 2 つある．第一に，(47) の例で述べたように名詞句内の either に課せられる分布の制限は等位構造の either には当てはまらない．[32]

Either her father or her mother had a key.
（彼女の父親か母親がカギをもっている）

第二に 5.1 節でも述べたように，(both に比べると) either では双数を表す意味合いが弱くなっている．either を用いた等位構造はその性質上二択だが，either Kim, Pat, or Alex（キムかパットかアレックスのいずれか）のように多肢選択も可能である．

■ 特殊用法：on either side（両側に）

(50)　They planted roses on either side of the driveway.
（彼(女)らは車道の両側にバラを植えた）

この文での either は each と同義であり，2 つの構成員からなる集合が前提となっているので either side は both sides と同じ意味になる．either のこの用法は side（側）や end（端）, extreme（極端）のような一部の名詞で可能となり，(47) で述べた統語的制約には従わない．

■ neither

neither も either と同じく，neither parent（どちらの親も～ない）のような決定詞や neither her father nor her mother（彼女の父親も母親も～ない）のような第 1 等位項の標識として用いられる．neither は not + either が融合して語彙化したものである．したがって (47ia) は，

He liked neither teacher.（彼はいずれの先生も気に入らなかった）

---

[31] 訳者注：本シリーズ第 8 巻『接続詞と句読法』の議論を参照.

[32] 訳者注：(47iib) と見比べれば，ここでの例は肯定文でも使えることがわかる.

と同義である．同じことが次の文にも当てはまる．

Neither boy had a key.（どちらの少年もカギをもっていなかった）

この文は It is not the case that either boy had a key（どちらかの少年がカギをもっていたというわけではない）という意味である．この文は次の文と同義的である．

Both boys didn't have a key.（どちらの少年もカギをもっていなかった）

このような同義性は次の 2 つの文にもみられる．[33]

Neither Max nor Ed had a key.
Both Max and Ed didn't have a key.
（マックスもエドもカギをもっていなかった）

■ 融合主要部名詞句

either と neither は一般的に部分詞融合主要部名詞句で用いられる．その際，of 句がついて明示的に人やものの部分を表すことも，of 句がつかずに黙示的につまり暗黙に部分を表すこともある．

(51) i. Let me know if [either/neither of the students] turns up. ［明示的部分詞表現］
（その学生たちのいずれかが現れたら知らせてください／その学生たちのうちのいずれも現れなかったら知らせてください）
ii. There were two flats available, but [neither] was suitable. ［黙示的部分詞表現］
（空いているアパートが 2 件あったが，どちらも条件に合わなかった）

7.8 否定決定詞類 no と none

■ 可算主要部や不可算主要部につく決定詞としての no

(52) i. a. No juvenile was admitted. b. No juveniles were admitted. ［可算］
（どの未成年者も認められなかった）

---

[33] 訳者注：この点については，本シリーズ第 8 巻『接続詞と句読法』における等位構造の議論を参照．

ii.　No bread was baked that day.　[不可算]
(その日パンは 1 つも焼かれなかった)

可算主要部の場合，no が表しているのは，いま話題に取り上げている集合に含まれるどの構成員もそこに登場する叙述属性をもたないということである．不可算主要部の場合 no が表しているのは，いま話題に取り上げている分量のどの部分をとってもそこに登場する叙述属性をもたないということである．ここで話題に取り上げている「集合」や「分量」は主要部によって表されるものであり，前後の文脈から制限を受ける．たとえば，話者が次のようにいうとしよう．

No student had read Bloomfield's *Language*.
(どの学生も Bloomfield の『言語』を読んだことがなかった)

このようにいうと，話者が一般の学生について話しているのではなく，特定の授業を受講している学生について話しているものと聞き手は通常理解するだろう．

・単数と複数の区別の中和

(52ia) と (52ib) の例は同義的である．つまりこの 2 文では単数と複数の区別が中和されて，どちらでもよくなっている．またこの場合 2 つの表現に語用論的な違いもほとんどない．しかしながら，場合によっては一方が好まれ，またそれでなければならないことがある．

(53)　i.　a. He has no father.　(彼には父親がいない)
　　　　b. #He has no fathers.　(彼には父親たちがいない)
　　ii.　a. He has no child.　(彼には子どもがいない)
　　　　b. He has no children.　(彼には子どもがいない)

(53i) では単数形が要求される．これはある人には (生物学上の) 父親は 1 人しかいないからである．次の場合も単数形がより自然である．

He has no job/jobs. (彼には仕事がない)

もちろん，2 つ以上の仕事をもつことは可能であるが，通常，仕事というものは 1 つだけだろうと思うからである．これとは対照的に (53ii) では通常複数形が用いられる．これは 1 人っ子の家庭より，子どもが 2 人以上いる家庭のほうが一般的だからだ．実際，一般的にいって複数形を用いるのがデフォルトであると考えておけばうまくいくことが多い．

■ not + a/one_s/any_n と neither の関係

一般的に no は not (もしくは動詞の否定形) + {a/one_s/any_n} と同義である.

(54) i. a. No boy(s) in the class passed.
(そのクラスのどの少年も合格しなかった)

b. I know no boy(s) in the class.
(私はそのクラスのどの少年も知らない)

ii. a. Not a/one_s boy in the class the passed
(そのクラスでは1人の少年も合格しなかった)

b. I don't know a/one_s boy in class.
(私はそのクラスの少年を1人も知らない)

iii. a.?Not any_n boy(s) in the class passed.
(そのクラスのどの少年も合格しなかった)

b. I don't know any_n boy(s) in the class.
(私はそのクラスのどの少年も知らない)

(54ii) の not+a/one_s は, とくに one_s を用いた場合に, ほかの表現よりも強い強調の意味を醸し出す. しかしこの not+a/one_s は単数形の名詞主要部しかとらない. not は通常は any を修飾することができないので, (54iiib) は容認されるのに対して (54iiia) は容認されないか, 容認されるとしてもかなり疑わしい.[34]

neither を使用する条件が満たされた場合, 通常は no は使用できなくなる. ちょうど either と both が使用される場合 any と all が使用できないのと同じである.

Parking was permitted on neither/#no side of the road.
(駐車は道路の両側とも禁止されている)

・He's no doctor.

no を用いた表現が独特の意味をもつことがある. それはこの表現が属性的叙述補部 (ascriptive predicative complement) に現れる場合である. (55) の2つの文を比べてみよう.

(55) a. He isn't a doctor. (彼は医者ではない)
b. He's no doctor. (彼は医者の風上にも置けないやつだ)

---

[34] 訳者注:第11章を参照.

(55a) のように not を用いた文は，単に彼が医者という集合の構成員ではないことを表しているだけである．一方 (55b) のように no を用いた文は，彼が医者の属性をもっていないことを表している．同様に，次の文は，私は彼のことを知っていて，私に対する態度が友だちとしては考えられないようなものであることを表している．

He's no friend of mine. (彼は私の友だちなんかではない)

一方，次の文は彼が私の友だちという集合に入っていないことのみを伝えている．

He's not a friend of mine. (彼は私の友だちではない)

つまり，話し手はおそらく彼のことをほとんど知らないか，実際はまったく知らない可能性がある．この用法は固有名称でも可能である．

She's no Florence Nightingale.
(彼女はフローレンス・ナイチンゲールどころかその足元にも及ばない看護師だ)

この文が意味するのは，彼女が another Florence Nightingale（ナイチンゲールの再来）とよばれたり，ナイチンゲールと並び称されるのに必要な資質を備えていないということである．[35]

・no mean achievement

no を用いた特殊用法がほかにもある．それは次のような文にみられる用法である．

That was no mean achievement.
(それはなかなかの功績だ)
She made no small contribution to our project.
(彼女は我々の計画にかなりの貢献をした)

こうした文では，実際には大きな功績や大きな貢献だったことが述べられている．

■融合主要部名詞句：独立形 none の用法

no が単独では用いられることはなく，no の後ろには必ず主要部が現れる．no

[35] 訳者注：本シリーズ第 5 巻『前置詞と前置詞句，そして否定』を参照.

は依存形であり，これに対応する独立形は none である．(56) の例を比べてみよう．

(56) i. a. No student was present.
(学生は誰もいなかった)
b. None (of the students) was present.
((学生の) 誰もがいなかった)
ii. a. No students were present.
(学生は誰もいなかった)
b. None (of the students) were present.
((学生の) 誰もがいなかった)

no と none の関係は my (所有形容詞) と mine (所有代名詞) の関係に相当するので，単一の決定詞類の屈折形とみなすこととする．(56ib) と (56iib) は融合主要部名詞句の例である．(56) からわかるように，no も none も単数名詞句あるいは複数名詞句のいずれをとってもよい．また両者とも almost のような修飾要素をともなうこともある．almost no students (皆無に近い学生たち) や almost none (皆無に近い人やもの) がその例である．

融合主要部は 3 種類とも none と用いられる．

(57) i. Kim had lots of money left, but Pat had [none]. ［単純タイプ］
(キムにはたくさんのお金が残っていたが，パットには一銭も残っていなかった)
ii. There were few jobs available, and [none (of them)] seemed suitable. ［部分詞タイプ］
(有効求人はほとんどなかった．(その) どれもが自分に向いていないようだった)
iii. The prizes were presented by [none other than the President herself]. ［特殊タイプ］
(その賞は［ほかならぬ大統領本人］によって授与された)

例文 (57iii) では，賞を授与したのが地位の低いほかの人間ではなく，大統領自身であることを強調している．こうした特殊用法はかなりまれであり，(57iii) のように other と組み合わせたり，but と組み合わせたりするのが特徴である．

None but a lawyer would respond in such a way.
(弁護士だけがそのように対応するだろう)

■ 名詞句構造外の修飾要素としての no と none

no はしばしば比較級を修飾し，「少しも～ない」という意味を表す．例をあげよう．

no bigger
（少しも大きくない）
no more interesting
（少しも興味深くない）
no different
（まったく変わらない）
no longer
（もはや～でない）

none は too を修飾する not の交替形として，次の例のように用いられる．

The structure looked none too sound.
（その構造はあまり／少しも堅固にはみえない）

また none は「the＋比較級」（少しも～ない）と用いられることもある．

I felt none the worse for my ordeal.
（私は自分のつらい体験をものともせず，相変わらず元気だった）

7.9　二者択一的・追加的決定詞類 another

■二者択一的・追加的決定詞類 another

決定詞類 another は，歴史的にみると不定冠詞と形容詞 other との複合語形成（compounding）によって派生されたものである．その結果，現代英語では決定詞類 another が存在しているので，不定冠詞と other は個別の統語構成素としては共起せず，*an other book は非文法的である．不定冠詞以外の決定詞類は other に先行し，この両者は複合語を形成しない．このことは（58ii）で数詞がさまざまな位置に生起していることからも明らかである．

(58) i. a. another three examples　b.*a three other examples
（あと 3 例／もう 3 例／ほかの 3 例）　（同左）
ii. a. the other three examples　b. the three other examples
（そのほかの 3 例／残りの 3 例）　（同左）

■二者択一的意味と追加的意味

(59) i. I would like [another banana].
（ほかの／もう 1 本バナナが欲しい）
ii. Harriet supports [one$_{s}$ team], and I support [another].
（ハリエットが 1 つのチームを応援し私が別のチームを応援する）
iii. I'll make [one$_{n}$ dish], and you can make [another].
（私が料理を 1 品つくるので，あなたはもう 1 品つくっていいわよ）

iv. Masha consumed [yet another banana].
（マーシャはさらにもう 1 本バナナを食べた）

another には二者択一的意味と追加的意味がある．(59i) の例はどちらの解釈も可能である．二者択一的解釈であれば，この文は話し手が「**別の** (**different**) バナナ」を欲しがっているという意味になる．つまり，すでにもっている（おそらく青すぎる）バナナと交換するために 1 本バナナが欲しいという推意が得られる．追加的意味で解釈すると，話し手が（おそらくすでに 1 本もしくは数本バナナを食べたので）「**追加の** (**additional**) バナナ」を欲しがっているという意味になる．したがって追加的意味では another banana は one more banana と同義である．しかし二者択一的意味と追加的意味は相互に排他的な意味ではないことに注意が必要である．たとえば，話し手はまだお腹が空いているので，さらにバナナを欲しがっているが，同時に最後に食べた物より熟したバナナを欲しがっているということだってあるからだ．

文脈によってどちらか一方の意味が強調されることがある．(59ii) における対比は単数類 one_s に関するもので，二者択一的意味を強調している．この単数類 one_s は数詞に置き換えることができない one である．[36]

#Harriet supports two teams, and I support another.
（ハリエットは 2 つのチームを応援し，私はそれ以外の 1 チームを応援する）

一方，(59iii) では数詞 one_n が用いられているので，追加的意味の another がこれに後続するのは自然である．この one_n はほかの数詞に置き換えることが可能である．たとえば one_n を two に置き換えた次の文では，another は an additional one（別の 1 品）の意味になる．

I'll make [two dishes], and you can make [another].
（私が料理を 2 品つくるので，あなたはもう 1 品つくっていいわよ）

(59iv) の修飾要素 yet は追加的意味でのみ用いられる．

another は an＋other を語源にもつことから予想されるとおり，単数可算名詞を選択する．another day（別の日）は可能だが，*another days とはいえない．しかしながら，another three days（もう 3 日）や another few days（もう数日）のように数量を表す小名詞句ならば，another の後ろに現れてよい．[37]

---

[36] 訳者注：(44) を参照．

[37] 訳者注：これに関する議論については 3.4 節を参照．

■融合主要部名詞句

(59ii) と (59iii) の例でみたように，another は決定詞と主要部を兼ねる融合形としても用いられる．これらは単純融合主要部構造であるが，次の例では部分詞融合主要部として生起している．

Kim found two of the missing reports and then Pat found another (of them).
（キムは行方不明になっていた報告書のうちの 2 冊をみつけた．その後パットが(それ以外の行方不明の報告書のうちの) もう 1 冊をみつけた）

7.10　肯定的僅少決定詞類 a little，a few，several など

僅少決定詞類 (paucal determinatives) は漠然とした少量・少数を表すものである．a little は不可算主要部を選択し，a few と several は複数形可算主要部を選択する．

(60) i. I only have [a little money].　［不可算］
（私は少しのお金をもっているだけだ）
ii. I found [a few/several mistakes].　［複数形可算］
（私は少しの／数個の間違いをみつけた）

複数形の名詞句を用いる場合，たとえば a few/several mistakes というとき，ミスの数は最低でも 3 つなければならない (すなわち，被修飾要素の数の下限は 3 である)．ミスの数が 2 つでは a few や several を使用する基準を満たさないからである．

■複合形 a few と a little

複合形 a few (少数の) と a little (少量の) は不定冠詞 a を含むという点で内部構造を有する．a few mistakes (少しのミス) では a few が決定詞であり，the few mistakes (その少しのミス) とは構造がかなり異なる．the few mistakes では the が決定詞で程度決定詞類 few は修飾要素である．また a little money (少額の金) は a little boy (小さい少年) とは構造が異なっている．a little boy の little は修飾機能をもつ形容詞である．a little の内部に現れてよいのは very だけである (例：a very little money (はした金))．a few に関しては very, good そして fair を挿入することが可能である．こうした複合形は独特の内部構造をしているので，基数詞と同じように語彙的決定詞類に含めておくことにする．a few と a little は周辺部修飾要素 quite (かなり)と結びつくこともある．

(61) a. [a very few] mistakes (きわめて少ないミス)
　　 b. quite [a few] mistakes (かなり多くのミス)

(61a) の very には被修飾要素 (つまりミス) の数の上限を低くする機能があり, その数は最小限の 3 を大きく超えることはない. これとは逆に (61b) の quite はミスの数の上限を高くするので, a good/fair few (かなりたくさんの／相当数の) に含まれる形容詞修飾要素 (good/fair) と同じように, ミスの数は 3 よりもかなり大きくなる.

■ a few と several の違い

a few と several の明確な統語的相違点は, several が (定の決定詞に後続する) 修飾要素の機能と叙述補部としての機能を兼ね備えているという点である.

its several advantages (そのいくつかの利点)　　[修飾要素]
Its advantages are several. (その利点はいくつかある)　　[叙述補部]

a few は several とは違い, (61b) のように quite と結びつくことや, not a few (少なからず, かなり多くの) のように not と結びつくことがある. not a few が意味するのは比較的大きな数である. only も a few とよく用いられるが, several とはほとんど用いられない. at least はどちらとも共起するが, a few とよく用いられる.

a few よりも several のほうが, 被修飾要素になっているものの数の上限がやや高いと感じる話し手もいるが, そうとは言い切れない. a few と several の違いよりも, a few と many の違いのほうが明確である (ただし, few と many の違いほど歴然としたものではない). このような理由から a few (少しの) のもつ「多くはない」という推意は several (いくつかの, いくつもの) のもつ「多くはない」という推意よりもやや強いように思われる. そういうわけで, 世のセールスマンやセールスウーマンは,「うちの商品にはですね, 商売敵(ライバル)の商品に優るメリットが (全然多くはないですけど) 少しあるんです (a few).」とはいわず,「... メリットが (多いとまではいかないですけど) いくつもあるんです (several).」という率が高いだろう.

■ 融合主要部名詞句

a few と a little と several はすべて単純融合主要部名詞句と部分詞融合主要部名詞句の主要部として用いられる.

Kim made about ten mistakes and Pat made a few too.

［単純融合主要部名詞句］

（キムは10個ほどミスをし，パットも数個ミスをした）

She took about twenty photographs and a few (of them) were very good indeed.　［部分詞融合主要部名詞句］

（彼女は約20枚の写真を撮った.（そのうちの）数枚は実際とてもよかった）

■ various と certain

various と certain は決定詞類の枠に収まりきらず，形容詞とはっきりと区別できない項目である．両者とも複数形主要部と共起する．

(62) a.　[Various items] are missing.（いろいろな品がなくなっている）

b.　[Certain problems] remain.（特定の問題が残っている）

(62a) の various は several とかなり類似した決定詞である．(62a) は「比較的少数の品がなくなっている」という意味になる．various が several とは異なっているところはどこか．various はさまざまな品物がいろいろあって互いに異なっていることを several よりももっと明確に表すという点である．ただし several もこのような多様性を表すことは，their several opinions（彼(女)らのいくつかの／いくつもの意見）のような例からもわかる．この例で several は，主語決定詞 (subject-determiner) に後続する修飾要素になっている．(62b) の certain はその問題が特定の問題であるということを表している．この例では certain は割合や比率を表さない非比率的な性質をもつ．ところが別の例で certain は比率を表すことができ，その際「すべてではない」という強い推意が生じる．例をあげておこう．

Such action might be justifiable in certain circumstances.

（そのような行動は状況次第では正当化できるかもしれない）

certain は（比較的堅い文体で）部分詞融合主要部の主要部として用いられる．

Certain of the delegates had expressed strong opposition to the proposal.

（代表者の数人がその提案に対して強い反対意見を表明した）

話し手によっては，主にアメリカ英語においてであるが，同じことが various にも当てはまる．

%He summoned a number of men (those who had been professional entertainers in civilian life) from various of his units.
（あいつは自分の部隊のさまざまな部署から多くの男たち（もともと民間人として活躍していたプロの芸人たち）を呼び寄せた）

このような用例から，certain と various は形容詞というよりも，まぎれもない決定詞類であることがわかる．たとえばこれらは numerous のような形容詞とは区別される．certain と various は総称の解釈をもたないという点でも形容詞とは異なる．次の例をみてみよう．

Various tiger populations are dangerous.
（数頭のトラの集団は危険である）

この文が意味するのは，トラの小さな群れが危険だといっているだけのことであり，いかなる多種多様なトラの群れも危険だといっているわけではない．次の例はこれとは対照的である．

Numerous tiger populations are dangerous.
（多数のトラの集団は危険である）

この文では総称の解釈が可能である．つまり総じて多数のトラからなる集団というものは危険であるという解釈である．

certain も不定冠詞 a と組み合わさって単数名詞句とともに用いられる．

(63) i. This gave her a certain authority.
（こうして彼女はある権限を手に入れた）

ii. To a certain extent I agree with you.
（ある程度は私はあなたに同意する）

iii. It's a certain bet that the price will rise again before the end of the year.
（年末までに価格が再度上昇するだろうと考えて間違いない）

(63iii) の certain は意味的に (63i) と (63ii) の certain とは異なる．この certain は sure と置き換えることが可能で，明らかに修飾機能をもつ形容詞である．(63i) と (63ii) では (63iii) とは異なり，certain と a との強い結びつきがあり，a certain を複合決定詞類 (complex determinative) と扱うのが最善かもしれない．(63i) のような例では，実際，certain を取り除いて a (an) だけにすることはできない．

#This gave her an authority.

ここでの a certain はある種の権力を個体化する機能がある．(63ii) の a certain は数が少ないという推意をもたらす some と同義であり，to a limited extent（ある限られた程度まで）を意味する．

7.11　程度決定詞類 many，much，few，little

ここでとりあげる決定詞類は原形か比較級か最上級かに応じて屈折する（すなわち，語形が変化する）という点で決定詞類の個別グループを形成する．**many**（たくさんの）と **few**（わずかしかない）は可算複数形主要部を，**much**（たくさんの）と **little**（わずかしかない）は不可算単数を選択する．

(64)	可算複数	不可算
i.	a. He made [many mistakes].（彼は多くのミスをした）	b. Has he got [much money]?（彼の所持金は多いですか）
ii.	a. He made [more mistakes than you].（彼はあなたより多くのミスをした）	b. Has he got [more money than you]?（彼の所持金はあなたより多いですか）
iii.	a. He made [(the) most mistakes].（彼は最も多くのミスをした）	b. Has he got [(the) most money]?（彼の所持金が最も多いですか）
iv.	a. He made [few mistakes].（彼はほとんどミスをしなかった）	b. He has got [little money].（彼には所持金がほとんどない）
v.	a. He made [fewer mistakes than you].（彼がしたミスはあなたより少なかった）	b. He has got [less money than you].（彼の所持金はあなたより少ない）
vi.	a. He made [(the) fewest mistakes].（彼がしたミスが最も少なかった）	b. He has got [(the) least money].（彼の所持金が最も少ない）

much に関して疑問文の例を用いてきたのは原形 much は主に非肯定的文脈に限定されているからである.[38] この章での比較級・最上級の議論は簡潔にし，名詞句構造に関するいくつかの争点に焦点を当てることにする.[39]

■原形

程度決定詞類の原形は漠然とした数量を表す. many と much は横溢（おういつ）数量詞 (multal quantifier) といい，概して「多数の／多量の」という意味を表す. 反義語は僅少数量詞 (paucal quantifier) の few と little であり，「少数の／少量の」という意味を表す. few と little は否定的意味を，a few と a little は肯定的意味をもつという点で異なる.[40] many, much, few, little の 4 つの原形はすべて広範囲の修飾要素と用いられる. 例をあげよう.

unusually many（並外れて多い）　amazingly few（驚くほど少ない）
this much（このくらい）　very little（実に少ない）

これらは決定詞として名詞句に用いられると不定名詞句を形成する.

・名詞句構造における修飾要素としての用法

much を除く程度決定詞類の原形は，定の決定詞の後ろに現れて修飾要素にもなることがある.[41]

her many virtues（たくさんある彼女の長所）
those few outstanding mistakes（それらのわずかだが目につくミス）
the little money that remains（わずかに残っているお金）

a few と a little は修飾要素としては用いられないが，否定的 few/little と肯定的 a few/a little とのあいだにみられるかなり明確な対比は，修飾要素の few/little では目立たなくなる. まず初めに，決定詞 few は 0 より大きい数であるという推意は得られても (implicate)，それを含意 (entail) はしないため，その数に必然性はない. しかし，few が定の名詞句とともに出てくると，その

---

[38] 訳者注：この点については，本シリーズ第 5 巻『前置詞と前置詞句，そして否定』も参照.
[39] 訳者注：比較級については，本シリーズ第 7 巻『関係詞と比較構文』を参照.
[40] 訳者注：意味に関するこうした違いは 5.2 節で論じている. 詳細については，本シリーズ第 5 巻『前置詞と前置詞句，そして否定』を参照.
[41] much はそれ自体が修飾を受けていれば，修飾要素として機能しないわけではない.
?all the not very much money that he earns（彼が稼いでくるすべてのはした金）

名詞の表す事物が存在していることが前提になる（existential presupposition）．ゆえに，修飾要素 few は 0 より大きな数と解釈されなければならない．

The few mistakes they made were relatively trivial.
（彼(女)らがやらかしたそのわずかなミスは，わりと些細なものだった）

この例では，彼(女)らは少なくともいくつかのミスをしたということが必然的に含意されている．

つぎに，決定詞 not はそれがつくと節全体が否定文であることを標示する．これに対して，修飾要素 not が名詞句内部にある場合には，決してこのようなはたらきをしない．たとえば，次の例では否定節に肯定の付加疑問文が加えられている．

She hadn't offered a very convincing excuse, had she?
（彼女はとても説得力のある言い訳はしませんでしたね？）

それに対し，次の例では肯定節に否定の付加疑問文が加えられている．

She had offered a not very convincing excuse, hadn't she?
（彼女はあまり説得力のない言い訳をしましたね？）

同様のことは few にも当てはまる．

(65) i. Few people came to the meeting, did they?　［決定詞＋否定節］
（会議に集まった人はほとんどいませんでしたね？）
ii. The few people who came to the meeting all supported the proposal, didn't they?　［修飾要素＋肯定節］
（その会議に集まった若干名はみな例の提案を支持したのですね？）

・a と結びつく many

many は a と結びついて 2 種類の複合決定詞類（complex determinative）を形成する．

(66) i. [Many a man] has been moved to tears by this sight.
（たくさんの人がこの光景をみて感動して涙を流した）
ii. [A great many complaints] had been received.
（非常にたくさんの不満の声が寄せられた）

many a はいっさい統語操作を受け付けない．many と a のあいだに要素は何も割り込めず，many を反義語 few で置き換えることもできない．a と同じように many a は常に決定詞として機能する．この表現は次のような諺や many a time（何度も）のような頻度を表す付加詞にもみられる．

There's many a slip twixt cup and lip.
（油断大敵（コップを口にもっていくあいだにも多くの失敗がある））

しかしそれ以外の表現に出てくる many a はやや固いか古風な表現である．many の部分が大きな数を表しており，a には個体化と分配の効果があるので可算単数形主要部を必要とする．

a great many の great は good で置き換えることができるが，この 2 つの形容詞のどちらかを必要とする．その他の点に関しては統語的に a few に相当する．これらは決定詞としても（単純もしくは部分詞融合主要部構造をもつ）決定詞兼主要部としても機能する．

■最上級としての most と比率を表す most

most には 2 つの異なる意味がある．[42] 1 つは比率や割合の意味（most_{p} と表記）であり，もう 1 つは **many** や **much** の最上級の意味（most_{s} と表記）である．どちらも複数形主要部か不可算主要部を選択する．

(67) i. a. [Most_{p} people] enjoyed it.
（大半の人がそれを楽しんだ）

b. [Most_{p} cheese] is made from cow's milk.
（大半のチーズは牛の乳からできている）

ii. a. Kim had scored [(the) most_{s} runs].
（キムは最高得点をあげた）

b. Kim had made [(the) most_{s} progress].
（キムは最も進歩を遂げた）

fewest や least には類似した区別は存在しない．これらは少ない比率や割合を表すことはできず，最上級の意味だけを有している．

・比率を表す most_{p}

most_{p} が表すのは話の中に登場している事物の集合や分量の少なくとも半分以上を占める数や量である．しかし多くの文脈ではかなり高い割合を占めること

---

[42] 訳者注：5.2 節を参照．

を表すものとして解釈されるだろう．most_p がつくことで名詞は不定名詞になる．また most_p は，修飾語としては用いられない．

・the と最上級

(67ii) からわかるように，最上級 most_s と fewest/least を使用する際に the をつける場合とつけない場合があるが，the をつける場合のほうがかなり一般的である．この the は名詞句構造内の決定詞ではなく比較数量詞を修飾する要素と分析され，名詞句全体は the がない場合と同じように不定である．ここでの the は次の文の the と同じ役割を担っている．

It was Jill who had spoken [the most eloquently].
（最も雄弁に演説を行ったのはジルだった）

したがって (67ii) と次の文の対比にも注意が必要である．

Jill had put forward [the most promising proposals].
（ジルは例の非常に期待できる企画を提出した）

後者の例では the は名詞句構造内の決定詞で，その名詞句を定にしている．ここで the を省略すると，その名詞句は不定となり，most promising は厳密な最上級ではなく highly promising（かなり有望である）とのみ解釈される．

■比較級

決定詞類 more, fewer, less も同様に決定詞機能を担い，それがついた名詞句は不定名詞句になる．

(68) i. She drinks [more/less milk than you].
（彼女はあなたより牛乳を飲む量が多い／少ない）
ii. There's [more milk] in the fridge if you need some.
（もう少し必要なら冷蔵庫にまだ牛乳がある）

(68i) では明らかな比較級が用いられており，(68ii) の more は「追加の，さらなる」と解釈される．比較級は修飾要素としては用いられない．[43] 以下がその例である．

---

[43] 訳者注：この例で more は the の後ろの修飾語にはなれず，the の代わりをする決定詞としてしか現れないということ．

*I can't find [the more milk that you said was in the fridge].
（冷蔵庫にもっとあるといっていた牛乳をみつけることができない）

しかしながら，(67ii) の最上級に似た構文も存在する．そのような例では the は比較級を修飾している．

(69) i. That's [all the more reason why we should take professional advice].
(そのためになおさら我々は専門家の助言を受け入れるべきである)
ii. [The more alternative occupations] there are available, [the fewer women] you will find who take in lodgers.
(賃貸業以外の職業が増えれば増えるほど，それだけ間貸しする女性の数が減るだろう)

この例での括弧内の名詞句は不定であり，下線を引いた部分は決定詞類句である．この the は次の例と同じように，名詞句構造の外に生起している．

He had found that [the more afraid] a man was, the easier it was to kill him.
(彼がわかっていたことは，男性が怖がれば怖がるほど，その男性をより簡単に殺すことができたということだった)

■融合主要部名詞句

(64) であげた語形はみな融合主要部としても用いられる．具体例を少しあげる．

(70) i. He expected to get a lot of votes but ended up with [relatively few].　[単純タイプ]
(彼は多くの票を得ることを期待したが最終的には比較的少数だった)
ii. a. [Much of the book] was incomprehensible.
(その本の大部分は理解不能だった)
b. I found about twenty mistakes, but [$most_p$] were relatively minor.
(私は 20 個程の間違いをみつけたが，大半は比較的些細なものだった)
[ii. a–b: 部分詞タイプ]

iii. a. They had found [much / little to criticise] in his thesis.
(彼(女)らは彼の学位論文には批判すべきことがたくさんある／ほとんどないと思った)

b. [Many / Few] would disagree with you on that point.
(その点についてあなたの意見に異を唱える人は多い／ほとんどいないだろう)

c. Kim isn't [much of an actor] / [any more of an actor than Pat].
(キムは大した役者ではない／パット同様大した役者ではない)

[特殊タイプ]

■ その他の機能

much と **little** (とそのすべての屈折形) は節構造で程度付加詞としても用いられる.

Jill little realised what they were planning.
(ジルは彼(女)らが何を計画していたか少しも理解していなかった)
It didn't hurt as much as last time.
(それは前回ほど痛くなかった)

原形 much と little は比較表現を修飾する.

much better	little different
(ずっとよい)	(あまり変わらない)
much more cheese	little less intrusive
(もっとたくさんのチーズ)	(あまり押しつけがましくなく)

very much は広範囲の表現を修飾する.

very much in control (非常によく管理されている)
very much an intellectual (正真正銘の知識人)[44]

程度決定詞類は叙述補部としても用いられる.

Their enemies were many. (彼(女)らの敵は多かった)

---

[44] 訳者注：more と less は形容詞や副詞を修飾するが，ここでは **much** と **little** の比較級ではなく，程度副詞として捉える．本シリーズ第 7 巻『関係詞と比較構文』も参照.

しかしながら，これは比較的珍しく，わりとあらたまった構文である．程度決定詞類は通常は名詞に対する決定詞としての用法が好まれる．例をあげる．

They had many enemies. (彼(女)らには多くの敵がいた)[45]

7.12 十分 (性) 決定詞類 enough と sufficient

enough と sufficient は決定詞として可算複数形主要部もしくは不可算主要部を選択する．

(71) i. [Enough/sufficient people] attended the meeting to form a quorum.
(出席者数が十分であったため，その会議は定足数を満たした)

ii. I haven't got [enough/sufficient money].
(私には十分なお金がない)

これら 2 つの語は漠然とした数量を表し，何らかの要求や目的 (これらはいつも明示されているとは限らないが) を満たすために必要となる最低限の数量に注意が向けられている．(71i) での問題は定足数に達するために必要な人数である．たとえば 30 人の構成員がいて，その 3 分の 2 が定足数だと規定されていれば，20 人が定足数になる．そうすると (71i) では少なくとも 20 人が出席したということになる．(71ii) では要求や目的に関する指示はないが，文脈から判断することは可能である．「あなたと映画をみに行くこと」のように，かなり特定的なものや，「私のニーズを満たすこと」のように，かなり一般的な要求や目的が背後にあると考えられる．enough と sufficient は要求や目的にとって必要となるものに上限を設けたりはしない．しかし (71i) のような場合であれば，ある集合の割合に関心が向けられているので「すべてではない」という推意がはたらき，すべての構成員が出席したわけではないことが伝えられる．

■要求／目的あるいは結果の表現

enough と sufficient は，目的を表す表現として for 前置詞句や不定詞節を認可する．

---

45 特殊で慣用的な事例では叙述用法の many が主語として単数時間表現と用いられる．
Many's the time I've found them playing computer games well after midnight.
(私は彼(女)らが真夜中を過ぎてコンピューターゲームをしているのを何度もみつけたことがある)

enough money for a taxi（タクシーに乗るのに十分なお金）
to form a quorum（定足数を満たすために）（(71i) より）

アメリカ英語には結果を表す内容節を使った別の構文もある．

%There was enough hot water that we could all have baths.
（十分なお湯があったので我々全員が風呂に入れた）

■ 決定詞もしくは形容詞としての sufficient

enough と異なり，sufficient は決定詞にも形容詞にも分類される．

(72) i. This isn't [a sufficient reason for dismissing them]. ［形容詞］
（これでは彼(女)らを解雇する正当な理由になりません）
ii. Those aren't [sufficient reasons for dismissing them]. ［形容詞／決定詞］
（それらでは彼(女)らを解雇する {正当／十分} な理由になりません）

(72i) の sufficient は 2 つの点で十分（性）決定詞類（sufficiency determinatives）とは異なる．sufficient には修飾機能があり，その主要部は可算単数形である．おおよそ「十分に適切な／強い」という意味で用いられている．つまり理由そのものではなく理由の特徴を数量で表している．例文 (72ii) は曖昧である．sufficient が形容詞の場合，その文は (72i) を複数形にしたものであり，前半部分は

Those aren't sufficiently good reasons.
（それらは十分に適切な理由ではない）

と同義である．一方 sufficient が決定詞の場合，sufficient は enough に置き換えることが可能で，理由の数を表している．

■ 融合主要部名詞句

十分（性）決定詞類は 3 種類ある融合主要部名詞句のどのタイプにおいても主要部として用いられる．特殊融合形の場合は不可算の解釈になる．

(73) i. I had some money on me, but not enough/sufficient to get a taxi. ［単純タイプ］
（私には所持金はあったけどタクシーに乗るには十分ではなかったのよ）

ii. I don't think enough/sufficient of us are here to form a quorum. [部分詞タイプ]
(我々の頭数(あたまかず)では定足数を満たすには十分でないでしょう)

iii. You've already said enough/sufficient to convince me. [特殊タイプ]
(あなたのお話をきいて私は十分に納得できました)

■修飾語としての用法

十分 (性) 決定詞類は主要部前位修飾要素の位置では用いられない．しかしながら enough は主要部後位修飾要素として用いられるという特殊な統語特性を有している．またその機能を維持したまま動詞，形容詞，副詞とも共起可能である．

(74) i. We have time enough to complete the task. [名詞]
(我々には作業を完遂させるのに十分な時間がある)

ii. I don't like it enough to buy it at that price. [動詞]
(そんな大金をつぎ込むほど私はその品に惚れ込んではいませんから)

iii. The furniture isn't robust enough for that kind of treatment. [形容詞]
(その家具はそんなふうに扱ってもびくともしないほど頑丈ではありません)

iv. They don't speak clearly enough for me to be able to hear. [副詞]
(彼(女)らは私が聞き取れるよう明瞭にしゃべってはくれません)

しかしながら，enough が中核的程度決定詞類を修飾しない点には注意が必要である．enough はそうした決定詞類と結びつくどころかむしろ対立する．そのため，enough money や money enough (十分なお金) とはいえるが，*much enough money とはいえない．限られた条件下で，enough は前置詞句も修飾することができる．この場合も名詞句の場合と同じで，主要部に先行することもあれば，後続することもある．次の例をみよう．

I wasn't enough in control for that.
I wasn't in control enough for that.
(それについては私の管理が十分に行き届いておりませんでした)

決定詞類 sufficient の分布は enough よりもずっと限られており，名詞句構造 (もしくは決定詞と主要部を兼ねる融合形) の決定詞としてのみ用いられる．sufficient が enough の代わりに使えないところでは空白ができてしまうが，それを埋めてくれるのが sufficiently である．次の例を比べてみよう．

like it sufficiently（それを十分気に入っている）
sufficiently robust（十分に頑丈な）
sufficiently clearly（十分にはっきりと）
sufficiently in control（十分に管理して）

sufficient と副詞 sufficiently とがこのように 1 組になっている事実から，sufficient は決定詞類でも最も形容詞に近い存在となっている．

7.13　疑問決定詞類 which，what，whichever，whatever

疑問決定詞類は who，when，where，why などを含む疑問詞と代名詞 what からなるより大きな集合に属している．-ever で終わる決定詞類の使用は網羅的条件文（exhaustive conditional construction）に限られている．

[Whichever / Whatever present you buy for him,] he won't be satisfied.
（あなたが彼にど(ちら)の／どんな贈り物を買っても彼は満足しないだろう）[46]

■ which と what の違い

疑問詞はそれ自体が不明であるという性質をもつため，それがついた名詞句を不定名詞句に変える．しかし which は either/each に似たところがあり，聞き手が特定できる集合を必要とする．なぜならば，which を用いた疑問文に答えるには，この集合の中から答えを選択しなければならないからである．(75) の文をみてみよう．

(75)　Which / What videos have been released this week?
（今週発売されたのはど(ちら)の／どんなビデオですか）

仮にビデオ屋に行き，話し手が聞き手に (75) の疑問文を発したとしよう．その文では which を使っている．which を用いた場合，話し手は聞き手がビデオの集合をただ 1 つに特定できると思っていることになる．そのビデオの集合とは，おそらくは店内に陳列しているビデオである．そのときの話し手の気持ちはどのようなものと考えられるだろうか．話し手はそのビデオの集合から話し手自身にとってもっとも適切な選び方で，聞き手がビデオを選び出すという答え方をしてくれることを望んでいるのだ．which は聞き手に指令を出す

[46] 訳者注：この網羅的条件文については，本シリーズ第 6 巻『節のタイプと発話力，そして発話の内容』で詳細に議論する．この文がとる形式については本巻ではこれ以上は考察しない．

ような機能をもち，聞き手が文脈上の手がかりをみつけられなくても，which が使われているからには，聞き手は唯一の集合を見極めなければならないのである．たとえば次の文をみてみよう．

Which video shall we watch tonight?
（どちらのビデオを今夜みましょうか）

この文は，その週にみるビデオがなくならないように，すでに 7 本のビデオをレンタル店からレンタルをしているような状況で用いられるだろう．今晩みるビデオをどの集合から選び出せばよいかということになるわけだが，その集合は 1 つしかない．この疑問文を尋ねられた聞き手はその集合にすでに気がついているだろう．しかし，これからレンタル店に行こうと計画しているだけでまだ何も決まっていない状況であれば，今晩みる可能性のあるビデオの集合が確定していないかもしれない．その場合 which は（6.1 節の（6viii）のように）定冠詞と同様の手順でその集合を確定する役割をもつのだ．いってみれば which があることで，聞き手は選択対象となるビデオの集合を否応（いやおう）なく認識させられるというわけである．

■融合主要部名詞句

部分詞融合主要部名詞句（これが of 句を含んでいて明示的に部分を表す場合も，of 句を含まずに黙示的に部分を表す場合もあるのだが）においては，次の例のように which を自由に用いることができる．

[Which of the candidates] shall we interview first?
（志願者のうちのどの人を最初に面接しようか）
They had hired several videos and were arguing about [which] to watch.
（彼(女)らはビデオを数本借りてきたのでどれをみるか話し合っていた）

一方，決定詞類 what は融合主要部としては用いられない．

*[What of these videos] have you already seen?
（これらのビデオのうちの何をすでにみましたか）

名詞句構造の主要部として用いられる what は代名詞であり，決定詞類とは意味がはっきりと異なっている．what は人間でないものを表す代名詞（non-personal pronoun）であり，人間を表す代名詞 who（personal **who**）とはそこが異なる．

What/Who did you see?（あなたは何をみましたか／誰に会いましたか）

一方，決定詞類は主要部名詞の性（gender）に関係なく用いることができる．

7.14　関係決定詞類 which，what，whichever，whatever

■融合型関係詞

関係決定詞類（relative determinative）は融合型関係詞構造（fused relative construction）で用いられる．[47] which は融合型関係詞構造の下位区分のうち，自由選択が行われるタイプに限って用いられる．

(76) i. We bought [what/*which/whatever/whichever tickets were available]. ［通常型］
（我々は入手可能なチケットを｛あるだけすべて／どちらか／どんなものであれ／どちらであれ｝購入した）

ii. We can use [what/which/whatever/whichever edition you want]. ［自由選択型］
（我々はあなたが希望するどの／どちらの／どんな／どちらの版も使用することができる）

疑問詞 which と同じように，融合型関係詞 which と whichever は与えられた選択肢のうちから選択を行うのに用いる．そのため what と whatever とは異なり，which と whichever は可算名詞を主要部に選択する．(77) の2つの例を比べてみよう．

(77) i. We'll use [whatever/whichever edition is available]. ［可算単数形］
（我々は，どんな／どちらの版であれ入手できるものを使います）

ii. I gave them [whatever/*whichever help I could]. ［不可算］
（私はできる限りの援助は何でも／どれでもしてあげようと彼(女)らに手を差し伸べました）

(77i) では聞き手がどんな集合から版を選べばよいか，その集合を特定できるだろうということで，話し手は whichever を使っている．通常の融合型関係詞 what には僅少(性の)解釈（paucal interpretation）つまり物の数量が少ないという解釈があるのに対して，whatever にはこのような解釈はない．

---

[47] 訳者注：この点については，本シリーズ第7巻『関係詞と比較構文』を参照．

We bought what tickets were available.
(私たちは残り少ないチケットを手に入るだけすべて購入した)

この文は入手可能なチケットは少ししかなかったことを伝えている.

融合構造における関係詞名詞句は定であると考えられる. たとえば (76) の例文は下記の文に似た意味をもち, some tickets (数枚のチケット) や an edition (ある版) のような不定表現のような意味をもたない.

We bought the tickets that were available.
(私たちは入手可能なチケットを購入した)
We can use the edition you want to use.
(私たちはあなたが使用したい版を使用することができる)

-ever 複合関係詞と自由選択構文における what/which は, その指示対象が不確定 (indeterminate) となる.[48] たとえば, (77i) は次のように言い換えることができる.[49]

We'll use the edition that is available, no matter which it is.
(我々はそれがどれ／どちらであっても, 利用できる版を使用するだろう)

そのほかに関しては, what がついた名詞句は指示的な場合と不確定な場合とがある. 例をあげよう.

---

[48] 訳者注：8.3 節を参照.

[49] whichever と自由選択数量詞 any_f とのあいだには細かな違いがある.

You can have whichever present you like for Christmas.
(クリスマスにはど(ちら)のプレゼントでもあなたの好きなのをもらえるよ)

親からこういわれた子どもはプレゼントのうちから 1 つだけを選ぶことになるだろう. というのも whichever は不確定ではあるが定だからである. 一方, 次の文は違う.

You can have any_f present you like for Christmas.
(クリスマスにはあなたの好きなプレゼントを何でももらえるよ)

こういわれた子どもは, プレゼントをいくつでも選んでもいいといったではないかと親に言い張るかもしれない. 親の側からすればどうか. 不定 any_f を用いることで, 子どもがプレゼントを複数選ぶのではなく, せいぜい 1 つだけ選ぶだろうという**推意**だけを親は意図している (7.5 節を参照).

[訳者注：7.5 節の (34ii) に関して「any_f は自由選択を求めてくるわけであるが, 求められる側は一度だけ選択を行えばそれで十分だということを any_f は推意させる.」と述べられている. すぐ上でみたクリスマスプレゼントについての例文 You can have any_f present to you like for Christmas でも, 自由選択の any_f は子どもが一度だけ自由な選択を行えばそれで十分であるという推意だけをこの親は意図していたということである.]

We bought what tickets were available.
（私たちは残り少ないチケットを手に入るだけすべて購入した）

この文には指示的解釈と不確定解釈が可能である．

the two tickets in the front stalls　［指示的解釈］
（前方特別席の２枚のチケット）
the tickets that were available, no matter which they were　［不確定解釈］
（どの／どちらの座席のチケットかにかかわらず，入手可能なチケット）

・融合主要部名詞句

which と whichever は融合主要部として用いられる．

There are several editions of the play—you can use [which you like].
（その演劇にはいくつかの版がある．君はどれでも好きなものを使用したらいい）
We'll borrow [whichever of the computers is available].
（我々はコンピューターで利用可能なものならどれでもお借りするつもりです）

しかし，疑問詞の場合と同じように，主要部として機能する what と whatever は人間以外のものに用いられる代名詞であり，それに対して **who** と **whoever** は人間に用いられる．

■補足型関係詞

融合構造以外の構造で用いられる唯一の関係決定詞類は which である．which は統合型関係詞には現れず，補足型関係詞（supplementary relative）に現れる．

(78)　The meeting lasted until midnight, at [which stage] everyone was exhausted.
（会議は真夜中まで続いた．その（真夜中の）段階で誰もが疲れ果てていた）

関係詞を含む名詞句はこの場合にも定であり，たとえば指示詞 that stage と同義である．決定詞 which は融合主要部名詞句では用いられない．

He works at the post-office, [which is just down the road].
（彼は郵便局ではたらいている．その郵便局はちょうどその道路を進んだ先にある）

この例において主要部 which は代名詞である．この代名詞は人間以外のものを表す代名詞であり，人間を表す代名詞の **who** とはこの点で異なる．一方，決定詞類としての which がつく主要部は，人間でもそれ以外でもよい．

第8章　名詞句の指示的用法と非指示的用法

8.1　指示と外延

本シリーズでは意味的特性である**指示**（**reference**）と**外延**（**denotation**）を区別する．任意の状況においてある言語表現を用いることで，話し手が現実世界（あるいはある架空世界）で**独立して区別できる**（**independently distinguishable**）人やもの（entities）もしくはそのようなものからなる集合を選び出すことがある．その場合，その言語表現は指示機能をもつことになる．ここでの「独立して区別できる」とは，その表現自体の意味に内在する特性以外の特性によって区別できることを意味する．このようにして用いられる表現を**指示的**（**referential**）な表現という．その表現はそのとき話題に上がっている人やものを**指示する**（**refer to**）ために用いられる．この人やものを言語表現の**指示対象**（**referent**）とよぶ．

つぎにあげる簡単な文をみてみよう．

(1)　Mary washed her car.（メアリーは自分の車を洗った）

(1) の主語名詞句は固有名称でそれ自体がもっとも基礎的な指示表現である．通常 (1) の文を発する際，[1] 主語名詞句は Mary という名の特定の個人，つまり名前以外の属性（たとえば外見や住んでいる場所など）によって区別される個（entity）を選び出す役割を担っている．話し手はこの個をその名詞句を用いて指示する．言い方を変えれば，その名詞句自体が対象を指示するということになる．指示は明らかに文脈依存（context-dependent）である．つまり

[1] ここで「通常」としたのは，言語についての討議や言語教育の授業などで単に例文として使うといった「通常ではない特殊な場合」を除外するためである．以下では通常の用法のみを対象とする．

Mary という名詞句は異なる状況で用いられれば，無限に多くの異なる個人について言及することになる．その結果，指示対象が特定の状況で何／誰であるかは使用される文脈に左右されることになる．例文（1）の代名詞 her も指示的である．一般的な解釈では，この代名詞は Mary のことである．この場合，代名詞とその先行詞（antecedent）である Mary のあいだには照応関係（anaphoric relation）が成立している．最後に目的語 her car も指示的である．つまり，名詞句には表現されていない属性（色やモデル，ナンバーなど）によって区別される特定の車を選び出している．

（1）における言語表現のすべてが指示的というわけではない．動詞 washed は指示的でない．なぜなら wash という動詞は特定の人やものを選び出しているわけではなく，Mary と車のあいだに成り立つ関係を表しているからである．これは我々が外延（denotation）とよぶものである．動詞 **wash** は文法項（argument）として *x* と *y* をとる．そして wash は「*x* が *y* を液体（典型的には水）を使ってきれいにする」という *x* と *y* の関係を表す．同様の例をあげよう．

Mary is very talkative.（メアリーはとても話し好きだ）

この文で，形容詞 talkative は非指示的であり，文法項として *x* をとる．talkative は「*x* がよく話をする」という *x* の属性を表す．指示が文脈依存であるのとは異なり，外延は文脈依存ではない．話し手は異なる状況で（1）を用いて異なる人と異なる車について言及することができるが，主語の指示対象と目的語の指示対象の関係は同じである．したがって，外延は言語体系内の言語表現が表す意味の問題であるが，指示はそうではない．通常の単一の言語を記述した辞書は語彙項目やイディオムの外延を記述することを主な目的としているが，指示表現の指示対象を提示しないし，できないだろう．

一般に指示表現は名詞句である．[2] 一方，名詞（あるいは名詞類）は，それ自

[2] 限られた条件のもとでは，前置詞句も指示的になる．たとえば次の文は，前置詞句の under the table は特定の場所について述べている．

Under the table is the best place to hide.

（テーブルの下は隠れるには最良の場所である）

本や映画のタイトルも指示的に用いられるが，名詞句の形である必要はない．

They saw *What's up, Doc?* three times.

（彼(女)らは What's up, Doc? を 3 回観た）

［訳者注：What's up, Doc? という名前の作品には 1950 年に公開された短編アニメ『どったのセンセー？』と 1972 年に公開された実写コメディー映画『おかしなおかしな大追跡』がある．］

体は指示的ではない．したがって，(1) の名詞句 her car は指示的だが，名詞 car は指示的ではない．むしろ，その名詞が表しているのは，ある種のもの（典型的にはエンジンで駆動する 4 輪の道路車両）の集合である．(1) の任意の発話内では名詞句 her car によって言及されている特定の車は名詞 **car** によって表されている集合の一構成員であろう．この集合は **car** の**外延**（**denotation**）ということができる．つまり外延という同じ用語が意味関係にも，名詞によって表される集合にも用いられる．[3] Mary はたまたま単独の名詞からなる名詞句であるが，(1) ではこれが名詞句であることによって指示的になるのであって，名詞だからではない．Mary が名詞だとすると非指示的であり，Mary とよばれる個人の集合を表すことになる．このことは次のような用法があることからもみてとれる．

There are two Marys in my class.（私のクラスには 2 人のメアリーがいる）

8.2 指示的名詞句と非指示的名詞句の対比

指示表現は一般的に名詞句であるが，名詞句が常に指示的というわけではない．(2) の例を比べてみよう．

(2) i. Did Mary telephone while I was out? ［指示的］
（私が席を外しているあいだにメアリーが電話してきましたか）

ii. Did anyone telephone while I was out? ［非指示的］
（私が席を外しているあいだに誰かが電話してきましたか）

(2i) では，私が特定の人（ここではメアリー）に言及しており，その人が電話したかどうかを尋ねている．一方 (2ii) では anyone は指示的には用いられていない．つまり私が特定の人が電話したかどうかを尋ねているわけではない．

■指示性テストに利用可能な同一指示的代名詞

(2) のようなわかりやすい事例では，名詞句が指示的かどうかを調べるには，次のような方法でテストすればよい．(2i) や (2ii) とは独立した主節の中に，それらの名詞句と同一指示的であるような人称代名詞が現れてよいかどうかをみればよいのである．そこで次のような文をみてみよう．

[3] 訳者注：動詞 wash はそれがとる文法項 x と y の意味的な関係をその外延として表す．また car という名詞はそれが表す車両の集合をその外延として表す．どちらの場合にも外延という用語を用いるということ．

(3) i. Did Mary$_i$ telephone while I was out? She$_i$ promised to call today.
(私が席を外しているあいだにメアリー$_i$ が電話してきましたか．彼女$_i$ は今日かけると約束していたのです)

ii. Did anyone$_i$ call while I was out? *She$_i$ / *He$_i$ / *They$_i$ promised to call today.
(私が席を外しているあいだに誰か$_i$ 電話してきましたか．彼女$_i$ ／彼$_i$ ／彼(女)ら$_i$ は今日かけると約束していたのです)

(3i) では，she は Mary との照応的な結びつきから解釈が決まる．つまり 2 つの名詞句は同じ人物を指示している．これを**同一指示的である**（**coreferential**）という．一方 (3ii) の anyone は非指示的なので，(3i) の Mary とは異なり，この文脈では人称代名詞に対する先行詞にはならない．指示的な三人称名詞句は常に，後続する主節の照応的人称代名詞にとっての先行詞になることができる．それに対し，典型的な非指示的名詞句はそのような場合に先行詞になれないのである．

別のいくつかの例文をみてみよう．

(4) i. a. One car in the race broke down and it had to be repaired.
[下線部が同一指示的]
(そのレースに出場した 1 台の車が故障して，その車は修理しなければならなかった)

b. *No car in the race broke down and it had to be repaired.
(そのレースに出場したいかなる車も故障せず，その車は修理しなければならなかった)

ii. a. Three students arrived early; they had taken a taxi. [同一指示的]
(3 人の学生が早く着いた．彼(女)らはタクシーを利用していた)

b. No students arrived on time; they had all overslept. [非同一指示的]
(どの学生も時間どおりに着かなかった．彼(女)らは全員寝過ごしていた)

例文 (4ia) と (4ib) から，(3) でみたのと同じはっきりとした違いがわかる．one car in the race は指示的であり，代名詞 it の先行詞として機能している．一方 no car in the race は非指示的であり，後続の主節の代名詞に対する先行詞としては機能していない．(4iia) の three students もまた問題なく同一指示の they の先行詞となる．例文 (4iib) からわかることは，指示性のテストを適用するには注意が必要であるということである．この文で they は完全に容認可能であるが，no students はその先行詞ではなく，2 つの名詞句のあいだに同一指示関係は成立していない．no students は非指示的であるが，ここでは none of the students（特定の学生の中の誰でもない）という意味を表している．つまり，誰一人として時間どおりに到着しなかった学生の集合があり，they が指示しているのはこの集合なのである．(4iia) と (4iib) の違いを述べておこう．(4iia) では3人の学生がタクシーを利用したことが含意されるのに対し，(4iib) では誰も寝過ごさなかったことが含意されないという事実から，両者の違いがはっきりとわかる．

■非指示的用法しかもたない名詞句

(4ib) と (4iib) にあるような否定名詞句は常に非指示的である．その他の内在的に非指示的な名詞句を (5) に示す．

(5) i. [Either city] might win the Olympics. ［決定詞類 either］
(どちらかの都市がオリンピックの開催を勝ち取るかもしれない)

ii. The matron interviewed [each boy] in turn. ［決定詞類 each］
(寮母がそれぞれの男の子に順に面接をした)

iii. I wonder [who] told her. ［疑問詞］
(誰が彼女に伝えたのだろうか)

iv. I was elected treasurer two years ago. ［無決定詞役割名詞句］
(私は2年前出納係に選ばれた)

特定の決定詞類は，それが名詞句につくとその名詞句が非指示的になるという性質をもっている．(5i) と (5ii) の either と each がそうである．代名詞テストが (5i) で有効であることは明らかである．この (5i) の後ろに，次のような文をもってくることは許されない．

It has excellent facilities.（それには素晴らしい施設がある）

この文には either city を先行詞とする照応形の it が含まれているからである．一方，次の文のように they を用いることは可能である．

They have excellent facilities.

しかし，この場合は (4iib) と同じように解釈される．つまり either city というからには2つの都市からなる集合がなければならず，they はこの集合を指示している．同様に，(5ii) の後ろに each boy を先行詞とする照応形の he をもってくることはできない．しかし，表面には現れないが暗黙のうちに少年たちからなる集合を頭に思い浮かべて，その集合を they が指し示すとしよう．

そういう they なら（5ii）の後ろにもってくることができるのである．このような each と同じふるまいをする語にはほかに any と every，そして否定の no と neither がある．（5iii）の who は疑問詞名詞句の代表例で，疑問詞名詞句はすべて非指示的であることは明らかである．

Who told her?（誰が彼女に話したか）

この例は（間接）疑問を表しており，この疑問に対する答えは，たとえば次のようになるのだが，疑問詞の答えになっている名詞句（ここでは Tim）は指示的である．

Tim told her.（ティムが彼女に話した）

（5iv）の treasurer（出納係）は叙述補部として機能する場合に限って現れる無決定詞役割名詞句である．それらは決定詞をともなわない．ゆえに指示的であるという特色をもつ要素が現れる位置（たとえば主語）に，無決定詞役割名詞句が生起することはできない．[4]

■指示的にも非指示的にも用いられる名詞句

ほとんどのタイプの名詞句は指示的にも非指示的にも用いられる．たとえば固有名称 Mary は完全名詞句の場合でさえ非指示的に用いられる．

Mary is still one of the most popular girl's names.
（メアリーは今でも女の子につけたい最も人気のある名前の 1 つだ）

これは Mary の**メタ言語的**（**metalinguistic**）用法である．メタ言語的用法とは，ある言語表現を言語表現そのものとして捉え，その言語表現に対して何かを述べるためにその言語表現を引用することである．[5] いうまでもなく，ここでの Mary はある人物を指示しているのではないが，名前を指示しているわけでもない．まさに Mary は名前なのである．以下ではこのメタ言語的な用法を除く，名詞句のさまざまな非指示的用法について考える．こうした非指示的用法は，潜在的に指示的な名詞句も「… のような *x*」という外延をもっているという事実を利用している．たとえば典型的には指示的である Mary のような固有名称でさえ，「ある *x* について，*x* が Mary と名づけられているような個人 *x*」という外延をもっている．

---

[4] 訳者注：常に非指示的であるほかの種類の無決定詞名詞句については 8.5 節を参照．
[5] 訳者注：通常の用法では，ある言語表現は指示対象に対して何かを述べている．

8.3. 非指示的名詞句の特殊例

(a) 属性的 (ascriptive) 解釈

(6) i. Mary is a Manchester United supporter.
(メアリーはマンチェスター・ユナイテッドのサポーターだ)[6]
ii. Kim became Pat's lover / the heir to a large fortune.
(キムはパットの恋人／巨万の富を受け継ぐ相続人になった)

属性文 (ascriptive constrcution) は指定文 (specifying construction) とは対比をなすわけだが，属性を表す名詞句 (ascriptive NP) は，属性文の叙述補部として機能するものである.[7] (6i) で話し手はマンチェスター・ユナイテッドのサポーターをやっている知人とメアリーが同一人物であるといっているのではない．単にメアリーがマンチェスター・ユナイテッドのサポーターのうちの1人だといっているだけである．話し手は彼女が何者であるかを指定しているのではなく，ある属性が彼女に備わっているといっているのである．(6ii) では属性を表す名詞句は不定ではなく定である．この文は，(6i) と同様に，何もキムとその述語の同一性に変化があったといっているわけではない．パットと恋仲になった，あるいは，莫大な財産を授かる相続人になったと述べているのである.[8]

(b) 記述的解釈

記述的 (descriptive) 解釈は，属性的用法ではなく指示指定的用法 (reference-specifying use) で be 動詞が含まれている構文において得られる．このような構文には，定名詞句が2つ現れる．1つは被叙述要素 (predicand) であり，もう1つは叙述補部 (predicative complement) である．第6章で指摘したように，定名詞句とは，次のようなものと考えられている．「どれのことをいって

[6] 訳者注：マンチェスター・ユナイテッドは，イングランドのプロサッカークラブの名称.

[7] 訳者注：この点については，本シリーズ第2巻『補部となる節，付加部となる節』を参照.

[8] 訳者注：7.5節の (37)-(38) で述べたように，属性的 be 動詞 (ascriptive *be*) の場合には主語が何らかの集合やタイプに属しているという解釈が与えられるが，指定的 be 動詞 (specifying *be*) の場合には主語と述語が同一であると指定する解釈が与えられる．(6i) は，主語メアリーにはマンチェスター・ユナイテッドのサポーターという属性が備わっているという属性的解釈をもつ (メアリーとサポーターが同一であるという指定的解釈ではない)．(6ii) は主語キムに恋人や相続人という属性が備わったと述べている，つまり属性的解釈をもつ (キムがパットの恋人と同一になったとか，キムが相続人と同一になったという指定的解釈ではない).

いるの（which）?」と尋ねなくてもどれのことをいっているのかがわかる，という程度のわりと消極的な意味で，ある個（つまり，人やもの）もしくは個からなる集合を特定するのに十分な情報を含んでいる．それが定名詞句なのである．しかし，この意味において名詞句がある個やその集合を特定するということは，その名詞句が指示的に用いられているということではない．このことを踏まえて次の例を考えてみよう．

(7) i. The Vice-Chancellor is that guy over there by the piano.
（副総長は向こうのピアノのそばにいる人だ）

ii. Paul is that guy over there by the piano.
（ポールは向こうのピアノのそばにいる人だ）

iii. I'm Kim Lane.
（私はキム・レインだ）

iv. [Cassius Clay] is [Mohammed Ali].
（カシアス・クレイはモハメド・アリだ）[9]

(7i) の that guy over there by the piano は指示的であるが，the Vice-Chancellor は指示的ではない．特定の人物に対して2度言及しているのではなく，この人物がその人自身と同一だといっているのでもない．[10] そうではなくてむしろ，文脈上 the Vice-Chancellor という条件に合致している人物がいるということを聞き手が知っているという前提で，その人物が誰であるかを伝えている．その人物が that guy over there by the piano によって指示される個人である．同様のことは (7ii) にも当てはまる．普通名詞を主要部とする名詞句は記述的であるが，それと同じように固有名称は記述的である．ゆえに Paul はここでは非指示的だが，その名前によってある個人の記述，すなわち「ある x について，Paul と名づけられている個人であるような x」という記述としての役割を担っており，指示的名詞句 that guy over there by the piano はその変項 x の値を指定しているのである．(7iii) では，指示的なのは主語の I であり，叙述補部 Kim Lane は記述的である．話者が話者自身と同一人物である

---

[9] 訳者注：Cassius Clay は Mohammed Ali のイスラム教改宗前の名前．モハメド・アリ（もしくは，ムハマド・アリ）はアメリカ合衆国の元プロボクサーで，元世界チャンピオン．

[10] 主語と be の叙述補部がともに指示的である事例は，Max played the part of Macbeth.（マックスはマクベスの役を演じた）という意味で Max was Macbeth.（マックスはマクベスだった）というときの例である．これは指定的用法にも属性的用法にも含めることができない be の特殊用法を表している．

といっているわけではなく，話者の名前を伝えている．例文（7iv）は（7i, ii）と同じように自然に解釈すると，Cassius Clay という名の人物が Mohammed Ali としてすでに知られている人物であることを述べている．しかし（7iii）のような解釈も可能で，Cassius Clay としてすでに知られている人物が Mohammed Ali という名ももっているという意味にもなる．この解釈は 以下のように now（今では）を加えればより強く現れる．

Cassius Clay is Mohammed Ali now.
（カシアス・クレイは今ではモハメド・アリである）

このような例は，記述的名詞句が指示的に用いられているという点で，指示指定的（reference-specifying）といえる．[11]

(c)　定義される語句（デフィニエンダム）と定義する語句（デフィニアンズ）

指定的 be 動詞（specifying *be*）にはもう 1 つ別の用法がある．これは概念や用語などを定義する文にみられるものである．この場合，被叙述要素と叙述補部の両方が不定名詞句になる．ここでの不定名詞句とは，不定冠詞のついた単数形の名詞句か無決定詞複数形の名詞句のいずれかである．(8) の例を考えてみよう．

(8) i. A pentagon is a regular figure with five sides.
（五角形は 5 つの辺をもつ等辺図形である）
ii. Pentagons are regular figures with five sides.
（五角形は 5 つの辺をもつ等辺図形である）

ここで述べているのは，ある特定の五角形（あるいは五角形のある特定の集合）が 5 辺からなる等辺図形という属性を有しているということではない．また，

---

[11] 例文（7iv）には可能性は低いが別の解釈もできる．どちらの名詞句も指示的ではないという解釈である．その場合は，Cassius Clay と Mohammed Ali が同じ人物の名前だが，その人物が誰だか知らない，と話し手が述べていることになる．そのような文が唯一使用できるのは，2 つの異なる名称をもつ事物について話しているという文脈だろう．同種の例としては次の古典的哲学者の例がある．

The morning star is the evening star.（明けの明星は宵（よい）の明星である）

この例は次の 2 通りの指示指定的解釈（reference-specifying interpretation）がある．明けの明星を宵の明星のことと聞き手が知っているものとして話し手が指定する解釈，あるいは，その逆の解釈（つまり，宵の明星を明けの明星のことと知っている解釈）である．しかし，同時にこうした 2 つの名称をもつ単一の天体が存在することを断言するためにも用いられる．

典型的な五角形がこの属性をもっている，つまり，「五角形というものは総じて 5 辺からなる等辺図形である」という総称的解釈でもない.[12] そうではなくてむしろ（8）は，pentagon（五角形）という表現の定義がどういうものかを指定しているのである．したがって，不定冠詞のついた単数形の a pentagon も無決定詞複数形の pentagons も非指示的（nonreferential）である．被叙述要素は定義される語句（definiendum），すなわち定義を指定すべき個を表し，叙述補部は定義する語句（definiens），すなわち定義をもたらす個を表している．これら（8）の例では，用語がどのように適切に用いられるかということが示されており，そこでは指示は関与していない．上記（b）の指示指定の例に類似しているのである．

(d)　不確定解釈

(9)　i.　The boy who wrote this email must be expelled.
　　　（この電子メールを書いた少年は退学させなければならない）
　　ii.　I think Ed's CD player was stolen by a friend of his.
　　　（エドの CD プレーヤは彼の友だちの誰かが盗んだと思う）
［指示的あるいは不確定解釈］

これらの例は，下線を引いた名詞句が指示的な解釈をもつか，非指示的な解釈をもつかで曖昧である．（9i）の下線を引いた名詞句から取り上げる．この表現は特定の個人（たとえば Smith Junior）を選び出すのに用いられる．したがって，この指示的解釈では Smith Junior は退学させなければならないということになる．この解釈に対する文脈は，たとえば，迷惑メールを送った人への調査がすでに始まっていて，容疑者が捕まっているような場面である.[13] しかしながら，別の解釈では，調査はまだ始まっておらず，そのため容疑者もわかっていないという可能性もある．この場合は，下線を引いた名詞句は非指示的に用いられており，その外延となる人物（ある x について，この電子メール

[12] 訳者注：p. 214 の「**(i) 総称的解釈**」を参照.

[13] 指示的用法で注意すべきことは，名詞句内での属性は実際には指示対象に当てはまらないことがあるという点である．Smith Junior が容疑者ではない場合でさえ，彼が容疑者であると話し手と聞き手の両方が信じきっていることだってある．その場合，the boy who wrote this email（この電子メールを書いた少年）は Smith Junior を選び出すことに成功し，Smith Junior は退学させなければならないと話し手は言い続けているだろう.

を書いた少年であるような x）は，誰であったとしても，退学させなければならないことを述べている．これを名詞句の**不確定**（**indeterminate**）用法とよぶことにする．不確定解釈は融合型関係節や「名詞句＋網羅的条件を表す付加部（NP＋exhaustive conditional adjunct)」を用いるとわかりやすい．

Whichever boy wrote this email must be expelled. ［融合型関係節］
（この電子メールを書いたのがど(ちら)の少年であろうともその少年を退学させなければならない）
The boy who wrote this email must be expelled, whoever it is.
［名詞句＋網羅的条件を表す付加部］
（この電子メールを書いた少年は，それが誰であろうと，その少年を退学させなければならない）

不確定用法は上記（b）で概観した記述的用法と類似しているが，それと同一ではないことにも注意が必要である．その文の発話の後に不確定名詞句が続く場合，その不確定名詞句は自動的に指示的用法をもつのではない．不確定名詞句は人称代名詞の先行詞として機能することができる．たとえば，(9i）の文の後に，次の文を続けることができるだろう．

He has brought the school into disrepute.
（彼は学校の評判を落としたからだ）

三人称名詞句が先行する文中にあって，それとは独立した節に照応代名詞が現れる場合に，三人称名詞句が照応代名詞の先行詞になることができないとしよう．このことは，8.2 節での議論から明らかなように，その三人称名詞句を非指示的用法として用いるための十分条件ではあっても，必要条件ではないのである．[14]

[14] 訳者注：これを十分条件，必要条件という用語を用いずに言い換えてみよう．そうすると次の（A）は真であるが，（B）は偽であるということになる．

（A） 三人称名詞句が独立節に現れる照応代名詞の先行詞になることができなければ，その三人称名詞句を非指示的用法として用いている．

（B） 三人称名詞句を非指示的用法として用いるのならば，独立節に現れる照応代名詞の先行詞になることはできない．

これをわかりやすく説明しよう．8.2 節の（3ii）と（4iib）を再録する．

(3) ii. Did anyone$_i$ call while I was out? *She$_i$ / *He$_i$ / *They$_i$ promised to call today.
（私が席を外しているあいだに誰か$_i$ 電話してきましたか．彼女$_i$ ／彼$_i$ ／彼(女)ら$_i$ は今日かけると約束していたのです）

指示的であるということと不確定であるということは区別されることを上でみた．両者の区別は（9ii）のように不定名詞句の場合にも当てはまる．指示的用法では話し手は，さまざまな特徴を用いて他人とは区別されうる個人を選び出そうとする．たとえば，a friend of his named Jones（ジョーンズとよばれる彼の友だちのうちの 1 人）といえばどうであろうか．こうすればほかの者とは区別されるであろう．[15] 一方，（9ii）で，話し手は窃盗犯が誰であるかについてはわからないだろうが，侵入の痕跡がなかったことから，家に出入りできる誰か，つまりは友人だけがそれを実行することができたと推定することができるだろう．この場合，a friend of his は不確定要素として用いられており，（実際は誰であれ）窃盗犯がどのような属性をもっているのかを表している．もちろん聞き手は（9ii）の発話からだけでは，話し手が名詞句を指示的に用いているのか，それとも不確定要素として用いているのかを判断することはできない．（9ii）を聞いた相手が次のように返答したとしよう．

So you know who did it then?
（それなら誰がそれをしたのかわかりますか）

この返答は，指示的用法が意図されていたことを確認する機能をはたすだろう．[16, 17]

ここで she や he や they などの代名詞が anyone を先行詞にできないため，anyone は非指示的用法で用いられている．ゆえに上記の（A）は真である．しかし，（B）は偽である．それはなぜか．（4iib）をみてみよう．

(4) ii. b. No students arrived on time; they had all overslept.　[非同一指示的]
（どの学生も時間どおりに着かなかった．彼(女)らは全員寝過ごしたからだ）

ここで no students という三人称名詞句が非指示的な名詞句であるにもかかわらず，独立節に現れている代名詞 they が「誰一人として遅刻しなかった学生の集合である none of the students」を先行詞とすることができるからである．

[15] 訳者注：a friend of his（彼の友だちの誰か）というだけでは指示的用法なのか不確定用法なのかは不明である．そこで指示的用法ではたとえば a friend of his named Jones（ジョーンズとよばれる彼の友だちのうちの 1 人）のように a friend of his の後ろに個人名を追加して個人を選び出そうとするわけである．

[16] 訳者注：（9ii）に対して相手がこのような返答をしたということは，（9ii）の a friend of his が不確定用法で述べられたのではなく，指示的用法で発せられたものであることを相手は確認したいのである．つまり，エドの CD デッキを盗んだ犯人が彼の友人のうちの 1 人であるということしかわからない段階ではなく，犯人を特定できる段階にまで事実が明らかになっているのですか？と相手は確認したいのである．

[17] 本シリーズで用いている名詞句の indeterminate（不確定）用法という代わりに，世間ではしばしば attributive（属性的）という用語が用いられる．不確定という用語をここで好んで

(e)　非特定的解釈

(10)　i.　I want to meet the genius who can solve this equation.
　　(この方程式を解くことができる天才に会いたいものだ)
　ii.　I'm going to marry the man of my dreams.
　　(私は理想の男性と結婚するつもりです)
　iii.　I intend to date a Norwegian.
　　(私はノルウェー人とお付き合いしようと思います)

［指示的もしくは非特定的］

これらの例も下線部の名詞句が指示的に解釈されるか非指示的に解釈されるかで曖昧である．たとえば (10i) の名詞句は指示的に用いられれば，この方程式を解くことができる天才だと知っている（あるいは思っている）人物を選び出すことになる．これは特定的解釈 (specific interpretation) であり，指示対象はその天才をほかと区別して取り出すことができる．おそらく，この文の話し手は，その人の名前を知っているか，あるいは黒板に走り書きされた方程式の解を単にみたことがあるのでそれを書いた未知の人を指しているのであろう．しかし別の解釈もある．その解釈では，その方程式を解くことができる人が実際いるかどうかはわからないので，話し手は誰も指していない．この種の非指示的名詞句を**非特定的** (**non-specific**) 名詞句とよぶ．そのような解釈が生じるのは，仮想世界を作り出す want のような動詞が用いられている場合である．この場合，いたらいいと思われているものの中には必ずしも存在しない個（つまり，人やもの）が含まれているかもしれない．

そのような仮想的文脈を作り出す動詞（あるいは動詞の慣用表現）には，be going（するつもりだ）や intend（する予定だ）があり，また desire（切望する），ask for（所望する），look for（探す），seek（探し求める），dream（夢みる）もそ

用いるのは，統語的な意味で用いられる attributive（限定的）との混同を避けるためである．「限定的」とは名詞の主要部前位修飾要素として機能する形容詞を表す用語で，predicative（叙述的）機能と対照的に用いられる．名詞句の不確定用法という考え方は代名詞にも拡張することができる．

　I wonder which of the boys told her: he must have wanted to embarrass me.
　(その少年たちのうちのどいつ／どちらが彼女に話したのだろう．そいつは私を困らせたかったに違いない)

この例では，代名詞 he は不確定名詞句である the boy who told her に対応している．

［訳者注：代名詞にも指示的用法と不確定用法がある．この例で he は，それがだれなのか個人を特定するまでには至らないので指示的用法の he ではなく，「彼女に話をした少年」ということだけがわかっているという点で不確定名詞句であると述べている．］

うである．(10ii) の指示的あるいは特定的 (specific) 解釈では，man of my dreams (理想の男性) という記述を満たす実際の人物が存在することになる．一方，非特定的あるいは非指示的解釈では，そのような人物は今のところ私の理想の中にのみ存在し，「その理想の男性はほかでもないこの人です．」という形で区別したり取り出したりすることはできない．

非特定的解釈は，(10iii) のような不定名詞句の例に代表される．ここで検討している非特定的解釈では，話し手は自分には交際相手がまだみつかっていないが，ノルウェー人で付き合ってくれる誰かをみつけたいと思っている．どういうわけか，ノルウェー人であることは話し手が交際相手に求めている必要不可欠な属性である．これは指示指定的解釈とは対照的である．指示指定的解釈では，たとえば，次の例のように，念頭においている特定の人物がいる．

I intend to date a Norwegian my brother introduced me to last night.
(私は昨夜兄 (または弟) から紹介されたノルウェー人のかたとお付き合いしようと思います)

無決定詞複数名詞句の Norwegians を使った場合も同様にいずれの解釈も可能である．

(f)　否定拘束型解釈

(11) i. My sister now has a car_i. She bought it_i with the royalties from her novel.
(姉 (または妹) は$車_i$ をもっている．彼女は$それ_i$ を小説の印税で買った)

ii. My sister doesn't have a car_i. *She bought it_i with the royalties from her novel.
(姉 (または妹) は$車_i$ をもっていない．彼女は$それ_i$ を小説の印税で買った)

(11i) の a car は指示的で，後続する代名詞 it の先行詞になる．一方 (11ii) の a car は否定の作用域内にあり，非指示的である．そのため特定の車を選び出しておらず，話し手の姉／妹はそれをもっていないと述べている．つまり，単純に彼女には車がないことになる．このような**否定拘束型解釈すなわち否定の作用域に別の名詞句が固定される (negative-bound) 解釈**は典型的には不定名詞句の場合に生じる．たとえば，次のようにいうとしよう．

My sister doesn't now have the car.
(私の姉 (または妹) は今その車をもっていない)

そうすればこの文の話し手は特定の車を指しており，この話し手の姉／妹は今それをもっていないといっている．否定拘束型解釈は典型的に不定名詞句に生じると上で述べたが，定名詞であってもこの解釈をもつ場合がある．次の例がそうである．

I don't have the slightest idea.（私にはさっぱりわかりません）

この文は次のように言い換えることができる．

I have no idea, not even a minimal one.
（私にはさっぱりわかりません．皆目，見当がつきませんよ）

(g) 数量名詞句拘束型解釈

(12) i. Every first-year student has to learn two languages.
（どの1年生も言語を2つ学ばなければならない）
ii. Some students have a boyfriend.
（彼氏のいる学生が何人かいる）
iii. Most people got the salary they deserved.
（大半の人が自分に見合った給料をもらった）
iv. Each of them wants to marry a film-star.
（彼(女)らのおのおのが映画スターと結婚したいと思っている）

数量名詞句の作用域にもう1つの名詞句が固定される解釈，すなわち，数量名詞句拘束型解釈（NP-bound interpretation）は，数量詞をともなう名詞句（例えば，(12) の主語名詞句）の作用域内に生起する．(12i) の数量詞がついている every first-year student（どの1年生も）という名詞句は，その作用域に two languages（2つの言語）をもつと解釈するのが自然である．[18] これが意味するのは，それぞれの学生が学習すべき2つの言語からなる集合を個々にもっているということである．語用論的理由から，こうした集合はかなりの部分で

[18] 訳者注：every first-year student がその作用域に two languages をもつ解釈とは，1年生が1人1人につき，2つの言語を学ぶ解釈をいう．たとえば A, B, C という学生がいた場合に，A はポルトガル語と日本語を，B はアラビア語とトルコ語を，C はスワヒリ語とフランス語を学ぶというふうである．すぐ下に，「数量名詞句拘束型解釈では，それぞれの学生が2言語の集合を選択する（あるいは振り分けられる）ための言語が3つ以上存在することになるだろう.」とあるが，これは選択すべき言語が2つしかなければ学生たちは選択の余地も，選択の必要もないからである．

重なっている可能性がある．たとえば 40 人の学生がいたとして，集合どうしが重ならなければ 80 の言語を教えるだけの人的資源を大学は用意しなければならないわけだが，どこの大学を探してもそんなことができる大学はありそうにない．集合が重なるかどうかは数量名詞句拘束型解釈には何の関係もないことである．数量名詞句拘束型解釈で重要なことは，それぞれの学生が 2 つの言語からなる集合を選択する（あるいは振り分けられる）ための言語が 3 つ以上存在することである．指示的解釈ではこういう意味にはならない．指示的解釈では，2 つの特定の言語，たとえばドイツ語と中国語をそれぞれの学生が学ばなくてはいけない．つまり，すべての学生が同じ 2 つの言語を学習することになる．この指示的解釈であれば two languages は数量詞つき名詞句の作用域の外にある．対応する受動文にしてみよう．

Two languages have to be learnt by every first-year student.
　指示的解釈：大学から指定された 2 つの言語があり，それらはどの 1 年生によっても学習されねばならない
　数量名詞句拘束型解釈：3 つ以上の言語のうちから 2 つの言語をおのおのの 1 年生が選び，それらがその 1 年生によって学習されなければならない

同じ 2 とおりの解釈が可能であるが，能動文に比べて受動文では指示的解釈のほうがやや優勢である．しかし，次の例文のような存在の there をともなう構文には数量名詞句拘束型解釈がない．

There are two languages that every first-year student has to learn.
（どの 1 年生も学ばねばならない言語が 2 つある）

これは数量詞つきの名詞句が現れている節よりも上位の節に two languages があるからである．[19]

(12ii) では数量名詞句拘束型解釈だけが自然な解釈である．どの学生にも（偶然重なっている可能性もあるが）それぞれにボーイフレンドがいる．全員

[19] 訳者注：上でみたとおり，数量名詞句拘束型解釈では，every first-year student の作用域内に two languages が含まれる（前者が後者よりも広い作用域をもつという）．しかし，今検討している文（There are two languages that every first-year student has to learn.）では，主節に two languages があり，従属節に every first-year student がある．このような場合，従属節の every first-year student は主節の two languages よりも広い作用域をもつことができない．ゆえに，数量名詞句拘束型解釈（= 3 つ以上の言語のうちから 2 つの言語をおのおのの 1 年生が選び，それらがその 1 年生によって学習されなければならない）が得られない．

に同じボーイフレンドがいるという状況は通常はまれであると考えられるので，このような状況，すなわち指示的解釈が得られるには，もっと明確に表現する必要がある．その結果，a boyfriend の指示的解釈はほぼ不可能である．無決定詞複数形 boyfriends（すなわち Some students have boyfriends.）は数量名詞句拘束型解釈になる．無決定詞複数形にする場合と単数形の場合とでは以下の点で異なる．単数形 a boyfriend（すなわち Some students have a boyfriend.）の場合，1 人の学生に対し 1 人の彼氏がいることが推意されるのに対し，複数形 boyfriends（すなわち Some students have boyfriends.）の場合は関係する学生に 1 人以上の彼氏がいる可能性がある．

(12iii) は定名詞句が数量名詞句 most people の作用域に固定された解釈（つまり数量名詞句拘束型解釈）をもつまれな事例である．「大半の人 *x* に対して，*x* は *x* に見合った給料をもらった」と解釈される．ここで「*x* に見合った給料」はおのおのの *x* に個別にあてがわれるが，それぞれの場合で *x* の業績に応じて 1 人 1 人異なる給料額が支給されるので，この場合定冠詞がふさわしい．指示的解釈は必ずしも不可能ではないものの，現実にはありそうにない状況を述べている．なぜならこの解釈では，大半の人が特定の給料（たとえば 40,000 ドル）を得ており，それが全員に見合った額であることになるからだ．

最後に，同じ名詞句の数量名詞句拘束型解釈と非特定的解釈は相互に排他的でないことが (12iv) からわかる．したがって，この文は 3 通りの解釈が可能である．最初の解釈は，a film-star（映画スター）が指示的で，特定の個人を指示しているというものである．第二の解釈は，a film-star が each of them の作用域に固定された解釈（数量名詞句拘束型解釈）をもつが，特定的な解釈である．各人が特定の映画スターを念頭に置いているが，その映画スターは同じ人ではない．第三の解釈は each of them の作用域に固定され，かつ非特定的な解釈で，彼(女)らは特定の映画スターを念頭に置いていないことになる．

(h) 多重状況拘束型解釈

(13) i. <u>The president</u> has been assassinated three times. ［反復的多重状況］
(大統領は 3 回暗殺された)

ii. <u>The police</u> are getting younger. ［連続的多重状況］
(警察官は若くなっている)

iii. I usually have lunch with <u>a colleague</u>. ［両義的］
(私はたいてい同僚と昼食を食べる)

多重状況拘束型（multiple-situation-bound）解釈は，ある出来事が多重に起きる状況を意味する表現の作用域内に，(13) の下線部のような名詞句が出てくる場合に生じる解釈である．[20] この解釈は上で論じた数量名詞句拘束型解釈とかなり似ている．両者とも数量化がかかわっているが，多重状況拘束型解釈では数量化が個（つまり人やもの）ではなく，状況に対して適用される．例文 (13i) では反復的多重状況が描かれている．つまり，ある出来事が起きたのは何回かということを（この例文では 3 回というふうに）指定しているのである．この例文は非指示的解釈でなら意味がとおる．この解釈では，暗殺が 3 回起きたが暗殺された大統領は毎回違ったという意味になるからである．仮に the president が指示的であると解釈したら，すなわち，多重状況の作用域の外にあるとしたらどうだろうか．これではただ 1 人の大統領が 3 回暗殺されるという，物理的に不可能な解釈になるだろう．[21] (13ii) の多重状況は連続的なものであり，その出来事が起きる回数は原則として無限である．この文ではいろいろな時点の警察官たちの年齢を比べており，それぞれの時点で警察に勤務する人々の年齢が問題となっている．多重状況に固定されない，指示的解釈を行おうとすると，それは，いま現在警察に勤務している人々が若くなっているという意味になり，やはり物理的に不可能な解釈である．[22] つぎに (13iii) では，a colleague が連続的多重状況の作用域内に含まれるか，それとも指示的かでその解釈は曖昧である．指示的解釈の場合，話し手が昼食をともにするのはいつも同じ同僚である．それに対し，非指示的解釈つまり多重状況拘束型解釈であれば日によって違う同僚と昼食をとることになる．

---

[20] 訳者注：この点については，本シリーズ第 1 巻『動詞と非定形節，そして動詞を欠いた節』を参照．

[21] 訳者注：多重状況拘束型解釈とは，多重に起きる状況の 1 つ 1 つに対して，(13) の下線部のような人やものが割り当てられる解釈である．このとき，大統領は非指示的に解釈されるという．そして暗殺が 1 回起きるたびに大統領が 1 人割り当てられるので，毎回違う大統領が暗殺されて亡くなったという解釈になる．一方，大統領が指示的に解釈されると，多重状況の作用域に含まれない，と本文にある．これは，状況が繰り返されるが，そのたびごとに大統領が入れ替わらず，同一の人物がその状況を経験するということである．そのため，ある 1 人の大統領に対して，暗殺という反復的多重状況が割り当てられる．大統領は一度暗殺されると亡くなり，それ以上暗殺されることはない．このため，指示的解釈は物理的に不可能であると述べている．

[22] 訳者注：これは指示的解釈であるので，多重状況に応じて警察官たちが入れ替わるという解釈ではないことに注意してほしい．ゆえにたとえば，ある年の日本全国の警察官が 25 万人いたとして，その警察官たちを長年観察すると，みなが毎年 1 歳ずつ若くなっていたなどということはありえない．このように指示的解釈は不可能な意味を醸し出すと述べている．

(i) 総称的解釈

総称的（generic）解釈は，**終わりのない状態（unlimited states）とよばれるタイプの状況を意味する**表現の作用域内にある名詞句に与えられる解釈である.[23] 終わりのない状態はいつまでも（少なくとも関与している人やものが存在する限り）潜在的に成立する．終わりのない状態を表す指示的主語が現れる例をあげてみよう．

Leo is a lion.（レオはライオンだ）　I like Hilda.（私はヒルダが好きだ）

このような終わりのない状態と対照的なのが，下記のような終わりのある状態である．

Leo is angry.（レオは怒っている）　I am in Paris.（私はパリにいる）

このような状況は，それが永続的であることが明記されない限り，いつかは終わりがくると解釈される．

総称的解釈を（14）に例示する．

(14) i. a. Lions are ferocious beasts.（ライオンは猛獣だ）
b. Italians like pasta.（イタリア人はパスタが好きだ）
ii. a. A lion is a ferocious beast.（ライオンは猛獣だ）
b. An Italian likes pasta.（イタリア人はパスタが好きだ）
iii. a. The lion is a ferocious beast.（ライオンは猛獣だ）
b. The Italians like pasta.（イタリア人はパスタが好きだ）

無決定詞不定名詞句の外延は終わりのない状態の作用域内にあれば，それ自体終わりのないものである．したがって（14ia）のような例は総称的に解釈されるのが自然で，lions は「存在するいかなるライオンもしくはライオンの集合」として理解される．同じ文脈での（14iia）の a lion のような単数不定表現も同様に「存在するいかなるライオン」という総称的解釈をもつ．the lion のような単数定表現を総称的に用いることも，(14iiia) の文脈であれば可能である．

---

[23] 文献によっては「総称（generic)」という用語を広義に用いて，次のような多重状況拘束型解釈も含めている．

I smoke a cigar/cigars after dinner.（私は夕食後に葉巻を一本／何本か吸う）

しかしながら，原則的にはこの例と（13）の例に違いはないと思うので，「総称」という用語は終わりのない状態の作用域内にある名詞句の解釈に対してのみ用いることとする．多重状況は終わりのない状態と似て非なるものである．

しかしこの定冠詞がもつ総称的用法は，どのような場合でも可能というわけではなく，定冠詞が限られた条件のもとで「類（class)」を表すことがあるということを教えてくれる 1 つの例である.[24] ライオンではなく医者について話をしていたとしたら，単数定表現は一般的には用いられない.

Doctors are kind people.（医者というものは心の優しい人間です）

という文の解釈は総称的解釈となるが，

The doctor is a kind person.（その医者は心の優しい人です）

という文は非総称的・指示的解釈のみをもつ.

The lions are ferocious beasts.（そのライオンは獰猛な動物だ）

という文における複数定表現 the lions も義務的に非総称的解釈となる.（14）の（b）は Italian のような国籍名詞の総称的用法の例である（同時に pasta のような不可算名詞の総称的用法の例でもある）. 定冠詞は限られた条件のもとで「類 (class)」を表す総称的用法をもつわけだが，この例では，定冠詞が (the lion のように）単数名詞句ではなく（the Italians のように）複数名詞句をともなっている.（14iiia，b）の定表現は両方とも非総称的に解釈することもできる. その場合，話し手は特定の 1 頭のライオンやイタリア人からなる特定の 1 つの集合を指しているのである.

ある集合にのみ当てはまる述語に関しては，a lion のような単数不定総称表現を用いることはできない.

（15） Lions/*A lion/The lion will soon be extinct in this part of Africa.
（ライオンはアフリカの一部ではすぐに絶滅するだろう）

8.4. 限られた条件下で許される冠詞の非指示的用法

この節では，定冠詞と不定冠詞がついた名詞句の非指示的用法を取り上げる. この用法は限られた部類の主要部名詞でのみ許容される.

(a)　定冠詞が類を表す用法

定冠詞がついた名詞句は主要部名詞によって表される類全体を表しているので

---

[24] 訳者注：8.4 節を参照.

あって，その類の個々の成員や部分集合を表すのではない．

(16) i. a. The African elephant will soon be extinct.
（アフリカゾウはすぐに絶滅するだろう）
b. The invention of the hydrogen bomb was the next step.
（水素爆弾の発明は次の段階だった）
c. This chapter describes the English noun phrase.
（この章は英語の名詞句について説明している）
d. The human brain has fascinated me ever since I was a child.
（人間の脳に，私は子どもの頃からずっと心ひかれてきた）
［単数］

ii. a. We studied the Hittites in the final year.
（我々は最終学年でヒッタイト人について研究した）
b. The Greeks defeated the Persians at Issus.
（ギリシャ軍はイッソスでペルシャ軍を打ち負かした）
［複数］

単数名詞を用いたこの用法がどこまで使えるかについては，はっきりしないところがあるが，(16ia) のような種（しゅ），(16ib) のような発明，(16ic) と (16id) のような研究領域・関心・専門知識が関係する文脈においては明らかによく用いられる．たとえば，次のペアをそれぞれ比べてみよう．

*The hospital doctor is overworked. （病院医師は過剰労働だ）	vs.	The hospital doctor is an endangered species round here. （病院医師はこの辺りでは絶滅危惧種だ）
*The tabloid newspaper is a disgrace. （タブロイド紙（低俗な記事を売りにしている新聞）は恥ずべきものだ）	vs.	Hugo has turned the tabloid newspaper into a research industry. （ヒューゴーはタブロイド紙を調査業界へと変えた）

定冠詞によって限定される名詞句は類全体を表すと述べた．上では単数形を用いる例をみたが，名詞の複数形を用いてその類全体を表すこともできる．しかし，それはその名詞が国民や民族を表す場合だけである．(16iia) の解釈は民族としてのヒッタイト人たちを研究したということであって，特定のヒッタイト人たちを研究したのではない．同様のことは (16iib) にも当てはまる．

(b)　定冠詞を含む定型表現

決まり文句や定型表現には定冠詞を必要とするものがある．そのような場合，無決定詞名詞ではなく定冠詞が必要になるのは話し手のきまぐれによるところが大きい．定冠詞がついてもよいし，無決定詞であってもよいというケースはざらにある．

(17) i. Wolfgang can play the piano / the violin / the drums. [楽器]
(ウォルフガングはピアノ／バイオリン／ドラムの演奏ができる)

ii. Hilda can dance the waltz / the rumba. [ダンス]
(ヒルダはワルツ／ルンバが踊れる)

iii. I have (the) flu / (the) measles / (the) mumps / (the) chicken pox. [病気]
(私はインフルエンザ／麻疹／おたふくかぜ／水ぼうそうにかかっている)

iv. I listened to the radio / spoke to her on the telephone. [情報伝達]
(私はラジオを聞いた／電話で彼女と話した)

v. We took / caught the bus / the train / the boat. [交通]
(我々はバス／列車／ボートに乗った／間に合った)

vi. I take my nap in the morning. [時間帯]
(私は午前中一眠りする)

[専門的解説]

動詞 play が用いられる場合に，楽器を表す名詞が定冠詞を必要とするのは次のような場合である．その楽器を演奏する場面において，その楽器そのものよりも，その楽器の演奏活動が明らかに重要視されている場合である．しかしながら動詞 study が用いられる文脈で楽器を表す名詞が学科科目として解釈される場合，無決定詞のままでも定冠詞つきでも，どちらでもよい．

Wolfgang is studying (the) piano at the Royal College.
(ウォルフガングは王立音楽大学でピアノの勉強をしている)

ダンスを表す名詞は，活動の意味で用いられると，(17ii) のように定冠詞をともなう．しかし個々の演技の意味で用いられる場合，通常の範囲内の決定詞を用いることができる．

Hilda danced a frenzied rumba, followed by a sedate waltz.
(ヒルダは大変興奮したルンバを踊り，それからゆったりとしたワルツを踊った)

一般的な感染症には（17iii）のように随意的に定冠詞を必要とするものがある．また（the）hiccups（しゃっくり）も同じである．the plague（ペスト）に関しては冠詞が義務的である．大半の病名は不可算である．例をあげよう．

He has rubella/AIDS/Alzheimer's disease.
（彼は風疹／エイズ／アルツハイマー症にかかっている）

中には不定冠詞をともなう病名もある．次の例がそうである．

He has a cold/headache.
（彼は風邪を引いている／頭痛がする）

（17iv）では，情報伝達の装置と施設に関係する表現で定冠詞が用いられている．これはある特定の機会に用いられる装置ではなくても，情報伝達にかかわるのが活動や行為である場合でさえ当てはまる．しかし，watch something on（the）television（テレビで何かを観る）では定冠詞は随意的であるが，watch（some）television（テレビを観る）では television は不可算である．watch something on tape/video（テープ／ビデオで何かを観る）といった記録装置ではなく記録手段が意図されている場合，冠詞は用いられない．郵便局や類似の施設では put something in the post/mail（何かを郵便で送る）のように冠詞が必要である．しかし by の後では，by post（郵便で），by telephone（電話で）のように冠詞は不要である．交通用語に関していえば，（17v）のような例では冠詞が用いられる．この場合，特定の乗り物に言及していないにもかかわらずそうである．しかし by の後では by bus（バスで）のように無決定詞である．（17vi）の例から，時の名詞が前置詞 in に後続する場合に，冠詞が必要であることがわかる．かといって，特定の朝が選び出されているわけではない．季節に関しては冠詞が随意的である．

Hedgehogs hibernate in (the) winter.（ハリネズミは冬眠する）

さらに，いくつかの慣用表現は定冠詞を必要とする．おそらくは歴史的な理由によるものである．そのような例には次のものがある．pass something on the nod（手続き抜きで何かを渡す）は without discussion（議論しないで）の意味，be on the blink（壊れている）は out of order（故障中）の意味，be left in the lurch（見捨てられる）は in severe difficulty（困窮して）の意味である．

(c)　金額や割合などの表現で用いられる不定冠詞[25]

(18)　She has a salary of [$80,000 a year].（彼女は年収 8 万ドルもらう）
[How many hours a day] do you work?（1 日何時間はたらきますか）
He was going at [50 miles an hour].
（彼は時速 50 マイルで移動していた）
It costs [$20 a yard/person].（1 ヤード／1 人当たり 20 ドル要る）

下線を引いた名詞句は，each をともなう名詞句と同じように分配的に解釈される．each は文脈によって a の代わりに用いられることもある．

How many hours do you work each day?
（毎日何時間はたらきますか）

ややあらたまった言い方として，$80,000 per year（1 年当たり 80,000 ドル）のような「per＋無決定詞名詞句」という前置詞句がある．ただし，次のような場合は per を使う言いまわしのみが許される．

The output per worker has increased dramatically.
（作業員 1 人当たりの生産量は著しく上昇した）
The cost is $200 per person per week.
（費用は 1 週間 1 人当たり 200 ドルだ）

8.5.　限られた条件下で許される無決定詞名詞句の非指示的解釈

8.4 節では限られた範囲の主要部名詞だけに許される非指示的解釈の事例をみた．この節では，これらに類似した事例を取り扱う．ただし，本節で取り上げるのは無決定詞名詞句である．ここでは単数可算名詞に話を絞ることにしよう．これらは本来ならば決定詞を必要とする名詞である．

(a)　無決定詞役割名詞句

(19)　i.　Henry became treasurer.
（ヘンリーは出納係になった）
ii.　As treasurer, I strongly support this proposal.
（出納係として私はこの提案を強く支持する）

---

[25] 訳者注：ここでの a/an は語源的には on ‘in’ が弱化したものである．

iii. The role of treasurer will fall to Henry.
（出納係の役割はヘンリーに移るだろう）

treasurer（出納係）や deputy leader of the party（その政党の副リーダー）のような名詞句は，次の 3 つの要素にとっての補部の位置で用いられる．

① be や become そして appoint や elect のような動詞の叙述補部（predicative complements）
② as によって導かれる斜格述語（oblique predicative）
③ role や part や position のような名詞に後続する前置詞 of

このような名詞句は，主語や目的語には用いられない．

*I'm told treasurer strongly supports this proposal. ［主語として］
（私は出納係がこの提案を強く支持していると聞いている）
*We dismissed treasurer. ［目的語として］
（我々は出納係を解任した）

このような位置にこれらの名詞句が出てくるには決定詞が必要である．無決定詞役割名詞句の解釈は常に定（definite）である．なぜならば，(19) を例にとると，話し手はある特定の団体に所属する出納係のオフィスに関心を寄せているからである．したがって，どのような状況であろうとも，(19) の treasurer に the をつけることができる．次の例がそうである．

Henry became the treasurer.（ヘンリーは出納係になった）

注意すべき重要なことは，役割の解釈が真に許される名詞句のみがこのように機能するということである．たとえば become では miser（守銭奴）のような役割をはたさない名詞も叙述補部の主要部として用いられるが，そのような名詞の場合は決定詞が必要である．

Fred became *miser/a miser when he lost his job.[26]
（フレッドは失業してから守銭奴になった）

---

[26] 訳者注：明らかに miser は役割名詞とはいえないであろう．この名詞の代わりに，無決定詞の teacher（教師）をもってくると容認性が上がりそうだが，母語話者によると teacher では容認性が低いという．その代わりに，dean（学部長）や principal（校長）や mayor（市長）のようなより重い責任を担う名詞句がこの位置に現れると容認性が上がるという．

(b)　定型表現あるいは型にはまった言いまわし

(20) i. Ed is in hospital / went to school / went off stage. ［場所に結びついた活動］
(エドは入院中だ／学校に通った／舞台を降りた)

ii. They are out of place / off target / on call. ［状況説明］
(彼(女)らは場違いだ／的外れだ／待機中だ)

iii. We went by bicycle / communicate by email. ［交通と手段］
(我々は自転車で行った／電子メールで連絡をとった)

iv. We had lunch on the terrace. ［食事］
(我々はテラスで昼食を食べた)

v. at dawn (明け方に), by daybreak (夜明けに),
before sunrise (日の出前に) ［時間帯］

vi. arm in arm (腕を組んで)
back to back (背中合わせで，立て続けに)
day after day (日ごとに)
mouthful by mouthful (一口ずつ)
side by side (横に並んで)
mile upon mile (何マイルも何マイルも) ［同じ名詞の繰り返し］

vii. from father to son (親から子へ)
from beginning to end (初めから終わりまで)
between husband and wife (夫婦間で)
mother and child (母と子) ［対になる名詞の組み合わせ］

［専門的解説］
(20i) の例は日常生活の一般的な活動に関連する表現であり，限られた条件下で用いられ，その数はさほど多くない．これらの表現には場所を意味する単数可算名詞が現れており，これらは他の用法では決定詞を必要とする名詞である．しかし，(20i) の用法では決定詞を必要としない．このような事例の名詞は連想される活動を表しており，本来もつはずの外延をもたない．たとえば次のペアを比べてみよう．

非指示的（決定詞が不要） vs.	指示的（決定詞が必要）
Ed is in bed. （エドは横になっている） （休憩中／睡眠中）	There are fleas in the bed. （ベッドにノミがいる）
Ed is in prison. （エドは服役中だ） （刑期を勤めている）	There was a riot in the prison. （刑務所で暴動があった）
Ed is in church. （エドは祈りを捧げている） （礼拝中）	There is a new pulpit in the church. （教会に新しい説教壇がある）

この表の左欄のような用法をもつ名詞は，その生起環境が厳しく制限されている．たとえば，「勉強中」という意味で *Ed is at desk. とはいえない．同じように「作業中」を *Ed is at computer. や「料理中」を *Ed is in kitchen. のように表すことはできない．しかしながら，決定詞なしで用いられる名詞もかなりの数がある．このほかにも，以下の下線が引いてある名詞がある．

on campus（学内に）	in class（授業中）
at college（在学中）	settle out of court（示談で解決する）
at sea (as a sailor) ((船乗りとして) 航海中)	at table (for a meal) ((食事のために) 食卓について)
leave town（町を出る）	start university（大学に入学する）

(20ii) の例は「状況（status)」とよんでもよさそうなものである．つまり，ある物が適切な場所にあるかどうか，ある人が適切な活動に参加したり携(たずさ)わったりしているかどうかを問題にしている．こうした定型表現は at work（勤務中）や at play（遊んでいる）のような不可算名詞の定型表現と同等のものと考えられる．(20iii) の無決定詞名詞句は前置詞 by の後に現れている．これと (17iv) の定名詞句を比べるのがよい．食事は一般に無決定詞名詞句で表現されるが，特定の機会を取り上げて表現する場合は例外である．(20iv) と次の文を比べてみよう．

We had a nice lunch at the Savoy.
（我々はサボワで美味しい昼食を食べた）

また，at dinner（夕食時に）や by dinner（夕食時までに）にも注意が必要である．こうした表現では食事名は時間帯を表している．無決定詞名詞句は (20v) のように前置詞 (at, by, before, until, after) がついて，時間帯を表す．しかしながら，morning, daytime, evening, dark は in + the を at

の代わりに用いる. in the morning というが *at morning とはいわない. (20vi) と (20vii) の例は同じ名詞の繰り返しや対照的な名詞が関係している表現の例である.[27] 同様に, 等位接続された単語を繰り返すときには無決定詞名詞句が使われることがある.

We searched endlessly for a spring or a cave to spend the night, but neither spring nor cave could be found.
(我々は {夜を明かすために泉や洞穴をずっと探したが／泉やねぐらになる洞穴をずっと探したが}, 泉も洞穴もみつからなかった)

[27] 訳者注 : (20vi) の表現の範疇については, 本シリーズ第 5 巻『前置詞と前置詞句, そして否定』を参照.

第9章　融合主要部名詞句と省略が起きている名詞句

9.1　融合主要部構造の概略

融合主要部名詞句とは，主要部とその隣接する依存機能要素（通常は決定詞や内部修飾要素）が1つになった名詞句である．

(1) i. Where are the sausages? Did you buy [some] yesterday?
　　　　［決定詞兼主要部］
　（ソーセージはどこにある？ 昨日いくつか買った？）
ii. The first candidate performed well, but [the second] did not.
　　　　［修飾語兼主要部］
　（最初の受験生は出来が良かったが，2番めのはダメだった）

■融合主要部の形式

一般的に，融合主要部位置の表現は主要部と融合していない名詞句の依存表現の位置に現れることができる．つまり（1i）の some は some sausages というのときの決定詞機能と同じ機能を有しており，（1ii）の second は the second candidate での内部修飾要素と同じ機能をもっている．これらのうち some sausages や the second candidate はほかの要素を頼りにして現れる**依存**用法 (**dependent** use) の例である．（1）の some や second はそれらが単独で現れる**独立**用法 (**independent** use) の例である．

(2) i. Did you buy [some sausages] yesterday?　［依存用法］
　（昨日ソーセージをいくつか買った？）
ii. Did you buy [some] yesterday?（(1i) より再掲）　［独立用法］
　（昨日いくつか買った？）

融合主要部構造はみな同じ型にはまったふるまいをするわけではなく，少々逸脱したものが2つある．

・依存形と独立形の相違点

依存形と独立形で異なる形態をもつ語彙がいくつかある．

(3)	i.	依存形	my (私の)	your (あなたの)	her (彼女の)	our (我々の)	their (彼(女)らの)	no (1つも～ない)
	ii.	独立形	mine (私のもの)	yours (あなたのもの)	hers (彼女のもの)	ours (我々のもの)	theirs (彼(女)らのもの)	none (いずれも～でない)

依存形は（純粋な）決定詞として機能し，独立形は主要部として機能する．独立形の属格代名詞は融合主要部としても純粋な主要部としても用いられる．一方，独立形の否定決定詞 none は（名詞句構造内で）融合主要部としてのみ用いられる．[1]

(4) i. Kim's car had broken down and [mine] had too.　[決定詞兼主要部]
(キムの車は故障していた．私のもそうだった)

ii. Don't touch that: it's [mine].　[(純粋) 主要部]
(それに触るな．それは私のだ)

iii. They made several mistakes, but [none] were serious.
[決定詞兼主要部]
(彼(女)らはいくつかのミスをしたが，どれも深刻なものではなかった)

---

[1] 訳者注：(4i) の mine は独立形の属格代名詞であり，(car を組み込んだ) 融合主要部である．一方 (4ii) の mine は独立形の属格代名詞であり，融合主要部ではない．本文で説明があるように，none は融合主要部としてのみ用いられる．ゆえに (4iii) で none は mistake を組み込んでいると考えられている．一般に，先行詞を指していない none は許されないといわれる．このことを表す例として，辞書には下記のような文が上がっていて none は非文法的であるとされる．しかし，母語話者によれば，このような例でも none は非文法的とはいえず，暗黙に文脈上の何らかの先行詞を指すという．

Mary looked for something to eat, but there was nothing [×none] left.
(大修館書店『ジーニアス英和大辞典』)

・複合決定詞類

決定詞と主要部の統語的融合は something や nobody のような決定詞類の語基と名詞の語基との形態的融合に反映されることがある．[2]

■ さまざまなタイプの融合主要部構造

融合主要部構造には，単純融合主要部構造，部分詞融合主要部構造，特殊融合主要部構造という主要な 3 種類の構造がある．部分詞タイプには，名詞主要部の後ろ，つまり修飾要素が現れる位置に，of 句が出てくる明示的部分詞タイプと of 句が省略されて出てこない黙示的部分詞タイプがある．次の例を比べてみよう．

(5) i. While Kim had lots of books, Pat had [very few]. ［単純融合主要部構造］
（キムはたくさんの本をもっていたが，パットは本をほとんどもっていなかった）

ii. [Few of her friends] knew she was ill. ［明示的部分詞融合主要部構造］
（彼女の友人には彼女が病気だと知っている人はほとんどいなかった）

iii. We made numerous suggestions but [few] were taken up. ［黙示的部分詞融合主要部構造］
（我々はたくさんの提案をしたが，そのほとんどが取り上げられなかった）

iv. [Few] would have expected it to turn out so well. ［特殊融合主要部構造］
（それがそんなにうまくいくと期待していた人はほとんどいなかっただろう）

・単純融合主要部構造と黙示的部分詞融合主要部構造

これらは通常照応的に，つまり先行詞を通して，解釈される．たとえば，(5i) は「ごくわずかの本」，(5iii) は「提案のうちのわずかなもの」という意味である．また発話の状況から解釈が導かれることもある．たとえば，テーブルにクッキーの袋があるとする．その袋からクッキーを 1 枚取り出すなら，

Can I have one too?（私も 1 枚もらっていい？）

ということができる．融合主要部名詞句の one はここでは a biscuit（1 枚のクッキー）あるいは one of those biscuits（そのクッキーの中の 1 枚）として解釈

---

[2] 訳者注：こうした複合形は 9.6 節で議論する．

される．なぜなら，主要部が単体で現れる単純融合主要部構造と of 句のない黙示的部分詞融合主要部構造とで曖昧だからだ．[3]

・明示的部分詞融合主要部構造

この構造の主要部の後ろには「of＋部分斜格句」が補部として続く．この部分斜格句は複数名詞句，不可算名詞句あるいは，限られた条件下では可算単数名詞句が用いられる．

(6) i. a. some of the books　　b. all of them　　［複数名詞句］
　　(その本のうちの何冊か)　　(それらのすべて)
ii. a. some of the meat　　b. all of it　　［不可算単数名詞句］
　　(その肉の一部)　　(それのすべて)
iii. a. some of the morning　　b. all of it　　［可算単数名詞句］
　　(朝のある時間)　　(それのすべて)

(6i) の部分斜格句が意味するのは（全体の）集合であり，母体となる名詞句（融合主要部をもつ名詞句）が意味するのはその部分集合である．同様に (6ii) においても部分斜格句が意味するのはある決まった量であり，母体となる名詞句が意味するのはその量の一部分である．ここでは「部分集合」を専門的な意味で用いており，部分集合はそれを包含する集合よりも小さいものである必要はない．そのため，(6ib) は (6ia) と同様に許容される．[4] 可算単数名詞句が部分斜格句になることができるのは，その名詞句がうまい具合に細分化できると解釈される場合のみである．最も はっきりした例は (6iii) のように期間やある長さの時間 (time period) を含む場合である．[5] また

Some of the loaf had mould on it.（パンの一部分にカビが生えた）

---

[3] 訳者注：この 2 種類の解釈については，本シリーズ第 9 巻『情報構造と照応表現』を参照．Can I have one too? という文の one は，単純融合主要部構造では a と buiscuit（＝one）が融合されて one という主要部だけになっている．この one が黙示的部分詞融合主要部構造をもつとすると，one of those biscuits のうちの of 以下が表面に出てこない one だけになっていて，「全体のうちの 1 枚」という意味をもつ．

[4] 専門的にはある集合よりも小さい部分集合が「真部分集合」である．専門的ではない用法では，subset（部分集合）は「真部分集合」として理解される．読者ももうご存知のとおり，some という語は「全部ではない (not all)」という推意 (implicature) を生み出すのだが，それが実際に (6ia) の some という言語形式のもつ意味の一部と捉えられている．

[5] 訳者注：morning（午前）は，いくつかのより小さな時間の長さに細分化することができる．7.3 節の (10) でも同様のことを述べている．

ということはできるが，

#Some of the car was muddy. (車の一部が泥で汚れていた)

とはいえない．この場合は名詞主要部が必要で，次のようになる．

Parts of the car were muddy. (車のあちらこちらが泥で汚れていた)

部分斜格句は通常，定の名詞句なので，次のようにはいわないだろう．

#[Two of some windows] were broken.
(いくつかの窓ガラスのうち2枚が割れた)

しかしながら，不定名詞句が部分斜格句になる可能性がまったくないというわけではない．不定名詞句が部分斜格句になっていても容認性が上がる場合があるからだ．それはどういう場合か．不定名詞句の内部に修飾要素があって，その修飾要素が十分な情報量をもっているために，それが原則としてその不定名詞句に（実際には定冠詞をつけないのだが）定冠詞をつけてもよいほどの修飾要素のタイプであるという場合である．[6] そのような修飾要素になるのは関係節である．

[One of some windows which we were fitting at the Sears Tower] was broken, and that's why I'm late.
(わたしら，シアーズ・タワーで窓ガラスの取付工事をしていたんですけどね，そのうちの1枚が割れてしまいまして．それでお約束の時間に間に合わないんです)

部分斜格名詞句は融合主要部を必ず必要とするわけではない．「of＋部分斜

---

[6] 訳者注：第6章の（6vi）と（6vii）での定性を作り上げる修飾関係についての議論を参照．その（6vi-vii）の解説を振り返ってみることにしよう．

(6) vi. Everybody wants to be a member of the most popular team.
(誰もが一番人気のチームのメンバーになりたがる)

vii. They are interviewing the man who mows her lawn.
(彼(女)らは彼女の家の芝生を刈る男に事情聴取をしている)

（6vi）では最も人気のチームであるということで，話し手がどのチームについて述べているのかが聞き手にはわかる．同じく（6vii）では彼女の家の芝生を刈るという関係節があるために，話し手がどの男のことを述べているが聞き手にはわかる．このため，team や man には実際に定冠詞がついている．本文でつぎに登場するシアーズ・タワーの例文では windows に不定の決定詞 some がついているが，シアーズ・タワーでガラスの取り付けをしていたという修飾要素により，windows に定冠詞がついていてもおかしくない．このような場合には，不定名詞句 some windows が部分斜格句になっていても容認されると述べている．

格名詞句」をとる主要部として現れるものとして，さまざまな数量を表す名詞がある．その名詞は，the majority of the books（大半の本）や a lot of the meat（多量の肉）のように，主要部名詞は融合されていない別個の決定詞をとるか，lots/dozens of the books（たくさんの本）のように決定詞がつかないままかのいずれかである．

■融合主要部をともなう名詞句の表示

融合主要部を含む 3 種類の名詞句（few of her friends, someone I know, (1ii) の例の the second）に対する簡略化した樹形図を (7) に示す．

(7)
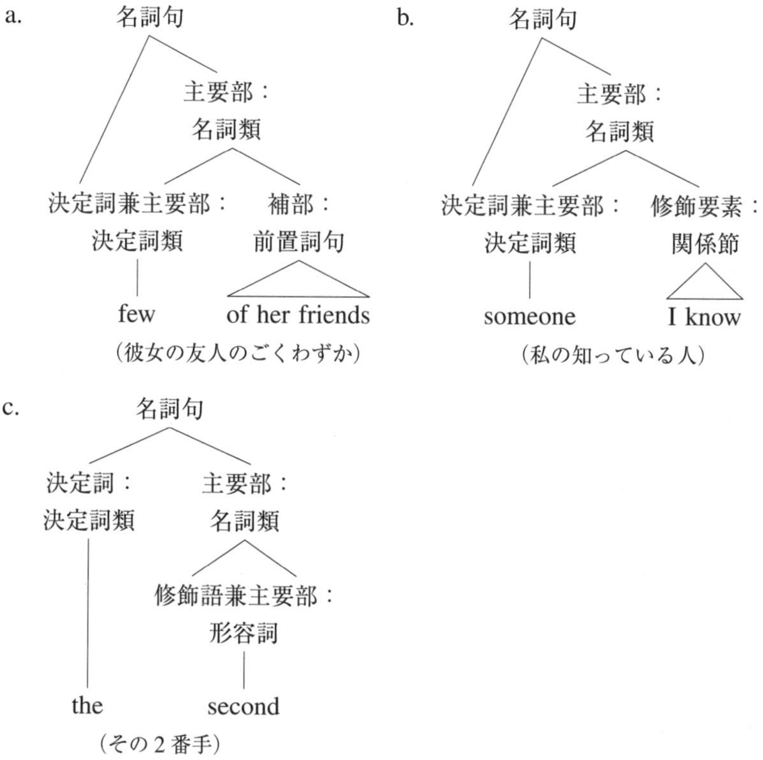

9.2　決定詞と主要部の融合

■主要部との融合を受けない決定詞

大多数の決定詞は主要部との融合を許すが，これを良しとしない例外が若干数あり，そのような例外は次の (a) と (b) の 2 つのグループに分類される.

(a) what と we と you

これらの項目は決定詞類にも代名詞にも分類される．決定詞として機能する場合，これらは決定詞類であり，主要部として機能する場合には代名詞である.[7] what と **we** と you は単純融合主要部構造や部分詞融合主要部構造に対応する構造には現れない点にも注意が必要である.

(8) i. a. What books did he give Kim, and what did he give Pat?
(彼はキムにどんな本をあげて，パットに何をあげたのか)
b. We students will leave first, you follow as soon as you can.
(我々学生が最初に出発し，あなた方はできるだけ早く後を追う)
ii. a. *[What of these books] have you read? [単純融合主要部構造]
(これらの本の何をあなたは読んだ？)
b. *[You of the team] have let the rest of us down. [部分詞融合主要部構造]
(チームのあなたは我々の残りの者をがっかりさせた)

(8i) で下線を引いた名詞句には what books や you students を先行詞としてとるような照応的な解釈はない.[8] また，(8ii) の部分詞融合主要部構造も非文法的である.

(b) the と a と every

これら 2 つの冠詞と every はそれら単体では主要部としての機能をまったくはたさない．これらはもう 1 つ別に主要部が必要である．冠詞は主要部と融合できないため，定冠詞の代わりには指示詞 **that** が，不定冠詞の代わりには単数類 one がそれぞれ用いられる.

(9) i. a. Alice's performances were better than [{those / *the} of Helen]. [可算複数]
(アリスの演技はヘレンのより良かった)

[7] 訳者注：9.5 節を参照.
[8] 訳者注：すぐ上の (5i) や (5iii) でみたように，few には照応的な用法があるが，what や you や we にはその用法がない.

b. Alice's performance was better than [{that / *the} of Helen]. ［可算単数］

（アリスの演技はヘレンのより良かった）

c. Alice's cooking was better than [{that / *the} of Helen]. ［不可算］

（アリスの料理はヘレンのより良かった）

ii. I haven't got a pen: can you lend me [{one / *a}] ? ［可算単数］

（私はペンをもっていません．1本貸してもらえますか）

every の場合，決定詞 every と主要部との融合は起きない．その代わりに用いられるのは，every を決定詞とし，代小名詞句（pro-nominal）すなわち小名詞句の代用形である one を主要部とした構造である．

(10) i. He received over a hundred letters and replied to {[every one]. / [*every (of them)]}

（彼は100通以上の手紙を受け取り，その1通1通に返事を書いた）

ii. {[Every one] / *[Every of the apples]} was rotten.

（どれもみな／リンゴはどれもみな腐っていた）

■部分詞

(a)　部分詞融合主要部にしかなれない決定詞類

部分詞融合主要部のサブタイプでしか，融合主要部として機能をはたさない決定詞類がいくつかある．

(11) i. I found some old letters in the attic; [certain of them] dealt with political issues.

（屋根裏部屋で何通か古い手紙をみつけた．その中のいくらかは政治問題を扱っていた）

ii. They had borrowed two videos but there wasn't time to watch [either (of them)].

（彼(女)らはビデオを2本借りていたが，（その）どちらもみる時間がなかった）

iii. We used to have two spare keys, but [both (of them)] have disappeared.

（我々は予備のカギを2本もっていたが，（その）両方とも見当たらない）

certain（いくらか）を用いる場合，ほとんどの場合，of 句を省略できない．同じことは various（さまざまな）にも当てはまる．neither と which は（11ii）の either と同じである．つまり，これら 3 つの語はどれも，何らかの集合から何かを選び出すものばかりである．each も同じ部類に入るだろうが，以下で述べるような多少特殊な事例もある．both はある確定した集合全体を意味する．both は決定詞兼主要部としては常に部分詞になって現れるが，決定詞前位要素と主要部を兼ねる融合形としても用いられる．[9]

(b) 定表現

定決定詞（definite determiner）のうち，全称数量詞 all と both だけは，どんな場合でも無条件に部分詞融合主要部にすることができる．それに対して属格決定詞はどんな場合でも部分詞融合主要部にすることができない．

*Kim's of the shares had already been sold.

この文が意図していることを表そうとするなら，次のようにいえばよかろう．

Those of the shares that were Kim's had already been sold.
（例の株のうちキムの分はすでに売却されていた）

指示詞のうち those のみが部分詞構造に現れるが，その出現は限られた条件下でのみ許される．

(12) i. *[Those of the accidents] are discussed in greater detail in Chapter 7.

---

[9] 訳者注：9.4 節を参照.

both が決定詞兼主要部として機能している場合に，つねに部分詞になるというのは，次のような例にみられる．たとえば both（of them）（(それらのうちの）両方）．この場合，of 句は出てこないこともある．both はまた，融合を受けた決定詞の前に立つ主要部として現れることができるというのは次のような場合である．たとえば 9.4 節の（32i）を例にとろう．

(32) i. Both/All these issues were ignored in the first draft, but [both/all] are now adequately covered.
（この問題は両方／すべて第一草稿では無視されたが，今では両方／すべて適切に取り上げられている）

この both these issues（これらの両方の問題）では both が決定詞の前に立つ修飾語の主要部として現れているが，この決定詞前位主要部 both と決定詞主要部 these と名詞主要部 issues とが融合を受けると，both だけになる．この both が（32i）の but の後ろの節の主語として使われている．

（例の事故のうちのそれらについては第７章でより詳しく議論する）

ii. [Those of the above accidents which involve special circumstances or matters of particular medical interest] are discussed in greater detail in Chapter 7.

（上記の事故のうち特殊な事情に関するものやとくに医学的に興味深い問題に関するものについては第７章でより詳しく議論する）

iii. [Those of you with a train to catch] had better leave now.

（あなた方のうち列車に乗る人はすぐに出ないと間に合いませんよ）

このような構造で those が許容されるのは，部分詞前置詞句に加え，下線を引いた関係節（12ii）や前置詞句（12iii）のような修飾要素が後続している場合のみである．このように，母体となる名詞句に修飾要素が加わることで，確実にその名詞句が定 (definite) の集合を表すことになる．

(c)　数量を表す付加詞

部分詞融合主要部構造に関して別途言及しておくべき用法がある．それは，部分詞が節構造に現れると数量を表す付加詞（quantificational adjunct）として機能する用法である．

(13) i. Her parents both felt she had been exploited.

（彼女の両親は２人とも娘が搾取されたと感じていた）

ii. They had none of them intended to cause so much ill will.

（彼(女)らは誰一人としてそんなに多くの反感を買うとは思っていなかった）

数量を表す付加詞には主語の数量を表すはたらきがある．したがって（13i）の例は次の文と同義的である．

Both her parents felt she had been exploited.

一方，（13ii）の例は次の文と同義的である．

None of them had intended to cause so much ill will.

of 句をもたない黙示的部分詞には，全称数量詞 all と both と each の３つがある．一方，of 句をもつ明示的部分詞になる決定詞類はかなり多い．そのような決定詞類をあげてみることにしよう．全称数量詞 all と both と each のほかにも，存在数量詞 some と any と none や基数詞，横溢数量詞 many と

much，僅少数量詞 few と a few と several がある．黙示的部分詞は（13i）のように動詞の前の位置に現れる．一方，明示的部分詞をこの位置で用いるのはやや難しく，助動詞の後ろの位置が強く好まれる．次の対比を比べるとよいだろう．

?Her parents both of them felt she had been exploited.
Her parents had both of them felt she had been exploited.

■決定詞と主要部を兼ねる融合形が特殊な解釈をもつ場合

この構造をもつ5つの事例 (a)-(e) について考えることにする．

(a) 人間を表す決定詞：「人々」という解釈をもつ場合

(14) i. [Those who break the rules] must expect to be punished.
（規則を破った人たちには罰を受けてもらわなければならない）
ii. [Few] would quarrel with that assessment.
（その評価に反対する人はほとんどいないだろう）

例文（14i）は（Those）people who break the rules … という意味であるといっても差し支えない．（14i）の構造が可能になるには，それを修飾する節と複数形の those が必要なのである．those を用いたからといって，近称の these と対比的に使われているわけではない．また，この those からは that が通常もっている直示的指示詞としての意味も失われている．

同様に（14ii）の few も few people という意味をもち，few の後ろに修飾語を置く必要はない（ただし，修飾語はあってもよい）．こうした表現形式は，あまり一般的ではないが，僅少数量詞の few，横溢数量詞の many，全称数量詞の all，存在数量詞の some にみられるものである．all はここでは複合決定詞類 everybody と同じであるが，everybody のほうがずっと一般的である．each は each to %his/their own（人それぞれ）のようなおおむね形を変えない定型表現でのみ用いられる．some は複数形であるという点で somebody とは異なる．非肯定的 any はこのようには用いられない．否定の none は 7.8 節で述べたように主に but や other を含む構造にしか生起しない．none but a lawyer（弁護士だけ）は nobody but a lawyer と同等だが，none other than the President herself（ほかならぬ大統領自身）は慣用的なので none を nobody で置き換えることはできない．

(b)　人間以外のものを表す決定詞

(15) i. [Not much/Little] has happened while you've been away.
(あなたが出かけていたあいだに大したことは／ほとんど何も起きなかった)

ii. You said [enough to convince me I was wrong].
(あなたのことばで私は自分の考えが間違っていたことをいやというほど思い知りました)

この表現形式は -thing 複合語をつくらない数量詞と主に用いられる．横溢数量詞の much，僅少数量詞の little と十分数量詞 enough と sufficient が用いられる．全称数量詞に関しては，通常は everything が用いられるのに対し，all はかなり限られた範囲で用いられる．all は一般的に修飾要素が後続している場合に用いられる．

[All I did] was express an opinion.
(私がしたことといえば，意見をいっただけです)[10]

(c)　単数指示詞

(16) i. [This] doesn't look like Jill's writing.
(これはジルが書いたものではないようにみえる)

ii. The rules allow 16-year-olds to buy alcohol, but [that] is going to change.
(規則では16歳はアルコールを購入できるが，それが変更されることになっている)

iii. What's [all this I hear about a move to sack the chief executive]?
(最高経営責任者を解雇する動きについて私が聞いているこの件は一体どういうことなんだ？)

iv. The banquet costs $50, but you could get a decent meal for [half that].
(懇親会費は50ドルもするんだよ．その半分の額も出せばご馳走にありつけるというのにね)

[10] 部分斜格句 best of all (とくに) がそうであるように，all が人間を表す代名詞か人間以外のものを表す代名詞か，見分けがつかない場合がある．同じことは none を用いた定型句，たとえば second to none (誰にも／何にも負けない)，にも当てはまる．

指示詞の単数形は複数形とはやや異なったふるまいを示す．まず複数形で近称の these は単純融合主要部構造で用いられ，照応的に解釈される．

Those questions are too advanced: I recommend you focus on [these].
（それらの問題はレベルが高すぎる．これらだけ解いておくのをおススメするよ）

あるいは文脈から直接解釈される．たとえば，次の文をみてみよう．

Can I have one of these?
（この中の 1 つをもらっていいですか）

この one of these は，one of these biscuits（このビスケットを 1 枚）ということかもしれない．

those も同じように用いられるが，（遠称・近称の区別なしに）(12ii–iii) や (14i) のような例でも用いられる．単数形の this や that は，(17) のように（たとえば this や that だけになっていても），先行詞（たとえば that sausage/this model）を照応することで，(this や that だけでは欠けている情報が）復元できるように，（先行詞のほうの単数形 that/this は）離れている主要部（つまり sausage/model など）とともに用いられる．

(17) i. That sausage has only 25 % meat, but [this] has 90%.
（あのソーセージは 25% しか肉が含まれていないが，これは 90% だ）
ii. This model is more suitable than [that].
（この模型はあれよりも適している）

あるいは that の場合だけだが，(9ib) と (9ic) のような例でも用いられる．しかしながら (17) の構文は代小名詞句 one を用いた構文（this one や that one）ほどには用いられない．さらにこの構文は人が先行詞の場合には通常用いられない．

*I prefer the previous candidate to this.
（私はこの候補者よりも前の候補者のほうが好かったわ）

このように，主要部位置で用いられる単数形指示詞 this や that は圧倒的に特殊な解釈をもつ場合に限られる．

(d) 叙述要素の数量詞化：much of a ...

(18) i. Ed isn't [much of a husband].

(エドは大した夫ではない)

ii. It turned out to be [more/less of a problem than we'd expected].
(我々が予期していた以上にたいそうな問題だとわかった／我々が予期していたほど大した問題ではないことがわかった)

原形 much, 比較級 more と less, 十分数量詞 enough は程度数量詞として用いられ，述語名詞句が表す属性がどの程度のものであるかを表す．通常 husband (夫) は段階的な属性を表すことはない．しかし良い夫とはどういうものかを特徴づけるとされる属性をエドがどの程度もっているかということが程度数量詞によって表されていると考えられる．統語的にいえば much は決定詞兼主要部であり，of 前置詞句を補部にとり，of の後ろには名詞句 (＝不定冠詞 a＋名詞類) が続く．ここでの much は強い非肯定的特性を示すので肯定文では用いられない．

*Ed is much of a husband.

この構文は very much が周辺部修飾要素として生じる構文とは区別すべきである．たとえば，次の2つを比べてみよう．

He's [very much an actor]. (彼は役者の中の役者だ)
He isn't [very much of an actor]. (彼はあまり大した役者ではない)

前者は actor (役者) が主要部であり，彼を役者だとどの程度までいえるのかに関心がある．一方後者は much が主要部であり，彼がどの程度良い役者であるかに関心がある．

(e) 場所の解釈をもつ属格表現：Kim's や the doctor's

(19) i. There's a party at [Kim's] tonight.
(今夜キムのところでパーティーがある)

ii. I'd better take you to [the doctor's].
(私はあなたを医者のところに連れていったほうがよい)

(19i) の Kim's は Kim's place (キムの家，キムが住んでいるところ) という意味である．若い人たちがくだけた会話でこのような言い方をするのは別として，人称代名詞をこのように用いることはできないことに注意しよう．

%There's a party at mine tonight.
(今夜私のところでパーティーがある)

(19ii) の属格はより特定的な解釈をもち，the doctor's surgery（医院）を意味する．the hairdresser's や the grocer's なども同様に特定的な解釈をもち，the hairdresser's/grocer's shop（美容院／食料雑貨店）を意味する．また店舗を表す固有名称も同様である．たとえば Sainsbury's といえばスーパーマーケットのセインズベリーを意味する．(19ii) のタイプの属格表現はその目的が強く推意されることが多い．たとえば (19ii) では一般には「医者に診てもらうため」にそこに連れていくことが問題となる．そのため「医者の娘とチェスをする」目的でそこに行くという理由であれば，この言い方は用いられないだろう．

9.3 内部修飾要素と主要部の融合

主要部が内部修飾要素と融合することはまれである．このことは (20) のような例が非文であることからも明らかである．

(20) i. *Because the existing bridge is too narrow, we will have to build [a new].
（既存の橋があまりに狭いので，新しい橋を建設しなければならないだろう）
ii. *The retreating troops were captured, but [the advancing] managed to escape.
（撤退中の軍隊は捕らえられたが，進軍中の軍隊は脱出に成功した）
iii. *Bill likes the linguistics lecturer, but I prefer [the sociology].
（ビルはその言語学講師が好きだが，私はその社会学講師が好きだ）

形容詞 new，動詞 advancing，名詞 sociology には代小名詞句 **one** のような後続する主要部が必要である．融合が可能な事例には以下の場合がある．

(a) 決定詞類

決定詞としても内部修飾要素としても機能する決定詞類は一般に決定詞と主要部を兼ねる融合形としても修飾語と主要部を兼ねる融合形としても生起する．

(21) i. This copy is defective but [the other two] are fine.
（この複写は不完全だがほかの 2 つは大丈夫だ）
ii. I've corrected most of the mistakes but [these few here] are still to be done.
（例のミスの大半を訂正したが，ここの数個はまだ未修正のままだ）
iii. I didn't like it myself, but I respect the views of [the many who

did].
（私自身はそれがいいと思わなかったが，いいと思った多数の人の意見を尊重している）

もっとも一般的な事例は（21i）のように基数詞を主要部とする場合である．ここでも every は主要部にできないし，various も同様である．一方その他の決定詞類は，（21ii）と（21iii）のように修飾要素が後続していれば容認されるが，修飾要素がなければほとんど容認されない．

(b)　最上級と定の決定詞をともなう比較級

(22) i. I went up that skyscraper in Boston, but [the tallest] is in Chicago.
（ボストンにあるあの超高層ビルに上ったが，もっとも高いのはシカゴにある）
ii. There are two sisters, but [the elder] is already married.
（姉妹が2人いるが，年上のほうはすでに結婚している）
iii. *Hugo has a big house, but Karl has [a bigger].
（ヒューゴーは大きな家を所有しているが，カールはより大きいのを所有している）

不定の決定詞をともなう比較級はその容認可能性が下がるという事実から，定性に基づいた説明ができるだろう．最上級は**ランクづけ表現**（**ranking expressions**）である．つまり最上級は他の項目よりも高いものとして唯一の人やものを選び出すはたらきを本来もっている．また，比較級も比較対象が2つの場合は同様の機能をはたす．したがってこれらは通常の形容詞よりも定の決定詞に似ている．なぜなら通常の形容詞は修飾している名詞の外延に制限を与えるだけだからである．このことは最上級形容詞と比較級形容詞の位置に反映されている．両者は，典型的にはほかの形容詞よりも決定詞に近い位置に現れるからである．[11] しかしながら，最上級／比較級形容詞と名詞主要部がどういう場合に融合できるのかを説明しようとすると，最終手段として統語論の観点から説明せねばなるまい．たとえば，形容詞 main もランクづけ機能をもっているが，最上級と同じようには用いられないからだ．[12]

---

[11] 訳者注：第15章を参照．

[12] 訳者注：形容詞と主要部の融合ができたりできなかったりする理由を説明したい．最上級形容詞や比較級形容詞は決定詞に近い位置に現れるのに，main はそこには現れないという違いがみられる．これらはみなランクづけ機能をもつものであるので，機能面からこの理由を

*There's obviously some kind of switch at the front, but [the main] is at the back.
(明らかに，ある種のスイッチは手前についているが，メインスイッチは裏側についている)[13]

属格人称代名詞が決定詞として用いられる構造では，最上級は特殊な解釈をもつことになる．特殊な解釈は former, latter, same を用いた場合にも生じる．

(23) i. George was at [his most obstructive].
(ジョージはこの上なく邪魔な存在だった)
ii. They invited Watson and Gates, but as usual [the latter] was unable to come.
(彼(女)らはワトソンとゲイツを招待したが，いつものように後者は来られなかった)

例文 (23i) は一般的な言い方であり，名詞句が at の補部になっている．この文が意味するのは，ジョージが著しく邪魔な人間であり，その度合いが最高潮に達していたということである．最上級 best や damnedest は **do** の補部として用いられる．

He did his best/damnedest to frustrate our plan.
(彼は我々の計画を失敗させようと最善を尽くした／精一杯努力した)

the former (前者), the latter (後者), the same (同じこと) は照応的に用いられる.[14] たとえば (23ii) では，the latter は Gates を指す．

説明することはできない．統語論をおいてほかにこれを説明する手立てがないので，最終手段として統語論の観点から，融合が起きているためであるという説明をしておくということらしい．

[13] 最上級は，部分詞を補部にとることができる (例 : the biggest of them (その中で一番大きいもの))．また最上級は，述語として機能する場合，無決定詞複数形の斜格句をとることができる．

He isn't the most reliable of colleagues.
(彼は同僚の中で一番信頼できるというわけではない)．

[14] 訳者注： この点については，本シリーズ第 9 巻『情報構造と照応表現』を参照．

(c)　序数形容詞 (ordinal adjectives)

(24) i. The first student wanted to take linguistics, but [the second] did not.
(最初の学生は言語学を履修したいと思っていたが, 2 人目はそうでなかった)
ii. I wanted to catch the next train, because [the last] will be too late.
(次の列車に乗りたいと思った. なぜなら最終は遅くなりすぎるからだ)
iii. After having a first child, I didn't want [a second].
(第一子をもうけた後, 2 人目は欲しいとは思わなかった)

序数形容詞もランクづけ表現であるので, (24) のような現象は上記のタイプ (b) と関係がある. しかし, (24iii) からわかるように, 名詞句に不定の決定詞がつくのを禁じる制約はなさそうである. 序数と名詞が融合されてできる主要部は, 次の例のように特殊な解釈をもつ. the second of June (6 月 2 日) のような日付では, the second は, the second day つまり「2 日」という意味であるし, また George II (ジョージ 2 世) のような固有名称では, George the Second と読まれ, the Second は「2 世」という意味をもつ.

(d)　色, 起源, 組成を意味する修飾要素

(25) i. Henrietta likes red shirts, and I like [blue].
(ヘンリエタは赤いシャツが好きで, 私は青いのが好きだ)
ii. Knut wanted the purple wallpaper, but I wanted [the mauve].
(カヌートは紫色の壁紙を欲しがったが, 私はふじ色のが欲しかった)
iii. Henrietta likes Russian vodka, and I like [Polish].
(ヘンリエタはロシア産のウォッカが好きで, 私はポーランド産が好きだ)
iv. Knut wanted the French caterers, but I wanted [the Italian].
(カヌートはフランス料理のケータリング業者に頼みたがったが, 私はイタリア料理のがよかった)
v. I prefer cotton shirts to [nylon].
(私はナイロン製よりも綿製のシャツのほうが好きだ)
vi. Knut likes malt whisky, but I prefer [blended].
(カヌートはモルトウィスキーが好きだが, 私はブレンディッドウィスキー (モルトウィスキーとグレーンウィスキーを混合したもの) が好きだ)

ここでの名詞句は決定詞をともなわないか, あるいは, 定の決定詞をともなう. 決定詞が不定の場合, 容認可能性はかなり低下する.

(26) i. ?Harvey bought a red shirt and I bought [a blue].
(ハービィは赤いシャツを買い，私は青いのを買った)
ii. ?I bought some Chinese food rather than [some Indian].
(私はインド料理ではなく中華料理を購入した)
iii. ?I bought a cotton shirt rather than [a nylon].
(私はナイロン製ではなく綿製のシャツを購入した)

(e) 年齢や大きさのような基礎的な物理的属性を意味する形容詞

(27) i. Lucie likes young dogs, but I prefer [old].
(ルーシーは子犬が好きだが，私は老犬のほうが好きだ)
ii. Lucie likes big dogs, but I prefer [small].
(ルーシーは大型犬が好きだが，私は小型犬のほうが好きだ)

これらの例で容認されるものとされないものとのあいだにはっきりとした線引きをするのは難しい．しかし，より複雑な物理的属性を意味する形容詞を用いた場合や性格を意味するような評価形容詞を用いた場合は，かなり容認性が下がるようである．

(28) i. ?Lucie likes smooth-coated dogs, but I prefer [shaggy].
(ルーシーはすべすべしてなめらかな毛の犬が好きだが，私は毛むくじゃらのほうが好きだ)
ii. *Lucie likes friendly dogs, but I prefer [aggressive].
(ルーシーは人懐っこい犬が好きだが，私は攻撃的なほうが好きだ)

上記のタイプ（d）と同じように，名詞句が不定の決定詞をともなうような場合，その文の容認可能性は下がる．実際，次の例は完全に非文である．

*Lucie bought a young dog, but I bought [an old].
(ルーシーは子犬を 1 匹買ったが，私は老犬を 1 匹買った)．

(f) 特殊な解釈をもつ修飾語兼主要部

(29) i. [The French] do these differently from [the Dutch].
(フランス人はオランダ人とは異なるやり方でこれを行う)
ii. [The rich] cannot enter the kingdom of Heaven.
(金持ちは天の王国には入れない)
iii. How will the new system affect [the very poor]?

（新制度は非常に貧しい人々にどのように影響を与えるだろうか）

iv. We are going to attempt [the utterly impossible].
（我々は完全に不可能なことを行おうとしている）

v. This is verging on [the immoral].
（これは不道徳なことといっていいほどだ）

vi. They like to swim in [the nude].
（彼（女）らは裸で泳ぐのが好きだ）

上記のタイプ（b）と（c）で取り上げた形容詞以外に，かなり限られた範囲の形容詞が，特殊な解釈をもつ融合主要部構造で用いられる．そのような融合主要部構造となった名詞句は定冠詞をともなわねばならず，その定冠詞を指示詞にさえ置き換えることはできない．

*these very poor（これらの非常に貧しい人々）

例文（29i–iii）は国籍はどこか，財産は多いか少ないかなどといった，人がもつさまざまな特徴に応じたカテゴリーを意味するサブタイプを表している．こうした名詞句は（29i–iii）のように総称的に用いられるのが特徴である．the French と the Dutch はフランスとオランダの住民を意味している．[15]（29ii–iii）で用いられているような名詞句は「those＋関係節」を用いて書き換えることができる．たとえば，the rich / the very poor は次のように書き換えられる．

those who are rich / those who are very poor

これにはサブタイプとして，過去分詞形の形容詞や -ed で終わる名詞からの派生語が含まれる．具体例をあげておこう．

the disadvantaged（恵まれない人々）
the intellectually gifted（知性に恵まれた人々）
the unemployed（失業者たち）
the hard-hearted（無慈悲な人々）

非総称的な解釈をもつものもある．例を 2 つあげておこう．

the deceased（その故人（たち））　the accused（その被告人（たち））

[15] 訳者注：この種の国籍を表す形容詞については，本シリーズ第 10 巻『形態論と語形成』を参照．

これらは指示対象が 1 人の場合にも複数の場合にも用いることができる．次の例のような固有名称の内部に現れる，融合主要部構造をもつ制限的修飾要素に注目しよう．[16]

Ivan [the Terrible]（イワン雷帝）

例文（29iv）と（29v）は，具体的な解釈ではなく抽象的な解釈をもつという点で（29i–iii）とは異なるもう 1 つのサブタイプである．これらは「that＋関係節」や融合型関係節で書き換えることができる．たとえば the utterly impossible は that which is utterly impossible に，the immoral は what is immoral にそれぞれ書き換え可能である．ところが（29vi）はどちらのやり方であれ書き換えることができない．（29vi）の in the nude は naked（裸で）を意味する慣用表現である．[17]

かなりまれではあるが，融合主要部として機能する形容詞句内に主要部後位修飾要素が生起することもある．

the pure in heart（心のきれいな人々）

この種の形容詞句が依存用法で（つまり融合主要部構造になっておらず，主要部名詞をともなって）用いられると，この形容詞句は主要部名詞の後ろにしか現れない．

people pure in heart［後位修飾］
*pure in heart people［前位修飾］

したがって，主要部と主要部前位修飾要素との融合が起きる通常の場合と同じように，主要部と主要部後位修飾要素との融合が許容されると考えねばならない．[18]

---

[16] 訳者注：ロシア帝国最初の皇帝であるイワン 4 世の俗称．イングランド歴代の王にも同じように二つ名でよばれる者もいる．たとえば Alfred the Great（アルフレッド大王）や Edward the Confessor（エドワード証聖王）など．別称については 20.1 節も参照．

[17] 訳者注：特殊融合主要部構造に形容詞 own が用いられることについては 16.7 節も参照．

[18] 訳者注：the pure in heart（心のきれいな人々）という例では主要部後位修飾要素が現れていても，名詞主要部 people と形容詞 pure が融合を受け，融合主要部構造が形成されている．もしこの融合が許されないとすると，このような構造が許されないと予測されてしまい，people pure in heart という形式しか許容されないと予測されてしまう．

■融合を受けた修飾語兼主要部と融合を受けていない形容詞由来の派生名詞の主要部との違い

形態論において，形容詞から転換（conversion）によって名詞が派生されることがある.[19] そのような名詞が主要部位置を占めている構造と，この章で取り上げてきた構造とを区別して考えるべきである.

(30)　Kim is [an intellectual].（キムは知識人だ）　［決定詞＋主要部］

この例の intellectual は形容詞から転換によって派生された単なる名詞（主要部融合を受けていない形容詞由来の派生名詞）である．一方（29）の French, Dutch, rich, poor, impossible, immoral はそれ自体が形容詞である.

こうした範疇の違いは rich と poor タイプの場合にきわめてはっきりと現れる．融合主要部である rich/poor タイプの形容詞は，派生名詞 intellectual と次の2つの点で異なる.

① intellectual は数によって変化する.

Kim and Pat are intellectuals.（キムとパットは知識人だ）

それに対し，the rich と the very poor は複数形の名詞句であるが，その主要部には複数形語尾（-s など）が現れない.

② 形容詞の intellectual を修飾するには副詞を用いるが，名詞の intellectual を修飾するには副詞を用いない.

Kim is [remarkably intellectual].（キムは際立って聡明だ）
*Kim is [a remarkably intellectual].

名詞の場合は，正しくは次のようにいう.

Kim is [a remarkable intellectual].

この文では名詞の intellectual は形容詞 remarkable によって修飾されている．これとは対照的に rich と poor を修飾するには副詞を用いる.

the extremely rich（相当の金持ち）　the very poor（非常に貧しい人々）

上記の証拠から rich や poor は形容詞としての範疇特性を保持していること

---

[19] 訳者注：ある語に接頭辞や接尾辞もつかず，また綴りや発音もほとんどそのままで，別の品詞の語が派生されることを転換あるいは品詞転換という.

は明らかである.

国籍を表す形容詞 French や Dutch は very などの修飾語がつかない非段階的（non-gradable）形容詞なので，この種の形容詞には上述の①の違いのみが当てはまる．つまりこれらの形容詞は複数形にならないということである．一方，（29iv–v）の impossible と immoral は複数形にならず，単数形でしか用いられない．ゆえに①は当てはまらず②の違いのみが当てはまる．つまり副詞による修飾である．①か②かのどちらか一方が当てはまれば，French, Dutch, impossible, immoral などの主要部が（形容詞から転換によって派生名詞になったものではなく）形容詞であることを証明するには十分である．とくに the French と the immoral は定冠詞が義務的であるという点で the rich と同類であることを考えれば，このことは明らかである.

9.4 決定詞前位要素と主要部の融合

かなり限定的だが，主要部は決定詞前位修飾語とも融合することがある．2つの場合をみてみよう.

(a) 分数と倍数

(31) i. I earn half the amount Bill does, and Mary earns [two thirds].
（私はビルが稼ぐ額の半分を稼ぐ．メアリーは3分の2稼ぐ）

ii. I earn three times the amount Bill does, and Mary earns [double/half].
（私はビルが稼ぐ額の3倍稼ぐ．メアリーは2倍／半分稼ぐ）

iii. ?I earn three times the amount Bill does, and Mary earns [twice].
（私はビルが稼ぐ額の3倍稼ぐ．メアリーは2倍稼ぐ）

これらは単純融合主要部構造の仲間である．たとえば，（31i）の two thirds は two thirds the amount Bill does のように先行詞を受ける形で照応的に解釈される．（31i–ii）の決定詞前位修飾要素 two thirds と double/half は，それぞれ小名詞句と名詞である.[20] 一方（31iii）の twice は副詞であり，その容認性

[20] 訳者注：（31i）の two thirds はそれ自体で two という基数詞と thirds という名詞からできた小名詞句であると述べている．two のような決定詞類は内部依存要素として名詞と結びつき，小名詞句を形成するということらしい（第2章の（7）を参照）．two thirds the amount Bill does という構造では，この小名詞句 two thirds が決定詞前位修飾要素として the amount

は明らかに低い．分数は部分詞構造において非融合主要部としても用いられる．

Mary had already spent [two thirds of her allowance].
（メアリーはおこづかいの 3 分の 2 を使ってしまっていた）

(b)　全称数量詞

(32) i. Both/All these issues were ignored in the first draft, but [both/all] are now adequately covered.
（この問題は両方／すべて第一草稿では無視されたが，今では両方／すべて適切に取り上げられている）

ii. Two judges had given both/all the competitors a grade of B+, but one had given [both/?all] an A.
（2 人の審査員が両方の／すべての参加者に B+ の評価を与えていたが，1 人の審査員が両者／全員に A を与えていた）

both と all は決定詞としても機能するので，決定詞前位修飾語 both/all と決定詞 these/the と名詞主要部 issues/competitors が融合するというここでの分析には問題がある．この種の例は部分詞 both/all of them の of 句が省かれて，部分詞構造の決定詞兼主要部である both だけが出てきているという分析をすることもできるだろう．仮にそうだとしても，このような場合 all は both ほどには容易に用いられない．なぜなら（32ii）のように，融合主要部名詞句 all が主語ではない場合には，その容認性がきわめて疑わしいからである．（32ii）の all やそれより容認性の高い both さえをも凌いで，一般にもっと好まれる表現がある．それは同じ意味を表す表現形式である both/all of them と them both/all である．

9.5　融合主要部分析とその他の分析との比較

この章で取り上げてきた融合主要部構造は，伝統文法における機能融合（functional fusion）の観点から分析されてはおらず，現代の枠組みでも取り扱われ

... という決定詞＋名詞を修飾している．（31ii）の決定詞前位修飾要素 double/half はそれ自体で名詞である．half/double the amount Bill does という構造では，この名詞が決定詞前位修飾要素として the amount ... という決定詞＋名詞を修飾している．

ることはなかった．伝統文法では完全に明確な説明は与えない傾向にあるが，一般的には２種類の分析を組み合わせた説明をしている．代名詞分析と省略（ellipsis）分析である．

(33) i. There are a dozen applications and [several] look quite promising. ［代名詞］
（12 の応募があり，いくつかはかなり期待してよさそうだ）
ii. There were two pieces left and Kim, as always, chose [the larger]. ［省略］
（2 つ残っていたので，いつものようにキムは大きいほうを選んだ）

伝統的には several は several applications（いくつかの応募）のような例では形容詞として分析されるが，(33i) のような例では代名詞として分析される（代名詞分析）．それにもかかわらず，the larger piece（大きい一切れ）の larger も，(33ii) の the larger の larger もどちらも形容詞として扱われる．そして後者つまり the larger では piece が省略されているという省略分析が採用されている．

[専門的解説]

伝統文法は代名詞分析とも省略分析とも違う分析（すなわち，融合主要部分析）を (33) に適用することを認めないといっても過言ではないだろう．そしてこの融合主要部分析それ自体が伝統文法に反する分析とみなされるに違いない．文法記述の簡潔性と一般性の理由からも，伝統文法の分析より，（融合主要分析のような）統一的な分析が支持されるべきである．

■伝統的代名詞分析に関する問題

(a) 一般性の欠如

代名詞分析について最初に述べておくべきことは，この分析はすべての事例を網羅できるほど一般性の高いものではないということである．この分析では，ある語は名詞句の（本シリーズの用語でいう）主要部であるかどうかによって異なる品詞に分類されてしまうことになり，複数の理由から一般的な解決策にはならない．第一の理由はこうだ．依存要素と主要部の融合は形容詞の比較級表現と最上級表現では可能である．だからといって larger や largest のような屈折形や more/most important のような分析的比較級／最上級の原形主要部をも代名詞に含めてしまう代名詞分析を採用すると，代名詞範疇の範囲が無限に広がってしまうだろう．また完全に代名詞の性質を変えてしまうことになる．代名詞分析を退ける第二の理由として次の例をみてみよう．属格決定詞が主要部と融合している構造では，主要部として機能する語は名詞である．

Jill's proposal was an improvement on her husband's.
（ジルの提案は彼女の夫のものを改善したものであった）

だからといって husband's やそれに類する語を代名詞として扱う代名詞分析を採用すると，代名詞と普通名詞・固有名詞の区別をなくしてしまうことになるだろう．代名詞分析は基数詞以外の（本シリーズで名づけた）決定詞類に対してのみ当てはめる伝統があった．ゆえに，それ以外の語にまで拡張することはできない．

(b)　依存要素に関する純粋代名詞との違い

伝統的代名詞分析について述べておきたい第二の点はこうである．代名詞として分析されてしまう語（これは独立用法つまり融合主要部に当たる）は，通常の代名詞が選択する依存要素とは異なる依存要素を選択する．にもかかわらず，その同じ語が，融合されていない決定詞の主要部として機能する場合（つまり依存用法で用いられる場合）にそれらが選択する依存要素と同じ依存要素を独立用法の語が選択するのである．次の例を比べてみよう．

(34)	依存用法		独立用法
i. a.	not much cheese （あまり多くないチーズ）	b.	not much of the cheese （そのチーズの大したことのない量）
ii. a.	very little cheese （ごく少量のチーズ）	b.	very little of the cheese （そのチーズのごく少量）
iii. a.	almost enough cheese （ほとんど十分な量のチーズ）	b.	almost enough of the cheese （そのチーズのほとんど十分な量）

このことは2つの用法間に品詞の違いが存在することの反例となる．(34) の事実は，(30) で取り上げた intellectual の事例と対照的である．intellectual は独立（名詞）用法では依存（形容詞）用法の場合とは異なる依存要素を選択する.[21]

---

[21] 訳者注：intellectual は，依存用法（つまり形容詞）のときには上述のように Kim is [remarkably intellectual]. といえるが，独立用法（つまり名詞）のときには *Kim is [a remarkably intellectual]. とはいえない（Kim is [a remarkable intellectual]. ならばよい）．このように2つの用法が，異なる依存要素をとるのであれば，両者の品詞が違うといってもよいだろ

(c) 属格

融合主要部として分析される表現形式は属格では決して用いられないか，用いられるとしてもかなりまれなケースに過ぎない．たとえば *all's，*many's，*few's，*some's は完全に非文法的とされる．一方 each's は使用されることもあるが，その容認性はやや疑わしい．なぜ融合主要部が属格で用いられないかについて伝統的代名詞分析は何ら説明を与えないが，本シリーズでの融合分析はそれに 1 つの理由を示唆する．それはつまり，問題の形式は決定詞であると同時に主要部なので，完全に容認されるにはその格が両方の機能と適合しなければならないというわけである．many people's expenses（多くの人の経費）における属格標示は名詞句の主要部 people に現れているが，決定詞 many には現れていないので問題ない．つまり，*many's expenses（多くの人の経費）では主要部の格と決定詞のあいだの衝突が生じるので具合が悪いということだ．[22]

■省略

伝統的な省略分析も，融合主要部構造をどう説明するかという問題に対する一般性の高い解決策にはならない．省略されているのなら省略されたものを復元できるはずだが，単独の主要部要素を復元できない事例がいくつか存在する．その中でも最も重要なものを 2 種類以下にあげる．

(35) i.	many of us （我々の多く）	two of the windows （その窓ガラスのうちの 2 枚）	much of it （そのうちの多く）	all of the meat （その肉の全部）

う．しかし，(34) の much や little などの表現は，依存用法でも独立用法でも同じ依存要素（ここでは not や very など）を選択できるのだから，much や little の 2 つの用法が違う品詞であると考えるのはまずい．しかし，伝統的な代名詞分析は，独立用法つまり融合主要部に当たるものを（融合主要部としてではなく）代名詞として分析し，依存用法を形容詞として分析する．2 つの用法でそれらは同じ依存要素を選択するにもかかわらず，異なる品詞をあてがうことになる．さらに，代名詞として分析されているものは，通常の代名詞とは異なる依存要素を選択する．それゆえ，伝統的な代名詞分析には問題があるということだろう．

[22] 訳者注：融合型関係節の格については，本シリーズ第 7 巻『関係詞と比較構文』も参照．
融合主要部である *all's，*many's，*few's，*some's に属格標示（'s）がつかない理由として本シリーズが与えている説明は，融合主要部に's がつくと，主要部機能をはたすことはできても，決定詞機能をはたせなくなるためということになる．

ii.	the rich （金持ち）	the very poor （非常に貧しい人々）	the immoral （不道徳なこと）	the utterly impossible （完全に不可能なこと）

(35i) では部分詞が用いられている．このような例では of の前に名詞を加えることはできない．たとえば，*many ones of us や *much quality of it などは非文となる．(35ii) の名詞句は修飾語と主要部を兼ねる融合構造のうちの特殊タイプに分類される．[23] (35ii) の最初の 2 例は人々の集合を意味しているが，意味を変えずに名詞 people を挿入することはできない．なぜならば，the rich や the very poor は総称的に解釈されるが，the rich people や the very poor people はそうではないからだ．[24] 同じように，(23) のような例で単独の主要部名詞を加えることはできない．

省略分析に関するもう 1 つの問題は，上述の問題ほどわかりやすいものではないが，本シリーズでの名詞句の構造と主要部を欠いた節との関係を考慮する際に生じる問題である．

(36) i. Alice performed the Schubert and [Helen ___ the Rachmaninov]. [節]
（アリスはシューベルトを演奏し，ヘレンはラフマニノフ（の曲）を演奏した）

ii. Alice's performance of the Schubert and [Helen's of the Rachmaninov] [名詞句]
（アリスによるシューベルトの演奏とヘレンによるラフマニノフの演奏）

(36i) では節の主要部である述語動詞を欠いているが，先行節の下線を引いた先行詞から復元可能である．これは空所化 (gapping) として知られている構文である．[25] 一方 (36ii) では名詞句の主要部が欠けているが，(36i) との類推によって，それが performance であるということを先行名詞句から復元できると考えたくなるだろう．しかしながら，(36i) と (36ii) の 2 つの構文は，みかけほど似てはいないのだ．顕著な違いを 2 点，(37) に例示する．

---

[23] 訳者注：上記 (29) を参照．

[24] 訳者注：the rich には「総じて裕福な人々（というのは …)」のような総称的解釈が与えられるが，the rich people は「例の裕福な人々」のように文脈上同定される裕福な人々の集合を表す．

[25] 訳者注：本シリーズ第 8 巻『接続詞と句読法』を参照．

(37) i. a. *Alice performed the Schubert immediately after [Helen ___ the Rachmaninov].
(ヘレンがラフマニノフを演奏した後すぐにアリスがシューベルトを演奏した)

b. Alice's performance of the Schubert took place immediately after [Helen's of the Rachmaninov].
(ヘレンによるラフマニノフの演奏の後すぐにアリスによるシューベルトの演奏が行われた)

ii. a. Alice attempted to play the Schubert and [Helen ___ the Rachmaninov].
(アリスはシューベルトを演奏しようと試み，ヘレンはラフマニノフを演奏しようと試みた)

b. *Alice's attempt to play the Schubert and [Helen's the Rachmaninov].
(アリスによるシューベルトを演奏しようとする試みとヘレンのラフマニノフを演奏しようとする試み)

第一の違いを述べよう．空所化は一般的に等位構造に限られている．(37ia) は，従属構造で空所化が適用されているため，非文となる．しかし主要部が融合を受けている名詞句の構造にはそのような制限はないので，(37ib) は完全に適格である．第二の違いはこうである．空所化は構成素をなさない連続した複数個の要素を省略することがある．その例が (37iia) であり，attempted + to play が省略されている．しかし名詞句に同じ現象はみられず，(37iib) は完全に非文法的である．空所化をうまく扱えるような融合分析を考案することはできないだろう．この構造は先行詞から復元可能な要素の省略を用いて説明しなければならない．しかし名詞句の場合には省略分析で説明しなければならないという理由はどこにもない.[26] そのため，こうした省略分析は (35) にあげてある構造では支持されないので，融合主要部分析を退けるだけの納得のいく代替分析にはなりえない.

■第三の分析すなわち範疇を変えずに機能を変えるという分析も支持できない

原理的にはここでの枠組みとの齟齬をきたさない第三の解決策がある．それは

[26] 訳者注：(37ia) と (37iia) の空所化の例は省略分析で，(37ib) と (37iib) の名詞句の例は融合主要部分析で説明するべきであるということらしい．そうであれば，融合主要部構造の伝統的省略分析が支持されるわけではないということになる．

(38) にみられるような例文のペアをどれも統一的に扱うというものである.

(38) i. a. The shirt is made of [nylon]. [主要部としての名詞]
(そのシャツはナイロンでできている)
b. He was wearing [a nylon shirt]. [修飾要素としての名詞]
(彼はナイロン製のシャツを着ていた)
ii. a. [Many people] would agree with you. [決定詞としての決定詞類]
(多くの人があなたに同意するだろう)
b. [Many] would agree with you. [主要部としての決定詞類]
(多くの人があなたに同意するだろう)

(38i) では単一の範疇が2つの異なる機能で用いられている. ここでの nylon は (38ia) では主要部だが, (38ib) では内部修飾要素である. これは本シリーズの随所で採用している分析である. そのためこの種の解決策がこの章で考察中の構造を扱えるかどうかという疑問が生じるのは当然である. (38ii) の2つの many はともに決定詞類に分類されるが, (38iia) では決定詞として, (38iib) では名詞主要部として, それぞれ機能しているという解決策 (つまり, 決定詞類という範疇を変えないままで名詞主要部から決定詞へ機能を変えるという分析) を唱えることになるだろう.

この解決策を本シリーズが採用してこなかったのは (39) のような例を扱えないからである.

(39) i. I prefer cotton shirts to [nylon]. (= (25v))
(私はナイロン製よりも綿製のシャツのほうが好きだ)
ii. I earn three times the amount Bill does, and Mary earns [double]. (= (31ii))
(私はビルが稼ぐ額の3倍稼ぐ. メアリーは2倍稼ぐ)

(39i) の nylon が主要部位置にある名詞だと説明してしまうと, この文と次の文の違いを捉えられなくなるだろう.

I prefer cotton to nylon. (私はナイロンよりも綿のほうが好きだ)

この2つの決定的な違いは, (39i) では nylon は修飾要素として機能していると思われるが, I prefer cotton to nylon. の例ではそうではないという点である. 融合主要部分析を採用すれば, この違いを捉えることができる. つまり nylon は (39i) では修飾要素と主要部の機能を併せもっているが, I prefer cotton to nylon. では, (38i) の場合と同じように, 主要部としてのみ機能していることになる. (39ii) においても同様に, double は名詞だが, earns の名詞句目的語の主要部としてのみ機能しているというのでは納得できないだろう．なぜならこの文の double は最初の節の目的語位置にある three times と同じく決定詞前位修飾要素としても機能していると考えられるからである．

■決定詞類範疇と代名詞範疇との重複部分

融合主要部分析を採用すると，代名詞範疇と決定詞類範疇の両方に属している語がたくさんあるなどといわなくて済む．むしろ，そのような語はごくわずかしかないといってよいのである．本シリーズでは両範疇に分類される語は4つしかないと想定している．それらは what, which, **we**, **you** である．

(40) 決定詞類 / 代名詞

i. a. [What boy] could resist such an offer?
(どんな少年だったらそのような申し出に抵抗できるだろうか)
b. [What] happened?
(何が起こったのか)

ii. a. it may be free, in [which case] I'll go.
(料金はタダかもしれません．タダなら僕は行きますよ)
b. I need a job [which] pays well.
(私は給料のよい仕事をする必要がある)

iii. a. [We/You Irish] will have his support.
(我々／あなた方アイルランド人は彼の支援を得るだろう)
b. [We/You] will have his support.
(我々／あなた方は彼の支援を得るだろう)

(a) what と which

what と which についていえば，決定詞類である場合と代名詞である場合で意味が違う．そのためこの2つの項目を別々の範疇に分類しても差し支えない．疑問代名詞兼関係代名詞の what (と whatever) と関係代名詞の which は人間ではないものを表し (non-personal)，人間を表す **who** (personal **who**) とはその点が異なる．一方，決定詞類としての what や which は人間にも，人間以外のものにも用いることができる．疑問代名詞としての which は存在しない点にも注意したい．

[Which (of them)] do you want? ((その中の) どちら／どれが欲しいのか)

こういう場合の which は疑問代名詞ではなく決定詞と主要部を兼ねる融合形

として機能し，関係代名詞 which と同様に，性（gender）に関して中立的である．すなわち，人間にも，人間以外のものにも用いることができる．

(b)　we と you

決定詞類である場合と代名詞である場合で意味が違うという例をこれまでにみた．we と you にはそのような意味の違いこそないものの，範疇の違いを認識させてくれる根拠が（意味以外にも）ある．本シリーズは **we** と **you** を主に代名詞に分類している．その理由としては，we と you が三人称や一人称の単数形人称代名詞とは体系立った違いをみせること，決定詞類にはない属格形や再帰形のような屈折形をもつことがあげられる．このように代名詞の性質をもっていてもなお，we や you が（代名詞ではなく）一意的に決定詞類であって，それ以外の何ものでもないという分析を唱えることができるし，それを疑問視すべき理由はないであろう．この分析をとれば，we や you が独立して生起する場合，つまり後続する名詞がない場合（もちろんこれが圧倒的な大部分を占めるのであるが），それらは融合主要部構造に分類されることになる．したがって，ここでは we/you students がもつ構造には二次的拡張用法もあると捉えるわけである．この用法では we/you は決定詞類として再分析されている．[27]

[専門的解説]

(c)　境界例：単数形指示詞

ほかの要素に比べると，指示詞 this と that をどのように取り扱うべきかは明らかではない．ここではこの2つはどちらも決定詞類範疇と代名詞範疇の両方に分類されることを論証していこう．this と that は主要部として機能する場合には，これまでみてきたように，部分詞では用いられないし，(17) のような単純融合主要部構造には一般的に生起しない．この構造は融合主要部構造の特殊なサブタイプに分類されるというのが有力な考え方である．これらの指

[27] 訳者注：we/you は代名詞としての性質をもつため，本シリーズではこれらを主に代名詞として分類してきた．しかし we/you を代名詞ではなく，決定詞類であると分析することも可能ではある．そのような分析をとると次のような捉え方ができる．まず we/you students のような例では，we/you は決定詞類として students という名詞主要部を限定している．そしてこれが we/you の第一次的用法である．we/you に後続する名詞がない場合，つまり普通の代名詞のように用いられる場合には，決定詞類と名詞主要部の融合操作が行われている．これが一次的用法から融合操作によって二次的に派生された拡張用法であるということになる．

示詞が主要部機能と決定詞機能の両方をもっているとみなせるかというと意味的な動機づけがほとんどない．this girl や that boy のように，this や that の後ろには人間を表す名詞主要部ならどんなものでも現れてよい．その一方，this や that が主要部として機能する場合，それが人間を表す解釈は限られた条件下でのみ許容される．たとえば次の文は可能である．

This is my husband.（こちらが私の夫です）

しかし，次の文では this を人間として解釈することができない．

*This said he would help me.
（このお方が私を助けてあげようとおっしゃったのです）

それにもかかわらず，指示詞は名詞句構造では決定詞として機能するかもしくは決定詞と主要部を兼ねる融合形として機能するので，指示詞を一意的に決定詞類範疇に分類するほうが好ましいように思う．そう考える１つの理由は，決定詞類用法と代名詞用法とのあいだに線引きをしようとしても，ここが境目だといえるだけの動機づけがないことである．複数形には融合主要部分析を当てはめるのが自然であり，(17) と (9ib) と (9ic) のような単数形の例は対応する複数形と同じである．指示詞を一意的に決定詞類範疇に分類する第二の理由は，名詞句構造内でのほかの要素との結びつき方が，指示詞と典型的な代名詞とで，かなりはっきりと異なることである．代名詞は一般的に主要部前位依存要素として数量詞をとることはない．人称代名詞の中では，**we** と **you** のみが all を受け入れる．そして，代名詞が主要部前位依存要素として数量詞をとるのは，関係節のような主要部後位修飾要素が存在する場合に限られる．しかし指示詞は all をかなり自由に受け入れる．加えてほかの決定詞前位要素をとる．たとえば <u>half</u> this（この半分）や <u>double</u>/<u>three times</u> that（その倍／3倍）のようにである．（決定詞の）主要部位置における指示詞と純粋な決定詞位置における指示詞とのあいだに上記のような数量化に関する違いはない．ここでもまた，指示詞をその主要部とする名詞句では，主要部後位関係節と前置詞句が一般に用いられるが，[28] 代名詞と用いられるのはかなりまれである．

---

[28] 訳者注：関係節の例については（16iii）を参照．
（16iii）の例，What's [all <u>this</u> I hear about a move to sack the chief executive]?（最高経営責任者を解雇する動きについて私が聞いているこの件は一体どういうことなんだ？）において，指示詞 this を主要部とする名詞句内に関係節が現れている．この指示詞は all を受け入れていることがわかる．

9.6　複合決定詞類

somebody のような複合決定詞は形態的には決定詞と名詞との複合によって，2つの機能が統語的に融合した形で，決定詞兼主要部として用いられる．主なものを (41) にあげる．

(41)	i.	everybody （誰も）	somebody （誰か）	anybody （誰も）	nobody （1人も～ない）
	ii.	everyone （誰も）	someone （誰か）	anyone （誰も）	no one （1人も～ない）
	iii.	everything （何も）	something （何か）	anything （何も）	nothing （何も～ない）
	iv.	everywhere （どこも）	somewhere （どこか）	anywhere （どこも）	nowhere （どこも～ない）

決定詞類の語基には全称分配数量詞 every と3つの存在数量詞（肯定指向の some，非肯定的もしくは自由選択の any と否定の no）がある．名詞類の語基には人間に用いる -body と -one（両者は完全に同等のものである），人間以外のものに用いる -thing と場所の -where がある．アメリカ英語では，くだけた文体で -where に代わって -place が使われる．次の構造をみてみよう．場所を表す -where が目的語になっている．このような動機づけがあるのだから，場所が名詞句の主要部になると分析してもよさそうだ．

Have you got anywhere to spend the night?
（今晩泊まるところはあるの？）[29]

■主要部後位の特殊な依存要素

決定詞と主要部は融合するのでこの融合形がその内部で，主要部前位に依存要素をとることことはできない．融合が起こっていない名詞句内部では，そのような依存要素に対応するものは主要部の後ろに置かれる．

(42) i. [No <u>sensible</u> ideas] / [Nothing <u>sensible</u>] will emerge from the meeting.

---

[29] 複合決定詞類から転換 (conversion) によって形成される名詞がある．
He's [a <u>nobody</u>]（彼はとるに足らない人物だ）
Would you care for [a little <u>something</u>]?（何かちょっとした食べ物でもいかがですか）

（どんな思慮深い案も／思慮深いことは何もその会議からは出てこないだろう）

ii. I don't want [a gold watch] / [anything gold] for my anniversary.
（私は自分の記念日に金の腕時計なんて／金製品なんて1つも欲しくない）

このような主要部後位依存要素を**制限部**（**restrictor**）とよぶことにする．1つの名詞句に対して2つ以上の制限部をあてがうことはできない．

(43) i. [No sensible new ideas] / *[Nothing sensible new] will emerge from the meeting.
（どんな思慮深く新しい案も／思慮深く新しいことは何もその会議からは出てこないだろう）

ii. I don't want [an expensive gold watch] / *[anything expensive gold] for my anniversary.
（私は自分の記念日に高価な金の腕時計なんて／高価な金製品なんて1つも欲しくない）

・else と more

複合決定詞類と決定詞兼主要部 all, much, little には共通点がある．それは，これらの主要部がその直後に else あるいは（存在数量化を表す場合には）more を依存要素としてとることができるという特性である．例をあげよう．

everything else（ほかのすべて）
nothing else than a few scraps of bread（少々のパンくずだけ）
something more（何かもう少し）
anything more than that（それより多くのいかなるものも）

また，else は (42) にあるような制限部に先行することができる．

nothing else sensible（ほかに相応しいものは何もない）
anything else gold（ほかの金製の何か）

しかしこのような語順は than 補部がある場合は容認されない．than 補部は else の代わりに other を必要とし，制限部に後続する．次の例を比べよう．

*nothing else sensible than this
nothing sensible other than this（相応しいものはこれだけ）

■主要部後位修飾要素

複合決定詞類は普通名詞と同じ範囲の主要部後位修飾要素を選択する．例をあげよう．

everything in the collection　［前置詞句］
（その新作発表会に出品されるあらゆる作品）
something (that) you need to know　［関係節］
（あなたが知る必要のある何か）

このような通常の修飾要素はどの制限部よりも後ろに置かれなければならない．

everything fashionable in the collection
（その新作発表会に出品される流行の先端を行くあらゆる作品）
*everything in the collection fashionable

このような順序に関する制限は統語的な観点からすると，主要部後位に現れる内部依存要素の順序は完全に自由であるという一般規則から逸脱している．[30]

・something of ...

something は of 句補部と組み合わさって程度を表すことがある．

(44) i. It was something of a surprise that he wasn't sacked on the spot.
（彼がその場でクビにならなかったのはちょっとした驚きだった）
ii. She's something of an actor.
（彼女は相当の役者だ）

(44i) は It was to some extent a surprise.（それはある程度驚きだった）と解釈され，(44ii) は She can to some extent be described as an actor.（彼女は役者であると，ある程度いってよい）と解釈される．[31] この something of は much を

---

[30] 訳者注：第 15 章を参照.

[31] この言いまわしでは something のほか，somewhat も用いられる．

It was somewhat of a problem.（それはちょっとした問題だった）

したがって somewhat は複合決定詞類の範疇に外から入り込んできたような項目だといえる．しかしこれとは違う環境で使われる somewhat は，程度副詞である．

It was somewhat difficult to understand.（それはやや理解するのが難しかった）

非標準的英語では something はこの程度副詞の縄張りに入り込む．たとえば，

用いた言いまわしと多少似ている（上記（18）と比較せよ）．とはいえ，この言いまわしは叙述補部以外に現れてよい．

Something of a problem has arisen.
（ちょっとした問題が生じた）

またこれは，「斜格 of＋不定冠詞 a＋名詞」という型にはまった言い方しかできないわけではない．

She has something of her mother's charm and tenacity.
（彼女は母親の魅力とねばり強さをある程度受け継いでいる）

■主要部前位依存要素

複合決定詞類（everyone や anything）とその内部に含まれる決定詞類の語基（every や any）は，同じ主要部前位修飾要素（not や hardly）をとる．[32]

(45) i. a. [Not every] supervisor would agree.
(すべての指導教員が同意するとは限らないだろう)
b. [Not everyone] would agree.
(誰もが同意するとは限らないだろう)

ii. a. They did [hardly any] work.
(彼(女)らはほとんど仕事をしなかった)
b. They did [hardly anything].
(彼(女)らはほとんど何もしなかった)

[専門的解説]

・複合決定詞類を決定詞類として捉える分析

複合決定詞類は伝統的には代名詞として分析されるが，本シリーズでは決定詞類の範疇に分類した．代名詞と共通している点は両者とも常に名詞句構造の主要部として機能することである．それでも複合決定詞類を第一義的に決定詞類とみなす理由は，(45) で例示したように，通常の決定詞類と同じ主要部前位修飾要素をとるということである．(45ia) と (45iia) では not every と hardly any は名詞句構造で決定詞として機能している決定詞類句である．一

!I loved her something rotten.（私は彼女をものすごく愛していた）
こういうときの something は terribly（ものすごく），greatly（非常に）という意味である．

[32] 訳者注：第 11 章を参照．

方（45ib）と（45iib）では not everyone と hardly anything は名詞句構造で決定詞兼主要部として機能している決定詞類句である．この分析によれば，not everyone と hardly anything を特殊な名詞句構造を有するものと捉えるのではなく，決定詞類句にとってどのみち必要となる構造を有するものと捉えることが可能である．また，すでに述べたように，複合決定詞類は代名詞と名詞句構造で常に主要部として機能するという特性を共有している．しかし上述のように，複合決定詞類は代名詞とは異なり主要部後位修飾要素を自由にとることができる．さらに，複合決定詞類はコアな代名詞とは意味的に異なり，直示的に解釈されることも照応的に解釈されることもない．

9.7　後位修飾要素の省略

融合主要部分析を採用することで，名詞句の主要部や主要部前位依存要素が省略を受けるという仮定を設ける必要はなくなる．そうであれば，名詞句構造で省略を受けるのは主要部後位に現れる内部依存要素だけということになる．

(46) i. You say she's [a friend of Bill's], but I think she's [a relation ___].
（あなたは彼女がビルの友だちだというが，私は（ビルの）親類だと思う）
ii. [An article on this topic] is more likely to be accepted than [a book ___].
（このテーマに関する論文は（このテーマに関する）本よりも採択される可能性が高い）

（46i）と（46ii）の省略が起こっている箇所はそれぞれ，a relation of Bill's（Bill の親類）と a book on this topic（このテーマに関する本）ということになる．主要部後位依存要素は反復を避けるために省略されている．このような省略は一般的な操作であり，主要部後位構成素を省略することができる．たとえば次の例を比べてみよう．

I sent my daughter to Paris, and Mary sent her son ___.
（私はパリに娘を，メアリーは（パリに）息子を送った）
I use [a teaspoon of garlic powder] in this recipe, and Mary uses [a tablespoon ___] ___.
（私はこの調理法で小さじ一杯のニンニク粉末を使い，メアリーは（この調理法で）大さじ一杯（のニンニク粉末）を使う）

このような名詞句内の主要部の後ろの位置で起こる省略のうち，特殊な事例が of 句のない黙示的部分詞構造に観察される．

(47) i. I didn't see any of the movies, but Lucille saw [some ___].
(私はそれらの映画のどれもみなかったが，ルシールは（それらの映画の）いくつかをみた)
ii. A great many people saw the play and [the majority/almost all ___] enjoyed it.
(非常に大勢の人がその劇をみて，（その観客の）大多数／ほぼ全員がそれを楽しんだ)

(47) では部分斜格句 of them がそれぞれ省略されており，その先行詞は下線を引いた名詞句である．(47i) では先行する節に部分斜格前置詞句（つまり of the movies）があるが，(47ii) では存在しない．前置詞 of は部分詞に本来備わっているものなので，先行詞から復元できるようにしておく必要はない．これらの例における some と almost all は決定詞と主要部を兼ねる融合形であるが，majority はそうではない．それでもなお，いずれの場合も of 句の省略が可能である．[33]

[33] 訳者注：(47i) の some と (47ii) の almost all は黙示的融合主要部構造をなし，これらには of them がついてはいない．(47ii) の the majority は融合主要部構造にはなっておらず，もともとの the majority of them という形式から of them が省略を受けていると考えられている．of them が省略されているが，先行する等位項には部分斜格句つまり of 句の形をもつ先行詞はない．この of them のうち，前置詞 of そのものは部分詞に本来備わっているため，of はたとえ復元可能な環境にはなくても部分詞構造からそれがあることが解釈される．of の後ろの省略された them についていえば，先行する等位項の a great many people が先行詞となってこの them を復元できるということであろう．

第10章　代名詞

代名詞は語の閉じた類（closed category）の範疇である．中核的代名詞のほとんどは直示的（deictic）に，もしくは前方照応的（anaphoric）に使われるという点に特徴がある．

(1) i. I love you. ［直示的代名詞］
(あなたを愛しています)
ii. Tell $Mary_i$ I want to see her_i. ［前方照応的代名詞］
(私がメアリーに会いたがっていると彼女に伝えてください)

(1i) の I と you が直示的なのは，発話行為（utterance-act）がもっている，ある特定の性質とかかわって解釈されるからだ．つまり，これらの代名詞は，それぞれ，話し手と聞き手に言及している．(1ii) では Mary と her が同一指示的（coreferential）であると解釈するのがもっともきわだった解釈なのだが，その場合，her は，その先行詞である Mary からそれ自体の解釈を引き出しているため，(前方) 照応的（anaphoric）である．統語的には，代名詞は，名詞句（Noun Phrase, NP）の主要部として機能するので，より大きい名詞的範疇（名詞句）に内包される．代名詞とそのほかの名詞（すなわち，普通名詞（common noun）と固有名詞（proper noun））が違うところは，ほかの名詞に比べて，代名詞ははるかに限られた依存要素しかとらないという点である．(1) に示すように，代名詞はそれのみで名詞句を形成するのがふつうであり，決定詞を取らないところに最大の特徴がある．

代名詞は直示（deixis）ならびに照応（anaphora）と密接な関係をもっている．まさにこの理由で，これらの意味と用法の詳しい議論の大部分については本シリーズ第9巻『情報構造と照応表現』を参照するとよかろう．ここでは，代名詞のさまざまな下位範疇をかいつまんで概観し，代名詞とその他の名詞との統語上の違いに関する問題を取り上げる.

10.1 代名詞の下位範疇

本シリーズが認める代名詞の範疇は，伝統文法で代名詞と認められる範囲よりいくらか小さい．というのも，ここで決定詞類と分類するもののいくつかが融合主要部名詞句構造（fused-head NP construction）に現れる場合，それらは伝統文法では代名詞として分類されるからだ．このことについては9.5節で議論した．一方，本シリーズでは，伝統文法において普通名詞もしくは副詞として分析されるtoday（今日）のような特定の語を代名詞の範疇に含めている．したがって，代名詞には人称（personal），相互（reciprocal），疑問（interrogative），関係（relative），そして時（temporal）の5つの主要な範疇があることになる.

10.1.1 人称代名詞 (personal pronouns)

人称代名詞はもっとも主要な範疇であり，人称代名詞を中核的なものと周辺的なものに分類することは有用である.

■中核的人称代名詞

人称代名詞とよばれるのは，それらが人称という直示的範疇によって分類されているからである．より具体的には，この範疇には一人称と二人称代名詞が含まれ，それらは発話行為（utterance-act）における話し手と聞き手に関連づけられる．この範疇には8つの中核的人称代名詞があり，それらは数（number）と（三人称単数では）性（gender）[1] に応じて分類される．(2) に示すように，それぞれが最大5つの屈折形をもつ.

[1] 訳者注：本シリーズでの性（gender）は，必ずしも生物学的性（sex）別を直接反映する文法範疇ではなく，（代）名詞やその他の名詞類の特定の意味に関する特徴によって，文法的分類を示す範疇である．Quirk et al.（1985: 314–318）によれば，9つの性のクラスが認められる．すなわち，male（例：brother），female（例：sister），dual（例：doctor），common（例：baby），collective（例：family），higher male animal（例：bull），higher female animal（例：cow），lower animal（例：ant），inanimate（例：box）である．詳細についてはQuirk et al.（1985）を参照のこと.

(2)

人称	数	性	非再帰形 主格	非再帰形 対格	非再帰形 属格 依存形	非再帰形 属格 独立形	再帰形 常格
			常格				
一人称	単数		I	me	my	mine	myself
二人称	単数		you		your	yours	yourself
		男性	he	him	his		himself
三人称	単数	女性	she	her	her	hers	herself
		中性	it		its		itself
一人称	複数		we	us	our	ours	ourselves
二人称	複数		you		your	yours	yourselves
三人称	複数		they	them	their	theirs	themselves

代名詞の屈折形式はまず再帰形か非再帰形に分類される．再帰形が主に使われるのは，顕在的（overt）あるいは隠在的（covert）先行詞と代名詞のあいだに密接な構造関係がある場合である．つまり，当該の先行詞は再帰形代名詞を含む節の主語であるのが典型である．次の 2 文を比べてみよう．

Ed hurt himself.　［先行詞は同じ節の主語］
（エドはけがをした）
She had pushed Ed away but hadn't intended to hurt him.　［先行詞は別の節にある］
（彼女はエドを押したが彼を傷つけるつもりはなかった）

再帰代名詞には常格の格形式しかなく，属格形 himself's という形式はない．例をあげる．

Ed has left his/*himself's umbrella behind.（エドは自分の傘を忘れた）

一方，非再帰代名詞は属格と非属格に区別される．大部分の非属格代名詞には，主格と対格の区別がある（人称代名詞以外でこのような区別が観察されるのは，疑問詞／関係代名詞 **who** だけである）．しかし，（単数と複数の）**you** と **it** は常格しかもたない．**he** と **it** を除いてあらゆる属格人称代名詞に依存形と独立形の区別がみられる．このような区別をするものは，人称代名詞と決定詞 **no** をおいてほかにはない．格の文法形式については第 16 章で記述する．

■ 単数の they

次の例のように，**they** が単数の先行詞をとるのはふつうである．

Someone has left their umbrella behind.
（誰かが自分の傘を置き忘れている）

このように，**they** は性に関係なく使えるので，中核的人称代名詞が性を欠いても，何ら問題は生じない．話者によっては，単数の they を使い，さらにこれに専用の再帰形となる themself を使う人もいる．すなわち，次のようにいうことがある．[2]

%Someone has locked themself in the attic.
（誰かが屋根裏部屋に閉じこもっている）

■代名詞 one

代名詞 one（非特定のまたは総称の人）は 2 つの点で人称代名詞と同じ部類といえる．具体例をみてみよう．

(3) a. One shouldn't take oneself too seriously. ［再帰代名詞］
（気難しく考えすぎず，肩の力を抜いたほうがいいよ）
b. One can't be too careful in these matters, can one? ［付加疑問文］
（こういう問題では（どれだけ用心しても）用心しすぎるというとはないですよね）

まず第一に，**one** が（常格 one と属格 one's に加えて）再帰形 oneself をもつという点があげられる．つまり，再帰形は人称代名詞の文法形式に特化されており，それ以外の名詞や代名詞に再帰形は存在しない．第二に，one は付加疑問文の主語として機能することできるという点があげられる．これは人称代名詞の弁別的特徴である．[3]

代名詞 **one** は，ほかの名詞句に対する照応形（anaphor）として使うことができないというところが三人称単数代名詞と異なる．例をあげておく．

*A politician shouldn't take oneself too seriously.

---

[2] 訳者注：単数 they の議論については，17.2.4 節を参照．
また，ourself（私自身）を再帰代名詞にもつ単数形の **we**（私）も存在する．これは君主や法王などのような人によって使われる敬意を表す代名詞である．現代英語ではほとんど使われていない．

[3] 訳者注：この点に関する詳細は本シリーズの第 6 巻『節のタイプと発話力，そして発話の内容』を参照．

実際のところ，（主にアメリカ英語の）話者によっては，one そのものが人称代名詞の先行詞になることがある．具体例をみてみよう．

(4) a. %What is one to do when he is treated like this?
（このような扱いをうけた時どうすべきか）

b. %One should do their best to ensure that such disputes are resolved amicably.
（そのような争いが友好的に解決できるよう最善を尽くすべきだ）

(4a) のような例は，建前上は性別に関係なく使われるということになっている **he** (purportedly sex-neutral *he*) の用法[4] の全般的な減少にともない，今では使われることが少ない．(4b) はきわめてまれである．つまり，単数の **they** は one に対する照応形として十分に定着していない．

これらの例から明らかなように，**one** は性に関して中立であるが，だからといって，これは (2) の三人称単数代名詞と one を別物扱いする決め手にはならない（それゆえ，one を男性，女性，中性に次ぐ第四の性として人称代名詞の文法形式に組み込むことはできないだろう）．ほとんどの話者にとって，ある特定の個人というよりは一般的に人々について話す時，**one** は非指示的にしか使われない．この点で，次の例からわかるように，one は非指示的用法の you と競合関係にある．

What are you to do when you are treated like this?
（このような扱いをうけた時どうすべきか）

you よりも one を使うほうが形式的である．また，これは当たり前のことだが，聞き手をことさらにとり上げて述べているのではないということが明確に表される．それに対して，次の例文のように，you を使う場合には，聞き手のことをとり上げて話している可能性がある．

You shouldn't take yourself too seriously.
（肩の力を抜いたほうがいいよ）

しかしながら，中には特定の文脈で **I**（私は／が）の代わりに **one** を使って自分自身のことを述べる話者もいる．すなわち，

%One suddenly realised that one was being followed.

---

[4] 訳者注：17.2.4 節を参照.

(誰かにつけられていることに突然気がついた)

ということがある．この用法は上流階級のイギリス英語を連想させ，これを聞いた多くの英語話者は，気どった言い方をしていると感じるのである．

■虚辞 there (dummy there)

(5) a. There is an obvious solution to this problem, isn't there?
(この問題にはこうすれば必ず解決できるという方法がありますよね)
b. I believe there to be no obvious solution to this problem.
(この問題にはこうすれば必ず解けるという方法はないと信じています)

歴史的にみると，there は場所の前置詞（伝統文法では副詞）であるが，場所の意味を表さなくなった．そして there はさまざまな表現で使われるようになり，代名詞として再分析された．[5] (5b) のような連鎖動詞をもつ複文 (complex catenative construction) では，there が従属節の主語から主節の目的語に昇格する．しかし，それを除けば there は主語位置にしか生起しない．[6] there には常格の形式しかない．

代名詞の there は人称代名詞の枠に収まりきらないところがあるが，その一員に加えてやるのがよいだろう．(5a) に示すように，there は付加疑問文の主語位置に生起できるという人称代名詞ならではの特徴をもつ．そして，この点は，人称代名詞の中心メンバーであるもう 1 つの虚辞(ダミー)代名詞 **it** と似ている．

■us all タイプの全称的人称代名詞 (universal personal pronoun)

(6) i. a. They've invited us all.
(彼(女)らは私たち全員を招いてくれました)
b. It's an insult to us both.
(それは私たち両方に対する侮辱ですよ)
ii. a. She likes you all.
(彼女はあなた方全員が好きです)
b. I'm counting on you both to help.
(あなた方お 2 人が手伝って下さるのを頼りにしていますからね)

---

[5] 訳者注：これらの構文は情報のまとめ方 (information-packaging) とよばれる領域に分類され，本シリーズ第 9 巻『情報構造と照応表現』でこれについての記述を行う．

[6] 訳者注：連鎖動詞とは，その後ろに不定詞節や動名詞節などをともなう動詞をいう．(5b) は，believe- 目的語 -to 不定詞構文であり，believe が連鎖動詞である．

iii. a. This applies to them all.
(これは彼(女)ら全員に当てはまります)

b. I expect them both to take part.
(彼(女)らが 2 人とも参加してくれるのを期待しています)

(6) の all と both は代名詞に組み込まれて，全体として複合代名詞 (compound pronoun) になっていると考えられる．これらの形式は，(7) のようなはるかに一般的な構造にみられる語の並びとは区別すべきである．

(7) i. a. We all / both enjoyed it.　b. We had all / both enjoyed it.
(私たち全員が／2 人ともそれを楽しんだ／楽しんでいた)

ii. a. You each qualify for a prize.　b. You will each qualify for a prize.
(あなた方それぞれが賞をもらう資格がある／あるでしょう)

iii. a. They all five of them complained.　b. They are all five of them complaining.
(彼(女)ら 5 人全員が不満を述べた／述べている)

(7) の下線部の要素は (名詞句レベルではなく) 節レベルで機能をはたす数量詞的付加部である．このことは以下の事実から明らかである．すなわち，(7i–iii) の (b) で示されるように，助動詞がある場合，数量詞は助動詞に先行するよりも，後続することが好まれるからだ．また，(7i–iii) の (a) において，代名詞と数量詞のあいだに付加部を挿入することもできる．すなわち次のようになる．

We certainly all / both enjoyed it.
(私たち全員／2 人ともすっかりそれを楽しんだ)

それに対し，(6) の複合名詞句の内部に付加部を挿入することはできない．次の例をみておこう．

*She likes you certainly all.

複合名詞句と数量詞付加部のさらなる重要な違いは，(7) のような数量詞付加部の場合，代名詞を普通名詞 (の主要部からなる) 句に置き換えてもよいという点である．つまり，次の例のようにいえる．

The girls all / both enjoyed it.
(女の子全員／2 人ともそれを楽しんだ)

一方,(6) の複合名詞句の場合には,このように代名詞を普通名詞句に置き換えることはできない.つまり,次の文は非文である.

*They've invited the girls all.

(7) の数量的付加部は融合主要部からなる名詞句の形式をもつ.例が示すように,all と both だけでなく,each や部分詞 (partitives) も (7) の環境に現れる.ところが,each や部分詞は (6) の環境には現れない.つまり,次のようにいうことはできない.

*It's an insult to us each.
*This applies to them all five of them.

したがって,(6) のような代名詞と数量詞の組み合わせは,(それらのあいだにほかの語が介在できないこと,さらにそれらを別の語に置き換えられないことなど) どのような一般規則からも予測できない.それゆえこのような組み合わせは複合代名詞と考えるのがもっともよい.そしてさらに,この複合代名詞は (6) で引用されている 6 つの対格形のほかには存在しないということも述べておく.

10.1.2 相互代名詞 (reciprocal pronoun)

相互代名詞には each other と one another の 2 つがあり,それらに意味の相違はない.

(8) a. The children gave each other/one another a present.
(子どもたちはお互いにプレゼントを交換した)
b. Kim and Pat met each other's/one another's parents only four years later.
(キムとパットはわずか 4 年後に互いの親に会った)

全称的人称代名詞と同様に,相互代名詞は正書法では 2 語で綴られるが,文法的には単一の語である.相互代名詞は再帰代名詞と似たところがある.なぜならば,相互代名詞は,顕在的もしくは隠在的先行詞と照応関係を結び,先行詞は相互代名詞のかなり近くになければならないからである.たとえば,(8) の例と次の非文とを比べてみよう.(8) では相互代名詞の先行詞が,相互代名詞を含む節の主語である.それに対して次の文では,

*The children thought that I should give each other a present.

（その子たちは，僕がお互いにプレゼントをあげたほうがいいと思った）

相互代名詞とその先行詞は，従属節の主語によって隔てられている．(8ii) に示すように，相互代名詞は属格をもつという点で再帰代名詞と異なる．そしてもちろん，相互代名詞は人称によってその形式が変わることはない．例：

We / You / They underestimated each other.
（私たち／あなたたちは／彼(女)らは互いを過小評価した）

この理由により，相互代名詞は人称代名詞に含まれない．[7]

10.1.3　疑問代名詞と関係代名詞 (interrogative and relative pronoun)

疑問文と関係節では，人間に使われる (personal) 代名詞 (**who**) と人間以外のものに使われる (non-personal) 代名詞 (what もしくは **which**) の性の区別 (gender distinction) がある．whatever などのような -ever のつく複合関係詞を除く疑問代名詞と関係代名詞の形式を (9) に示す．

(9)

<table>
<tr><th></th><th colspan="2">人間以外に使われる</th><th colspan="3">人間に使われる</th></tr>
<tr><th></th><th>常格</th><th>属格</th><th>主格</th><th>対格</th><th>属格</th></tr>
<tr><td>疑問代名詞
融合型関係代名詞</td><td>what</td><td>—</td><td rowspan="2">who</td><td rowspan="2">whom</td><td rowspan="2">whose</td></tr>
<tr><td>その他の関係代名詞</td><td>which</td><td>whose</td></tr>
</table>

疑問代名詞と融合型関係代名詞の which は代名詞ではなく決定詞類であるということに注意したい．それゆえ (9) に含まれていない．通常，**who** は人間に用いる代名詞であるが，人間でない有生物 (non-human animate) に用いることもできる．[8] 人間でないものに用いる有生代名詞と人間に用いる代名詞の例を (10) に示す．

		人間以外に使われる	人間に使われる
(10)	i. 疑問代名詞	<u>What</u> did he want? （彼は何が欲しかったのですか）	<u>Who</u> did you see? （誰に会いましたか）

[7] 訳者注：相互代名詞については本シリーズ第 9 巻『情報構造と照応表現』で詳細に議論する．

[8] 訳者注：この点については，17.3 節を参照．

ii. 融合型関係代名詞	Take [what you want]. (なんでも欲しいものを選びなさい)	Marry [who you want]. (好きな人と結婚しなさい)
iii. その他の関係代名詞	the car [which came first] (最初に来た車)	the boy [who came first] (最初に来た少年)

融合型関係代名詞 **who** はほとんどの場合，(10) の自由選択構文に限られる．次の文と比べておこう．

*[Who said that] was wrong. (そんなことをいった人は間違っていたね)

上記の形式に加えて，-ever を含む複合語がある．この複合語が観察されるのは，融合型関係代名詞と網羅的条件を表す付加部 (exhaustive conditional adjunct) として機能する例外的な疑問文においてのみである．たとえば，

[Whoever said that] was wrong. ［融合型関係節］
(そんなことをいった人はだれであれ間違っていたね)
I shan't be attending the meeting, [whoever takes over as chair]. ［網羅的条件を表す付加部］
(誰が議長を引き継いでも，私は会議に出席しない)

これら疑問代名詞と関係代名詞は主に疑問文と関係節を扱う巻で子細に議論する．[9]

10.1.4 時を表す直示的代名詞 (deictic temporal pronoun)

yesterday，today，tonight そして tomorrow は伝統文法において代名詞として分類されないが，それらは決定詞をとれないため，時を表す直示的代名詞に属している．例をあげよう．

Today / *The today is my birthday. (今日は私の誕生日なの)

また，これらは直示的に用いられるのがその特徴であり，その点で中核的代名詞 **I** と **you** に意味が似ている．時の前置詞 now と then とは違って，これらの代名詞は属格形をもつ．すなわち，today's (今日の) などといえる．[10]

---

[9] 訳者注：本シリーズ第 6 巻『節のタイプと発話力，そして発話の内容』と第 7 巻『関係詞と比較構文』を参照．

[10] 訳者注：これらの統語分析に関するさらなる議論については本シリーズ第 4 巻『形容詞と副詞』を参照．

10.2　代名詞を主要部とする名詞句の構造

代名詞はふつうそれ自体で名詞句全体を構成するが，中には，

> you who worked on both the projects
> （その両方のプロジェクトに取り組んだあなた）

にみられる**統合型（integrated）**関係節（＝より大きな構造の依存要素として機能する関係節）のような，非常に限られた修飾要素を許すものもある．

■代名詞は決定詞をとらない

英語という言語において代名詞を定義する特徴は，決定詞をとらないということである．たとえば，*the they, *some you, *our each other とはいわない．[11] 伝統文法では代名詞に分類されるが，決定詞をとることができるためにここでの代名詞の範疇から除外される項目には，問い返しの **what** と代名詞類 **one** と **other** が含まれる．次の例を考えてみよう．

(11)	i.	A: I bought a new car.（私は新しい車を買ったのよ）	B: You bought a what?（何を買ったって？）	[普通名詞（代名詞ではない）]
	ii.	A: Which operas do you like?（どのオペラが好きですか）	B: The ones by Mozart.（モーツァルトのがいいね）	
	iii.	A: Which books do I need?（どの本が必要ですか）	B: The three others.（別の三冊です）	

問い返しの **what** は疑問代名詞の what と統語上きわめて異なる．程度の差はあれ，問い返しの what はどの範疇にもとって代わることができ，その範疇の屈折の特徴を引きつぐことができる．つまり，

> You bought three whats?（何を 3 つ買ったって？）

---

[11] Is it a he or a she?（それは男ですか女ですか）のような事例において，he と she は普通名詞であり，代名詞ではない．これらの用法における意味と統語は，代名詞の場合の意味と統語とは明らかに異なる．

They had whatted the car?（彼(女)らはその車に何をしたって？）

とさえいうことができる．同様に，代名詞類 **one** と **other** は，**it** と **they** のような代名詞とまったく異なる．上の例が示すように，それらは数によって屈折変化し，名詞句構造内において通常の普通名詞と同じ範囲の依存要素をとる．

■代名詞は主要部前位内部依存要素もとらない

代名詞は主要部前位内部依存要素（pre-head internal dependent）もとらないのがふつうである．つまり，

*Extravagant he bought a new car.（放蕩三昧の彼が新車を買ったよ）
*I met interesting them all.（おもしろい彼女たち全員に会って来たよ）

しかし，このような条件を設けると，どうしても1つだけ些末(さまつ)な例外を生み出してしまう．つまり，中核的人称代名詞と共起する lucky，poor，silly などの少数の形容詞の用法が存在するからである．具体例をみてみよう．

(12) a. Lucky you! No one noticed you had gone home early.
（運がいいですね！あなたが早退したのに誰も気づきませんでした）
b. They decided it would have to be done by poor old me.
（この哀れで老いさき短い私にそれをやらせるべきだということで話がまとまったんですよ）

(12) の形容詞は意味的に非制限的である．そして，(12a) のように，名詞句は感嘆文として独立しているのがこの用法の特徴である．(12b) のように，この手の名詞句は節構造に組み込まれることができるが，主語にはなれない．つまり，次の文は非文である．

*Poor you have got the night shift again.
（また夜勤をさせられるの？お気の毒ね）

これら代名詞は対格形か常格形でなければならない（Silly me!（私としたことが）と *Silly I! を比較すればわかる）．

■主要部後位依存要素 (Post-head dependent)

きわめて限られた範囲の主要部後位依存要素（post-head modifier）が観察される．

(a)　疑問代名詞と融合型関係代名詞 (interrogative and fused relative pronoun)

疑問代名詞は else（ほかに）をともなうこともあれば，on earth や the hell（いったい）のような感情を表す修飾要素をともなうこともある．すなわち，

What else do you need?（ほかに何が必要ですか）
Who on earth could have done this?（いったい誰がこれをやったんだ）

疑問代名詞と融合型関係代名詞は前置詞句依存要素と共起できる．例をあげる．

Who in Paris would wear a hat like that?
（パリじゃそんな帽子をかぶっている人は 1 人もいないよ）
Whatever in the report was written by Harry was simply ignored.
（ハリーが書いた報告書は，中身がどうかにかかわらず，あっさり無視された）

また，それらの代名詞は統合型関係節の先行詞になれるが，それら関係節は代名詞と離れて後ろの位置に生起するので，名詞句自体には含まれない．具体例をつぎに示す．

(13) a.　Who do you know who would wear a hat like that?
（誰に聞いたってそんな帽子をかぶっている人は知らないっていうだろう）
b.　Whatever they have that has a Paris label is bound to fetch a higher price.
（パリ製品と銘打てば，どんなものでもより高く売れるに決まっている）

(b)　人称代名詞

人を指示する人称代名詞は，統合型関係節によって修飾を受けることができる．以下で具体例をみてみよう．

(14) a.　I/We who have read the report know that the allegations are quite unfounded.
（報告書を読んだ私／私たちは申し立てには根拠がないことを知っている）
b.　He who controls testosterone controls the sexual universe.
（男性ホルモンを制する者は夜の生活を制する）[12]

[12] 訳者注：「弱ってきた男性ホルモンを増強させれば，あなたのパートナーが喜びますよ」とか「精力剤で夫婦円満」ということを意味しているらしい．

三人称の使用は古風な表現であり，ことわざか（たとえば，He who laughs last laughs longest.（最後に笑うものがもっとも良く笑う）など），もしくは，(14b) にあげたように，ことわざの用法を基にしてつくられた新しい表現に典型的である．すなわち，he は非指示的に使われている．現代英語において，このタイプの意味は，次の例文のように，決定詞と主要部を兼ねる融合形の those をともなう言いまわしで表されるのがふつうであろう．

Those who control testosterone control the sexual universe.
（男性ホルモンを制する者たちは夜の生活を制する）

■外部修飾要素（external modifier）

周辺部修飾要素は名詞句と結びつき，それらの多くは名詞句の内部構造にほとんど関係がない．特定の焦点化修飾要素は，とりわけ，人称代名詞と結びつきやすく，そしてこれより頻度は減るが相互代名詞とも結びつく．すなわち，

I love [only you].（あなただけを愛している）
Let's invite [just them].（彼(女)らだけをよぼう）
They criticise [even each other].（やつらは互いのことさえ非難した）

決定詞前位修飾要素のほうが主要部名詞句構造により大きく左右され，それらはほとんどの場合，代名詞と相容れない．唯一の例外をあげれば，一人称と二人称の複数形代名詞が関係節または前置詞句によって修飾される場合，決定詞前位修飾要素である all がついてよい．例をあげよう．

all we who have signed up for the course
（その授業を履修登録した私たち全員）
all you in the front（最前列におられるみなさん）

第 11 章　決定詞類句

数量詞的な意味をもつ決定詞類は，そのほとんどが依存要素を随意的にとることができる．決定詞類が依存要素をとると，構成素としては句のレベルになっている．つまり決定詞類句 DP になっている．決定詞類句 DP 構造内で依存要素のはたらきをする表現の中には，名詞句構造において周辺部修飾要素にもなれる要素がある．[1] 具体例を以下でみてみよう．

(1) i. a. [Not many] people saw her leave.
(多くの人が彼女が去るのをみたわけではない)
b. [Not a single person] saw her leave.
(誰一人彼女が去るのをみていない)
ii. a. [Almost all] copies were lost.
(コピーのほとんどがなくなった)
b. [Almost the whole batch] was lost.
(ほぼまるごと一束がなくなった)
iii. a. [At least ten] people were killed.
(少なくとも 10 人が殺された)
b. [At least an hour] was wasted.
(少なくとも一時間は無駄になった)

(1i–iii) の (a) の例では，下線の表現が直後の語を修飾し，主要部名詞の依存要素である句を形成している．一方，(1i–iii) の (b) の例では，下線の表現は後続する名詞句を修飾している．しかしながら，どちらの構造を割り当てるのが適切かという判断は (1) のように常に容易であるとは限らない．

この章では，決定詞類句 DP 構造内のさまざまな統語的意味的タイプの依存要素を概観する．以下では DP を [　] で，そしてその主要部を下線で，表

[1] 訳者注：この点については第 13 章を参照．

すこととする.

(a) 絶対否定標識 (absolute negation marker) の not

not ともっとも共起しやすいのは, (1ia) でみた many, それから, much, all, every, enough である. また, not は sufficient, a few, a little とは共起できるが, DP レベルの修飾要素として, both, each, few, little, some との共起は許されない. any とは共起可能であるが, せいぜい不可能ではないという程度に過ぎない.[2] not は単数類 (singulative) の one の前に現れることができる.

Not one computer was working.
(動いているコンピューターは1つもなかった)

また, きわめて限られた条件のもとで, たいていの基数詞と共起できる.

Not three miles from where they live is a most beautiful lake.
(彼(女)らが住んでいる場所から3マイルも離れてないところにとても美しい湖がある)

しかし, これらの事例では, not を (1ib) のような名詞句内の周辺部修飾要素として扱うほうがよいかもしれない.

(b) 近似性と正確さ

(2) i. The platoon contained [approximately twenty] soldiers.
(小隊はおよそ20人の兵から成っていた)
ii. [Almost no] seats were taken.
(ほぼ空席だった)
iii. We have [exactly/hardly enough] fuel to get us home.
(ちょうど家に帰れるだけの燃料がある/家に帰るには十分な燃料が残っていない)

approximately (おおよそ), roughly (おおよそ), about (およそ), almost (大体), nearly (ほぼ), practically (ほとんど, 事実上), exactly (まさしく), just (ちょうど), precisely (ちょうど) のような副詞と nigh on (almost の意味), spot on (exactly の意味) といった慣用句は近似性 (approximation) や正確さ (preci-

---

[2] 訳者注: この点については本シリーズ第5巻『前置詞と前置詞句, そして否定』を参照.

sion）を表す修飾要素であり，これらは数詞とともに現れ，それらのいくつかは all，every，「どれでも（〜だ）」を意味する自由選択の any_f，no，enough，sufficient とともに現れる．

They had recruited [all of fifty] volunteers.
（彼(女)らは 50 人のボランティア全員を勧誘した）

この例で使われているように，all of（〜のうちのすべて）もおそらく近似性と正確さを表す修飾要素に属す．近似否定語 barely（かろうじてある），scarcely（ほとんどない），hardly（ほとんどない）は，「どの〜も（〜ない）」を意味する否定極性項目の any_n，enough（十分な，十分に），sufficient（十分な）と数詞を修飾できる．一例をあげよう．

[Barely twenty] people attended the meeting.
（かろうじて 20 人が会議に出席した）

副詞の some は数詞とのみ一緒になって近似性，すなわち，概数を表す．たとえば，[some thirty] students（30 人ぐらいの生徒）といえる．[3]

(c)　程度

程度決定詞類（degree determinative）すなわち **many**，**much**，**few**，**little** は形容詞にきわめてよく似ている．さらにいうなら，とくに，程度決定詞類は，程度修飾要素（degree modifier）をとるのだが，この程度修飾要素は，段階的副詞に重なるところが大きい．つまり，slightly やそれに類する語を別とすれば，very（とても），so（とても），too（あまりに），how（どれくらい），this（こんなに），that（そんなに），amazingly（驚くほどに），distressingly（痛ましく）などの段階的副詞を程度決定詞類がとるということである．以下で具体例をみてみよう．

(3) i. He hasn't [very much] patience.
（彼はあまりしんぼう強いわけではない）
ii. They gave us [too little] time for discussion.
（われわれに与えられた議論の時間は短すぎた）

---

[3] 概数には等位接続や接辞添加といった，文法的にまったく異なる言い方もある．
[thirty or so] student（30 人かそこらの学生）（等位接続）
[thirty-odd] students（30 人余りの学生）（接辞添加）

fully（まるまる），totally（すっかり），completely（完全に），marginally（わずかに），partially（部分的に）などの完成度を表す副詞は，十分性数量詞のenough（十分な，十分に）とsufficient（十分な）を修飾できる．また，fullyは数詞を修飾できる一方で，absolutely（まったく，絶対に）は全称数量詞all, everyと否定辞noと共起できる．以下に具体例を示す．

(4) i. We have [marginally enough] material to finish the job.
（仕事を終えるのにかろうじて十分な材料がある）
ii. There are [fully twenty] unanswered letters in your in-tray.
（あなたのトレイには，まだ返事を書いていない手紙がまるまる20通もおいてある）
iii. [Absolutely all] his friends had deserted him.
（彼の友人が全員そろって彼を見捨てた）

(d) 比較

程度決定詞類の比較級more, less, fewerは，than＋数量詞（通常は数詞）からなる前置詞句補部をとる．それらはまた，数量決定詞類（数詞，many, much, some, a few, noなど）や副詞（considerably（かなり）），あるいは名詞句（a lotなど）によって表される主要部前位修飾要素もとる．以下で具体例をみてみよう．

(5) i. [More/Less/Fewer than twenty] people came to the meeting.[4]
（20人より多い／少ない人がその会議にやって来た）
ii. [Considerably/A lot more than fifty] protesters were arrested.
（50人をはるかにこえるデモ隊の参加者が逮捕された）
iii. You can have [no/a little more] money.
（あなたはこれ以上稼げない／もう少し稼げる）

---

4 more thanの変異形として時々greater thanがみられる．たとえば，

It reserves the right to treat any Application in the Public Offer for greater than 20,000 Sale Shares as an Application in the Institutional Offer.
（その機関は，2万を超える販売シェアに対する株式の公開におけるいかなる申請も，機関の公開における申請として取り扱う権利がある）

しかしながら，greaterは形容詞なので，20,000を決定詞類句の主要部として扱う必要がある．つまりこれは，比較級の表現（greater than）は再分析されて副詞類修飾要素として機能している．それゆえ，ここでの構文とは分けて考えるべき事例である（この点については本シリーズ第7巻『関係詞と比較構文』を参照のこと）．

than 句は後置されることができる（それゆえ，もはや決定詞類句の一部ではない）．たとえば，次のようにいえる．

more people than twenty（20 人以上の人々）

それに対し，than の補部が数量詞でない場合，than 句が必ず後置される．次の例を比較しておこう．

more people than expected（予想より多くの人々）
*more than expected people（予想より多くの人々）

(5iii) において，more はふつう「further（さらなる），additional（追加の）」と解釈されるわけだが，than 句は，それが表面に出てこない場合にも，一般的に「より多い数量（greater amount）」という厳密な比較の解釈になる．ややこしいのは，one が than の補部としてか，もしくは主要部前位修飾語として現れる場合である．具体例をみてみよう．

(6) i. [More than one] glass was broken.
(2 つ以上のグラスが割れた)
ii. [One more] application has been received (than we had expected).
(予想していたよりも 1 つ多い応募があった)

one は決定詞類句 DP の主要部ではないにもかかわらず，これらの例文に one が現れているため，単数の主要部名詞（glass, application）が出てきている．このため，(6i) に示されるように，形式と意味の不一致が起こる．つまり，more than one glass は統語的には単数であるが，複数のグラスを意味している．(6ii) においても，than 句のある場合に同様の不一致が起こる．つまり，申請書が 1 通も受理されないことを予想していたというありそうもない筋書きを想定するのなら話は別だが，そうでなければ，複数の申請書が受理されたという解釈になる．しかしながら，than 句がなく more が「追加の（additional）」という解釈であったなら，この例文は申請書が 1 通受理されたことを意味する．しかし，少なくとももう 1 つ別の申請書が以前に受理されていたという推意（implicature）が出てくるのである．[5]

---

[5] than 句が出てない場合には，no の後に単数形が現れない点に注意しよう．つまり，no more applications（追加で受理された申請書はない）は許されるが *no more application は許されない（ただし，no application とはいえる）．さらに，融合主要部構造では独立形の none ではなく依存形の no が容認される点にも注意しよう．

(e) 上限と下限

(7) i. We have [at least enough] fuel to get to Woking.
(少なくともウォーキングまでの燃料は十分ある)
ii. [At the very most twenty] people will agree to help.
(手伝うといってくれるのは多くても 20 人までだろう)

前置詞句 at most (多くとも，せいぜい) と at least (少なくとも) は (the very をともなう，より完全な形式とともに) 上限 (upper bound) と下限 (lower bound) を表す (つまり，no more than (多くとも (上限))，no less than (少なくとも (下限))．それらは主に数詞と some, a few, a little, enough, sufficient とともに使われる．several は at least とともに使うことはできるが，at most と使われるのはきわめてまれである．

(f) 前置詞句：条件，例外，割合，加算／減算

(8) i. [Few, if any,] guests will arrive on time.
(時間どおりに到着する客がいたとしてもきわめて少ないだろう)
ii. [All but/except a few] helicopters have crashed.
(わずかの何機かを除いてすべてのヘリコプターが墜落した)
iii. [One in ten] students take drugs.
(10 人に 1 人の学生は麻薬を使用している)
iv. There's room for [ninety thousand minus a few hundred] spectators.
(9 万人から 2 〜 300 人を引き算したぐらいの人数の観客を収容するだけのキャパがある)

(8) には，主要部後位修飾要素として機能する前置詞句が現れている．前置詞句が後置される交替形があり，それゆえ前置詞句は決定詞類句の構成素ではない．つまり，

No/*None more have been received. (追加で受理された申請書はない)

以上の 2 点は，more がこの融合主要部構造の主要部であることを物語っている．

[訳者注：融合主要部構造 more があるときに none が現れることができないのは，more が主要部であって none が主要部ではないためである．それゆえ主要部である more を修飾するには no が必要になるということである．この no more ... という融合主要部構造で，no の後ろには必要なはずの複数形が出てこなくてよいということは，more 自体が融合主要部として複数形のはたらきも兼ねているということである．]

Few guests, if any, will arrive on time.
All helicopters but/except a few have crashed.
One student in ten takes drugs.
There's room for ninety thousand spectators minus a few hundred.

ということができる．また，数詞をともなって，

[Thirty-five in all] supporters were arrested after the game.
（全部で 35 人のサポーターが試合のあと逮捕された）

のように総計を表す前置詞句もあるが，前置詞句を後置させた形式，つまり，

Thirty-five supporters in all were arrested after the game.

と比較すると，後者のほうが強く好まれる．

条件を表すタイプは，5.2 節で記述したように，推意（implicature）を取り消す．例外を表す言いまわしは all とのみ共起する．すなわち，every，no，any と現れる場合は，

Every helicopter but one has crashed.
（1 機を除いてすべてのヘリコプターが墜落した）

この but one のように前置詞句は名詞の後ろにしか現れない．

■決定詞類句の代わりをする前置詞句

前節までにみたいくつかの決定詞類句の代わりに，第 4 章の（6）でみた前置詞句を使って同じ意味を表すことができる．たとえば，

[around ten thousand] copies（およそ 1 万枚のコピー）
[between fifty and sixty] tanks（50 ～ 60 台の戦車）
[from ten to fifteen] judges（10 から 15 人の判事）

最後の 2 つの例では，前置詞[6]を主要部として扱うことに疑念がないのは明らかである．つまり，between は補部として等位接続を取り，一方，from は 2 つの補部，つまり数詞と to 句をとる．したがって，一部の前置詞句は決定詞として機能することを認めなければならない．これはちょうど，次の例のよう

[6] 訳者注：between fifty and sixty tanks を樹形図で表すと下記のようになり，決定詞類として機能する前置詞句の主要部は前置詞 between である．

に，一部の前置詞句が節の主語として機能できるのと似ているだろう．

From London to Manchester is 180 miles.
（ロンドンからマンチェスターまで 180 マイルある）
Under the mat is a silly place to hide a key.
（マットの下にカギを隠すなんてばかげている）

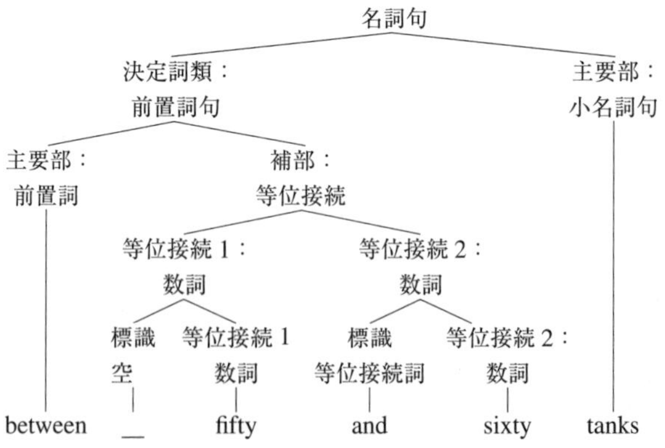

第12章　決定詞前位修飾語

決定詞前位修飾語（predeterminer modifier）は，限定部前位要素（第0巻），限定詞前位修飾（第4巻），あるいは，前限定辞（predeterminer）といろいろな名前でよばれるのだが，外部修飾要素の1つである．すなわち，これは，第2章で説明したように，小名詞句の構成素ではなく，名詞句の構成素である．次の例を考えてみよう．

（1）i. She had lost [all her money]. ［全称数量詞］
（彼女は有り金を全部なくした）

ii. He had eaten [half a bar of chocolate]. ［分数詞］
（彼は板チョコの半分を食べた）

iii. They wanted to charge us [twice the amount they had quoted]. ［倍数詞］
（彼(女)らは見積額の2倍をふっかけてきた）

iv. [How serious a problem] is it? ［形容詞］
（問題はどれぐらい深刻ですか）

最初の3つの例は，さまざまな種類の数量化を表している．一方，形容詞タイプの決定詞前位要素は不定冠詞 a の前にしか現れない．決定詞前位要素という名前が示唆するように，これらが修飾する名詞句は決定詞を含むのが通例である．しかしながら，代名詞が名詞句の主要部になる場合が2つだけある．つまり，we と you が主要部になっている名詞句があるとき，名詞句の後ろに修飾語句がある場合にのみ，all が外部修飾要素として出てくることができる．例をあげよう．

all you who were present at the meeting（会議に出席されたみなさま）

もう 1 つの例外は，分数詞と倍数詞は融合型関係節とともに現れることである．次の文がそうである．

I sold it for half / twice what I had paid.
（仕入れ値の半額／倍額で売りましたよ）

(a) 全称数量詞 (universal quantifiers)

(2) i. all the books / sugar / morning
（それらの本全部／その砂糖全部／午前中ずっと）
all these books（これらの本全部）
all that work（これだけの仕事全部）
all Kim's friends（キムの友だち全員）
ii. both the houses（その両方の家）
both these animals（それら両方の動物）
both those cups（それら両方のカップ）
both my parents（私の両親）

all と both は定の決定詞 (definite determiner)，つまり，定冠詞，指示詞，属格句の前に現れる．[1,2]

---

[1] 訳者注：これらの要素の詳細な議論については，7.3 節を参照のこと．

[2] さらにはやや型破りな all の使い方もある．ある非常に限られた文脈に置かれると，all は疑問代名詞 which の前に生起できなくはない．話し手が次のように述べる場面を想像してみよう．

I've read all the books. (私はその本を全冊読んだ)

この場合，話し手は，本の集合（おそらく，何らかの読書リストに載っているすべての本）を聞き手が認識できるだろうと思っているのだが，実際には，聞き手は認識できていないとしよう（おそらく読書リストが 2 つあったりするからだ）．そうすると，聞き手は，本の集合に関する情報を引き出すために，

All which books? (ど(ちら)の本を全冊読んだって訊いているの？)

と尋ねることができるだろう．

[専門的解説]
all three proposals（提案を 3 つとも）のように，all が基数詞の直前に現れる場合，all は決定詞として，基数詞は内部修飾要素として考えることができる．three proposals（3 つの提案）と違って，all three proposals は定性をもつので（つまり，これを聞いた側がこの 3 つの提案がどの提案のことなのかを認識できる），定性の標識になっているものは all であり，名詞句の定性が決定詞によって決まることはすでに上述のとおりである．さらに，all three proposals と all the three proposals（それらの提案を 3 つとも）の関係は，all proposals（すべての提案）と all the proposals（それらすべての提案）の関係と同じであることに注意が必要である．つまり，それぞれの組み合わせにおいて，all は the がない場合は決定詞であり，the がある場合は決定詞前位要素である．

(b)　分数詞 (fraction)

(3) i. John had already wasted [half his share of the legacy].
（ジョンはすでに遺産の取り分の半分を浪費していた）
ii. He had to sell his shares for [exactly one half the amount he paid for them].
（彼は購入した額のちょうど半額で株を売らなければならなかった）
iii. It only took [a quarter/one third/two fifths the time I thought it would].
（予想していた時間の {4 分の 1／3 分の 1／5 分の 2} しかかからなかった）

分数を表す決定詞前位要素は名詞句と同じ形をしている．half, quarter, third などが名詞であることは，次の事実から明らかである．これらの語は，決定詞（基数詞や不定冠詞 a）を取り，数によって屈折する（(3iii) の fifths や，また three quarters, two thirds など）．これに代わる言い方もある．その構造の最上位にある名詞句の主要部に分数詞が現れ，その後ろには部分詞補部が現れるというものである．例をあげよう．

half of his share …（彼の分け前の半分）
exactly one half of the amount …（総量のちょうど半分）
a quarter of the time …（その時間の 4 分の 1）

half はほかの分数名詞とはいくらか異なるふるまいを示す．まず，(3i) に示すように，half は決定詞なしで現れることができる．第二に，決定詞前位要素として出てくると half は複数形になれない．ただし，#two/both halves the amount（合計の 2 分の 2）が悪いのは（half が複数形になれないからというよりもむしろ），#three thirds the amount（合計の 3 分の 3）が悪いのと同じ理由による.[3] 第三に，half はほかの分数詞よりもはるかに多くの名詞句の主要部と共起する．すべての分数詞は，定の決定詞をともなって，amount，time，size，height のような抽象名詞（abstract noun）と共起できるが，決定詞前位要素が現れる場合，具象名詞（concrete noun）は half のみを容認し，それゆえ half の前に決定詞は現れない．つまり，half the cake（半分のケーキ）とはいうが *a half/third the cake（2 分の 1 の／3 分の 1 のケーキ）とはいわない（代わりに，a half/third of the cake（2 分の 1 の／3 分の 1 のケーキ）という部分詞表現がある）．同様に，決定詞がつかない half のみが不定冠詞 a の前に現れることができる．つまり，half a day（半日）というが *one half/third a day とはいわない．

(c) 倍数詞（**multiplier**）

(4) i. She earns [two/three/four times the salary I earn].
（彼女は私が稼ぐ給料の 2 倍／3 倍／4 倍稼いでいる）

ii. Kim won $10,000, but Pat won [twice/thrice that].
（キムは 1 万ドル獲得したが，パットはその 2 倍／3 倍獲得した）

iii. We've had [double/triple/quadruple the number of applications I had expected].
（予想していたより 2 倍／3 倍／4 倍の申請があった）

(4i) のような，基数詞 + times という形式が名詞句であるのは明らかである．(4ii) の twice と古形の thrice は副詞であり，これらはほかで times のつく名詞句のように頻度の副詞として表れる．つまり，

I saw her twice/three times.（彼女を 2 回／3 回みた）

---

[3] しかしながら，部分詞構造では half は複数形をとれる．ゆえに次のようにいうことができる．

both halves of the apple（そのリンゴの両半分）

このことは，決定詞前位要素としての half と部分詞構造の half がまったく同じというわけではないことを示している．つまり，部分詞構造では，**half** がより物理的な意味で half-portion（半分）として解釈されるということである．

という具合である．double（2倍），triple（3倍），および，きわめてまれな quadruple（4倍）の範疇が何であるか，釈然としないところがあるが，これらは，in doubles/triples（2人組／3人組）という表現があるので，名詞とみなすことにする．しかしまた double/triple glazing（二重／三重ガラス）のように，内部修飾要素として現れるため，この場合はおそらく形容詞として分析されるべきであろう．倍数詞は定名詞句とのみ共起し，対応する部分詞表現は存在しない（たとえば，*double of my salary とはいわない）．

(d)　決定詞前位形容詞 (adjectival predeterminer)

きわめて限られた範囲の形容詞と形容詞句が不定冠詞の前に現れる．これらは3つのタイプに区別される．

・such と感嘆詞 what

(5)

	外部修飾要素 (EXTERNAL MODIFIER)	内部修飾要素 (INTERNAL MODIFIER)
i.	a. It was [such a disaster]. （それはそれほどの災難だった）	b. She had shown [such promise]. （彼女はそれほどまで有望だった）
ii.	a. [What a disaster] it was! （それはなんという災難だったことか）	b. [What promise] she had shown! （彼女はなんと有望だったことか）

形容詞の such と感嘆詞の what は，不定冠詞 a(n) をともなう場合には内部修飾要素というよりは外部の修飾要素である．すなわち，*a such/what disaster とはいえない．(5b) の不可算もしくは複数形名詞句の例では，such と what は内部の位置を占めている．つまり，決定詞がないので，形容詞が決定詞前位にあるとはいうことはできない．such は不定冠詞 a(n) 以外の決定詞ならその後ろに現れてもよいという点で what と異なる．例をあげる．

one such device（そんな1台の装置）
all/several/many such problems
（すべての／いくつかの／たくさんのそのような問題）

しかし，実際には，介在する他の形容詞があれば，次のように，such は a にも後続することができる．

a further such error（さらなるそのような間違い）

このような例において，such が内部の位置を占める場合，それは（one device of this “kind”（この種のある装置）のような）「種類」の意味しかもたないが，一方，句の先頭の位置では，such a person（そのような人），such letters（そのような手紙）のような種類か，(5i) のような程度 (degree) のどちらかを表す．[4]

・程度修飾語 as，so，how，too，this，that によって導かれる形容詞句

(6) i. a. It's [as fine a show as I've seen]. b. *They're [as fine shows as I've seen].
(こんな素晴らしいショーはみたことがない)
ii. a. It's [so good a bargain I can't resist buying it]. b. *They've [so good bargains I can't resist buying them].
(それはあまりにお買い得なので買わずにはいられないな)
iii. a. [How serious a problem] is it? b. *[How serious problems] are they?
(その問題はどれぐらい深刻ですか)

この形式の形容詞句は，不定冠詞 a(n) の前の外部位置に現れる場合にのみ，主要部前位修飾語として機能できる．したがって，この形容詞句の分布は上述の such と what よりも限定されている．たとえば，such a good bargain は so good a bargain と同じ意味であるが，(6ii) に示されるように，複数形の such good bargains に対応する *so good bargains は非文である．[5]

程度の副詞もしくは決定詞類は，必ずしも形容詞そのものを修飾するわけではない．つまり，

It was so blatantly biased a report that no one took any notice of it.
(あまりにも露骨に偏った報告書だったので，誰も何も気づかないほどだった)

この例のように，程度の副詞は形容詞を修飾する副詞句の一部になってもよ

---

[4] such にはあまり重要でない用法がある．それは，主に法律の領域で使われ，形容詞というよりは決定詞類的な性質を帯びている．つまり，

Completion of the transactions will take place on 21 December 1999 or [such other date as the parties may agree].
(その取引は 1999 年 12 月 21 日か諸政党が合意するぐらいの時期に完了するだろう)

この名詞句は可算単数形なので，such（ここではおおよそ any（どれでも）の意味）は決定詞の機能をはたしているはずだからである．

[5] 訳者注： さらなる議論については本シリーズ第 4 巻『形容詞と副詞』を参照．

い．不定冠詞 a(n) がついた名詞句の場合，上述のような制限が課される．しかし，程度副詞によって導かれる形容詞句が主要部後位内部修飾要素として機能する場合には，このような制限は課されない．[6]

He had a nose so long he reminded me of Pinocchio.
（ピノキオを思い出すほど彼の鼻は長かった）
He had hair so long that it reached down to his knees.
（ひざにつきそうなほど彼の髪は長かった）

・程度副詞 more と less によって導かれる形容詞句

(7) a. This is [more serious a problem than the other].
　b. This is [a more serious problem than the other].
　（これはもう 1 つの問題より深刻だ）

この形式をもつ形容詞句に関していえば，この形容詞句が外部位置に現れている (7a) と，内部位置に現れている (7b) とは，互いに言い換えができる．ここでもやはり，不定冠詞 a(n) が現れるときだけ外部位置が存在する．[7] 無決定詞名詞句を含む次の例と比べてみよう．

These are [more serious problems than the other].
（これらの問題は，ほかの問題よりも深刻である）

また，屈折比較級は内部の位置に限定されることに注意すべきである．

Kim is a better player than Pat.（キムはパットより良い選手だ）
*Kim is better a player than Pat.

■決定詞前位要素どうしの組み合わせ

まれではあるが，決定詞前位要素は別の種類の決定詞前位要素を含む名詞句を

---

[6] 訳者注：程度副詞によって導かれる形容詞句（たとえば so good）が主要部前位外部修飾要素として出てくる場合には，不定冠詞の前に現れねばならず（so good a bargain は文法的），不定冠詞がない場合には，非文になる（*so good bargains）という制約が課される．しかし，このような形容詞句が主要部後位内部修飾要素として機能する際には，このような制約が課されない．ゆえに，次のピノキオの例や長髪の例のように，形容詞句は不定冠詞の有無にかかわらず文法的である．

[7] 訳者注：不定冠詞がないときは外部位置が存在しないので，(7a) と (7b) のような交替現象もみられない．次の例文は無決定詞であり，交替現象がみられないということ．

修飾することができる．具体例をみてみよう．

(8) i. Even if I had [double all the money he has], I wouldn't be able to afford that house. ［倍数詞＋全称数量詞］
(私が彼の全財産の 2 倍もっていたとしても，あの家を買う余裕はないだろう)

ii. Give me [even three times one thousandth the amount you win on the lottery], and I will be very happy. ［倍数詞＋分数詞］
(あなたの宝くじ当選金のせめて 1000 分の 1 の額を 3 倍にして私に恵んでくださったら，私はとてもうれしいです)

iii. If I had [even half such a brain as you do], I'd be prime minister by now. ［分数詞＋形容詞］
(あなたのせめて半分の頭脳でももっていれば，今ごろ私は総理大臣になっていただろう)

第 13 章　周辺部修飾要素

この章では名詞句の周辺部に現れる修飾要素（peripheral modifier）について述べる．それらは主に名詞句の左端（決定詞前位要素の前）に現れるが，名詞句の右端に現れる場合もいくらかある．

ここで関係する周辺部修飾要素の意味タイプのほとんどすべては，それらが他の構造，とくに，節，形容詞句，副詞句の内部に現れる場合の意味と同じであることがわかる．実際，副詞が節構造あるいは名詞句構造のどちらで機能しているかは，線形語順から常に明らかであるわけではない．たとえば，次の例を考えてみよう．

(1) Possibly (,) the best actress in the world will take the role of Emma.
（ことによると世界でもっとも優れた女優がエマ役を演じるだろう）

(1) の例で，法副詞（modal adverb）の possibly は，節でも主語名詞句でも作用域にとることができる．前者では（その場合おそらく副詞の後にコンマがあるだろうが），解釈は「世界でもっとも優れた女優がエマ役を演じるということが起こりうる」となる．後者では（カンマがつくのは許されないが），「世界でもっとも優れているかもしれない女優がエマ役を演じるだろう」と解釈できる．受け身を用いれば，このような違いは統語的に検出可能になる．以下の例を考えてみよう．

(2) i. Possibly, the role of Emma will be taken by [the best actress in the world].
（ことによると，世界でもっとも優れた女優によってエマ役は演じられるだろう）
ii. The role of Emma will be taken by [possibly the best actress in the world].

(世界でもっとも優れているかもしれない女優によってエマ役は演じられるだろう)

受動化すると，節修飾の副詞の位置は変わらないが，名詞句修飾の副詞の位置は変わる．すなわち，名詞句修飾の副詞は，名詞句の構成素であるため，節の主語位置から by の補部名詞句の内側へ場所を変えるのである．これらの副詞には構造上の位置が 1 つしかない．つまり，(2i) において，possibly は節のレベルにしか居場所はないが，(2ii) では，前置詞の直後にあり，それゆえ [ ] でくくった名詞句の内部に現れなければならない．

以下で周辺部修飾要素の 6 つの意味範疇を簡潔に概観する．

(a) 焦点を当てる修飾要素 (focusing modifier)

(3) i. [Only the corner of the painting] had been damaged.
(絵の角だけが損傷している)
ii. [Jill alone] has the authority to sign cheques.
(ジルのみが小切手に署名する権限をもっている)
iii. He wasn't familiar with [even the broad outlines of the proposal].
(彼は計画の概要さえもよく知らなかった)
iv. We specialise in [principally the following three areas].
(私たちは主に次の 3 領域を専門にしている)
v. [The bottom drawer too] needs some attention.
(底の引き出しもまた手入れが必要だ)

焦点を当てる修飾要素はほぼすべての範疇の句に現れることができる．[1]

(b) 尺度を測る修飾要素 (scaling modifier)

(4) i. We were faced by [easily the worst situation we had ever seen].
(我々は間違いなくかつてない最悪の事態に直面した)
ii. Kim had come to [almost the same conclusion as us].
(キムは我々とほとんど同じ結論にいたった)
iii. After [hardly a moment's hesitation] he agreed to all their demands.
(ほぼためらうことなく，彼は彼(女)らのすべての要求に応じた)

[1] 訳者注：これらについては本シリーズ第 4 巻『形容詞と副詞』にさらなる議論がある．

iv. [Not the least of my worries] is that my hearing is deteriorating.
（耳が悪くなることは少しも心配していない）

v. I'd asked him not to make a fuss, but he was doing [exactly that].
（あいつには騒ぐなよといっておいたのに，いわんこっちゃない）

尺度を測る修飾要素に共通しているのは，それらは限られた名詞句とのみ現れることができるということである．次の例を比べるとよい．

*We were faced by easily a disaster.
*Not the problem is that my hearing is deteriorating.

概して，これらの尺度を測る修飾要素が現れるのを許容する要素は尺度の特性と何らかの関係をもたねばならない．第 11 章で述べたように，すべての尺度を測る修飾要素は決定詞類句構造と似ている．これらの修飾要素は，節構造における程度付加部と類似しているが，[2] それよりかなり広い意味領域に適用される．（4i–v）でそれぞれ例証されるように，以下のさまざまな下位タイプが認められる．

・**強意語**： **absolutely**（まったく），**altogether**（まったく），**entirely**（まったく），**fully**（十分に），**quite**（まったく），**much**（ずっと），**by far**（はるかに），**easily**（断然）

これらすべての項目は，（4i）のように，最上級を修飾でき，最後の 2 つ，by far（はるかに）と easily（断然）は最上級にのみ用いられる．一方，この 2 つ以外の項目は same や wrong のような形容詞と一緒に現れる．つまり，quite/*by far the wrong job（まったく／*はるかに向いてない仕事），entirely/*easily the same conclusion（まったく／*断然同じ結論）のように．

・**近似語**： **almost**（ほぼ），**nearly**（ほぼ），**practically**（ほとんど），**virtually**（ほとんど），**essentially**（本質的に），**quite**（ほとんど），**much**（ほぼ），**rather**（かなり）

おおよその程度を表す修飾要素は，強意語と同じく最上級を修飾するが，それらより容易に不定名詞句と共起する．例をあげる．

rather/*absolutely a good idea（かなり／まったくよい案）

[2] 訳者注：この点については本シリーズ第 2 巻『補部となる節，付加部となる節』を参照．

quite と much は強意語にもおおよその数量を表す修飾要素にも使える．次の2つのペアを比較しよう．

quite the worst response（まったく最悪な返答） ［強意語］
quite a good idea（かなり良い考え） ［おおよその程度］
much the best solution（ずば抜けて最善の策） ［強意語］
much the same size（ほぼ同じサイズ） ［おおよその程度］

nearly と much はそれら自体，very によって修飾されてよい．

They had chosen very nearly / much the same material.
（彼（女）らはほぼ同じ素材を選んだ）

また，近似語には，慣用句や決まりきった言い方が多くある．つまり，all but（ほとんど），more or less（多かれ少なかれ），to all intents and purposes（事実上），口語体の as good as（～と同じ）などである．

・否定近似語： hardly（ほとんど～ない），barely（かろうじて～ある），scarecely（ほとんど～ない）

これらは尺度の否定への近似を示す．[3,4]

・絶対否定（absolute negation）： not

（4iv）に示されるように not は名詞句構造の周辺部に現れる修飾要素になっており，その場合には最上級とともに現れている．また，以下に示すように，数量を表すさまざまな形になって現れる．

Not a single complaint had been received.
（不平は何1つ受け入れられなかった）
Not a soul had noticed her plight.
（誰一人として彼女の苦境に気付かなかった）

また，not は等位接続構文にも現れる．[5]

---

[3] 訳者注： 仮に否定と肯定を測るものさしがあると仮定しよう．一方の端が肯定で，もう片方の端には否定があるとすると，これらの否定近似語は否定の端に近い目盛り指すときに使われる．

[4] 訳者注： これらについては本シリーズ第5巻『前置詞と前置詞句，そして否定』を参照．

[5] 訳者注： この点については本シリーズ第8巻『接続詞と句読法』を参照．

They had chosen [not Paris] but Rheims as the venue for the conference.
（彼(女)らはパリではなくランスを会議の開催地として選んだ）

・正確さを表す語：exactly（正確に），precisely（ちょうど）
exactly，precisely と一緒に現れる要素には次の 4 つがある．

right や wrong のような形容詞
例：exactly the right answer（まさに正しい答え）
way や height のような抽象名詞
例：He responded in [precisely the way I expected].
（彼は私がまさに予想した方法で答えた）
指示詞（cf.（4v））
疑問と関係代名詞の what など
例：I did [exactly what you asked me to].
（まさにあなたが私にいったことをやった）

ある特定の場合には，これらは主要部の後ろの位置に現れることができる．

It lasts [ten minutes exactly].（それはきっかり 10 分続いた）
[What precisely] do you want?（お前が欲しいものはいったい何だ）

(c)　頻度，領域，法，評価を表す修飾要素
これらのタイプの修飾要素は節構造でみられるのがその特徴であるが，[6]（5）に示すように，名詞句構造でも見つけることができる．

(5) i. With [invariably the most unconvincing explanations], he would attempt to excuse his erratic behaviour.
（相変わらず説得力ゼロだが，彼は自分の奇行を言い訳しようとするだろう）
ii. I'd rate this as [architecturally the most impressive building in the city].
（私はこれがこの街で建築上もっとも印象的な建物だと思う）
iii. After [possibly the worst performance of his career], he was booed off the stage.
（彼は役者人生でおそらく最悪の演技をしてしまい，やじを飛ばされて舞台を降りた）

---

[6] 訳者注：この点については本シリーズ第 2 巻『補部となる節，付加部となる節』を参照．

iv. With [unfortunately very limited qualifications], he has little prospect of getting a job.
(あいにくの資格不足により，彼が職を得る見込みはほとんど無い)

(5i) の invariably（相変わらず），always（つねに），consistently（たえず），repeatedly（再三再四），usually（たいてい）などの頻度（frequency）の副詞は，出来事や結果を表す主要部とともに現れる．領域・分野（domain）の修飾要素は，architecturally（建築学上），politically（政治上），economically（経済的に），socially（社会的に）などのような副詞や，もしくは from a political point of view（政治的な知見から（いえば））などのような副詞に対応する前置詞句によって表される．法の（modal）修飾要素（possibly（ひょっとすると），probably（十中八九），surely（きっと），definitely（きっと）など）と，評価の（evaluative）修飾要素（unfortunately（不運にも），happily（幸運にも），sadly（不幸にも），regrettably（遺憾ながら）など）は，名詞句で表現される属性について批評する．法と評価の修飾要素のそれぞれの例をあげよう．

It is possible that this was the worst performance of his career.
(それは彼の役者人生で最悪の演技だったかもしれない)
It is unfortunate that his qualifications are very limited.
(彼の資格が足りなかったのは残念だ)

(d) 叙述部内の数量詞修飾要素

(6) i. She is [every inch a philosopher].（彼女は正真正銘の哲学者だ）
ii. The sweater is [all wool].（このセーターは純毛である）

これらの修飾要素は叙述補部（predicative complement）として機能する名詞句の内部に現れる．ゆえに次のようにはいえない．

*The proposal was made by every inch a philosopher.
(その提案は正真正銘の哲学者が打ち出したものだった)

そして，(6ii) の all wool（純毛）は，次の文の決定詞 all とはきわめて異なる解釈をもつ．

All wool is imported.（羊毛は 100 パーセント，輸入にたよっている）

ほかのこのような修飾要素に wholly（完全に），exclusively（もっぱら），half（半分）がある．

(e)　再帰代名詞

(7)　[The manager herself] had approved the proposal.
　　（経営者本人がその計画を承認した）

(7) において，再帰代名詞からなる名詞句がより大きな名詞句内で主要部後位の修飾要素として機能している．母体となる名詞句を直接的に構成している要素は the manager + herself（the + manager herself ではない）であるという点で，再帰代名詞は（名詞句の）内部修飾要素というよりは外部修飾要素である．(7) のように母体となる名詞句が主語の場合，次の例文のように，再帰代名詞を節レベルの付加部にもってくる言い方もある．[7]

　The manager had approved the proposal herself.
　（経営者本人がその計画を承認した）

(f)　さまざまな要素の組み合わせ

多重埋め込み構造になっている名詞句の内部には，2 つ以上の周辺部修飾要素が現れることができる．例をみてみよう．

(8)　i.　Make sure you invite [Jill herself too].
　　　（必ずジルさん自身も招待してね）
　ii.　[Even merely a formal apology] would be acceptable.
　　　（単なる形式的な謝罪でさえも受け入れられるだろう）
　iii.　After [financially certainly the worse crisis this decade], the emerging economies will take some time to recover.
　　　（財政的に間違いなくこの 10 年で最悪の危機が過ぎ去ってから，その後の経済が回復するにはいくらか時間がかかるだろう）

(8i) の括弧でくくった名詞句は，名詞句である Jill herself がその主要部であり副詞 too が周辺部修飾語となっている．そしてその下にある層では，名詞句 Jill が主要部であり，名詞句 herself が周辺部修飾要素である．したがって，周辺部修飾要素は，その直属の名詞句の（左端であれ右端であれ）周辺部にあるのであって，必ずしもより上位の名詞句の周辺部にある必要はない．

---

[7] 訳者注：さらなる議論については本シリーズ第 9 巻『情報構造と照応表現』を参照．

第 14 章　内部依存要素

主要部名詞の**内部依存要素（internal dependents）**は小名詞句を構成する依存要素である．したがって，これらは（もしあれば）決定詞に後続し，ほかのどの主要部前位外部依存要素にも後続する．内部依存要素は**主要部前位（pre-head）**か**主要部後位（post-head）**かによって区別できる．機能の点では，**補部**と**修飾要素**に区別できる．

(1)

	主要部前位	主要部後位	
i.	a. a [linguistics student] （言語学の学生）	b. a [report on the crash] （墜落事故の報告書）	［補部］
ii.	b. a [first-year student] （1 年生）	b. a [report in the paper] （新聞の報道）	［修飾要素］

伝統文法では，a brilliant student（聡明な学生）のような例に現れる主要部前位の形容詞は**限定用法（attributive）**の形容詞とよばれ，本シリーズではこの用語をすべての主要部前位内部修飾要素に用いることにする．主要部後位修飾要素の特殊な例を 1 つあげれば，the poet Wordsworth（詩人ワーズワース）などにみられる，統合型同格表現（integrated appositive）がある．[1]

14.1　補部 (complements)

■ 補部の範疇

通常，主要部前位補部になるのは小名詞句（nominal）であるが，少数の形容詞もまた補部になることができる．具体例を以下に示しておく．

[1] 訳者注：同格語は 14.3 節で別途論じる．

(2)　i. a. a flower seller　(花売り)　b. an income tax adviser　(所得税担当顧問)　［小名詞句］
ii. a. a legal adviser　(法律顧問)　b. an ecological expert　(環境の専門家)　［形容詞］

主要部後位の補部は前置詞句か節になって現れる．具体例をみてみよう．

(3)　i. the journey to Rome / back　［前置詞句］
(ローマへの旅／帰路)
ii. the rumour that the city had been captured　［平叙文の内容をもつ節］
(その都市が攻略されたという噂)
iii. the question whether they were guilty　［疑問文の内容をもつ節］
(彼(女)らが有罪か無罪かという問題)
iv. the question 'Is God dead?'　［主節］
(「神は死んだか」という問い)
v. the decision to abandon the project　［to 不定詞節］
(計画を断念するという決断)

補部になる節はたいてい従属節であるが，主節は，(3iv) のように，直接話法か引用で表される．動詞とは違って，名詞は目的語をとらないので，名詞句を補部としてとらないのがふつうである．その代わり，名詞句は斜格補部として現れる．つまり，前置詞を仲介役として主要部名詞との関係をもつのだ．たとえば，次の節と名詞句を比べるとわかりやすい．[2]

They destroyed the city. (彼(女)らはその街を破壊した)　［節］
their destruction of the city (彼(女)らによるその街の破壊)　［名詞句］

■補部と修飾要素の区別

名詞句構造における補部と修飾要素の区別は，基本的に節構造における区別と同じである．しかし，名詞句内部では補部と修飾要素は節構造ほど明らかに統語的に区別されるわけではない．とくに言及しておきたいのは次の点である．動詞の補部は，義務的であり省略されないことから，補部であることが認識で

---

[2] あまり重要でないが，次のような例外がある．
[The journey this way] is less hazardous. (こっちの旅程のほうが危険が少ない)
同種の節構文に，名詞句が目的語ではなく場所の補部である次のような言い方がある．
Let's go this way. (こっちのほうに行こう)

きないようなことはめったにない．ところが名詞句構造では，義務的であるか随意的であるかという対比をもとにして，ある要素が補部であるか，それとも，修飾要素であるかを見極めることはほとんどできないという点である．たとえば，動詞の peruse（熟読する）と名詞の perusal（熟読）を比較してみよう．動詞 peruse は目的語を要求する．次の対比からわかる．

Jill perused the document.（ジルは文書を丹念に読んだ）
*Jill perused.

それに対して，名詞 perusal は補部をとらなくても，まったく自然である．

After a quick perusal, Jill pushed the documents to one side.
（ジルはざっと目を通した後，文書を脇へ押しやった）

唯一の例外は名詞 denizen（住人）で，これは補部を要求する．次の対比からわかる．

They are denizens of the forest.（彼(女)らは森の住人です）
*They are denizens.[3]

本シリーズ第２巻『補部となる節，付加部となる節』で提示した別の統語的意味的基準を順番に考えてみよう．

(a) 補部は主要部名詞によって認可されなければならない

補部が主要部によって認可されるかどうかというのは，主要部後位依存要素が補部かどうかを判定するうえでもっとも基本的な基準である．従属節の場合，(3) に示される節タイプの選択は名詞によって決定される．次の対比を参照しておきたい．

---

[3] denizen の補部はふつう of 前置詞句であるが，時折，属格主語兼決定詞を用いる事例 (genitive subejct-determiner) がみられる．例をあげよう．

The Dock Leaf had shed one generation of low-life drinkers, and discovered another. Its denizens now were young, unemployed and living six to a three-bedroom rented flat along Shore Road.

（ドックリーフ（バーの名前）にはいかがわしい飲んだくれ世代が来なくなり，次の世代が来るようになった．その世代の住人たちは，打って変わって若く，職も無く，ショアーロード沿いの寝室が３つある賃貸アパートに６人で住んでいる）．

of 前置詞句と属格の交替については，16.5.3 節を参照．

the fact that he was ill（彼は病気だったという事実）
*the fact whether he was ill
*the fact for him to be ill

前置詞句補部の場合は，主要部名詞によって，前置詞の選択や許される選択の範囲が決定される．ほかの特別な選択肢が使われない場合に使われる（つまり，デフォルトの）前置詞は of であり，しばしば of 以外の前置詞が許されないことがある．たとえば，the King of France（フランスの王）などがこれに当たる．report や injury のような名詞はデフォルトの of とより特定的な前置詞のどちらも容認する（たとえば，a report on/of the crash（墜落事故の報告），an injury to/of the wrist（手首の負傷））が，前置詞によって微妙な意味の違いが生じる．a report **on** the crash は墜落事故を引き起こした原因の詳細な調査結果を含んでいる可能性が高いが，a report **of** the crash は単に墜落事故が起こったという報告である．同様に，an injury **to** the wrist は，外部から何らかの力が加わったために引き起こされた可能性が高いが，一方，an injury **of** the wrist では，その原因は強調されない．journey は動き（motion）を示す前置詞を認可するが（たとえば，the journey to Rome/from here/back（ローマへの旅／ここからの旅路／帰路）），of は認可しない（つまり，*the journey of the continent とはいわない）．

動詞（由来の）派生名詞（deverbal noun）に関して，(4) にみられるような節と名詞句の関係が観察される．

(4)	節	名詞句
i.	a. Muriel rejected the plan. （ミュリエルはその計画を拒否した）	b. Muriel's rejection of the plan （ミュリエルのその計画の拒否）
ii.	a. The school banned alcohol. （その学校は飲酒を禁止した）	b. the school's ban on alcohol （校則による飲酒の禁止）
iii.	a. Fiona relies on public support. （フィオナは公的支援に頼っている）	b. Fiona's reliance on public support （フィオナの公的支援への依存）

(4i) は一般的な事例であり，この事例では動詞が目的語をとり，一方，名詞はデフォルトの前置詞である of をとっている．しかしながら，(4ii) から，他動詞に対応するすべての名詞が of をとるわけではないことがわかる．ban（禁止）は on を，address（演説）は to を，entry（加入）は into をとるからである．(4iii) のように，動詞が目的語ではなく前置詞句補部をとる場合，対応す

る名詞は同じ前置詞をとる.

補部は主要部によって認可されることをこれまでみてきたが，この種の認可基準は，主要部前位補部には直接に適用されるわけではない．しかし，主要部前位補部を主要部後位にもっていくと，よく似た意味をもつ表現に言い換えられることが多い．この言い換えでは，特定の前置詞が強制的に現れる．たとえば，an alcohol ban（飲酒禁止）と a ban on alcohol，a wrist injury（手首の負傷）と an injury to the wrist を比べるとわかりやすい．同様に，a legal adviser（(2ii)）に対応して，an adviser on legal matters（法律問題についての顧問）という．

(b) 照応関係の作用域

節構造では，照応形である do so の前や後ろに出てくる内部依存要素は，付加部に限られる．なぜなら，動詞とそのすべての内部補部が do so に置き換わっているからである．名詞句構造に目を転じれば，代小名詞句（pro-nominal）すなわち小名詞句の代用形である **one** も，そのふるまいが do so に似ている．とはいえ，その程度は限られたものである．具体例をみてみよう．

(5) i. a. ?I prefer the poems of Goethe to the ones of Shiller.
(シラーよりゲーテの詩のほうが好きだ)
b. ?I have the key to the basement but not the one to the attic.
(地下室のカギはもっているが，屋根裏のものはもってない)
c. ?I've told my history tutor, but I can't find my French one.
(歴史の先生は（いらっしゃったので）伝えたんですが，フランス語の先生は，いらっしゃらなかったので（まだ伝えていません）)
［補部］

ii. a. I prefer the poems in Part I to the ones in Part II.
(パート 2 よりパート 1 の詩のほうが好きだ)
b. This key is identical to the one in the door.
(このカギはドアにさしてあるカギとまったく同じものだ)
c. I don't want a British nanny: I want a French one.
(イギリス人の子守（ベビーシッター）はいらないわ．フランス人がいいから)
［修飾要素］

(5i) の例は，**one** が内部補部をともなう言いまわしに現れ，話者によって文の適格さの判断に揺れがある．それに対して，(5ii) の文は適格文であり，ここでは **one** は修飾要素とともに現れている．(5ic) の French は（学科目を示す）名詞であるが，一方，(5iic) では形容詞である．one によるこのテストは曖昧な小名詞句 criminal lawyer の 2 つの意味を区別できる（どちらの場合も criminal は形容詞である)．「刑法の専門領域ではたらく弁護士」の意味では，criminal は名詞主要部の補部であり，**one** を添えることは好まれない．

?I needed a civil lawyer but he had found me a criminal one.
（民法の弁護士が必要だったのに彼は刑法の弁護士を見つけてきた）

しかし，「罪を犯した弁護士」という意味を表す場合は，criminal は修飾要素で **one** を添えてもかまわない．例をあげる．

It turned out that he was an honest lawyer, not a criminal one, as I'd been led to expect.
（私の期待どおり，彼は正直な弁護士で，犯罪に手を染めるような弁護士ではないことが明らかになった）

しかしながら，このテストは，動詞由来の派生名詞ではうまく機能しない．たとえば，つぎに示す例は，前置詞句が主要部名詞 ban と proof によって認可される補部であるが，完全に文法的である．[4]

(6) i. I support the ban on smoking, bat not the one on alcohol.
（喫煙の禁止は支持するが，飲酒の禁止は支持しない）

ii The proof of Pythagoras' theorem is more clearly formulated than the one of Parseval's equality.
（ピタゴラスの定理の証明はパーセバルの方程式の証明よりはっきりと定式化されている）

(c)　統語範疇との相関関係

節レベルでみられるような補部と名詞句の相関関係は，名詞句レベルでは観察されない．すなわち，すでに述べたように，些末（さまつ）な例外こそあるものの，名詞

---

[4] *Your reliance on me is just as bad as Kim's one on Pat.
（あなたが私に頼るのはキムがパットに頼るのとまさに同じくらいいけないことよ）
このような例が非文法的であるのは，代小名詞句 **one** が可算名詞であり，それゆえ不可算名詞 reliance（依存）を先行詞としてとれないからである．つまり，このような例は前置詞句が補部になっていることとはなんら関係がない．

は名詞句を補部にとらないということだ．それにもかかわらず，節と名詞句で違いがあるとはいえ，節では副詞が付加部に対応するのが典型であるように，名詞句では形容詞が修飾要素に対応するのがふつうである．ただし，legal adviser（法律顧問）における legal は形容詞でありながら，名詞の補部になっているので，例外である．

(d) 補部位置と付加部位置の可動性

一般に補部には，修飾要素よりも厳しい制限が課されている．名詞句の内部依存要素に関していえば，主要部前位補部に制限が課されていることが非常にはっきりと観察される．主要部前位補部は主要部名詞に隣接する位置になければならず，補部は，あらゆる修飾要素の後ろに出てこなければならない．例をあげておこう．

a brilliant legal adviser（聡明な法律顧問） ［修飾要素＋補部］
*a legal brilliant adviser ［補部＋修飾要素］

対照的に，主要部後位の補部は，主要部名詞の直後に現れるが，それは義務的ではなくただの傾向に過ぎない．[5]

(e) 補部とは主要部名詞の意味上の項（semantic argument）のことである

補部が主要部の意味上の項であるという基準は，節（clause）のところでも述べたが，これは節とまったく同じように名詞句にも当てはまる．この基準が当てはまることがとくにわかりやすいのは，次のような場合である．当該の名詞が，名詞化（nominalization）を受けてできたものかどうかには関係なく，何らかの属性や関係，あるいは，過程や活動を表す意味上の述語であり，そしてその名詞の補部が，そこに関与している個（entity），すなわち，その属性を帯びているもの，および，その関係を結んでいる項（term）などを表す場合である．しかし，(7) に述べているようなやり方で主要部と意味的に関係する of 前置詞句も，本シリーズでは補部とみなす．

(7) i. the dirtiness of the water ［o は人間以外のものがもつ属性 h をもつ］
(その水の汚さ)
ii. the younger sister of Mary ［o は h との血縁関係をもつ］
(メアリーの妹)

---

[5] 訳者注：主要部後位の補部については，第 15 章を参照．

iii. the anger of the older staff　[o は感情 h をもつ]
（年上の職員の怒り）

iv. the writing of the book　[o は h の結果である]
（その本の執筆）

v. the rays of the sun　[o は h の自然発生源である]
（太陽光線）

vi. the spire of the cathedral　[o は h の固有部分である]
（大聖堂の尖塔）

vii. the most expensive car of the man who lives next door　[o は h の所有者である]
（隣に住んでいる男のもっとも高価な車）

viii. her stupid nitwit of a husband　[o は h の被叙述部である]
（彼女のぼんやりしている旦那さん）

(7) の右の列につけてある注釈のうち，o は斜格 (oblique)，すなわち下線部の前置詞句内部の名詞句のことである（例：the water など）．さらに，h は主要部 (head)，すなわち母体となる名詞句の主要部のことである（例：dirtiness など）．of 補部をともなう多くの名詞句が主語兼決定詞を用いる表現 (subject-determiner construction) に置き換えることができる，つまり，両者は交替可能である．たとえば，(7ii) と Mary's younger sister を比較しよう．[6]

(7i)-(7iv) の例はわかりやすい事例である．つまり，dirtiness は属性を表し，水がその属性を帯びている．sister はある関係を表し，複数の項 (term) が関係を結んでいるわけだが，ここではメアリーがその 1 つの項になっている．anger は人が経験する感情であり，ここでは年上の職員たちがそのような経験者になっている．writing は，結果として本が出来上がる活動を示している．また，(7v)-(7vii) の前置詞句が補部としての位置づけをもつことも比較的わかりやすい．もっとも，それぞれの主要部は，属性や関係，過程，活動というよりは，物理的対象を表している．光線には光源がつきものなので，太陽を光線に関係するものとみなすのは妥当であろう．同様に，尖塔は建物から切り離してしまうと成り立たない．おそらくもっとも物議を醸すのは，(7vii) のような，斜格句が所有者を表している例における of 句が補部かどうかという点である．しかしながら，所有物にとってその所有者は関係のあるものであるとみなすことにしよう．これは意味的観点からみて妥当である．文法的な証

[6] 訳者注：これら 2 つの構造は 16.5.3 節で比較する．

拠からもこの所有者が所有物にとっての補部であることがわかる．なぜなら，所有者は典型的に主語と決定詞の機能（subject-determiner function）を兼ね備えているからである．そしてほかの事例において主語兼決定詞が補部であるとする分析が物議を醸すことが割に少なかった．代小名詞句 one による置き換えも次の例のように不適切である．

#my car and the one of the man who lives next door

(7viii) は，斜格句に不定冠詞 a がつくという点でほかの統語構造とは一線を画す．ここでの斜格句と主要部の関係は，

Her husband is a stupid nitwit.（彼女の旦那はぼんやりした人だ）

という節構造における被叙述部 her husband と叙述補部 a stupid nitwit との関係に似ている．また，(7i) を

The water is dirty.（その水は汚い）

という文と関連づけることができるが，その際，名詞 dirtiness の範疇と形を形容詞 dirty へ変化させている．一方，(7viii) では，名詞 nitwit は変わらないままである．[7]

ここで節と名詞句の重要な違いの 1 つを述べておこう．それは，名詞句には虚辞と繰り上げ補部（raised complement）に対応するものが何もないということである．したがって，

It is noisy in the hall.（ホール内は騒がしい）
Kim is certain to win.（キムは間違いなく勝つ）

これらに対応する名詞句は存在しない．ゆえに次のような名詞句は成立しない．

[7] 単数名詞 hell と heck は次のような定型表現に現れる．

It created a hell/heck of a problem.（そこからとんでもない問題が起きた）

この表現が a helluva problem（とんでもない問題）というつづられ方をするのをよくみかける．この場合には problem を主要部とする再分析が行われているように思われるかもしれない．しかし，an absolute hell of a problem（まったくとんでもない問題）のような強意を表す修飾（intensificatory modification）が可能であることから，hell がこの構造の統語主要部のままであり，上記のような再分析は受けていないことがわかる．

*the noisiness of it in the hall（ホール内の騒がしさ）
*the certainty of Kim to win（キムが勝つ確かな見込み）

次の主語兼決定詞（subject-determiner）も同様に容認されない.[8]

*its noisiness in the hall
*Kim's certainty to win

(f)　補部の意味役割は主要部名詞に依存する

補部にみられるこの特性は，それらが意味上の項であることからの当然の結果であり，節と同様に名詞句にも適用可能である．節構造では，主語と目的語に与えられる意味役割は動詞の意味に依存する．たとえば，

Kim shot Pat.（キムがパットを撃った）

では，Kim と Pat はそれぞれ動作主（agent）と被動作主（patient）であるが，

Kim saw Pat.（キムはパットをみた）

では，それぞれ経験者（experiencer）と刺激（stimulus）である．名詞句構造でも，（16.5 節で述べられるように）主語兼決定詞と前置詞句補部，とくに of が主要部となっているものに，同じことが適用される．たとえば，the resignation of the secretary（秘書の辞職）と the assassination of the secretary（秘書の暗殺）を比較してみよう．前者では the secretary が動作主であるが，後者では被動作主である．(7) の例は，このような意味役割に関する実例を提供してくれている．

(g)　名詞句の意味的選択制限が補部に課せられる

この特性もまた，補部が意味上の項なので，当然の結果である．尖塔は建物に本来備わっている部分であり，これにより，補部の外延（denotation）に意味的選択制限が課せられるのである．the spire of the cathedral（大聖堂の尖塔）といえるが，#the spire of the rocket（ロケットの尖塔）や #the spire of Mary（メアリーの尖塔）とはいわない．同様に，発話をするのは人間に限られるので，

---

[8] 訳者注：It is noisy in the hall. では，主語位置に虚辞 it が現れており，Kim is certain to win. では Kim が to 不定詞の主語位置から主節の主語位置へ繰り上げを受けている．これに対応する名詞句では，虚辞 it が of 属格主語としても決定詞機能を兼ねた主語 its としても現れることができない．繰り上げ主語も同様である．

the speech by the mayor（市長による演説）とはいうが，#the speech by coffee（コーヒーによる演説）とはいわない．

■ 間接補部 (indirect complement)

これまで議論されてきた補部はすべて，主要部名詞そのものによって認可されるという意味で，**直接**補部（**direct** complement）であった．**間接**補部（**indirect** complement）では，それを認可する要素（以下，認可子（licensor））は主要部名詞にとってのもう1つの依存要素（もしくはその一部）である．以下の例では，一重の下線が間接補部を示しており，もう1つ別の依存要素が括弧でくくられ，二重下線が括弧の中で間接補部を認可する構成素を示している．

(8) i. a [larger] galaxy than initial measurements suggested ［than 前置詞句］
（初期の測定が示唆していたより大きな銀河）

ii. [so great] a loss that we're likely to go bankrupt ［平叙文の内容をもつ節］
（破産しそうなほど甚大な損失）

iii. [too dangerous] a proposal for parliament to accept ［不定詞］
（危険すぎて議会が承認しない提議）

間接補部を認可できるのは，比較表現,[9] 程度副詞の so と too,[10] 十分性決定詞類の enough と sufficient，副詞 sufficiently,[11] そして some [very easy] people to get on with（付き合いやすい人々）という場合の easy のようないくつかの限定形容詞（attributive adjective）である．

これら間接補部が主要部後位に位置することは，非常に限られた条件を除けば，前置詞句と節が主要部前位依存要素内に現れないという事実と一致する．すなわち，たとえば，*a larger than initial measurements suggested galaxy などという例と（8i）は対比をなすかもしれない．ほとんどの場合，認可子は名詞主要部の後ろに現れることができる．たとえば，次の例がそうである．

[9] 訳者注：この点については本シリーズ第7巻『関係詞と比較構文』を参照．

[10] 訳者注：この点については本シリーズ第6巻『節のタイプと発話力，そして発話の内容』を参照．

[11] 訳者注：7.12 節を参照．

a galaxy larger than initial measurements suggested
（初期の測定が示唆していたより大きな銀河）

例外が 1 つあり，比較の same はこのような交替ができない．次の 2 つを比べてみよう．

the same problem as you had（君が抱えていたものと同じ問題）
*the problem same as you had

間接補部がさらに後置され，名詞句内ではなく節の最後に現れることも通常は可能である．次の例がそうである．

We have suffered so great a loss this year that we're likely to go bankrupt.（私たちは今年破産しそうなほど深刻な損失を被りました）

これに対する例外は，形容詞＋穴開き節（hollow clause）の構文である．

*We've got some very easy people at the office to get on with.[12]
（とても付き合いやすい従業員が何人か職場に入ってきた）

14.2　修飾要素

■限定的修飾要素（attributive modifier）

主要部前位内部修飾要素は，決定詞類句として，形容詞句として，過去分詞（past participle）または動名分詞（gerund-participle）を主要部にもつ動詞句として，あるいは，常格または属格（plain or genitive case）をもつ小名詞句として現れる．

(9) i. a. another three days
（もう 3 日間）
b. the barely forty students present ［決定詞類句］
（出席しているせいぜい 40 人の生徒）

ii. a. his wry attitude
（彼のひねくれた態度）
b. many very angry farmers ［形容詞句］
（数多くの激怒した農民たち）

---

[12] 訳者注：たとえば，John$_i$ is easy [to please ___$_i$] のような文では，please の目的語は主節の John があるかのように解釈される．このような性質をもつ [ ] 内の非定型節を穴開き節という（第 2 章を参照）．いま検討中の例文では，穴開き節は [to get on with ___] であり，この with の目的語には some very easy people があるかのように解釈される．そして，この穴開き節は節の末尾に後置することができないと本文では述べられている．

	a.	b.	
iii.	the defeated army（敗北した軍）	her recently published article（彼女の最近出版された記事）	［動詞句］
iv.	the gleaming showroom（（暗闇に）光る展示室）	three steadily melting marshmallows（3つのどんどん溶けていくマシュマロ）	［動詞句］
v.	its entertainment value（その娯楽としての価値）	those Egyptian cotton shirts（それらのエジプト綿のシャツ）	［小名詞句］
vi.	a dogs' home（犬小屋）	a young children's edition（小さな子ども向けの版）	［小名詞句］

ごく少数ではあるが，the downstairs toilet（階下のトイレ）のように，主要部前位の前置詞も観察される.[13] 決定詞類と形容詞に関しては，1ランク上のレベルの範疇として決定詞類句と形容詞句があると本シリーズでは認識している．一方，動詞と名詞に関しては，1ランク上のレベルの範疇とさらにもう1ランク上のレベルの範疇があるとしている．つまり，動詞の場合にはそれぞれ，動詞句と節であり，名詞の場合にはそれぞれ，小名詞句と名詞句である．動詞と名詞の事例において，限定的修飾要素の位置に現れるのは，節や名詞句などの最上位の範疇ではなく中間の範疇に属する表現である（ただし，これには度量属格（measure genitive）という小規模な例外がある.[14] したがって，(9iii）と(9iv）の限定的修飾要素は節ではなく動詞句であり，(9v）と（9vi）の修飾要素は名詞句ではなく小名詞句である．

限定的修飾要素の内部構造には厳しい制約が課される．(9b）の例に示されるように，限定的修飾要素（たとえば angry）は，(9b）のようにそれ自体の主要部前位（たとえば angry の前）に，それ自体の依存要素（たとえば very）をとることができる．しかし，多くの場合，限定的修飾要素はそれ自体の主要部後位（たとえば angry の後ろ）にそれ自体の依存要素（たとえば at this betrayal）をとることはできない．つまり，

[13] 訳者注：downstairs は一般的には形容詞とされるが，著者たちはこれを前置詞であると述べている．

[14] 訳者注：これについては 16.3 節で取り上げる．

*Many [very angry at this betrayal] farmers
（この裏切り行為に激怒した多くの農民たち）
*her [recently published in 'Nature'] article
（最近，科学雑誌ネイチャーに掲載された彼女の論文）
*those [Egyptian cotton of the highest quality] shirts
（それらの最高級エジプト綿のシャツ）

などとはいえない．動詞句の場合でも，このような制約が少しも緩和されることはない．常格の小名詞句で，主要部後位の依存要素を取れるものには「機関」を意味する固有名称がある．たとえば，次の例がそうである．

a [Ministry of Defence] official（国防省の職員）

形容詞句の場合には，

[better than expected] results（予想していたよりも良い結果）

のように，限られた種類の，短い依存要素（ここでは than expected）なら，主要部（ここでは better）の後ろにもってくることができる．[15] 決定詞類句は，それが決定詞の機能をはたす場合であっても，主要部後位依存要素をとることはほとんどないが，[16] 一般的に，決定詞内で許可される依存要素は，

the [more than twenty] complaints they received
（彼(女)らに寄せられた 20 件を越す苦情）

のように，限定的修飾要素内においても同様に許される．[17]

限定的修飾機能しかもたない形容詞が多くある．どんな意味であろうとも限定用法しかもたないもの，あるいは，ある特定の意味の場合にのみ限定用法しかもたないかのどちらかである．たとえば，a mere child（まだほんの子ども）

---

[15] 訳者注：この点については本シリーズ第 4 巻『形容詞と副詞』を参照．

[16] 訳者注：第 11 章を参照．

[17] 訳者注：第 11 章 (d) に立ち戻ると，

(5) i.　[More/Less/Fewer than twenty] people came to the meeting.
　　(20 人より多い／少ない人がその会合に来た)

(この例において [ ] は決定詞であり，その内部の主要部 more/less/fewer は，than + 数詞を依存要素としてとることができることをみた．それをふまえて，the [more than twenty] complaints they received というここでの例をみてみよう．[ ] は限定的修飾要素であり，その主要部 more はここでも than + 数詞を依存要素にとることができる．それゆえ，決定詞内で許される依存要素は限定的修飾要素内部でも許されると述べている．

とはいうが *The child is mere とはいわない．またほかに，限定的修飾機能をもたない形容詞も存在する．たとえば，

Corruption was rife.（汚職が蔓延している）

とはいうが，*rife corruption とはいわない．[18]

・臨時構造（nonce-formations）

(9) のような通常の構造に加えて，以下の**臨時構造**が観察される．

(10) i. my do-it-yourself skill（私の日曜大工の腕前）
the buy-me glitter of the duty-free shop
（「これを買って！」と書いてある免税店の派手な商品）
ii. a no-frills airline（余分なサービスをしない航空会社）
a no-fuzzy-edge guarantee（表現が曖昧でない保証書）
an all-or-nothing approach（一か八かの方法）
iii. huge floor-to-ceiling windows（床から天井までの巨大な窓）
the custard-pie-in-your-face front cover
（「そこのあなた，お顔にカスタードパイがついていますよ！」と声をかけんばかりのことば巧みな方法で読者の気を引こうとする雑誌の表紙）

(10i) の例は原形動詞が主要部になっている動詞句で構成されている．(10ii) は決定詞を含んでいる．(10iii) は主要部後位に前置詞句の依存要素をともなう小名詞句の例である．(10) の限定的修飾要素は臨時構造である．というのも，これらのタイプの形式はここで取り上げている言いまわしにおいて体系的に容認されているわけではないからだ．それらのいくつかは定着した形式であるが（たとえば，do-it-yourself（日曜大工の）や floor-to-ceiling（床から天井まで）など），(10iii) の custard-pie-in-your-face（「あなたの顔にカスタードパイがついていますよ」という文字どおりの意味ではなく，それくらい客の気を引こうとする）のように多くが即席でつくられている．his 'best-of' retrospective album（彼が昔歌った曲を回顧して傑作を集めたアルバム）のように，通常では構成素を形成しない語の並びさえも見つけることができる．[19]

---

[18] 訳者注：これらについては本シリーズ第 4 巻『形容詞と副詞』で扱われている．
[19] 訳者注：この点については本シリーズ第 10 巻『形態論と語形成』を参照．

■主要部後位修飾要素（post-head modifier）

限定的修飾要素に課せられる一般的な制約は，主要部後位修飾要素には適用されない．つまり，それらの修飾要素がそれ自体の依存要素を主要部後位にとることはたやすく，そして，動詞と名詞が基盤となってできている表現として，最上位レベルの範疇，すなわち，節と名詞句がある．しかしながら，主要部後位に名詞句が出てくることはめったにない．なぜなら，補部をともなう場合と同じように，修飾要素をともなう場合，依存要素名詞句は，直接ではなく前置詞によって主要部と関連づけられるのがふつうだからである．前置詞句が修飾要素として主要部後位に現れることはよくあることである．しかし，前置詞が補部をとって，前置詞句ができている場合，その前置詞句（=［前置詞＋補部]）が名詞の前に限定的修飾要素として出てくることはない．ただし，臨時構造ならば話は別である．

(a)　決定詞類と決定詞類句

決定詞類と決定詞類句の基本的な位置は主要部の前であるが，特定のタイプは主要部に後続することができる．具体例をみてみよう．

(11)　a/one day more（もう1日）
　　two days [less than we had expected]（予想していたより2日少ない）
　　money enough（十分な金）

比較決定詞類の more, less, fewer は，もし決定詞があるならば，主要部の後に現れることができる．one more day の代わりに more を主要部の後ろにもってきて，one day more（もう1日）という言い方がある．しかし，more days（もう数日）にはそのような代替形式はない．両者の違いを次の例で比べてみるのがよかろう．

One day more/*Days more will be needed.
（もう1日／数日必要でしょうね）

名詞句構造において，決定詞類 enough は決定詞として機能するのがふつうであるが，主要部後位修飾要素になることもできる．ただし，enough を修飾する要素がついている場合には enough は主要部の後ろに立てない．次の例を比べておこう．

I have money enough.（金は十分ある）
*I have money almost enough.

(b) 形容詞と形容詞句

形容詞と形容詞句の位置に関して次のような基本的な規則が成り立つ．つまり，主要部後位依存要素をもたない単一の形容詞と形容詞句は限定用法の位置に現れるが，それ以外は**後位に**（postpositively），すなわち次の例のように名詞句の主要部の後ろに現れる．

members [dissatisfied with the board's decision]
（役員会の決定に不満のあるメンバー）

somebody や anything などの複合決定詞類には，特別な規則が適用される．[20] それ以外の要素についていえば，名詞主要部の後ろに現れることができる形容詞がいくつかある．また，必ず名詞主要部の後ろに現れなければならない形容詞もある．代表的な事例を（12）に示す．[21]

（12） i. the only day suitable（唯一適当な日），years past（ここ数年），
proof positive（確証），matters financial（財政問題），
all things Irish（アイルランドのあらゆる文物）
ii. the people present（出席者），the cars involved（関係車両），
the students concerned（当該の生徒），the city proper（市街区域）
iii. the heir apparent（法定推定相続人），the body politic（政治団体），
the president elect（次期大統領），the devil incarnate（悪魔の化身），
the poet laureate（桂冠詩人），a notary public（公証人）
iv. the house [currently ablaze]（いま燃えている家），
all people [now alive]（いま生きているすべての人々），
the ones asleep（寝ている人たち）

（12i）の例は限定用法（attributive construction）と交替できる．たとえば，the only suitable day（唯一適当な日）などと比較してみよう．これら名詞後位の形容詞の用法には厳しい制約が課される．suitable と possible のような -able や -ible がつく形容詞は，限定用法の最上級か only を要求する．たとえば，the best result possible（可能な限りの最高の結果）と *the result possible を比較するとよい．名詞後位の past は時間の名詞と現れ（たとえば，（12i）のように years past（ここ数年，過ぎ去りし年月）とはいえても，*approaches past（過去のやり方）とはいえない），positive は proof とのみ現れる．（12i）の

[20] 訳者注：この点については 9.6 節を参照．
[21] 訳者注：また，本シリーズ第 4 巻『形容詞と副詞』も参照．

最後の2つの例は，名詞がその主要部になっており，そして領域を示す．そして，形容詞 financial と Irish は，主要部のすぐ後ろに現れなければならないので，あたかも制限部 (restrictor)[22] のようである．

(12ii) の形容詞は限定的修飾要素として名詞前位にも，あるいは，名詞後位の位置にも現れることができるが，どちらに現れるかによって意味が違う．名詞後位に現れる present（出席している，居合わせている）や absent（不在の，欠席の）は，事態の一時的な状態を示す．present が名詞前位に現れる次の例と比較しておこう．

the present government（現行の政府）

同じことが involved と concerned にも当てはまる．もっとも，これらの場合には，上記の例に比べると，限定用法と名詞後位の意味の違いがずっと大きなものになるのだが．次の2つを比べておきたい．[23]

deeply involved activists（非常に熱心な活動家たち）
concerned parents（(子どものことで) 不安にかられる親たち）

名詞後位の proper は「その語の厳密な／本来の意味おいて」を意味する．net と gross に関して，これらの語が名詞の前と後のどちらに現れるのかは，意味ではなく主要部によって決まる．すなわち，net と gross は名詞主要部が特定の金額であるなら，その後ろに現れる（たとえば，fifty dollars net（正価50ドル，正味50ドル)．それ以外の名詞ならばその前に現れる（たとえば，my net income（純収入)）．

(12iii) の例は，限定用法で言い換えられない決まり文句なのである．(12iv) の形容詞は，限定用法では決して用いられない．

(c)　名詞句

(13) i. a man <u>my age</u>（私と同い年の人），shoes <u>this size</u>（このサイズの靴），the results <u>last year</u>（去年の結果），houses <u>this side of the lake</u>（湖のこちら側の家）

---

[22] 訳者注：9.6節を参照．

[23] 訳者注：後置修飾の activists deeply involved は「深く関与した活動家たち」，parents concered は「利害関係にある親たち」あるいは「関係者である親たち」という意味である．

ii. fifty miles an hour（時速 50 マイル），
a salary of [$20,000 a year]（年収 2 万ドル），
ten dollars a head（一人頭 10 ドル，（レタスなどの）一玉あたり 10 ドル）

名詞句になっている修飾要素は，14.3 節で議論する同格を別にすると，年齢や大きさや同様の属性を示すものか，（8.4 節で議論した）（13ii）のような非指示的分配不定類（non-referential distributive indefinites）に限られる．

(d) 前置詞句

(14) i. a woman [of great wisdom]（大変賢明な女性）
a school [of this type]（このタイプの学校）
the man [with black hair]（黒い髪の男）
the church [near the river]（川の近くの教会）
friends [from Boston]（ボストン出身の友人）
Jill's career [as a journalist]（記者としてのジルの経歴）
ii. the temperature [outside]（外の気温）
the floor [below]（下の階）
the year [before]（その前年）
iii. his behaviour [after his wife left him]（妻が去った後の彼のふるまい）
the car [as we know it today]（今でいうところの車）

きわめて広い範囲の前置詞句が主要部後位修飾要素として機能できる．（14i）の前置詞句は，前置詞が名詞句を補部にとる場合に一番よくみかける表現様式である．（14i）の最後の例 Jill's career as a journalist では，斜格名詞句は as をともなって叙述的に解釈される．つまり，ジルは記者であったと解釈される．また，（14ii）に示されように，補部を取らない前置詞も観察されるが，それらは一般的に場所か時を表す．（14iii）は，前置詞が節を補部としてとっている．

(e) 節

(15) i. Where's [the book I lent you]?（君に貸した本はどこですか） ［関係節］
ii. Kim is [the person to do the job].（キムがその仕事の当事者です）［不定詞］
iii. [People living near the site] will be seriously disadvantaged.
（現場近くに住んでいる人はひどく恵まれないだろう） ［動名分詞］
iv. She came across [some letters written by her grandmother].

（彼女は自分の祖母がしたためた何通かの手紙を偶然見つけた）　［過去分詞］

修飾要素として機能する定形節はすべて関係節であり，主要部後位の内容節 (content clause) は補部である．そして，(15ii)-(15iv) の 3 つのタイプの非定形節については，本シリーズ第 1 巻『動詞と非定形節，そして動詞を欠いた節』を参照のこと．

■ 多重依存要素

小名詞句は通常，2 つ以上の内部依存要素をとれる．具体例を以下でみてみよう．

(16) i. some [blue cotton blankets]
(いくつかの青い綿の毛布)
ii. the [star on the horizon with the reddish tint]
(地平線に浮かぶ赤みがかった星)
iii. the [gleaming star on the horizon]
(地平線上でかすかに光る星)

修飾要素は連立的にというよりは連続的に主要部を修飾していると考えられる．言い換えれば，1 つの小名詞句がもう 1 つ別の小名詞句の中に存在するという重層構造をなしている．たとえば，(16i) では，その終端主要部であるところの blankets は，名詞 cotton によって修飾されて小名詞句 cotton blankets を形成し，つぎにその小名詞句が blue によって修飾されて blue cotton blankets を形成する．この構造は**積み重ね修飾 (stacked modification)** もしくは**積み重ね現象 (stacking)** として知られる．[24]

[専門的解説]

このような重層構造になっていることを支持する証拠は等位接続と照応関係から得られる．(16i) の例において，名詞句は 3 層構造になっていると考えられるのだが，どの層においても等位接続が可能である．つまり，

blue cotton blankets and sheets
(青い綿の [[毛布] と [シーツ]])

---

[24] 訳者注：また，本シリーズ第 4 巻『形容詞と副詞』も参照．

blue cotton blankets and silk sheets
(青い [[綿の毛布] と [シルクのシーツ]])
blue cotton blankets and white silk sheets
([青い綿の毛布] と [白のシルクのシーツ])

といえる．また，どの3つの主要部もさまざまな種類の照応表現の先行詞になることができる．[25] たとえば，次の例をみればわかる．

I prefer those blue cotton blankets to these.
(私はこれらよりもそれら青の綿の毛布のほうが好きだ)

この文の these は次の3つのうちのいずれに解釈してもよい．

these blankets (これらの毛布)
these cotton blankets (これらの綿の毛布)
these blue cotton blankets (これら青い綿の毛布)

主要部前位と主要部後位の修飾要素をともなう (16iii) のような例は，まずどちらの修飾要素が主要部を修飾するのかという点で，構造上の曖昧性がある．言い換えれば，次の2つのうちのどちらが (16iii) の名詞句にとっての直接構成素になってもよいということである．

gleaming star+on the horizon
(「かすかに光る」がまず「星」を修飾し，つぎにこの「かすかに光る星」を「地平線上に浮かぶ」が修飾する)
gleaming+star on the horizon
(「地平線上の」がまず「星」を修飾し，つぎにこの「地平線上の星」を「かすかに光る」が修飾する)

たいていの場合は，この例がそうであるように，どちらの構造で解釈してもほとんど差はない．

(16) の構造は (17) のようなものと区別されるべきである．

(17) i. some [Egyptian cotton shirts]
(数枚のエジプト綿のシャツ)
ii. an [interesting and very promising proposal]
(興味深くきわめて有望な提案)

[25] 訳者注： 本シリーズ第9巻『情報構造と照応表現』を参照．

iii. the [award of the contract to the other firm]
（相手の会社への契約の裁定額）

(17i) では，Egyptian が cotton を修飾しており，続いて小名詞句 Egyptian cotton が shirts を修飾している．これは，修飾要素を修飾するという，**下位修飾 (submodification)** の事例である．[26] (17ii) には，形容詞句どうしが等位接続されて 1 つの修飾要素になっているため，名詞にとっての修飾要素は 1 つしかない．(17iii) において，2 つの下線部の前置詞句はどちらも award の補部であり，それらは補部として同じ構造レベルにおいて主要部と結びついている．すなわち，ここでの award of the contract は単一の小名詞句を形成しているわけではない．

14.3　同格修飾要素

同格修飾要素 (appositive dependent) は，平叙文の内部の母体となる名詞句に挿入されると，体系的に 1 つの節を作り出す修飾要素である．その節はもとの文の意味を論理的に含意 (entail) している．以下で具体例をみてみよう．

(18) i. a. She sang in [the opera 'Carmen'].
(彼女はオペラ「カルメン」で歌った)
b. She sang in 'Carmen'.
ii a. It was founded in [the year 1850]. (それは 1850 年に設立された)
b. It was founded in 1850.
iii a. [The verb 'use'] is transitive. (動詞 use は他動詞である)
b. 'Use' is transitive.

(18i–iii) のそれぞれの組み合わせにおいて，(a) は (b) を含意する．したがって，同格修飾要素は，それを含む名詞句の代理になるのである．

ここで，名詞句構造内で統合型依存要素として機能する同格について考えてみよう．これは，次の例文のような補足型の同格 (supplementary appositive) とは異なるものである．

The information was given me by Kim Jones, the President of the Students' Union.[27]

---

[26] 訳者注：この点については本シリーズ第 4 巻『形容詞と副詞』を参照．
[27] 訳者注：補足型の同格については，本シリーズ第 8 巻『接続詞と句読法』を参照．

（その情報は生徒会長であるキム・ジョーンズによってもたらされた）

その理由はこうである．統合型同格は，（18）のように，意味的に何かを制限するのがふつうである．たとえば，（18i）の Carmen が，opera を主要部とする小名詞句の外延を制限する．すなわち，オペラ Carmen は他のオペラと対比され引き立っている．（18ii）と（18iii）でも同様に，1850 と use が，それぞれ year と verb を主要部とする小名詞句の外延を制限する．統合型の同格が提供する情報によって対象を同定することにつながるので，母体となる名詞句は，それが内部に統合型同格を含んでいる場合には，定名詞句になるのが典型である．しかしながら，次の例からわかるように，統合型同格は必ずしも意味の面で制限的であるとは限らない．[28]

（19） This is [my husband George]. ［非制限的統合型同格］
（私の夫のジョージです）

統合型同格としての Goerge は，補足型同格のように別個の音調単位（intonation unit）として発音されずに，主要部と同じ音調単位に所属する．しかし，話者が 2 人以上の夫をもつという含意（entailment）もなければ推意（implicature）もない．なぜならば，統合型同格表現の場合には，その当事者が話者の夫であり名前はジョージであるということを述べる簡単な方法を提供しているに過ぎないからである．

同格修飾要素は固有名称であることが非常に多いが，（18）の例からわかるように，固有名詞以外の要素が現れることもある．また，定名詞句を同格にとって固有名称が小名詞句の主要部として現れることもできる．そのような例をあげておこう．

['Carmen' the opera] is performed more often than ['Carmen' the ballet].
（オペラのカルメンのほうがバレエのカルメンより多く上演されている）

[28] 訳者注：（18i）などの例（＝She sang in [the opera 'Carmen'].）では，彼女が歌を歌ったオペラは，カルメン以外にもありえるので，Carmen は the opera という小名詞句の外延を制限するために用いられている．ゆえに Carmen は制限的統合型同格とよばれている．それに対して（19）の文は制限的統合型同格ではなく，話者に 2 人以上の夫がいて，ここにいるのはそのうちの George という名前の夫であるといいたいのではない．話者の夫が George という者であることを紹介しているだけである．ゆえに，George は my husband のとりうる外延を制限するために登場しているのではないということである．

■同格と補部の区別

ここまで，母体となる名詞句に同格が挿入されることで**体系的に**含意が得られることをみてきた．この性質を用いれば，内容節（content clause）に出現する補部が，同格とは別物であることもはっきりする．次の例を考えてみよう．

(20) i. [The suggestion that they cheated] was quite outrageous.
(彼(女)らが人をだましたとの進言は，言語道断であった)
ii. They omitted to mention [the fact that he is insolvent].
(彼(女)らは彼が破産しているという事実に言及するのを怠った)
［補部］

(20i) が That they cheated was quite outrageous. (彼(女)らが人をだましたのは，言語道断だった) を含意しないことは明らかである．つまり，That they cheated was quite outrageous の文では，彼(女)らがだましたことを前提としており，だましたことがけしからぬことだったと述べている．一方，(20i) では，おそらく彼(女)らは実際にはだましていないからであろうが，けしからぬことだったのはそのような「進言」であると述べている．したがって，内容節は同格とみなすことはできない．この内容節は主要部名詞 suggestion によって認可される補部である．それはちょうど，次の文で，動詞 suggest の補部が suggest によって認可されるのと同じである．[29]

He suggested that they cheated.
(彼は彼(女)らがだましたことをほのめかした)

しかしながら，(20ii) の例は They omitted to mention that he is insolvent. (彼(女)らは彼が破産しているというのを怠った) を実際に含意している．しかし，これは名詞 fact の意味的特性のためであると考えられる．つまり，このような含意が可能になっているのは，名詞＋内容節という構造が体系的にそのよう

[29] 訳者注：(18ib) というもとの文があり，その母体となる名詞句 ['Carmen'] に the opera という同格修飾要素が挿入されると，(18ia) という 1 つの節が得られる．この (18ia) という節は，もとの文 (18ib) のもつ意味を論理的に含意しているということを思い出そう．ここでは，[That they cheated] was quite outrageous. というもとの文があり，この [　] 内に the suggestion を挿入すると，(20i) が得られるわけである．しかし，(20i) はもとの文 [That they cheated] was quite outrageous. を含意していない．ゆえに，(20i) における that 節は suggestion という名詞とは同格ではなく，むしろ suggestion という主要部名詞がとる補部である．そしてこのことから，内容節 (content clause) に出現する補部は，同格とは区別されることがわかると著者たちは述べている．

な特性をもっているということを意味しない.[30] それゆえ,(20ii) の例は同格構造として分析するための条件を満たしているともみなされない. つまり,この例は,統語上,(20i) の例と似ているというだけである.

■ 同格斜格 (appositive oblique)

固有名称の同格は,上述の例のように主要部と直接的に結びつくというよりは,前置詞 of を介して主要部と結びつくことができるのである.

(21) i. a. She was born in [the month of May]. b. She was born in May.
(彼女は5月に生まれた)
ii a. It took place in [the city of Berlin]. b. It took place in Berlin.
(それはベルリンで開催された)

この例でもやはり,それぞれの (a) と (b) のペアにおいて,(a) は (b) を含意している. (18) の (a) の例において,Carmen がオペラであり,1850 が年であり,use が動詞であったように,(21ia) と (21iia) の例では,May (5月) が月として,Berlin が都市として範疇化されている. of Berlin と of May という前置詞句を**有標の同格 (marked appositive)** とよび,Berlin と May という名詞句を**同格斜格句 (appositive oblique)** とよぶ.[31] (21ia) と (21iia) において,斜格句は固有名詞 Berlin と May になっており,主要部は month であるか,city (都市) や town (町),suburb (郊外),village (村),settlement (居留地),state (州),county (郡),canton (州・小郡),province (州) のような何らかの政治地理的事業体(エンティティ)を示す用語である. この場合,斜格句が固有名詞になっているので,このような構造は定表現であることがその特徴である. しかし,次の例のように,固有名称にはその名前の担い手の集合を表す第二の用法がある.

---

[30] 訳者注:the fact という名詞が (20ii) の [ ] 内に挿入されており,(20ii) は挿入する前の文 They omitted to mention that he is insolvent. を含意している. しかし,これは単に fact という名詞の意味特性によるものであり,名詞+内容節という構造が体系的に含意を可能にするという特性をもっているわけではない. 意味的特性によって含意の有無が左右されることから,(20ii) で含意が得られるからといって同格であるということもいえない. 含意が得られることは,その構造が同格であるための十分条件であるとはいえない.

[31] 訳者注:この名称は,本シリーズ第2巻『補部となる節,付加部となる節』での叙述部に用いた用語に従っている.

There's a city of Manchester in England, and one in New Hampshire too.
（イギリスにマンチェスターという都市があり，ニューハンプシャーにもある）

ゆえに，母体となる名詞句（つまり，a city of Manchester など）が不定になることも可能である.[32, 33]

14.4　複合小名詞句と複合名詞の区別

限定的依存要素＋主要部からなる統語構造，すなわち複合小名詞句（conposite nominal）は，形態的な複合名詞（compound noun）とは区別されるべきである．次の例を考えてみよう.

(22) i. a. some new cars　　　　b. two London colleges［複合小名詞句］
　　　　（いくつかの新しい車）　　（2 つのロンドンの大学）
　　ii a. some shortbread　　　　b. two ice-creams　　　［複合名詞］
　　　　（いくらかのショートブレッド）（2 つのアイスクリーム）

new と London は単独の語であり，それぞれ，形容詞と名詞であり，限定的修飾要素として機能している．一方，short と ice は，それら自体は語としての位置づけをもっていない．というのも，それらは語基（base）であり，この場合もそれぞれ形容詞と名詞であるのだが，複合語の一部を形成しているからである.

複合小名詞句（＝限定的依存要素＋主要部からなる統語構造）と複合名詞の違いは何だろうか．それは，以下の例からわかるように，複合小名詞句を構成する要素が，それだけで別個に等位接続（coordination）と修飾（modification）という関係を結べるという点である.

(23) i. a. [new and used] cars　　　b. various [London and Oxford] colleges
　　　　（新車と中古車）　　　　　（さまざまなロンドンとオックスフォードの大学）

---

[32] 訳者注：この例で，a city of Manchester の部分が第 2 等位項では代小名詞句 one に置き換わっていることから，[city of Manchester] が不定の可算名詞であることがわかる.

[33] 訳者注：20.4 節を参照.

ii. a. new [buses and cars]
(新しいバスと車)

b. various London [schools and colleges]
(さまざまなロンドンの学校と大学)

iii. a. [four new and two used] cars
(4 台の新車と 2 台の中古車)

b. [two London and four Oxford] colleges
(2つのロンドンの大学と4つのオックスフォードの大学)

iv. a. two [reasonably new] cars
(2 台の比較的新しい車)

b. two [south London] colleges
(2 つの南ロンドンにある大学)

v. a. two new [diesel-driven cars]
(2 台の新しいディーゼル車)

b. two London [theological colleges]
(2 つのロンドンの神学大学)

(23i)–(23iii) は等位接続の事例である．(23i) は修飾要素の等位接続の例，(23ii) は主要部の等位接続の例である．(23iii) は遅延右側構成素等位接続 (delayed right constituent coordination)[34] の例であり，これは第 1 等位項の右端の構成素 (cars や colleges) が最後の等位項の後ろに置かれる等位接続である．その他は修飾の事例である．つまり，(23iv) は修飾要素がさらに別の要素によって修飾されている事例 (下位修飾 (submodification)) であるし，(23v) は主要部が修飾されている事例 (積み重ね現象 (stacking)) である．

対照的に，複合名詞にはこれらの操作は適用されない．ice-cream を例にとって考えてみよう．

(24) i. a. *[ice- and custard-] creams

b. ice-creams and custard-creams
(アイスクリームとカスタードクリーム)

ii a. *ice- [lollies and creams]

b. ice-lollies and ice-creams
(アイスキャンディーとアイスクリーム)

iii a. *[two ice- and ten custard-] creams

b. two ice-creams and ten custard-creams
(2 個のアイスクリームと 10 個のカスタードクリーム)

[34] 訳者注：これについては本シリーズ第 8 巻『接続詞と句読法』を参照．

iv a. *[crushed ice-] creams　　b. cream made of crushed ice
（砕いた氷でできたクリーム）

v a. *ice-[Italian creams]　　b. Italian ice-cream
（イタリアンアイスクリーム）

(24a) は，(23) の等位接続と修飾の構造に対応する例であるが，ice と cream はどちらも語ではなく語基なので，このような構造は容認されない．等位接続するには，(24i)-(24iii) の (b) の形式になっていなければならない．この場合，ice-creams はそのまま残っている．同様に，ice-cream は，(24vb) に示されるように，ice-cream 全体を修飾する要素しか容認しない．crushed ice-creams は crushed [ice-creams]（すなわち，その意味は，ice-creams that are crushed（押しつぶされたアイスクリーム）である）の構造であれば可能であるが，(24iva) の構造で (24ivb) の意味は表せない．

したがって，これら 5 つの構造は複合小名詞句（＝限定的依存要素＋主要部からなる統語構造）と複合語を区別する診断法として使える．[35] 原則的に，連続した構成素が，これらのどのテストを満たしても，統語構造を形成しているということを証明するには十分である．(25) の例を考えてみよう．(25) では，名詞の主要部前位依存要素のさまざまな機能と意味役割の例をあげている．(26) に示されるように，これらはすべて最初のテスト（つまり，第 1 構成素どうしを等位接続できるかというテスト）に簡単に合格するので，複合小名詞句（＝限定的依存要素＋主要部からなる統語構造）として認められるのである．

(25) i. a. blackcurrant sorbet（構成物：カシスでつくられた）
（カシスのシャーベット）
b. cooking apple（目的：料理のための）
（料理用のリンゴ）
c. gas cooker（道具：ガスを使う）
（ガスコンロ）
［修飾要素］

[35] 5 つめに紹介した，主要部を個別に修飾できるかどうかのテストは，その他のテスト（等位接続など）に比べて有用性という点で劣っている．なぜなら，そのような修飾は，そもそも第 15 章で議論した語順の制約によって妨げられることが多いからである．たとえば，linguistics student（言語学の学生）という場合，linguistics は名詞主要部 student の補部であり，主要部のすぐ前に現れねばならない．そのため，student のみが単独で何かに修飾されることが許されないのである．

ii. a. television screen（固有部分：テレビのスクリーン）（テレビスクリーン）
b. microfilm reader（主題：マイクロフィルムを読む装置）（マイクロフィルム読み取り機）
［補部］

(26) i. a. I'd like [a blackcurrant and passion-fruit sorbet], please.
（カシスとパッションフルーツのシャーベットを下さい）
b. We sell [both cooking and eating apples].
（料理用と食用両方のリンゴを売っています）
c. You can use [a gas or electric cooker], it doesn't matter.
（ガスコンロか電気コンロが使えます．どちらでも問題ありません）
ii. a. [Television and computer screens] have different resolutions.
（テレビとコンピューターのスクリーンは解像度が違います）
b. [Microfilm and microfiche readers] are not the same.
（マイクロフィルム読み取り機とマイクロフィッシュ読み取り機は同じではありません）[36]

［専門的解説］

第 1 構成素どうしを等位接続できるかというテストになぜ ice-cream のような例が合格できないのか．その理由は，純粋に意味に問題があるからだと主張する人がいるかもしれない．つまり，アイスクリームは氷からつくられることが明白でわかりきっているわけではない．ice-cream の外延とその語の構成要素である ice と cream の外延とがどのように結びついているのかが予測できない．そのため，ice あるいは cream の一方だけを取り出してそれを何かで修飾することができると考えるべきではないという主張をする人がいるかもしれない．[37] 同様に，等位接続するには，意味的に同等のものどうしをもって

[36] 訳者注：マイクロフィルムは出版物や書籍や図面などの保存に使用する写真フィルムをロール状に巻いたもの．これに対して，マイクロフィッシュはマイクロ画像をカード状のフィルムに碁盤の目のように配置したもの．

[37] 訳者注：アイスクリームは氷からできているということがわかりきっているわけではないし，また ice（氷）と cream（クリーム）とがアイスクリームとどういう関係で結びついているのかを予測できるわけではない．ゆえに，そのような ice と cream の一方をほかの材料と等位接続詞で結びつけた結果どんなものができるのかについても予測ができるわけではない．そのため，ice だけを custard と等位接続して，(24ia) の *[ice- and custard-] creams という形式を，あるいは，cream だけを lollies と等位接続して，(24iia) の *ice- [lollies and creams] のような形式をつくることができると考えるべきではないのだと主張する人がいても

きて接続しなければならないからだという人がいるかもしれない．つまり，アイスクリームをつくる時のアイスの役割はカスタードクリーム（custard-cream）をつくる時のカスタード（custard）と同じ役割ではないし，また，アイスキャンディー（ice-lolly）は氷（ice）でつくられたキャンディー（lolly）であるが，アイスクリーム（ice-cream）は氷（ice）でできたクリーム（cream）ではない．このような意味の違いがあるので，ice-cream は等位接続テストに合格しないのだと主張する人がいるかもしれない．しかしながら，N+N の組み合わせでできているペアをほかにもみてみると，構成要素どうしの意味関係が明白かつ同等であるように思われるが，等位接続テストには合格しないペアが存在するのである．

(27)	i.	sunrise ～ sunset （日の出～日没）	*[The sunrise and set] were both magnificent. （日の出と日の入りがともに見事だった）
	ii.	backache ～ toothache （腰痛～歯痛）	*I'm suffering from [back and toothache]. （腰痛と歯痛を患っています）
	iii.	teardrop ～ raindrop （涙～雨滴）	*Her face was a sea of [tear and raindrops]. （彼女の顔は，涙と雨粒であふれていた）
	iv.	swimwear ～ sportswear （水着～スポーツウェア）	*This is [a swim and sportswear shop]. （ここは水着とスポーツウェアのお店です）
	v.	blackbird ～ bluebird （ムクドリモドキ～ブルーバード）	*There are [both black and bluebirds] in the area. （例の地域には，ムクドリモドキとブルーバードの両方が生息しています）

もし，筆者たちの予想どおり，これらの事例が意味的根拠によって説明できなければ，(25) と (27) には統語的な違いがあるにちがいない．つまり，前者は複合小名詞句（＝限定的依存要素＋主要部からなる統語構造）で後者は複合語であるということだ．

複合小名詞句と複合名詞とで意味関係はまったく同じである．たとえば，

おかしくはないと述べている．

cutlery box（カトラリー箱）はナイフやフォークを入れる箱であるし，matchbox（マッチ箱）はマッチを入れる箱のことである．cutlery box は等位接続テストに合格するが，matchbox は合格しない．次の 2 文を比べよう．

I collect antique [cutlery and wine-glass boxes].
（私は年代物の［カトラリーとワイングラスを入れる箱］を集めている）
*I collect antique [match and dinky-car boxes].
（私は年代物の［マッチ箱とミニカーを入れる箱］を集めている）

綴りが示唆するように，cutlery box は複合小名詞句（＝限定的依存要素＋主要部からなる統語構造）であり，matchbox は基本的に複合語である．それにもかかわらず，同じ意味関係をもち競合する具現形として，2 つの表面上まったく同じ構造が存在するという事実は，複合語の構成素をなす部分を独立した構成素として再分析することがしばしば可能になることを意味している．たとえば，washing-machine（洗濯機）は基本的に複合語であり，それは洗濯のための機械であるが，とくに服を洗うための機械である．この語は，最初の等位接続テストに合格しないはずである．なぜなら，服を扱うほかの装置は同じ形式をもたないからだ．すなわち，drying-machine ではなく tumble-dryer（乾燥機）といい，pressing-machine ではなく press（プレス機）という．それにもかかわらず，washing-machine は，3 つの過程を実行する新しい発明品がある場合に，等位接続テストに無理やり合格させることができる．なぜなら，そのような発明品に washing-, drying- and pressing-machine（洗濯乾燥プレス機）というよび名をつけることができるからである．[38]

（23）で紹介したテストでは，複合小名詞句と複合名詞を明確に区別できないということが一般に指摘されている．しかし，一見すると両者の区別が難しいのは，つい先ほど説明したタイプの再分析に原因がある．そのほかについては，ここでは文法の多くの他の領域と同様に，次のような見解をとる．つまり，白黒はっきりしない例があるからといって，広い範囲の明確な例において認識可能な区別を放棄する理由にはならない，ということである．その区別を放棄してしまうと，すべての N+N 組み合わせを複合小名詞句として扱うか，もしくはすべて複合名詞として扱うことが求められる．どちらの分析も，解決するというよりは多くの問題を生むことになる．すべて複合小名詞句として分析する方法は，（27）のデータを説明することができず，かつ，それにより，

---

[38] 訳者注：washing-, drying- and pressing-machine という等位接続が可能であることから，複合語の構成素をなす部分を，独立した構成素として再分析することがしばしば可能であることを述べている．

複合名詞形成規則はあちこち重大な欠陥だらけになってしまう．すなわち，広い範囲の複合名詞を考慮に入れると，[39] なぜ N+N の組み合わせからなる形式があってはならないのだろうか．あってもいいはずである．

一方，すべてを複合名詞として分析すると，形態論の語形成に無制限の繰り返しを認めることになり，統語論と形態論の区別をひどく弱めるという結果になる．つまり，任意の長さの等位接続，前置詞句，そして挿入句さえをも含む複合語を認めなければならなくなる．たとえば，次のような複合語である．

the [United States, New Zealand, …, and Soviet Union representatives]
（アメリカ，ニュージーランド … ソビエト連邦の代表者）
a [Ministry of Agriculture and Food proposal]（農林食物省の提案）
They are cancelling all [history, philosophy and even, I believe, linguistic classes].
（彼(女)らは歴史，哲学，そして私見だが，言語学のクラスさえもすべてキャンセルするだろう）[40]

さらに，(24) の等位接続と修飾のテストは N+N の組み合わせと Adj+N の組み合わせの両方に当てはまるので，どちらの分析に統一しても N+N の組み合わせと Adj+N の組み合わせの関係を捉えにくい．どちらの分析もそれを次のような Adj+N の組み合わせにまで拡張するとこの問題は，一層深刻になる．つまり，London theological college（ロンドンの神学大学）のような N+Adj+N の組み合わせや brick or wooden house（レンガか木造の家）のような N と結合した Adj+N の組み合わせ（すなわち [N or Adj]+N）の等位接続があることからも必然的に問題が生じるであろう．とはいえ，（N+N 組み合わせに統一的な分析を採用しながら）その統一的な分析を Adj+N の組み合わせにまで拡張せず，等位接続や修飾のテストに基づいて Adj+N の組み合わせに複合小名詞句と複合名詞の区別を認めるとすれば，逆に，それらのテストがなぜ N+N の組み合わせには用いられないのかという問題が生じてしまう．

black bird（黒い鳥）のような複合小名詞句と blackbird（ムクドリモドキ（鳥の種））のような複合名詞を区別するために，これまでにさまざまな非統語的な

---

[39] 訳者注：これについては本シリーズ第 10 巻『形態論と語形成』で記述している．

[40] 訳者注：この複合語には内部に挿入句 I believe が含まれている．

基準が提案されてきた.

(28) i. 強勢： 複合小名詞句では第1強勢が第2構成素に置かれるが(black-BIRD), 複合名詞では第1構成素に置かれる (BLACKbird)

ii. 正書法： 複合小名詞句は2語で書かれるが, 複合名詞は1語である

iii. 意味： 複合小名詞句の意味は構成要素から簡単に予測できるが, 複合語の意味はそうではない. 複合語は特殊化されており, 特定の種類を示す

iv. 生産性： 複合小名詞句では, 依存要素を主要部と意味的に適合するほかの形容詞に置き換えることができるが, 一方, 形容詞＋bird の形式をもつ複合語はきわめて限られたものしか存在しない

しかしながら, (28) の基準と, 等位接続と修飾の統語テストの整合性がきわめて不完全である. ここでは統語構造の境界性について考えているので, (28) の基準と統語テストとで判定結果が異なる多くの事例においては, 統語テストを優先的に考えよう.

[専門的解説]

まず第一に, 明らかに複合小名詞句に対するテストに合格し, 第1構成素に第1強勢をもつような組み合わせは多い. たとえば, 次のような語がそうである.

biology teacher (生物学教師)　　cooking apple (料理用リンゴ)
television screen (テレビ画面)　　income tax (所得税)

反対に, 第2構成素に強勢をもつ複合名詞句がいくつかある. たとえば, full stop (終止符) や, 多くの話者にとって容認される hotdog (ホットドッグ) などである.

第二に, 正書法は決定的な基準にはならない. なぜなら, 多くの例において幾とおりもの形式が存在するからである. たとえば, タイプライターなどでみられる円盤状に配列された活字 (デージーホイール) のことを daisy wheel と書いたり daisy-wheel あるいは daisywheel と書いたりするからである. そして, 上記の full stop のように, 2語で書かれる複合語も存在するからである.

第三に, 意味の特殊化は複合語だけでなく複合小名詞句でも観察される. た

とえば，等位接続 desktop and internet publishing（デスクトップとインターネット出版）は desktop publishing（デスクトップ出版）が複合小名詞句であることを示すが，机の上を使って出版するのではなく，デスクトップ・コンピューターで利用可能なプログラムを用いた出版を意味しているので，その意味は特殊化されている．反対に，backache（腰痛）や raindrop（雨滴）などの複合語についてみると，意味が特殊化されておらず，数多くの複合小名詞句と同じように平易でわかりやすい．

最後に，生産性について述べておこう．これはどのくらい生産的かというその程度が問題になるのであって，生産的かいなかどちらか一方に決まるものではない．統語操作はレキシコンにおける形態的操作に比べると概して生産的であるが，これは傾向であって，生産的か非生産的か二者択一の問題ではない．[41]

[41] 訳者注： 複合小名詞句の場合，依存要素を主要部と意味的に適合する他の形容詞に置き換えるという統語操作（たとえば，black bird（黒い鳥）から形容詞を入れ替えて white bird（白い鳥）や green bird（緑色の鳥）をつくること）は，形容詞＋bird の形式をもつ複合語を形成する形態的操作に比べると生産的である（たとえば，blackbird（ムクドリモドキ）から形容詞を入れ替えた redbird（ショウジョウコウカンチョウ）はあっても whitebird や greenbird という語は辞書には見当たらない）．

第 15 章　名詞句構造内の語順

前章では，名詞句構造の記述の際に主な種類の依存要素を導入し，区別した．そして本節では，それら依存要素が現れる語順についてさらに説明を加える．語順の制約には 2 種類あり，それらを本シリーズでは**厳密**語順制約（**rigid** ordering constraint）と**柔軟**語順制約（**labile** ordering constraint）とよぶ．厳密語順制約に違反すると，決定詞を主要部の前に置く代わりに後ろに置いたときのように，明確な非文法性を示す．たとえば，the unicorn と *unicorn the を比較するとよい．一方，柔軟語順制約は，特別なことがない限り，優先的な語順を決定するものである．つまり，この語順を守らないとしばしば容認性に問題が生じることになるが，そのような語順であっても作用域（scope）と情報のまとめ方（information packaging）を考慮することで正しいと判断されることがある．次の例を比較してみよう．

(1) i. I want to buy [a large black sofa] / ?[a black large sofa].
(私は大きな黒いソファが欲しい)
ii. I want to buy a [black large sofa], not those other colours of large sofa you insist on showing me.
(私は黒くて大きなソファが買いたいけど，あなたが私にどうしても見せたいといっているほかの色の大きなソファは欲しくない)

特殊な要因がはたらかなければ，大きさを表す修飾要素は色を表す修飾要素に先行する．つまり，a large black sofa（大型の黒いソファ）は優先的な語順になっているが，一方，a black large sofa（黒い大型ソファ）という語順は不自然きわまりない．しかし，(1ii) のように，この制約は覆されることがある．つまり，(1ii) の文脈では，話者が大きなソファを欲しがっていることはすでに聞き手には既知情報になっていて，すでにソファの色だけが問題になっているからだ．したがって，black は制限的に解釈され，大きなソファの集合から black であるような部分集合を拾い上げている．そのため，この文脈では，black が large に先行することができる．

ここでは，厳密語順制約と柔軟な語順制約を，それぞれ ≫ と ＞ で表す．つまり，「決定詞 ≫ 主要部」は，決定詞は義務的に主要部に先行することを意味するが，「一般属性 ＞ 色」は，これら 2 つの意味タイプの標準的（デフォルトの）語順を表している．

■主な厳密語順制約

構成素の基本語順は (2) に示されるひな型を用いて表すことができる．

(2) 主要部前位外部修飾要素 ≫ 決定詞 ≫ 主要部前位内部修飾要素 ≫ 主要部前位補部 ≫ 主要部 ≫ 主要部後位内部依存要素 ≫ 主要部後位外部依存要素

次の名詞句には (2) の 7 つの要素が，(2) の語順どおりに，それぞれ 1 つずつ含まれている．

(3) all those grossly over-rewarded financial advisers in the city too
（その町に住んでいるやけに過剰報酬を得ているそれらの金融アドバイザーたち全員もまた）

■主要部前位外部修飾要素 (pre-head external modifier)

主要部前位外部修飾要素には，厳密な語順が観察される．

(4) 周辺部外部修飾要素 (peripheral external modifier) ≫ 決定詞前位外部修飾要素 (predeterminer external modifier)

(5) i. even　all　the shareholders
［周辺部修飾要素（焦点化）＋決定詞前位外部修飾要素］
（すべての株主でさえ）

ii. financially　such　a mess
［周辺部修飾要素（領域）＋決定詞前位外部修飾要素］

（財政的なそのような混乱）

■ **主要部前位内部修飾要素 (pre-head internal modifier)**

主要部前位内部修飾要素に関して，**前方（early）**と**非前方（residual）**の２つの集合を区別する必要がある．

(6) 前方名詞前位修飾要素 ＞ 非前方名詞前位修飾要素
(early pre-head modifier) (residual pre-head modifier)

前方修飾要素には，決定詞類と最上級，序数詞（ordinal），優位形容詞（primacy adjective）がある．これらの基本位置はほかのどの修飾要素よりも前位である．次の例を考えてみよう．

(7) i. the two vital reports ［決定詞類＋非前方名詞前位修飾要素］
（2つの重要な報告書）
ii. the largest unsupported structure ［最上級＋非前方名詞前位修飾要素］
（支柱なしで立っている最大の建造物）
iii. the second unsuccessful attempt ［序数詞＋非前方名詞前位修飾要素］
（失敗に終わった２度目の試み）
iv. the key new proposal ［優位形容詞＋非前方名詞前位修飾要素］
（重要な新しい提案）

相性のよい前方修飾要素どうしが一緒に現れる場合，（作用域の違いはあるが）それらはどの順番にもなりうる．次の例を考えてみよう．

(8) i. a. the two largest buildings b. the largest two buildings
（2つの大きなビル） （大きな２つのビル）
ii a. the second brightest child b. the brightest second child
（2番めに賢い子） （もっとも賢い第二子）
iii a. the key second proposal b. the second key proposal
（重要な２番めの提案） （2番めの／に重要な提案）

(8i) の (a) と (b) はおよそ同じ意味になるが，一方，(8ii) の (a) と (b) の意味は異なる．つまり，(8iia) は，ふつうもっとも賢い子のつぎに賢い子を示していると解釈されるか，もしくは，賢い順にランクづけされた２つのグループがあり，それらのグループの中でもっとも賢い２人の子どもがいるとして，その２人のうちの２番めの子を示していると解釈される．しかし，(8iib) の意味はきわめて異なる．つまり，それは２番めの子ども（2番めに生まれたというのがもっとも妥当である）の集団の中からもっとも賢い子を取り上げているからだ．(8iii) の (a) と (b) は同じ意味，つまり，当該の提案は重要であり，同時にそれは 2 番めの提案という意味が可能である．しかし，これらは 2 つの異なる意味をもつと解釈されるほうがふつうである．つまり，(8iiib) は重要な提案の中の 2 番めのものであることを意味し，(8iiia) は 2 番めの提案の中で重要なものであるということを意味する．

(6) の語順が柔軟であるという証拠は次のような例から得られる．

(9) i. a seemingly interminable two hours　[非前方修飾要素＋決定詞類]
(果てしなく続くように感じられる 2 時間)

ii. their woefully spoilt youngest child　[非前方修飾要素＋最上級]
(彼(女)らのひどく甘やかされた末っ子)

iii. an unsuccessful second attempt　[非前方修飾要素＋序数詞]
(失敗に終わった 2 度目の試み)

iv. her highly influential key address　[非前方修飾要素＋優位形容詞]
(彼女の非常に影響力のある重要な演説)

・非前方主要部前位修飾要素 (residual pre-head modifier)

非前方主要部前位修飾要素には，(10) のような柔軟な語順がみられる．(11) はその実例である．

(10) 評価 ＞ 一般属性 ＞ 新旧 ＞ 色 ＞ 出所 ＞ 材質 ＞ タイプ

(11) an [attractive tight-fitting brand-new pink Italian lycra women's] swimsuit
(魅力的でタイトな新品のピンクのイタリア製のライクラ素材（合成繊維の一種）の女性用の水着)

評価 (evaluative) の修飾要素は，客観的に定義できる一般属性 (general property) というよりは，話者の評価を表す．主要な例に，good と bad がある．ほかには，annoying (迷惑な)，attractive (魅力的な)，boring (退屈させる)，despicable (卑劣な)，excellent (優れた)，ghastly (身の毛もよだつ)，mind-numbing (だらけた)，oppressive (抑圧的な)，perfect (完璧な)，revolting (不快な)，tasty (おいしい)，valuable (価値の高い) などがある．

一般属性を表す修飾要素 (general property modifier) は，感覚を用いて客観的に特定できる特徴を示す．これには次のようなものがある．

大きさ (big (大きな)，small (小さな))

寸法（long（長い），tall（背の高い），short（短い），wide（広い），narrow（狭い），fat（太った），thin（薄い））
音（loud（音の大きな），fait（かすかな音の））
感覚（rough（ざらざらした），smooth（すべすべした））
味覚（sweet（甘い），sour（酸っぱい））

あまり主要でないものには，次のようなものがある．

ear-splitting（耳をつんざくような），enormous（莫大な），foul-smelling（悪臭のする），inaudible（聞き取れない），minuscule（非常に小さい），obese（太りすぎの），tightfitting（窮屈な），vast（広大な）など

また，人間の性格や属性を示す修飾要素も同じ項目に入る．たとえば，次のようなものがある．

cruel（残酷な），intelligent（聡明な），irascible（短気な），jealous（嫉妬深い），kind（親切な），pompous（横柄な），rude（無礼な），snooty（傲慢無礼な），wise（賢い）など

感覚を表す修飾要素（sense modifier）と人間の属性を表す修飾要素（human property modifier）が非制限的に使われる時，優先的な語順はないことに注意してほしい．次の２つはどちらでもかまわない．

her fat cruel husband（彼女の太った非情な夫）
her cruel fat husband（彼女の非情な太った夫）

新旧を表す修飾要素（age modifier）には old，new そして young があり，加えて ancient（古代の），brand-new（新品の），modern（現代の），up-to-date（最新の）なども含まれる．色の修飾要素（colour modifier）には基本的な色の名辞 black, white, red, yellow, green, brown, blue, pink, orange, grey, purple があり，加えて crimson（深紅色），vermilion（朱色），carmine（深紅色），blue-green（青緑色），powder-blue（淡青色）などの基本的でない色も多数含まれる．出所を表す修飾要素（provenance modifier）の典型的な例といえば French, Italian, Chinese, Venezuelan（ベネズエラの）のような国籍の形容詞，ならびに，an old Queensland sofa（古いクイーンズランド製のソファ）の Queensland のような，地理にかかわる形容詞と政治・地理にかかわる固有名称である．

材質を表す修飾要素（manufacture modifier）は，何らかの個体を構成する素材か，その材質の様式を表す．構成物の修飾要素（composition modifier）

には，wooden（木製の）や woolen（羊毛の）のような形容詞も含まれるが，典型的には名詞である．たとえば，cotton（綿），iron（鉄），jade（翡翠），nylon（ナイロン），polyester（ポリエステル），satin（サテン），wood（木），wool（毛布）などがある．様式の修飾要素は典型的に分詞である．たとえば，carved（彫り物の），enamelled（エナメル塗りの）などがある．また，a delicious Sainsbury's pie（美味しいセインズベリーのパイ）のような，属格の固有名称の小名詞句もこの項目に含まれる．タイプを表す修飾要素は主に小名詞句であるが，若干の形容詞も含まれる．たとえば，fancy-dress costume（仮装服），photograph album（写真帳），dessert spoon（デザートスプーン），lap-top computer（ノート型パソコン），passenger aircraft（旅客機），winter overcoat（冬用外套），digestive biscuit（ダイジェスティブビスケット）などがある．属格の小名詞句もこのクラスに分類するのが自然である．たとえば，men's department（紳士服売り場），women's clothes（女性服），children's diseases（子どもの病気），old people's home（老人ホーム，高齢者福祉施設），summer's day（夏の日），winter's day（冬の日）などがある．

(10) の制約が柔軟であることは，以下の事実からわかる．たとえば，ふつうであれば a new cotton shirt（新しい綿シャツ）のほうが a cotton new shirt（綿の新しいシャツ）より好まれるが，後者は非文法的であるというわけではない．たとえば，新しいシャツについて話しているものどうしが，別の種類の新しいシャツに関心を示しているという文脈では，a cotton new shirt が容認される．

■ 主要部後位内部依存要素 (post-head internal dependent)

・一般的に成り立つ柔軟な制約

主要部後位内部依存要素は，(13) の例に示されるように，(12) の 2 つの柔軟な制約に従う．(13) では，二重の下線が補部を，一重の下線が修飾要素を表す．

(12) i. 軽い主要部後位補部[1] ＞ 主要部後位修飾要素
　　ii. 軽い依存要素 ＞ 重い依存要素

(13) i. a. the attack on the prime minister in the tabloid press
　　　　（タブロイド紙が報じた首相襲撃事件）
　　b. ?the attack in the tabloid press on the prime minister

[1] 訳者注：ここでいう重さとは相対的な長さのことであり，短い語句は軽いとされる．

ii. a. the rumour in the tabloid press that income tax would be cut
(タブロイド紙が報じた所得税削減の噂)

b. ?the rumour that income tax would be cut in the tabloid press

iii. a. the rumour that income tax would be cut which was published in 'The Times'
(タイムズ紙が報じた所得税削減の噂)

b. the rumour which was published in 'The Times' that income tax would be cut

(13i) には，軽い補部が現れているので，(12i) に従って，補部は修飾要素に先行するのがふつうである．つまり，(13ia) は (13ib) より好まれる．(13iia) と (13iib) において，補部は重いので，(12i) は適用されない．(13ii) の修飾要素は軽いので，(12ii) の制約に従って，その補部に先行するのがふつうであろう．つまり，(13iib) より (13iia) のほうが好まれる語順である．最後に，(13iii) では，依存要素は両方とも重いので，(12) のどちらの制約も適用されず，両方の語順が完全に容認可能となる．

・特殊な場合に成り立つ厳密な制約

主要部後位内部依存要素の語順は本質的には柔軟であるが，ある特殊化されたタイプは厳密な語順の制約に従う．

(14) i. 直接主要部後位修飾要素 ≫ 非前方主要部後位修飾要素
(immediate post-head dependent) (residual post-head dependent)

ii. else ≫ 制限部 (restrictor) ≫ 非前方主要部後位依存要素

(14) の制約を次の例で解説しよう．

(15) i. a. a trip abroad to Paris　b. *a trip to Paris abroad
(パリへの海外旅行)

ii. a. the opera 'Carmen' by Bizet　b. *the opera by Bizet 'Carmen'
(ビゼー作のオペラ「カルメン」)

iii. a. the body politic of France　b. *the body of France politic
(フランスの政治団体)

主要部の直後に現れる依存要素には次のものがある．

同格 (たとえば，the opera 'Carmen' (オペラ「カルメン」))
補部の無い前置詞 (たとえば，a trip abroad (海外旅行))

決まり文句における単一の形容詞（たとえば，the body politic（政治団体））

それぞれの事例において，主要部と修飾要素のあいだに軽い補部を挿入すると非文になる．

（14ii）の制約は，本シリーズで制限部とよんでいる修飾要素の位置とかかわりがある．制限部とは形容詞句や小名詞句のことで，それらは複合決定詞類を修飾し，それ自体の主要部後位依存要素をもたない．たとえば，something very nice（何か非常に良いもの）や everything gold（あらゆる金色のもの）などがある．[2] その構造では融合が起こっているため，これらの制限部は主要部前位に現れることができず，義務的に主要部後位に現れる．唯一 else のみが制限部と主要部のあいだに現れることができる．以下に例を示しておく．

（16）i. a. something highly original by Bach　　b. *something by Bach highly original
（バッハによるきわめて独創的な作品）
ii. a. nothing else significant by Schubert　　b. *nothing significant else by Schubert
（シューベルトによるほかの重要な 0 曲の作品／シューベルトによるほかの大したことのない作品）

■主要部後位外部修飾要素（post-head external modifier）と後置（postposing）

主要部後位の 2 つのタイプの修飾要素すなわち，外部修飾要素と後置修飾要素のあいだには厳格な語順が観察される．

（17）　強意再帰代名詞　≫　焦点化修飾要素
（emphatic reflexive）　（focusing modifier）

（18）a. the author herself too　　b. *the author too herself
（著者本人もまた）

主要部後位内部依存要素として機能する節は，主要部後位の短い焦点化修飾要素の後ろに現れる，つまり**後置される**ことがしばしばある．（19）の例を考えてみよう．

---

[2] 訳者注：9.6 節を参照．

(19) i. the one man alone who can help you on this
(このことで君を助けてくれるたった 1 人の男)
ii. the possibility too that the prisoners would be released
(囚人が釈放されるかもしれないという可能性もまた)

後置された修飾要素は名詞句内の特別な位置に現れているが，これは (2) の基本語順の制約がはたらく構造の外に位置している．

第16章　格

16.1　はじめに

■一般的用語としての格

格（case）という用語はいろいろな使われ方をするが，第一義的には，構造の中で名詞句がはたす機能を標示（mark）する名詞の屈折体系をいう．以下の例を比べてみよう．

(1)

		名詞句の機能	代名詞の格
i.	I slept soundly. （私はぐっすり寝た）	節の主語	主格
ii.	Please help me. （どうか助けてください）	節の目的語	対格
iii.	Where is my bag? （私のかばんはどこですか）	名詞句の主語兼決定詞	属格

(1i–ii) における代名詞は節構造において何らかの機能をはたす名詞句の主要部（head）である．すなわち，主格である I は主語であることを標示し，対格である me は目的語であることを標示する．一般的に，主格の主要な機能は自動詞節と他動詞節における主語を標示することであり，対格の主要な機能は他動詞節の直接目的語を標示することである．属格の機能はやや異なっており，その主要な機能はある名詞句がそれより大きな名詞句構造内で依存要素となっていることを示すことである．(1iii) でいえば，my は my bag という名詞句構造内で依存要素になっている．より具体的にいうと，依存要素である当該の名詞句はそれを含む主名詞句（matrix NP）の中で主語兼決定詞（subject-determiner）として機能している．

■常格（plain case）：主格と対格の区別の中和（neutralisation）

現代英語において主格と対格の形態的相違は一部の代名詞にしかみられない．古英語においてはそのような形態的相違が名詞のすべての類にみられたが，その後，屈折上の区別はこれらわずかの代名詞を除いて失われた．ここでは主格と対格の区別が中和された形態に対し**常格（plain case）**という用語を用い，属格と区別する．

(2)		名詞句の機能	名詞の格
i.	[The doctor] slept soundly. （医師はぐっすり寝た）	節の主語	常格
ii.	Please help [the doctor]. （どうか医師を助けてください）	節の目的語	常格
iii.	[the doctor's] bag（医師の鞄）	名詞句の主語兼決定詞	属格

■格と統語機能の区別

格は統語機能の標識（marker）になるのがその特徴であるが，格の屈折範疇とそれが標示しうる機能のあいだの区別をつけておくことが重要である．伝統文法の多く，とくに伝統的な学校文法においては，主語（の主要部）として機能する名詞は主格であり，目的語（の主要部）として機能する名詞は対格であると教えている．しかし，このような教え方をしたのでは，2つのタイプの機能を混同させてしまう可能性がないとは言い切れない．伝統的説明に従うと，(2i) において doctor は主格であり，(2ii) においては対格である．しかし実際には，名詞 doctor のこれら2つの形式のあいだに屈折上の区別はない．(2i) における the doctor は主語であり，(2ii) におけるそれは目的語である．しかし，機能における違いは当該名詞句内の形態上の違いとしては標示されない．したがって，これらのあいだに格による区別はない．(2) に示したように，doctor に対する両方の用例に対して同じ格，つまり常格が付与されているのである．すると，格は統語機能の標識の一種に過ぎず，現代英語に関する限り，屈折による格標示よりも，動詞からみた名詞句の語順が統語機能の標示において大きな役割をはたしているといえる．[1]

[1] 屈折範疇としての格は，現代の文法理論でいうところの「抽象格」とはまったく異なるものである．抽象格とは，すべての顕在的名詞句がその表面的な形態に関係なく抽象的な意味での格をもつという考え方である．

[専門的解説]

■ **用語の問題：主格 (subjective)・目的格 (objective) という用語ではなく，主格 (nominative)・対格 (accusative) という用語を採用すべき理由**

「主格 (nominative)」と「対格 (accusative)」という古典的な用語は非常にわかりにくく，現代では，それぞれをよりわかりやすい「主格 (subjective)」や「目的格 (objective)」に置き換えている文法書もある．しかし格と統語機能の相互関係が非常に複雑で，新しい用語が混乱を招く危険性を排除できないので，本シリーズでは主格 (nominative) と対格 (accusative) という伝統的用語を用い続けてきた．それにはまた，他言語の文法にも広く使えるという利点がある．以下で詳述するように，主格は主語機能に限定されない．

It was I who found it. (それを発見したのは私です)
%They've invited Kim and I to lunch.
(彼(女)らはキムと私を昼食に招待した)

また対格も同様に目的語機能に限定されず，実際，主語の機能をはたすこともある．

Kim objected to him being given such preferential treatment.
(キムは彼がそのような特別待遇を受けることに反対した)
For him to go alone would be very dangerous.
(彼が1人で行くことはとても危険であろう)

■ **英語に与格はない**

古英語の格体系においては，主格，対格，属格だけでなく，(典型的には間接目的語の機能を標示するために用いられる) 与格も使われていた．屈折語尾の消失にともなって，人称代名詞においても与格は格体系から完全に姿を消している．以下の例を比べてみよう

(3) i. We took him to the zoo.　[直接目的語としての対格]
(私たちは彼を動物園に連れていった)
ii. We showed him the animals.　[間接目的語としての対格]
(私たちは彼に動物をみせた)

これらの文において代名詞は異なる形態をとっておらず，したがって，屈折上2つの格を区別する根拠はここでは存在しないことになる．上でみたのと同様に，伝統的学校文法はしばしば，(3ii) のような例における him を与格として

分析するが，そのような分析はラテン語や古英語にはうまく当てはまっても，現代英語に持ち込んだのは失敗だったといわざるをえない．[2]

[専門的解説]

■ 屈折格 (inflectional case) と分析格 (analytic case)

格は典型的な場合には名詞そのものが語形変化を受けて，すなわち屈折によって標示されるが，そうではなく分析的に，つまり文法標示専用の語が名詞とは別に現れて格が標示される言語も存在する．日本語はこの種の言語の 1 つであり，主語，直接目的語，そして間接目的語がそれぞれ異なる後置詞によって標示される．文法書によっては英語にも一定の分析的格を認めているものもある．たとえば，(4a) のような節において to は与格の標識とみなされ，(4b) のような名詞句において of は属格の標識とみなされてきた：

(4) a. I gave the money <u>to</u> Kim. (私はキムにお金をあげた)
b. the father <u>of</u> the bride (花嫁の父)

しかしここでは，英語には屈折格のみがあり，前置詞は格標識ではないという考え方を採用する．to を与格標識とする論拠は，to Kim が間接目的語であるとされていることにあるが，すでに論じてきたように，これは正しいとはいえない．to Kim は I gave Kim the money. (キムにお金をあげた) における名詞句 Kim と同じ意味役割を担っているが，同じ統語機能を担っているわけではない．[3] 代名詞における主格と対格の区別は別として，節構造の中核となる統語機能は屈折格によって標示されるのではない．[4] したがって，to を分析的な格標識 (analytic case marker) として扱うことに正当性はなく，むしろ，I explained the matter to Kim. (その問題についてキムに説明した)，I spoke to Kim. (キムに話しかけた)，He referred to Kim. (彼はキムに言及した) などにおける一般の前置詞と同じように扱うべきである．同様のことが of についてもいえる．意味的に，(4b) における the bride の father に対する関係は the bride's father におけるそれと同じである．しかし，統語的には大きな違いがある．後者において the bride's が決定詞 (あるいは主語兼決定詞) であ

[2] 現代の多くの文法書において，「与格」という用語は意味役割 (とくに受領者 (recipient) 役) あるいはそれに対応する統語機能に用いられる．もし多くの言語で屈折上の格には区別がないのにそれまで「与格」とよばれているのであれば，この用語は望ましくない使われ方をしているようである．

[3] 訳者注：本シリーズ第 1 巻『動詞と非定形節，そして動詞を欠いた節』参照．

[4] 訳者注：中核的統語機能は語順によって標示されることを思い出そう．

るのに対し，(4b) における of the bride は単なる補部 (complement) である．したがってこの of 句が補部であるのは，a view of the river (川の眺め)，a number of animals (何頭かの動物)，his marriage to Jennifer (ジェニファーとの彼の結婚)，her insistence on a recount (再集計に対する彼のこだわり) において主要部に後続している前置詞句と同様であるといえる．英語には多くの前置詞があり，それらがはたす役割は全体的にみて，屈折格標識のそれと大きく異なっている．そのような前置詞は，ものによってはわりと文法に特化した用法をもっているが，格標識としての用法とそれ以外の用法のあいだに，原則に基づいた厳格な統語的区別を設けることは不可能である．

■ 属格の異形：依存形と独立形

大半の人称代名詞は2つの属格形態をもち，それぞれ**依存形 (dependent)**，**独立形 (independent)** とよぶ．

(5) i. Where shall I park my car? (どこに駐車しましょうか)　[依存形]
　　ii. Jill's car is in the carport: where shall I park mine?　[独立形]
　　　(ジルの車は車庫にあります．私のはどこに駐車しましょうか)

(5i) においては my が要求され，その属格は主要部名詞 car に依存している．これに対し，(5ii) においては属格そのものが目的語名詞句の主要部となっており，mine という独立した形態になっている．これは比較的小さな問題であり，my と mine は属格の異形であるとみなすことができる．この区別は I と me のあいだの区別とは異なる．I と me は格そのものが異なるのであって，常格の異形ではないからだ．

すると格としては，主格，対格，属格，の3つが主要な格として認められることになる．常格は主格・対格の対立が中和 (neutralisation) されたことを示している．そして，依存と独立の属格は属格の異形 (すなわち生起環境によって姿を変える形式) である．

■ 3つ以上の格形態をもつ代名詞

すでに述べたように，ほとんどの名詞は2つの格，つまり常格と属格しかもたない．以下の表は，主格と対格，ならびに依存と独立の属格を区別する代名詞のものである．人称代名詞の大半，ならびに疑問代名詞や関係代名詞の **who** にこのような区別がある．

(6)	主格		対格	属格	
		常格		**依存形**	**独立形**
人称代名詞	I		me	my	mine
	we		us	our	ours
		you		your	yours
	he		him	his	
	she		her	her	hers
	they		them	their	theirs
疑問代名詞／関係代名詞	who		whom	whose	

16.2 主格と対格

まず，主格と対格のあいだにはシステムとしてかなりの多様性や不安定性が観察される．多くの構文において主格はフォーマルな文体とされ，一方，対格はインフォーマルな会話や作文で非常に好まれる．昔の規範文法は，フォーマルな文体のみを「文法的に正しい」と判断する傾向があったため，対格を選択することを批判する伝統がいまだなくならない．そのような対格に対する非難の結果として，本来対格が要求されるような構文においても主格が用いられるというような，過剰修正が大量に行われてきた．少なくともこれは人称代名詞や決定詞類 (determinative) について当てはまるが，疑問詞や関係代名詞の **who** では状況が逆になっており，対格の whom がフォーマルな文体とされている．したがって，ここでは，人称代名詞と who を分けて考察し，前者については等位接続されていない構文から議論することにする．[5]

16.2.1 等位接続されていない人称代名詞／決定詞類

■主格が義務的となる構文

どんな文体であろうとも対格代名詞には取って代わることのできない，主格代名詞がはたす文法機能が 1 つだけある．それは定形節の主語としての機能である．以下の例を比べてみよう．

---

[5] 訳者注：等位構造 (coordination) に関する特殊な問題については 16.2.2 節で考察する．

(7) i. a. I made up some new curtains. ［主格］
(私は何枚かの新しいカーテンをつくった)
b. *Me made up some new curtains. ［対格］
ii. a. Did we see that movie or not? ［主格］
(私たちその映画をみたっけ，みなかったっけ？)
b. *Did us see that movie or not? ［対格］
iii. a. We saw that movie, didn't we?
(私たちその映画をみましたよね) ［主格］
b. *We saw that movie, didn't us? ［対格］
iv. a. I think he is mad. (彼は怒っていると思う) ［主格］
b. *I think him is mad. ［対格］

これらの例は定形節の主語が現れるさまざまな位置を示している．(7i) は倒置されていない主語位置を，(7ii) は倒置された主語位置を，(7iii) は付加疑問文における倒置された主語位置を，そして，(7iv) は定形の従属節 (subordinate clause) における主語位置を示している．(7i–iv) の (b) の例に示すように，これらすべての環境において対格主語は完全に非文法的である．

しかしながら，このような構文においてさえも，人称決定詞類の we については異形が存在し，主格の we が規範ではあるものの，非常に口語的な言い方や方言によっては対格の us が用いられる場合がある．

(8) i. We anarchists almost toppled the militarist-industrial-financial Establishment.
(我々無政府主義者は軍事的・産業的・経済的支配階級をほぼ打倒した)
ii. Perhaps this is why we all taunted and teased him, because he was different and us kids don't like anything different.
(おそらくこういうわけで我々は皆彼を嘲(あざけ)りからかった．なぜなら彼は変わっていて，我々子どもは何でも変わっているものが嫌いだったからだ)

■主格と対格が交替可能な構文

主格と対格のどちらが現れてもよい構文もある．大半の場合，主格はフォーマルな (あるいは非常にフォーマルな) 文体に限定され，それ以外では対格が現れる．

(a) 主語叙述補部 (subjective predicative complement)

(9) i. a. It is I who love you. (あなたを愛しているのは私です)
b. It's me who loves you.
ii. a. It is I she loves. (彼女が愛しているのは私です)
b. It's me she loves.
iii. a. Yes, it is she! (はい，彼女です)
b. Yes, it's her!
iv. a. This is he/These are they. (こちらが彼です／こちらが彼(女)らです)
b. This is him/These are them.
v. a. ?The only one who objected was I. (反対したのは私だけでした)
b. The only one who objected was me.
vi. a. *This one here is I at the age of 12.
(こちらは私が 12 歳の時のものです)
b. This one here is me at the age of 12.

おそらく主格の叙述部がもっとも頻繁に使われるのは (9i–ii) に示したような it 分裂文であろう．これらを分裂文でない文に戻してみて，それぞれの文の代名詞が主格になるのか対格になるのかをみれば，(9i) と (9ii) においてどのような語感の違いがあるのか理解できる．(9i) の分裂文でない対応文が I love you. となり，(9ii) に対するそれが She loves me. となることを確認するとよいだろう．前者においては (9ib) に示した対格の例がインフォーマルな語感を生むのに対し，後者においては (9iia) に示した主格が非常にフォーマルで，(9iib) に示した対格が比較的中立的な文体といえる．主格はまた，(9iiia) に示すように，関係詞節をともなわない it + be の構文とも共起可能である．これは非常にフォーマルである．次のような疑問文に対する応答において，主格を使うとどうなるか．

Who's there? (どなたがそこにいらっしゃいますか)
It is I. (そこにおりますのは私でございます)

多くの場合かなり知識をひけらかそうとしているように思われるであろう．これもフォーマルな文体ではあるが，主格がきわめて一般的に現れるほかの主要構文として (9iv) に示すような指示詞が主語となっている構文がある．また，if I were he (もし私があのお方でしたら) のような構文においても主格が現れる (これに対し，?if you were I (もしあなたが私だったら) はほとんどみられない)．これら以外の場合でも主格はいささか知識をひけらかそうとしているように聞こえがちである．大半の話者は（9va）のような例を避けたがり，語順を逆にする（I was the only one who objected.（私だけが反対しました））ことで容易に避けることができる．（9vi）は古い写真をみている場面である．ここでみられるように，前置詞句が後に続く文脈で主格を使う構文を考えつくのは容易ではない．

[専門的知識]

現代英語よりも豊かな格体系を有する言語においては，叙述補部（predicative complement）とその被叙述部（predicand）のあいだに格の一致がよくみられ，これは古い時代の英語においてもみられた．しかしごくわずかの代名詞のみが主格・対格の区別を示すだけとなった英語においてもそのような格の一致があるということは不適切であろう．たとえば（9）において主語はすべて常格であり，叙述補部が主語と格で一致するかどうかという問題は起こらない．さらに，代名詞は目的語を叙述する補部（以下，目的語叙述補部）となることはできないので，主語叙述部と目的語叙述部では格が異なることがないことにも注意したい．これは目的語叙述部が属性的（ascriptive）用法に限定されるのに対し，人称代名詞を叙述する叙述部が指定的用法（specifying type）に限られるからである．[6]

(b)　付加部として機能する動名分詞節の主語

(10) i. We were in Greville's office, <u>I</u> sitting in his swivel chair behind the vast expanse of desk, Annette sorting yesterday's roughly heaped higgledy-piggledy papers back into the drawers and files that had earlier contained them.

（私たちはグレビルのオフィスにいた．私は広々とした机の後ろにある彼の回転イスに座り，アネットは昨日無造作に積み上げられた雑多な文書を仕分けして，それらがもともと入れられていた引き出しやファイルに戻した）

ii. He could think of a few himself, I expect, <u>him</u> being so much in the business already.

（思うに，彼はすでにビジネスの世界にかなり身を置いているので，自分でいくらかは考えつくだろう）

---

[6] 訳者注：本シリーズ第 1 巻『動詞と非定形節，そして動詞を欠いた節』を参照．

ここでの違いは明らかに文体レベルのものであり，主格がフォーマルで対格がインフォーマルである．

(c) 比較の than や as の補部

(11) i. a. She is older than he. (彼女は彼より年上だ)
b. She is older than him.
ii. a. She went to the same school as I. (彼女は私と同じ学校に行った)
b. She went to the same school as me.
iii. a. I've not met a nicer man than he.
(私は彼よりいい人に出会ったことがない)
b. I've not met a nicer man than him.
iv. a. *It affected the others more than I.
(私以上にほかの人が影響された)
b. It affected the others more than me.
v. a. *She is older than we both/all.
(彼女は我々のどちらより／誰より年上だ)
b. She is older than us both/all.

主語である代名詞に動詞を続けることによって than や as の補部を拡張できる状況であれば，主格がフォーマルとなり，対格がインフォーマルとなる．たとえば (11i–iii) において，(a) のタイプは older than he is, the same school as I went to, a nicer man than he is のように拡張可能である．伝統的な説明では，(11i–iii) の代名詞は省略された節の主語であり，動詞が具現している場合と同じ格で具現する「べき」である．(11i–iii) の代名詞は省略された節の主語であるという分析が適切かどうかは，難しい問題であり，本シリーズ第7巻『関係詞と比較構文』でこれについて議論したものの，実は解決に至っていない．しかしながら，その答えがどうなろうとも，対格はインフォーマルな文体として完全に容認可能であることは明白である．話者によっては (11i–ii) よりも (11iii) において主格がふさわしくないように感じるかもしれない．(11i–ii) においては代名詞が主節の主語に対応するが，(11iii) においてはそうなっていないからである．(11iv) においては than の補部を拡張すると，代名詞はその拡張された文のなかの目的語位置に現れる．つまり，次のような文ができるはずである．

It affected the others more than it affected me.

この種の比較構文において代名詞は一貫して対格で具現する．(11v) のように代名詞に both や all が後続する場合，対格のみが可能となることにも注意しよう．[7]

(d)　(ほかの) 動詞が欠落した節の主語

(12) i. a. He was morose, she full of life.
(彼女は元気旺盛であったが，彼は不機嫌だった)
b. He was morose, her full of life.
ii. a. What, he a republican? (何，彼は共和党員なんですか)
b. What, him a republican?

(12i) の例は空所化構文 (gapping construction)[8] である．フォーマルな文体では主格が難なく用いられるが，対格は非常にインフォーマルであったり，口語的であると感じられる．(12ii) の例は無動詞叙述極性問い返し疑問文 (bare predication polar echo construction)[9] であり，それ自体一般的にはややインフォーマルな構文である．したがって，対格代名詞のほうがよりふさわしいといえる．それにもかかわらず (12iia) のように主格も確かに可能である．先に (b) で議論した付加部として機能する動名分詞節から動詞が欠落している構文も存在する．

(13) I knew people thought ours an unlikely alliance, I neat and quiet, he restless and flamboyant.
(私たちが手を組めそうにないと思われていることはわかっていた．私は落ち着いていて静かであり，彼は落ち着きなく，派手であった)

ここでも対格主語の me や him がよりインフォーマルな文体で用いられるであろう．(12)-(13) においては動詞が欠落しているが，それでも叙述要素が含まれている．主語の後ろに動詞が出てこない構文では主格のほうが容認可能性が下がる．

---

[7] 訳者注：10.1.1 節参照．
[8] 訳者注：本シリーズ第 8 巻『接続詞と句読法』参照．
[9] 訳者注：本シリーズ第 6 巻『節のタイプと発話力，そして発話の内容』参照．

(14) i. a. Gary took the call, not I.
(電話に出たのは私ではなくゲーリーでした)
b. Gary took the call, not me.
ii. a. A: Who ordered a taxi? (誰がタクシーをよんだのですか)
B: ?I. (私です)
b. A: Who ordered a taxi?
B: Me.
iii. a. A: I'm going home. (私は家に帰ります)
B: *I too. (私もそうします)
b. A: I'm going home.
B: Me too.

(14i) において主格を使う人は少ないが，(14ii) においてはもっと少ない．(14ii) において主格はあまりにも知識をひけらかそうとしている感じがする (おそらく，否定辞がついた ?Not I. (私ではありません) ではさらにそうであろう)，(14iii) においては完全に容認不可能とみなされる．もしそのような構文で対格があまりにもインフォーマルであると感じられるのであれば，次のように，その構文自体を使わない手もある．[10]

I didn't take the call, Gary did.
(私はその電話をとらなかったが，ゲーリーがとった)
I did. (私がしました)
So am I. (私もそうです)

(e) 「〜を除いて」を 意味する but の後ろの位置

(15) i. a. Nobody but she can do it. (彼女以外の誰もそれができない)
b. Nobody but her can do it.
ii. a. *I trust nobody but she. (私は彼女以外の誰も信じない)
b. I trust nobody but her.
iii. a. *Nobody can do it but she. (彼女以外の誰もそれができない)
b. Nobody can do it but her.

ここでも，(15ia) はフォーマルであり，(15ib) はインフォーマルである．こ

[10] (14ii–iii) のような構文においては，格が何であれ，直示的代名詞としての I が，通常照応的な he や she よりもはるかにふさわしい．

の but の後ろに主格が現れるのは通常，but＋代名詞が主語（あるいはその一部）のすぐ後ろに現れる場合に限られる．(15ia) と (15iia/iiia) を比べてみるとよいだろう．このような主格と対格の交替現象がみられるのは，この構文の but の範疇が等位接続詞なのか前置詞なのかで多少曖昧であるということがその背景にあるのだ．[11]

(f)　with/without の節補部の主語

with/without の節補部の主語位置において代名詞は通常対格で現れる．

(16) i. We set off again, the Rover going precariously slowly in very low gear up hills, with me staying on its tail in case it petered out altogether.
(我々は再出発した．ローバーは非常に低速のギアでぎこちなくゆっくりと丘を登っていた．そのあいだ，私は完全に止ってしまった場合に備えて後ろにくっついていた)

ii. With me out of the way, there would be no one to curb his excesses.
(私が手綱を握っていないと，彼は糸の切れた凧(たこ)のように飛んで行ってしまうだろう)

この構文でも，補部となっている動名分詞節が属格主語をとることはできない．しかし先に (b) で扱った構文と違い，ここで対格が現れているのは，フォーマルな感じになる主格をインフォーマルな言い方に置き換えてみようとしたからではない．[12]

■対格が義務的となる構造

最後に，対格のみが許されるいくつかの構造上の位置をみてみよう．そのような位置とは直接目的語，間接目的語，(上述の than や as を除く) 前置詞の目的語，そして従属接続詞 for によって導入される不定詞節の主語といった位置である．

---

[11] 訳者注：本シリーズ第8巻『接続詞と句読法』も参照．

[12] 時として主格も観察される．しかしきわめてまれであり，誤用として排除できる．

*If I kept it secret, I could not use it without he in time asking awkward questions as to where I had obtained all the money.
(私がお金を隠しておこうものなら，私がそれを使う前にあいつがかぎつけて「そんな大金をどこで手に入れたんだ？」と，うるさいことをきいてくるに決まっているわ)

(17) i. a. The police arrested him on Friday.
(警察は彼を金曜日に逮捕した)
b. *The police arrested he on Friday.
ii. a. She handed me the tapes.
(彼女はそのテープを私に渡した)
b. *She handed I the tapes.
iii. a. Pamela was standing near me.
(パメラは私の近くに立っていた)
b. *Pamela was standing near I.
iv. a. For him to go alone would be risky.
(彼が 1 人で行くのは危険だろう)
b. *For he to go alone would be risky.

対格はまた,(それら自身インフォーマルな文体である)左方ならびに右方転位構文においても主格と交替することはできない.

(18) i. Me, I wouldn't trust him further than I could throw him.
(私が彼を(担いで)投げ飛ばせる距離(なんてほとんどゼロに等しいんだけど,その距離)以上に彼のことを信頼することはないと思うわ(=ほとんど信頼できないわ))
ii. I don't much care for it, me.
(私はそれがあまり好きじゃないのよね)

Silly me!(私ってなんてバカなんだろう)のように,節をなしていない構文で代名詞が形容詞によって修飾されている場合も対格しか使えない.また,存在構文(existential construction)において転位された主語も同様に対格しか使えないといってほぼ間違いない.[13]

(19) i. A: Who is there who could help?
(誰か助けられる人がいるのですか)
B: Well, there's always me/*I, I suppose.
(思うに,いつも私のような気がします)
ii. A: Don't forget Liz.
(リズを忘れないでね)

[13] 訳者注:本シリーズ第 2 巻『補部となる節,付加部となる節』参照.

B:　Yes, there's certainly her / *she to consider.
（ええ，確かに彼女のことは考えておくわ）

定形節の主語でみたように，決定詞類の we については格付与規則が，代名詞ほど厳格に適用されるわけではない．

(20) i.　Nobody asked us workers how we felt about it.
（それについてどう思うか我々労働者に意見をきいてくれる人は誰もいなかった）
ii.　%The real work of universities ... is now being made increasingly difficult for we workers.
（今や，大学における実際の業務は，我々はたらく者たちにとってますます困難なものになりつつある）
iii.　%What a delightful invitation, for we workers to submit something to your splendid publication.
（御社の素晴らしい出版物に対して我々労働者が何がしか寄稿できるとは，何とうれしい御提案でしょう）

(20ii–iii) はいずれも大学職員のニューズレターからの引用である．これらの例文における主格は規範文法によって非難されてきた対格からの過剰修正が行われた結果とみられるさらなる例であると考えられる．

16.2.2　等位接続構文 (coordinative constructions)

英語においては一般に，等位接続によって格が変わることはない．つまり，等位接続された代名詞の格は，等位接続構造全体を表す代名詞の格と同じである．以下の例をみてみよう．

(21) i.　At 4 pm this afternoon my ministers and I formally took office.
（今日の午後 4 時に私が任命した大臣と私は正式に政権に就いた）
ii.　He and Luckman were sentenced to life imprisonment.
（彼とラックマンは終身刑を言い渡された）
iii.　He and I have some of our biggest arguments over Conservative social issues.
（彼と私は保守党の社会問題をめぐってものすごい言い争いをしている）
iv.　You know you can trust Andrea and me.
（アンドレアと私のことは信用してもらっていいのですよ）
v.　I saw them and their children in the park.
（彼(女)らとその子どもたちを公園でみた）

vi. There has always been pretty intense rivalry between him and me.
(彼と私のあいだには非常に激しい対立が常にある)

(21i–iii) を等位接続されていない主格の例 (I took office, They were sentenced ..., We have ...) と，そして，(21iv–vi) を等位接続されていない対格の例 (... you can trust us, I saw them, ... between us) と比べてみるとよいだろう．等位接続されていない場合と等位接続された場合とで同じ格が与えられるというのは規範文法家たちの用法事典で推奨されているパターンである．しかし，多くの話者にとって，代名詞が等位接続されているかいなかという統語的な違いによって格付与の規則は異なることがある．

■ 等位接続されていない主格を等位接続された対格で置き換える

(22) i. a. !Tina and me sat by the window looking down on all the twinkling lights.
(ティナと私はまばたくように光っている夜景を見下ろす窓辺に座った)
b. !She and us are going to be good friends.
(彼女と私は良い友人になるだろう)
ii. a. !Me and Larry are going to the movies.
(私とラリーは映画を見に行く予定です)
b. !Him and me fixed up the wagon while the others went to town.
(ほかの人が町へ出かけているあいだに彼と私はそのワゴンを修理した)

(22i) に例示したタイプにおいては，対格が等位接続詞に後続する等位項 (coordinate) に対してのみ使用されている．つまり接続詞は格付与に関して前置詞と同じふるまいをしている．(22ii) において対格は等位構造内での代名詞の位置に関係なく使用されている．

(22) の対格の用法は標準的なものではなく，その使用が強く拒絶される．とくに (22ii) のパターンはそうである．とはいえ (22) が非標準的であるということは，現代英語において主格のみが完全に容認されるのは定形節で主語全体が 1 つの代名詞でできている場合だけだということを物語っている．

■ 等位接続されていない対格を等位接続された主格で置き換える

(23) i. a. %The present was supposed to represent Helen and I, that was the problem.
(そのプレゼントはヘレンと私からのものであるとされた．それが問題で

あった）

b. %Any postgrad who has any concerns about working conditions or security in shared offices is welcome to approach either Ann Brown or I with them.

（共同事務所での労働条件や安全性について何がしかの懸念がある院生は，それについて遠慮なくアン・ブラウンか私に相談してください）

c. %It would be an opportunity for you and I to spend some time together.

（それは，あなたと私が一緒に過ごす 1 つの機会になるでしょう）

d. %He had intended to leave at dawn, without you or I knowing anything about it.

（彼はあなたや私が知らないうちに，明け方に出かけるつもりだった）

ii. a. %They've awarded he and his brother certificates of merit.

（彼と彼の兄（または弟）は功績をたたえる証書を授与された）

b. %There's a tendency for he and I to clash.

（彼と私は対立する傾向がある）

(23) に示した等位構造全体を 1 つの代名詞で置き換えると，それは対格でなければならない．(23i) と (23iib) においては us であり，(23iia) では them である．この種の構文のとくに典型的な用例は between you and I のようなものであり，確かに規範文法家たちの用例事典でもしばしばそのような見出しの下で論じられている．しかしながら強調しなければならないのは，等位接続されていない単一の対格代名詞の代わりに，等位接続された主格の代名詞が現れるということは一般的にみられることである．主格が最後尾の等位項となっている (23i) のようなパターンは，主格が最初の等位項（あるいは最初と最後の両方）に現れている (23ii) のパターンよりはるかに一般的である．

このような構造がきわめて一般的に用いられるということが，(22) のような主語位置にある等位構造内での対格が非難されていることと関係があることには疑いの余地がほとんどない．すなわち，こういうことである．次の例は誤りであると学校で教わる．

Me and Kim will do it.（私とキムがそれをするだろう）
Kim and me will do it.

それゆえ多くの人が，このように等位接続される対格を避けることを別の位置にまで一般化しているのである．学校教育では（子どもたちのあいだでもっとも標準から逸脱しやすい）一人称単数形代名詞 I だけが修正されがちである．そして，最後尾の等位項にのみ主格が現れる（23）の構文においては，I が圧倒的に多く観察される．（23）とそれよりはるかに用例の少ない（24）の構文を比べてみよう．

(24) i. %They've invited the Smiths and we to lunch.
(彼(女)らはスミス一家／スミスご夫妻と我々を昼食に招待した)
ii. %Liz will be back next week, so I've asked Ed to return the key to you or she.
(リズは来週戻ってくるでしょう．だから私はカギをあなたと彼女に戻すようエドに頼んでいます)

これらの等位接続された主格は，主語の等位構造において規範文法家によって非難されてきた対格を回避しようとしてきた結果であると考えられるので，しばしば過剰修正であると説明される．このような経緯からそれらが「誤りである」，つまり標準的な英語で確立された形式ではないことがわかるだろう．しかし，I が最後尾の等位項に立つ（23i）の構文は，非常に一般的であり，幅広く使用されてもいるので，標準的な用法であると考えるべきである．したがって，過剰修正という用語は (23ii) や (24) のような例に対して使うこととする．

[専門的解説]

一人称単数形とほかの人称代名詞のあいだの違いは次のような構文においても明らかであることに注意したい．

(25) i. They like the same kind of music as you and we.
(彼(女)らはあなたや私たちと同じタイプの音楽が好きです)
ii. They like the same kind of music as you and I.
(彼(女)らはあなたや私と同じタイプの音楽が好きです)

(25i) の例は They like the same kind of music as we. と文体レベルではほぼ同じ，つまり非常にフォーマルである．しかし (25ii) の例はそれと同じようには感じられない．(23i)のような構文を用いない多くの話者であっても，(25i) よりも (25ii) のほうがはるかに自然であると感じるようである．

16.2.3　who と whom

疑問代名詞あるいは関係代名詞の who の性質は人称代名詞のそれとはかなり異なる．人称代名詞は格によって使われる文体が異なり，主格がフォーマルであり，対格がインフォーマルである．しかし主格 who と対格 whom との典型的な交替では，whom がフォーマルであり，who がインフォーマルあるいは比較的中立である．

(26) i. a. Whom did you meet? ［対格］
(あなたはどなたと会われましたか？)
b. Who did you meet? ［主格］
(あなたは誰に会いましたか)
ii. a. He didn't say whom he had invited. ［対格］
(あのお方はどなたを招待されたのかお話になりませんでした)
b. He didn't say who he had invited. ［主格］
(彼は誰を招待したかいいませんでした)
iii. a. those whom we consulted ［対格］
(手前どもが相談をさせて頂いた方々)
b. those who we consulted ［主格］
(我々が相談した人たち)

■ whom と文体レベル

(26) に示したような短い単純な文においては whom と who のあいだにかなり明確な区別があり，whom が who よりかなりフォーマルである．しかしながら，whom はフォーマルな文体に限定されると記述したとするとそれは誤りであるし，フォーマルな文体におおむね限定されるというのでも誤りだろう．上記より複雑な構文に現れる場合には，whom は，比較的インフォーマルな文体ならではの語彙的あるいは統語的特性をみせることも少なくない．いくつかの実例を (27) に示す．

(27) i. A pretty young co-ed named Junko gets into the game and thus meets a youngster with whom she has an affair.
(ジュンコという名前の若くて可愛い女子学生が彼氏づくりにいそしんで，ある若い男と付き合っている)
ii. The next musician whom I got to know well was a much younger man whom I have already mentioned, Sidney Lewis.
(私がよく知るようになった次のミュージシャンは，すでに話したずっと年

下の男性，シドニー・ルイスでした）

iii. He double-crosses the five pals with whom he lives, cheats a waitress (Juliet Prowse) and cynically uses a magazine editress (Martha Hyer) to get ahead.
（彼は同居している5人の友人を裏切り，女優ジュリエット・プラウズ演じるウェイトレスをだまし，出世のためにマーサ・ハイヤー演じる雑誌の女性編集者をあくどいやり方で利用した）

iv. Jeffrey had grown a beard and was associating with a scruffy crowd of radicals, many of whom were not even British.
（ジェフリーはあご髭を生やし，汚らしい身なりをした過激派集団と交わるようになっていた．彼(女)らの多くは英国人でもなかった）

v. Hugh wasn't impressed with this ingratiating barman whom Roddy had raked up.
（ヒューはロディーが連れてきたこの愛想のよいバーテンダーが気に入らなかった）

vi. These include the deros of the inner urban areas and most of the abos, most of whom haven't got a skerrick, and spend most of what little they have on the terps getting rotten.
（こういった連中には都心部の路上生活者や先住民の大半が含まれていて，彼(女)らのほとんどは少しも収入がなく，ごくわずかの金のほとんどを酒につぎ込んで，(犯罪に) 身を落としている）

これらのいずれもフォーマルな文体とはいえないだろう．とくに最後の例はオーストラリア英語の例であるが，驚くほどにインフォーマルであり，deros (derelicts (路上生活者))，abos (Aborigines (先住民族))，terps (turpentine (テレピン油)) といった短縮形や，haven't got a skerrick や getting rotten といったインフォーマルな表現を含んでいる．

■機能の概観

(a) 主語と叙述補部

主語と叙述補部のいずれの機能でも主格が要求される．

(28) i. a. *Whom wrote the editorial?
b. Who wrote the editorial? (誰が社説を書きましたか)
ii. a. *the man whom came to dinner
b. the man who came to dinner (ディナーに来た男)

iii. a. *Whom could it be?
b. Who could it be?（誰だろう）

(28) においては，疑問節あるいは関係節そのものの主語位置における who あるいは whom の文法性が取り上げられている.[14] who が叙述補部となる場合，who は常に主語を叙述する主語叙述補部である.

He considered her the victim.（彼は彼女を犠牲者だと思った）

このような節における目的語叙述補部は the victim を who に変えて疑問文や関係節をつくることはできない.

(b)　動詞の目的語

動詞の目的語としては，(26) に例示したように，whom と who の交替が可能である．この交替は動詞に後続する疑問詞目的語にもみられる.

(29) a. Who is going to marry whom?（どなたとどなたが結婚するのですか）
b. Who is going to marry who?（誰と誰が結婚するのですか）

whom がもっともフォーマルに感じられるのは，主節の疑問文に現れるときである．(26ia) のような例は本当に（知識をひけらかしているような文体といってもいいくらい）非常にフォーマルであると広く考えられており，主格の who のほうがほぼすべての文脈において好まれる．1 語で疑問文を発する場合，whom はほとんど不適格である.

I met a friend of yours on the bus this morning.
（今朝バスであなたの友人に会った）

に対する応答として

Oh, who?（あら，誰？）

とはいえるが，

Oh, whom?（あら，誰に？）

とはいわない．疑問詞よりも関係詞の場合に，主格はよりインフォーマルであ

[14] 訳者注： who が疑問節あるいは関係節の内部に埋め込まれた節の主語となっている構文については以下の (e) を参照するとよい.

ると感じられる．これはおそらく統合型関係節 (integrated relatives)[15] において，those we consulted（我々が相談した人たち）や those that we consulted のような wh 関係詞をともなわない言いまわしによって関係詞が容易に回避できるからである（ただし (27v) の対格目的語のような例もある）．補足型関係節 (supplementary relatives)[16] は通常 wh タイプであり，whom が一般的であって，フォーマルな感じも強くない．たとえば，以下はビデオ店の雑誌にあった新作の概要である．

(30) Award-winning journalist Nelson Keece (Gary Busey) is coldly detached from his chosen subject, serial killer Stefan (Arnold Vosloo), whom he catches in the act of murder.
（受賞歴のあるジャーナリストであるネルソン・キース（ゲイリー・ビジー）は彼が選んだ対象，連続殺人犯であるステファン（アーノルド・ヴォスルー）から冷徹に距離をおいて引いた目でみている．彼はその殺人犯が殺人を犯しているところを目撃する）[17]

(c) 残留された前置詞の目的語が前置されている場合

(31) i. a. Whom are you referring to?
（あなたは誰について話しているのですか）
b. Who are you referring to?
ii. a. someone whom we can rely on
（我々が頼りにすることができる誰か）
b. someone who we can rely on

who を使うほうが若干インフォーマルな感じである．ここでも someone (that) we can rely on のような wh 関係詞を使わない言い方が好まれ，しばしば関係詞 who は避けられる．対格の whom を使った言い方は，who＋残留前置詞あ

---

[15] 訳者注：制限的関係節に相当．本シリーズ第 0 巻『英文法と統語論の概観』参照．

[16] 訳者注：非制限的関係節に相当．本シリーズ第 0 巻『英文法と統語論の概観』参照．

[17] 訳者注：Diary of a Serial Killer『ラフドラフト／殺人実況報道 (Rough Draft)』という映画（1998 年アメリカ映画）のあらすじである．(30) の「冷徹に距離をおいて引いた目でみている」とは，取材対象から心理的にかなりの距離をおいていること．たとえば目の前で誰かが殺されるのを目撃したら，ふつうなら救急車や警察をよぶが，ネルソンはそのような人道的な対応をとらず，人間としての感情を捨て，あくまで記者として冷徹に連続殺人犯の取材を続けるという意味．

るいは（(33) のように）前置された前置詞＋whom を含む言い方に比べてかなりまれである．それにもかかわらず，whom＋残留前置詞の例は確かに観察されており，whom が極端にフォーマルな文体に限定されるわけではないことのさらなる証拠となっている．

(32) i. Nobody cares to guess how many votes he may get, nor whom he is most likely to take them from.
（彼が何票とるかとか，また誰からもっとも票を奪いそうかなんて想像したがる人は1人もいない）
ii. The first royalty whom mama ever waited on in the White House was Queen Marie of Rumania, ...
（ママがホワイトハウスでこれまで仕えた最初の王族はルーマニアのマリー女王であった，...）
iii. And that's the man whom you've been eating your heart out over?
（そしてあれが，お前さんがずっと恋焦がれてきた男なのか？）

(d)　先行する前置詞の目的語

(33) i. a. To whom are you referring?
（あなたは誰について話しているのですか）
b. *To who are you referring?
ii. a. someone on whom we can rely
（我々が頼りにすることができる誰か）
b. *someone on who we can rely

前置詞の目的語位置には対格しか出てこない．(b) に示した主格の例は明らかに非文法的である．「前置詞の目的語位置には対格しか出てこない」と述べたが，「前置詞句だけで文ができているような場合や，前置詞句が動詞の後ろに現れる場合には前置詞の目的語位置に主格が出てきてもよい.」という但し書きが必要である．

(34) i. A: You should give them away.（あなたはそれらをあげるべきだ）
B: To who?（誰に）
ii. Who said what to who?（誰が誰に何をいったの）

これらの位置において who はインフォーマルな文体として容認可能である．文法性の観点からいえばこれらの例は (33ib/iib) よりも (31ib/iib) に近い．

(33ia/iia) として引用した対格の例は非常にフォーマルに感じられ，大半の文脈においてはそれが避けられ，(31) に示したような前置詞残留構文のほうが好まれる．しかし，そのような前置詞残留構文が不可能であったり，極端にぎこちなく感じられたりする場合が多くみられる．

(35) i. Her whole life centred around her six surviving daughters, one son, and nine grandchildren, of whom I was the youngest.
(彼女は常に子ども中心の人生を送ってきました．彼女には残された娘が 6 人，息子が 1 人，孫が 9 人いますが，私はその 9 番めの末っ子です)
ii. There were many in the colony for whom a resumption of the transport system meant a supply of cheap labour.
(植民地には多くの人々がいた．彼(女)らにとって，輸送手段の再開は安い労働力の提供を意味していた)

対格 whom がはっきりとはフォーマルな文体標識だといえず，フォーマルでもインフォーマルでもないと考えるのがよさそうな場合がある．それは前置詞残留が起こらない環境である．前置詞残留が使えないもっとも一般的な構造は，some of whom, all/both/many/few/none/two of whom などのような部分詞をともなう構造である．

前置詞＋whom の組み合わせは疑問文よりも関係節のほうがはるかに一般的である．だからといって疑問文にみられないわけではない．一例として(36)のように疑問節あるいは疑問句が等位接続されている場合をあげておいてもよいだろう．

(36) Since the earliest days of Australian sports coverage the issues have been, more subconsciously than consciously, what should be reported, by whom, for whom, to what purpose and in what form.
(オーストラリアのスポーツ報道が報じ始めたころから，意識的にというよりも無意識に問われてきたのは，誰によって誰のために何の目的でどのように何が報道されるべきか，という問題であった)

(e) 埋め込まれた内容節 (content clause) の主語

(37) a. %those whom he thought were guilty
b. those who he thought were guilty
(有罪であると彼が思っていた人々)

(37) において who は thought の補部として機能している内容節の主語，つまり，関係節そのものの主語ではなく，関係節内に埋め込まれた定形節の主語となっている．この構文においては対格 whom と主格 who の交替がある．対格は多くの場合関係節に限定され，主節の疑問文に現れることはなく，従属節の疑問節においてもまれであり，容認可能性も疑わしい．

(38) i. a.*Whom do you think will win?　b. Who do you think will win?
(誰が勝つと思いますか)
ii. a.?I told her whom you think took it.　b. I told her who you think took it.
(誰がそれをとったとあなたが思っているか，私は彼女に伝えた)

関係詞 whom の実例を (39) に示している．(39i) は定形動詞 (thought) をともなう一般的なタイプであり，(39ii) は命令的構造 (mandative construction) を含み，その動詞は原形 (plain-form) になっている．

(39) i. A man with a large waxed moustache and a mop of curly damp hair, whom Hal thought might be his uncle Fred, said, 'That's a fine bird you're carving, Bert.'
(ひげ用のワックスで整えられた大きな口ひげと縮れて湿った髪の毛がモップのようになった男を，ハルは彼の叔父のフレッドではないかと思ったが，その男は「バート，君が彫っている鳥はなんて素晴らしいんだ.」といった)
ii. It turns out that the woman, whom the police have asked not be identified, was a talented pianist and an unpublished writer.
(例の女性は，その身元を明かさないでくださいと警察にたのまれているのですが，才能あるピアニストかつ未刊の作家であることがわかっています)

規範文法家は一般的にこのような用法の whom を過剰修正として扱う．これは対格 whom の代わりに主格 who を使うことを一般的に「誤用」として避けようとする配慮がはたらくためであるが，その位置の代名詞は主語として機能しているので主格であるべきであり，対格は正しくないと論じるのである．しかしながら，これもまた過剰修正から論じるのは不当であると思われる．当該の対格の用法には長い歴史があり，幅広く用いられている．実例も一流の新聞や文学作品でごく頻繁に見受けられる．その用法は標準的な英語において定着したものとして受け入れられなければならない．[18] したがって，埋め込み文

[18] whom は埋め込み節の主語としてではなく，関係節そのものの主語として現れることが

の主語の格については実質的に2つの方言(以下では方言Aと方言Bとよぶ)があるといえるが，それらは地域で区別されるものではない．方言Aは主格を選択し，方言Bに比べて話者も多く，用法事典によっても推奨されるが，それが方言Bより本質的に優れているとか，文法的により正しいということではない．方言Bは対格を選択するが，単に異なる規則をもっているに過ぎない．

who と whom の交替は，埋め込まれた内容節における who の機能と関係節におけるその位置のあいだの緊張関係に起因する．これに関連する要因は次の2つである．

(40) i. **who** は定形の内容節の主語である．
ii. **who** は関係節の主語に先行する核前位位置 (prenuclear position) にある．[19]

少なくともフォーマルな文体として（そして **who** が叙述補部として機能するかなりまれな構文を除いて)，方言Aにおいては (40i) が主格を決定する要因となり，方言Bでは (40ii) が決定要因となる．したがって，方言Bにおける決定的な区別は関係節の主語であるかそうでないかということになる．[20] そしてこの区別はほかの関係節においても重要になる．裸関係節すなわち that 省略形 (bare relative) は一般的に関係節の主語が関係詞化される場合には容認されないが，[21] ほかの要素の関係詞化は，埋め込み節の主語も含め容認され

よくある．その場合主語の後に挿入句が現れる：

*Mr Dawkins lashed out at the Senators, including those of his own party whom, he believed, should have shown more loyalty.

（ドーキンス氏はその上院議員たちに非難を浴びせた．議員の中には彼自身の党の人たちもいたが，ドーキンス氏にいわせれば，彼(女)らには忠誠心が足りないのだという）

しかしながら，(37a) や (39) の例と違い，これは確立された用法ではなく，非文法的であるとみなされるのが適切であり，これぞまさしく過剰修正であろう．

[19] 訳者注：主語の前の疑問詞や関係詞が現れる位置を核前位位置という．

[20] 訳者注：方言Aでは内容節の主語位置に who が現れると主格が与えられる（ゆえに関係節では (37a) ではなく (37b) が許される．疑問文でも (38ib) や (38iib) が許される)．一方，方言Bでは関係節の主語の前の核前位位置にある who には対格が与えられる（たとえば，(39i–ii) が許される)．しかし方言Bでは，関係節ではない節の主語の前の核前位位置にある who は対格にならない（たとえば，疑問文では (38ib) と (38iib) のように who が主格で現れる)．このように，関係節の主語かいなかという違いを引き合いにして，方言Aと方言Bの違いが説明されている．

[21] 訳者注：関係詞化とは関係節内部で関係代名詞としての機能をはたすこと．本文の次の最初の例がこれに当たる．

る．たとえば，次の例を比べてみるとよいだろう．

*She's the student$_i$ [___$_i$ had made the complaint].[22]　［関係節の主語が空所］
（彼女は不満を述べた学生だ）
She's the student$_i$ [he accused ___$_i$].　［目的語］
（彼女は彼が責めた学生だ）
She's the student$_i$ [he said [___$_i$ had made the complaint]].
［埋め込み節の主語］
（彼女は不満を述べたと彼がいった学生だ）

16.3　6 つのタイプの属格構造

つぎに属格である．下記のとおり，属格が現れる構造は 6 つに分けられる．

(41) i. [Kim's father] has arrived.　［タイプ I: 主語兼決定詞］
（キムの父親が到着した）
ii. No one objected to [Kim's joining the party].
［タイプ II: 動名分詞節の主語］
（キムがパーティに参加することに誰も反対しなかった）
iii. Max's attempt wasn't as good as [Kim's].
［タイプ III: 主語と決定詞と主要部を兼ねる融合形 (fused subject-determiner-head)］
（マックスの試みはキムの試みほどよくなかった）
iv. She's [a friend of Kim's].　［タイプ IV: 斜格属格 (oblique genitive)］
（彼女はキムの友人です）
v. All this is Kim's.　［タイプ V: 叙述属格 (predicative genitive)］
（これはすべてキムのものです）
vi. He lives in [an old people's home].
［タイプ VI: 限定属格 (attributive genitive)］
（彼は老人ホームで暮らしています）

タイプ I–V の属格句は完全な名詞句であるが，タイプ VI は単なる小名詞句

[22] 訳者注：関係節の核前位位置に主語の関係代名詞が目にみえる形で現れないこの例文は（どちらの方言でも）容認されない．このことは，主語かいなかという違いである．ゆえに，関係節の主語かいなかという違いがここでも（ここでは方言 B だけでなく方言 A にも）はたらいているということになる．

(nominal) である．本節においては 6 つの構造すべてについて概観する．16.5 節においてはタイプ I をより詳細に観察し，それがタイプ VI とどのように違うのか考察する．

■ タイプ I：主語兼決定詞

(41i) における Kim's は属格名詞句であり，それを含む主名詞句である Kim's father 内で主語兼決定詞として機能している．Kim がその母体となる名詞句内部における依存要素であることを，属格が標示している．Kim's father 自身は常格であり，名詞句が現れうるすべての位置に現れることが可能である．Kim's father は定名詞句として（すなわち，a father of Kim（キムのとある父親）ではなく the father of Kim（キムのほかならぬ父親）として）解釈される．

先に述べたように，属格の主語兼決定詞それ自体は完全な名詞句である．たとえば，this company's computers（この会社のコンピューター）においては this が computers ではなく company に依存しており，名詞句 this company's はより大きな名詞句の中にある主語兼決定詞として機能している．the people next door's behavior のように属格名詞句が主要部に後続する依存要素をともなう場合，格標識は主要部 (people) ではなく名詞句の最終要素に接辞化する．この点については 16.6 節でとり上げる．

属格構造の組み立ては回帰的 (recursive)，つまり繰り返しが可能である．すなわち，Kim's father's business（キムの父親のビジネス）のように，属格構造を別の属格構造に埋め込むことができる．Kim's father's bisiness という構造において，Kim に付着している接尾辞 's（*'s* suffix）は，**Kim** が Kim's **father** の主語兼決定詞であることを標示している．また，father に付いている接尾辞's は Kim's father が最上位の名詞句である Kim's father's business の主語兼決定詞であることを標示している．

■ タイプ II：動名分詞節の主語

(41ii) において属格は補部（この例では前置詞 to の目的語）として機能している動名分詞節の主語を標示している．歴史的に，この構造はタイプ I から派生したものである．つまり，もともと名詞であったものが動詞として再分析され，名詞句ではなく節の主要部としてふるまうようになったのである．[23] この属格は母体となる名詞句と Kim との関係ではなく，動名分詞節と Kim と

[23] 訳者注：さらなる議論については本シリーズ第 1 巻『動詞と非定形節，そして動詞を欠いた節』を参照．

の関係を標示している．したがって，Kim は主語の機能をもつだけで，決定詞（determiner）の機能をかけもちしていない．現代英語におけるタイプ I と II の大きな違いの 1 つは，次の文のように，動名分詞節の主語を標示する属格が常格（すなわち対格）と交替を示すことである．

No one objected to Kim joining the party.
（キムがパーティに参加することに反対する人はいなかった）

■タイプ III：主語と決定詞と主要部を兼ねる融合形

(41iii) における Kim's は 9.2 節で論じた融合主要部構造の一例である．タイプ I 構造のように，属格は依存要素 Kim とそれを含む，母体となる名詞句の関係を標示する．(41iii) の例のように，融合主要部名詞句 Kim's と非融合名詞句 Kim's attempt という 2 つの名詞句は通常，共通の外延をもつが，必ずしもそうでなければならないということではない．つまり，母体となる名詞句が決定詞前位要素（predeterminer）あるいは主要部に後続する依存要素を含んでもよい．

(42) i. Only one of Ed's attempts was successful, but [both Kim's] were.
（エドの試みのうち 1 つだけが成功したが，キムのは両方とも成功した）
ii. Ed's production of 'Hamlet' was more successful than [Kim's of 'Macbeth'].
（エドによる「ハムレット」の演出はキムによる「マクベス」のそれより上手くいった）

したがって，(41i) と同様 (41iii) においても，属格名詞句だけでなくそれを含む常格名詞句の構造も形成されていることを認識しておく必要がある．2 つのタイプの構造は次のとおりである．

(43) a.　b.

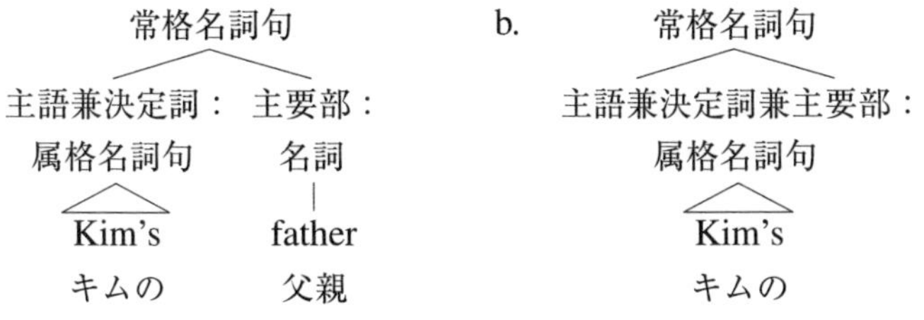

■タイプ IV：斜格属格

(41iv) の属格句 Kim's を斜格（oblique）とよぶのは次のような理由によ

る．[24] Kim's friend では，属格句 Kim's が名詞 friend に直接的に結びつけられる．それに対し，(41iv) の a friend of Kim's では，Kim's が名詞 friend に of を介して間接的（oblique）に結びつけられるからである．[25] 前置詞句である of Kim's は母体となる名詞句内で主要部に後続する依存要素となっている．タイプ I の属格が決定詞の位置を占め，名詞句を定名詞句として標示するのに対し，斜格属格を含む名詞句においては，従属する名詞句と母体となる名詞句のあいだの関係を維持したまま，別のタイプの決定詞が名詞句全体の決定詞の位置を占めることが可能である．[26] 以下の例を比べてみよう．

(44)	主要部前位	主要部後位：斜格
i.	a.*a Kim's friend	b. a friend of Kim's（キムの友人）
ii.	a.*those Kim's friends	b. those friends of Kim's（それらのキムの友人）
iii.	a. Kim's friend	b.*the friend of Kim's（キムの友人）
iv.	a.?Kim's friend that I met in Paris	b. the friend of Kim's that I met in Paris（私がパリで会ったキムの友人）
v.	a. all/both Kim's friends	b. all/both friends of Kim's（すべての／両方のキムの友人）
vi.	a. Kim's every move	b. every move of Kim's（キムの一挙手一投足）

(44ib/44iib) の例は斜格属格が不定決定詞あるいは指示決定詞をともなう例である．対応する (a) の例は決定詞の位置に a や those とタイプ I 属格 Kim's が重複して現れているため容認不可能である．(44iiia) において Kim's は母体となる名詞句が定であることを標示し，対応する (b) の例は排除される．(44iiib) が (44iiia) と意味の違いがなく，より簡単な構造であるタイプ I が

[24] 訳者注：伝統文法では，主格は casus rectus（ラテン語で直立の格）とよばれ，それ以外の格を casus obliquus（ラテン語で斜めの格）とよんで区別した

[25] この a friend of Kim's のような斜格属格構造は一般的に「二重属格（double genitive)」とよばれている．しかしながら 16.1 節で述べた理由によりここでは of を属格標識とはみなさない．したがって斜格属格構造に存在する属格は 2 つではなく 1 つ（='s) である．
［訳者注：16.1 節で述べられているように，英語には屈折格のみがあり，前置詞は格標識ではないという考え方を採用しているからである．］

[26] しかしながら，従属名詞句と母体となる名詞句のあいだの意味関係の範囲は，斜格構造においてはかなり狭い．16.5.3 節を参照．

要求されるからである．(44iv) の関係節のように主要部に後続する依存要素がある場合，(44ivb) のように斜格属格構造においては the が容認されるが，(44iva) のように主要部に先行する属格はやや文法性が疑わしい．(44v) において all や both は (b) のように決定詞になることも，(a) のように決定詞前位修飾要素になることもできるためより簡単な (a) のほうがきわめて強く好まれるものの，どちらの構造も可能である．(44vi) においても，どちらの構造も可能であるが，それはこの場合にも every が (b) のように決定詞としても，また (a) のように修飾語としても機能できるからである．ただし (a) の例はごく少数の主要部に限定され，every friend of Kim's は容認されるが，*Kim's every friend は容認されない．

■ タイプ V：叙述属格

(41v) においては属格が Kim と被叙述部である all this のあいだの関係，つまり，belong + to によって表現されるような関係を標示している．この構造で属格名詞句 Kim's は母体となる名詞句の一部ではない．そこがタイプ I やタイプ III–IV の属格名詞句とは異なる．(41v) の構造で叙述補部として機能をはたしているのは，単一の属格名詞句すなわち Kim's なのである．属格の叙述補部は通常この例のように主語叙述であるが，

Let's call it <u>Kim's</u>. (それをキムのものとよぼう)
I regard it as <u>Kim's</u>. (私はそれをキムのものとみなす)

のように，目的語叙述になることも可能である．

[専門的解説]

叙述補部位置に融合主要部構造が現れてはいけない理由はないため，タイプ III とタイプ V のあいだで構造的な曖昧性が生じる．A と B のあいだで次のようなやりとりがあったとしよう．

A: I've got my towel but I can't find Kim's.
(私は私のタオルをとったが，キムのをみつけることができない)
B: This is Kim's.
(これがキムのだ)

A の Kim's はタイプ III であり，B の Kim's も同じように解釈されがちであろう．しかし，A のような文脈がなければ，This is Kim's. はタイプ V になる

だろう.[27] この２つの解釈は結局のところ同一といってよい．しかしタイプＶをすべて融合主要部構造として扱い，タイプＶを省くことはできないであろう．たとえば，次のような例に融合主要部分析を適用する根拠は存在しない.[28]

Everything that is mine is yours.（私のものはすべてあなたのものだ）

■ **タイプ VI：限定属格（attributive genitive）**

(41vi) の an old people's home において，属格句は小名詞句内で限定的修飾要素となっている．その構造の最上位には決定詞として an があり，old people's home が主要部となっている．複数である属格表現 old people（老人たち）の内部に an（一軒の）が含まれえないことは明らかである．さらに，この手の属格表現の前に，ほかの限定用法の修飾要素が現れてもよい．たとえば，a luxurious old people's home（一軒の豪華な老人ホーム）のようにである．この例においては luxurious が old people's home を修飾している．

限定属格には次の２つの下位タイプを認めることができる．

(a) 記述属格（descriptive genitives）

(45) a glorious [summer's day]（よく晴れた夏の日）
a [Sainsbury's catalogue]（セインズベリーのカタログ）
two [bachelor's degrees]（２つの学士号）
a [women's college]（女子大学）

---

[27] 訳者注：A の文があれば，B の Kim's. は「Kim のタオル」という意味をもち，主語兼決定詞あるいは融合主要部としてのタイプ III の解釈を受ける．しかし，A の文を聞かされずに，B だけを提示されたら，B の Kim's は「Kim のもの」という意味をもち，叙述属格としてのタイプＶの解釈を受ける．

[28] 訳者注：mine や yours には融合主要部分析が当てはまらないことについて，9.1 節では次のように述べている．mine などの「独立形の属格代名詞は融合主要部としても純粋な主要部としても用いられる」と述べ，次の (i) のような融合主要部 mine を含む例に対して，(ii) では mine が融合主要部ではなく純粋な主要部として用いられると分析している．

(i) Kim's car had broken down and [mine] had too.［決定詞主要部］
（キムの車は故障していた．私のもそうだった）（＝9.4 節 (4i)）

(ii) Don't touch that: it's [mine].［純粋主要部］
（それに触るな．それは私のだ）（＝9.4 節 (4ii)）

ゆえに，Everything that is mine is yours. という本文の例においても mine は融合主要部ではなく，純粋主要部であるため，タイプ V を融合主要部として扱うことはできないと主張している．

these very expensive [ladies' gloves]（これらのとても高価な女性用手袋）
an [all girls' school]（女子校）

[　] でくくってあるのは，属格の限定的修飾要素（genitive attribute）を含む小名詞句である．記述属格は，一般にそれ自体では小名詞句であって名詞句ではない．(45) の末尾の例を除くすべての例で小名詞句になっている．最後の例においては，all が周辺部修飾要素であるために all girls' が名詞句であり，「女子だけのための学校」を意味している．

記述属格は一般的ではなく，生産性がいくらか下がる．たとえば，a summer's day や a winter's day はいえるが，それ以外の季節になると，?a spring's day や ?an autumn's day のようにかなり文法性が疑わしくなる．同様に，a ship's doctor（船医）とはいうが，#a school's doctor とはいわない．代わりに常格の小名詞句を使い a school doctor（校医）という．記述属格の大半は人間（あるいは動物）を意味する．たとえば，fisherman's cottages（漁師小屋）と常格の country cottages（別荘，田舎家）とを比べてみるとよいだろう．後者はここでも常格になっており，*country's cottages のように属格ではないのである．

(b)　度量属格 (measure genitive)

(46)　[an hour's delay]（1 時間の遅れ）
[one week's holiday]（1 週間の休み）
this [hour's delay]（この 1 時間の遅れ）
a second [one hour's delay]（2 回目の 1 時間の遅れ）
the [one dollar's worth of chocolates] he bought
（彼が買った 1 ドルの価値のチョコレート）

この種の属格は時間的長さや価値といった度量衡に限定して用いられる．たとえば，

*They had [a mile's walk].（彼(女)らは 1 マイル歩いた）［空間的距離］
*We bought [a pound's carrots].（1 ポンドのニンジンを買った）［重量］

とはいわない．価値の属格は名詞 worth を主要部としてとる一方，時間の属格は意味的に適合すればどんな名詞でも主要部としてとる．度量衡を表す別な手段としては，

a [two-hour delay]（2時間の遅れ） a [five-mile walk]（5マイルの歩行）
an [eight-pound baby]（8ポンドの赤ちゃん）

のように複合形容詞を使うことがある．複合形容詞は度量属格ほどに使用条件が限られていないものの，worth を使うことはできない．

(46) の最初の2例のように，度量属格は一般的に名詞句内の最初の位置に現れる．その際，度量属格は主語兼決定詞（タイプIの属格）のようにみえる．しかし，(46) の最後の3例において属格が（直接あるいは形容詞的な限定的修飾要素を介して）決定詞に後続していることから，それらが決定詞ではなく限定的修飾要素であることは明らかである．このような位置，すなわち決定詞の後に現れる時，属格は6.2節で説明した制約に従うので，不定冠詞が脱落する．つまり，*this [an hour's delay] とはならず，this [hour's delay] となる．この場合の度量属格 hour's は小名詞句であるが，それ以外の場合は完全な名詞句である．

度量属格は決定詞ではなく修飾要素なので，それが名詞についていても定の名詞句にならない．a friend's dog（友人が飼っている犬）という場合，タイプI属格がついているので定名詞句になっている（"the dog of a friend" に相当）．それに対し，an hour's delay（1時間遅れ）は，不定名詞句である（"delay of an hour" に相当）．また，次の例のように，度量属格は可算名詞の解釈を要求する名詞の先頭に立つこともできない．

*We played [an hour's game of squash].
（私たちは1時間スカッシュの試合をした）

そのような場合は，下記のように，複合形容詞構造を用いなければならない．

We played a [one-hour game of squash].

16.4 属格代名詞

■依存形と独立形

5つの人称代名詞には，生起環境によって使い分けられる属格の2つの異形態，すなわち依存形と独立形が存在する．それらを列挙しておこう．

my ～ mine, our ～ ours, your ～ yours, her ～ hers, their ～ theirs

依存形はタイプI-IIの構造で使用され，独立形はタイプIII-Vで使用される（人称代名詞が (41) で示したタイプVIで使用されることはない）．

(47) i. [My father] has arrived. ［タイプ I: 主語兼決定詞］
(父が到着した)

ii. No one objected to [my joining the party]. ［タイプ III: 動名分詞節の主語］
(私がパーティに参加することに誰も反対しなかった)

iii. Max's attempt wasn't as good as [mine]. ［タイプ III: 主語と決定詞と主要部を兼ねる融合形］
(マックスの試みは私の試みほどよくはなかった)

iv. She's [a friend of mine]. ［タイプ IV: 斜格属格］
(彼女は私の友人の 1 人です)

v. All this is mine. ［タイプ V: 叙述属格］
(これはすべて私のものです)

属格の独立形は主節構造で機能する名詞句として単独で用いられることができる．属格の依存形は従属節の一種である動名分詞節において主語として機能することができるが，主節においては，タイプ I の my father のように my の後ろに主要部要素 father による支えが必要である．

My second attempt was even worse than [my first].
(私の 2 回目の試みは最初の試みよりもさらに悪かった)

この例のように，主要部要素は修飾要素と融合することができるが，[29]

*Max's attempt wasn't as good as [my].
(マックスの試みは私の試みほどよくはなかった)

この例のように，属格の依存形そのものと融合することはできない．主語兼決定詞との融合はタイプ III の構造であり，(47iii) のように独立形でなければならない．

[29] 訳者注：たとえば，従属節では (47ii) の動名分詞節 [my joining the party] において依存形 my が動名分詞節の主語として機能している．しかし，主節ではタイプ I の (47i) の例 my father のように my の後ろに主要部要素 father の支えが必要である．すぐ上の例文の [my first] では表面に現れていない主要部要素が修飾要素 first と融合を受けていると分析している．次の非文法的な例文の [my] には修飾要素がなく，依存形 my と主要部要素が融合することはできない．このような場合には独立形が現れねばならない．

■伝統文法における「所有形容詞」と「所有代名詞」の区別

属格の依存形と独立形はしばしば，伝統文法において，それぞれ「所有形容詞 (possessive adjective)」ならびに「所有代名詞 (possessive pronoun)」と分析される．しかしこの分析は満足できるものではない．両方とも人称代名詞の属格形態であり，my や mine は I や me とまったく同じく代名詞である．代名詞であるので，それらは名詞句の主要部である．my や mine は属格名詞句であり，同じく属格である Kim's や the doctor's のような表現と交替可能である．重要なのは my が mine とまったく同じようにこの種の表現によって交替可能であるということである．さらに，下記のように，my は the doctor's のような名詞句と等位接続されることができる．

He did it without my or the doctor's approval.
（彼は私にも医者にも承諾を得ずにそれを行った）

また，タイプ II の構造においては，依存形を所有形容詞として捉える分析がまったく意味をなさない．タイプ II の構造において my は名詞句構造における修飾要素ではなく，動名分詞節の主語として機能しているからである．

■いくつかの属格代名詞に対する分布上の制限

どの属格も，ほとんどの場合，依存形と独立形のあいだで選択が必要とされる場合に正しい選択が行われる限りにおいて，タイプ I–V の構造すべてに現れることができる．しかしいくつかの代名詞に対しては制約がある．

・its

この形態は依存形が用いられる構造，すなわち I–II のタイプに，ほぼ限定される．タイプ III とタイプ V の例もまれにみられるが，タイプ IV の実例はみられない．例文をつくってみても明らかに容認できない．

(48) i. The Guardian seems to respect its readers more than the Sun respects <u>its</u>. ［タイプ III］
（ガーディアン紙はサン紙よりも読者に敬意を払っているようだ）

ii. *The Bank is being sued by a rich client of <u>its</u>. ［タイプ IV］
（その銀行は金持ちの顧客によって訴えられている）

iii. The council appears to be guilty of the illegal sale of houses that were not <u>its</u> to sell in the first place. ［タイプ V］
（その議会は，そもそも自分たちで売る権利のなかった家屋を違法に売却した

かどで一見有罪であるように思える）

(48ii) の代わりには one of its rich clients（金持ちの顧客のうちの 1 人）が用いられるであろうし，そうでなければ，a rich client of theirs のように **it** ではなく **they** が用いられるであろう．[30]

・疑問詞 whose

これは (49ii) の動名分詞節の主語と (49iv) の斜格を除いたすべての構文に現れるが，(49iii) の融合主要部構造での使用はまれである．

(49) i. Whose book is that? ［タイプ I］
（それは誰の本ですか？）

ii. *I wonder whose being short-listed for the job he resented most. ［タイプ II］
（その仕事に対して誰が最終選考に残っていることを，彼はもっとも不愉快に思っているのだろう）

iii. A: My suggestion was ignored again. ［タイプ III］
（A：私の提案はまた無視された）
B: Whose wasn't?
（B：誰のが無視されなかったの？）

iv. *I wonder a friend of whose he was. ［タイプ IV］
（彼は誰の友人だったのだろう）

v. Whose could it be? ［タイプ V］
（それは誰のだろう）

・関係詞 whose

これは主にタイプ I に現れるが，補足型関係節 (supplementary relative) においてはタイプ IV でもかろうじて容認可能である．

(50) i. She wrote personally to those [whose proposals had been accepted]. ［タイプ I］
（彼女は提案が受け入れられている人たちに個人的に手紙を書いた）

[30] 訳者注：タイプ III の別の例については 17.2.2. 節の注 4 を参照．

ii. *He felt deeply hostile to Georgina, [whose informing the College of his escapade had caused so much trouble]. [タイプ II]
(彼はジョージナに深い敵意をもっていた．彼女が彼のやらかした悪ふざけを大学に通報したために多くの問題が起きていた)

iii. *Students whose papers were marked by Jones were at a significant disadvantage relative to those [whose were marked by Smith]. [タイプ III]
(ジョーンズが試験を採点した学生はスミスが試験を採点した学生に比べてかなり不利であった)

iv. I was going to visit Lucy, [a friend of whose had told us of the accident]. [タイプ IV]
(私はルーシーのお見舞いに行くつもりでした．彼女の友人が私たちにその事故について教えてくれていたのです)

v. *The police are trying to contact the person [whose it was]. [タイプ V]
(警察はその物品の持ち主に連絡をとろうとしている)

16.5 主語兼決定詞属格

16.5.1 決定詞機能と主語機能のかけもち

タイプ I の属格は決定詞と主語の両方の統語機能を兼ね備えている．この種の属格は基本的な決定詞と同じ位置を占めるので，これを決定詞の特殊なタイプとみなしても差し支えない．それに対して，タイプ I の属格を名詞句の主語でもあるという見方をするほうがもっと異論が多い．しかし，タイプ I の属格と節構造の主語が構造上類似していることは重要な意味をもつため，このような見方をすることには正当な理由があるのだ．また，16.5.2 節においてタイプ I の属格と名詞句の主要部のあいだの意味関係を考察する際に，これらの属格と節の主語のあいだに重要な意味的類似性もあることを観察する．

[専門的解説]

■補部としての属格

斜格属格構造において属格が決定詞から分離して現れることができることについてはすでに観察している．もう一度，以下の例を比べてみよう．

(51) a.　Kim's cousin (キムのいとこ)　　b.　a cousin of Kim's

これまで述べてきたように，ある側面からみれば (51a) と (51b) は定か不定かという違いがある．(51a) において属格はそれ自体が決定詞であり，したがって母体となる名詞句が定であることを標示する．(51b) において属格は主要部に後続する依存要素の中にあり，決定詞の位置は不定冠詞によって占められている．しかし，別の側面においては，Kim's は両方の構造において cousin と同じ関係にある．つまりそれは主要部 cousin の項を表している．(51b) において of Kim's は補部である．そして，たった今観察した類似性からみて，(51a) における Kim's も補部であると考えることができる．すると，節構造において主語がほかの補部と区別されるのと同様に，斜格属格は名詞句構造におけるほかの補部と区別されると考えられる．

■構造上の位置

名詞句においても節構造においても主語は，おのおのの主要部に先行し，内部補部 (internal complement) ではなく外部補部 (external complement) である．このような名詞句と節の平行性がきわめて顕著になるのが，名詞化が起きる場合である．名詞化を受けた名詞句は動詞から形態的に派生された名詞を主要部とする．それゆえ名詞句構造と節構造を次のように直接比較することができる．

(52) a.

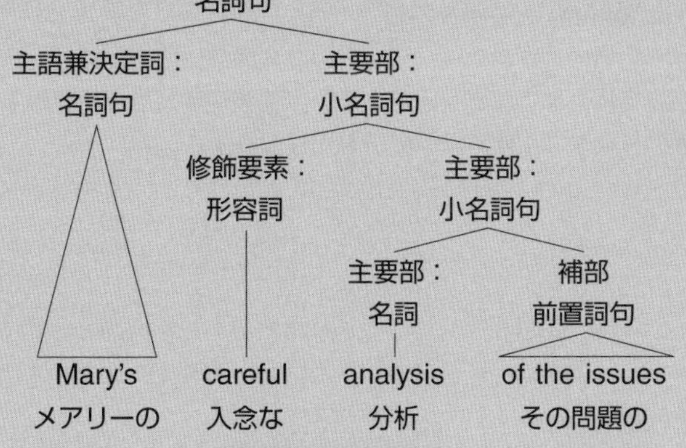

(メアリーによるその問題の入念な分析)

b.

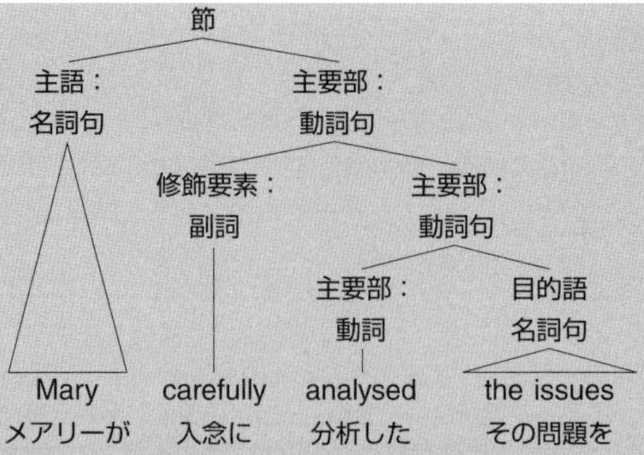

(メアリーがその問題を入念に分析した)

両構造の平行性を明確にするために，(52b) においては，より具体的な「述語 (predicate)」や「述部 (predicator)」といった語ではなく，「主要部 (head)」というラベルを使用している．動詞 analysed が節の終端主要部であるのとまったく同じように，名詞 analysis は名詞句の終端主要部である．名詞は目的語ではなく，斜格補部をとる．したがって，analysis の内部補部は目的語 the issues ではなく，前置詞句 of the issues となる．名詞句の一部である小名詞句 analysis of the issues は動詞句 analysed the issues に直接対応する．両方とも主要部の前にある修飾要素すなわち，小名詞句においては形容詞 careful，動詞句においては副詞 carefully，によって修飾されることが可能だからである．また，主語があって節が完成するが，それと同じように，主語兼決定詞も名詞句を完成させる役割をはたす．

■再帰形 (reflexive) とその先行詞

節の主語は同じ節に現れる再帰的照応形の典型的な先行詞となり，それより上位の主語が先行詞となることを阻止する．主語兼決定詞は名詞句構造においてそれと同様の役割をはたす．以下の例を比べてみよう．

(53)

i. a. Sue analysed herself.
(スーが自己分析した)
b. Jill said [that Sue analysed herself]. [節]
(スーが自己分析したとジルがいった)

ii. a. Sue's analysis of herself
(スーの自己分析)
b. Jill's note on [Sue's analysis of herself]. [名詞句]
(スーの自己分析についてのジルのメモ)

(53ia) の節において herself は主語 Sue を先行詞とし, (53ib) においても herself は, 照応形としてそれ自身が含まれる節の主語である Sue に結びつけられ, より上位の節の主語である Jill に結びつけられることはできない. 同様のことは (53ii) の名詞句についても当てはまる. (53iib) において herself は名詞句に斜格として現れ, より上位の名詞句の主語ではなく, 同じ名詞句の主語に結びつけられる.[31]

16.5.2　節構造における主語との意味上の比較

■意味関係の範囲

属格名詞句とその主要部のあいだの意味関係の範囲は幅広く, 節構造における主語と述語のあいだの関係とおよそ平行的である. この幅広い意味関係のいくらかを (54) に例示する. (54) で設けている意味的な区別は, 英語では似たり寄ったりの表現になっているが, 言語横断的にみると多種多様な構造を用いて表されることが知られており, そのような区別の典型的な特徴を表したものである. 名詞句は各項目の左端の列にあり, その右の節と比較できる. 述部内における主語と名詞句の意味関係は, 属格と主要部である小名詞句の意味関係と平行的である. 各項目の右端の列にはそれぞれの意味関係を一般化して表示している.

(54)

	名詞句	節	属格名詞句 d とその主要部 h のあいだの意味関係
i.	Mary's green eyes (メアリーの緑の目)	Mary has green eyes. (メアリーは緑色の目をしている)	[d は身体部位 h を有する]
ii.	Mary's younger sister (メアリーの妹)	Mary has a younger sister. (メアリーには妹がいる)	[d は親族関係 h を有する]
iii.	Mary's husband (メアリーの夫)	Mary has a husband. (メアリーには夫がいる)	[d は婚姻関係 h を有する]
iv.	Mary's boss (メアリーのボス)	Mary has a boss. (メアリーにはボスがいる)	[d には上司 h がいる]
v.	Mary's secretary (メアリーの秘書)	Mary has a secretary. (メアリーには秘書がいる)	[d には部下 h がいる]

[31] 訳者注：より詳細な議論については本シリーズ第9巻『情報構造と照応表現』を参照.

vi.	Mary's friend （メアリーの友人）	Mary has a friend. （メアリーには友人がいる）	[d は対等な立場の h を有する]
vii.	Mary's team （メアリーのチーム）	Mary belongs to a team. （メアリーはあるチームに属している）	[d は h のメンバーである]
viii.	Mary's debut （メアリーのデビュー）	Mary performs her debut. （メアリーは初舞台を踏む）	[d は h の演技者である]
ix.	Mary's book （メアリーの本）	Mary writes a book. （メアリーは本を書く）	[d は h の製作者である]
x.	Mary's new house （メアリーの新しい家）	Mary owns a new house. （メアリーは新しい家を所有している）	[d は h の所有者である]
xi.	Mary's honour （メアリーの名誉）	Mary is honourable. （メアリーは名誉ある人物である）	[d は人の属性 h を有する]
xii.	Mary's anger （メアリーの怒り）	Mary feels angry. （メアリーは怒っている）	[d は感情 h を有する]
xiii.	Mary's letter （メアリーの手紙）	Mary receives a letter. （メアリーは手紙を受け取る）	[d は h の受領者である]
xiv.	Mary's obituary （メアリーの死亡記事）	Mary is the topic of an obituary. （メアリーが死亡記事でとり上げられている）	[d は人にかかわる話題 h である]
xv.	Mary's surgery （メアリーの手術）	Mary undergoes surgery. （メアリーは手術を受ける）	[d は h の被験者である]
xvi.	the room's Persian carpet （その部屋のペルシャ絨毯）	The room contains a Persian carpet. （その部屋にはペルシャ絨毯がある）	[d は h の場所である]
xvii.	this year's new fashions （今年の新しい流行）	This year is a time of new fashions. （今年は新しい流行の時である）	[d は h の時である]
xviii.	the sun's rays （太陽の光線）	The sun emits rays. （太陽が光を放つ）	[d は h を生み出す自然の源である]

xix.	the cathedral's spire （その大聖堂の尖塔）	The cathedral has a spire. （その大聖堂には尖塔がある）	［d はそれに本来備わっている部分 h を有する］
xx.	the war's ancient origins （その戦争の古くからの原因）	The war has ancient origins. （その戦争には古くからの原因がある）	［原因 h から d が生じる］
xxi.	the flood's consequences （その洪水の結果）	The flood has consequences. （その洪水はさまざまな結果を引き起こした）	［d から結果 h が生じる］
xxii.	the lock's key （その錠前のカギ）	The lock has a key. （その錠前にはカギがある）	［d は関連部分 h を有する］
xxiii.	the summer's heat （夏の暑さ）	The summer is hot. （夏は暑い）	［d は人にはない属性 h を有する］

(54) の表の右端の列の意味関係表示において，d は依存要素 (dependent)，すなわち主語兼決定詞である名詞句を表しており，h は主要部 (head)，すなわち属格が限定する小名詞句を表す．したがって，たとえば (54i) においては d が Mary を表し，h が green eyes を表す．

ここでの意味分析は，本シリーズ第 2 巻『補部となる節，付加部となる節』で提示した意味役割の基礎となっている分析よりもかなり個別具体的であり，ここに列挙された意味役割はより一般的に用いられている意味役割を細分化したものである．たとえば，演技者 ((54viii)) や製作者 ((54ix)) は動作主 (agent) 役割の中核的なタイプであり，被験者 ((54xv)) は被動作主 (patient) 役割の明らかな一例である．(54) に示したリストはすべてを網羅することを意図したものではないし，実際にすべてを網羅できないであろう．というのは，主語兼決定詞と主要部である小名詞句のあいだに成立する意味関係は究極的に，前もって決められるものではないからである．むしろ，その解釈は当該の文脈がどのような意味関係を許容するかにかかっている．

たとえば (54i) の Mary's green eyes を文脈から切り離して提示すると，「物をみるのに使うメアリーの緑色の目」すなわち「メアリーは体の一部として緑色の目をもっている」と解釈されそうだが，文脈に応じた別の解釈も可能である．メアリーは大学の眼科医で，通常とは異なる色をした目の視覚的特性の研究を行っているかもしれないわけで，そのような場合には Mary's green eyes は「メアリーが研究に取り組んでいる緑色の目」(「メアリーは緑色の目の研究者である」) と解釈されるであろう．あるいは，メアリーは緑色の目に対する恐怖症をもっているかもしれず，そのような場合には「メアリーが恐れる緑色の目」(「メアリーは緑色の目を恐れる」) と解釈されるであろう．あるいはまた，メアリーは緑色の目をした影像をつくる前衛的な彫刻家であるかもしれず，そのような場合には「メアリーが製作している緑色の目」(「メアリーは緑色の目の製作者である」) と解釈されるであろう．

同様に，(54iii) における Mary's letter は「メアリーが受け取った手紙」(「メアリーはその手紙の受領者である」) とも解釈できるし，また，「メアリーが書いた手紙」(「メアリーはその手紙の製作者である」) あるいは「メアリーが投函した手紙」(「メアリーはその手紙の投函者である」) とも解釈できる．さらにはその手紙はシェークスピアによって書かれたものであり，メアリーはその研究をしているかもしれないわけで，その場合には「メアリーが研究している手紙」(「メアリーはその手紙の研究者である」) と解釈される．可能性は無限であるが，名詞句における主語兼決定詞を節の主語に置き換えることで，これらすべての可能な名詞句の解釈は，対応する節の解釈と同じように捉えることができる．

[専門的解説]

■ 名詞化

(54) に名詞化がかかわっている名詞句は含まれていない．名詞化についてはある程度分けて扱う必要がある．ただし，これは**出来事の名詞化** (**event nominalisation**) に限った話である．出来事の名詞化において主要部名詞は動詞から形態的に派生され，出来事を表す．以下の例を比べてみよう．

(55) i. a.	Jill's departure (ジルの出発)	Jill departed. (ジルが出発した)	[出来事の名詞化]
b.	Ed's destruction of the file (エドによるファイルの廃棄処分)	Ed destroyed the file. (エドがファイルを廃棄処分した)	

ii. a. Max's invention (マックスの発明) — Max invented something. (マックスが何かを発明した)
b. Edith's proposal (エディスの提案) — Edith proposed something. (エディスが何かを提案した)
c. Nigeria's population (ナイジェリアの人口) — Nigeria is populated. (ナイジェリアには人が住んでいる)
[ほかの名詞化]

(55ii) における名詞化は，主語名詞句に一定の幅のある解釈を許すという点で，(54) の例に本質的に似ている．もっとも一般的な解釈では対応する節と主語の解釈が一致する．(55iia) においてマックスは発明家であり，(55iib) においてエディスは提案者，すなわち提案の作成者であり，(55iic) において (population はある場所に居住する人々を示すので) ナイジェリアは場所である．しかしほかの解釈も可能である．たとえば，もし科学のクラスの学生が 19 世紀のさまざまな発明についてエッセイを書くようにいわれていたとすれば，マックスは電球についてのエッセイを割り当てられるかもしれず，その場合マックスは研究者である．同様に (55iib) において，エディスは提案の受け手であるかもしれない．(55iic) については，国際連合が各国の人口増加を近隣の国に監視させる決議案を可決したと想像してみよう．すると Nigeria's population は「ナイジェリアが監視する人口」と解釈されるかもしれない (これも研究者としての関係に一般化できる)．

しかしながら (55i) に示したような出来事の名詞化においては，対応する節の主語と異なる意味役割を名詞の主語兼決定詞に付与することはほとんど不可能である．これはとくに (55ib) のような例に当てはまり，その中では主語に加えて補部も現れている．(55ib) において，エドは破壊者つまり動作主としての解釈しかもちえず，破壊されたファイルは被動作主としての解釈しかもちえない．したがって，節の主語の役割が動詞主要部に現れる述語によって決定されるのと同じく，出来事の名詞化においても主語兼決定詞の役割は名詞主要部に現れる述語によって決定される．

16.5.3　補部化の交替パターン

名詞句の構造においては，節の構造と同じように，ある意味役割をもつ要素が異なるタイプの補部として現れることがある．

(56) i. a. Van Dyck's portrait of Charles I　［製作者：主語兼決定詞］
(ヴァン・ダイクが描いたチャールズ 1 世の肖像画)

b. the portrait of Charles I by Van Dyck ［製作者：by 斜格句］
（ヴァン・ダイクによるチャールズ1世の肖像画）
ii. a. the flood's consequences（洪水の結果） ［原因：主語兼決定詞］
b. the consequences of the flood（洪水の結果） ［原因：of 斜格句］

主語兼決定詞がその特性として，一定の幅のある役割をもちえることはすでにみた．(56ia) ではヴァン・ダイクが，たとえば所有者といった，製作者以外の役割をもつ可能性がある．しかしながら，斜格句の解釈はより固定的であり，(56ib) は製作者としての解釈しか容認しない．

(56i) において名詞句は2価 (bivalent) すなわち，2つの補部をもつ．その一方，(56ii) において名詞句は1価 (monovalent) であり1つの補部しかもたない.[32]

ここから，主語兼決定詞にかかわる交替に限定して，2つの価数構造を順に考察する

■2価構造 (bivalent construction)

他動詞節に対応する出来事名詞化においては，典型的に3つの可能な配列がある．

(57) i. Alexander the Great's conquest of Persia ［主語兼決定詞＋of 斜格句］
（アレキサンダー大王によるペルシャ征服）
ii. Persia's conquest by Alexander the Great ［主語兼決定詞＋by 斜格句］
iii. the conquest of Persia by Alexander the Great ［of 斜格句＋by 斜格句］

(57iii) においては斜格句が2つ現れている．それ以外では主語兼決定詞と1つの斜格句という組み合わせになっている．斜格句において，動作主の役割と結びつけられる補部は by をとる．ほかの意味役割はデフォルトの前置詞である of をとる．主語兼決定詞と斜格句が混在する構造の場合，(57i) のパターンが (57ii) のパターンよりも一般的である．すなわち，よりアクティブな役割が主語兼決定詞と結びつき，それ以外が斜格句と結びついて前置詞 of をとる傾向がある．

[32] 価数の概念については本シリーズ第2巻『補部となる節，付加部となる節』を参照．
［訳者注：主要部に対する補部（主要部と結びつきの強い要素）の数を価数 (valency) とよぶ．］

[専門的知識]

・名詞句の内部には態（voice）というものが文法体系として存在しない

(57i) と (57ii) の関係は能動節と受動節の関係にある程度似ている．

(58) i. Alexander the Great conquered Persia. [能動]
(アレキサンダー大王がペルシャを征服した)
ii. Persia was conquered by Alexander the Great. [受動]
(アレキサンダー大王によってペルシャが征服された)

(57i/58i) において Alexander the Great は主語であり，(57ii/58ii) においては by 斜格句である．その一方 Persia は (57ii/58ii) においては主語であり，(57i) においては of 斜格句であり，(58i) においては目的語である．名詞は目的語をとらないので，of 斜格句がデフォルトとして動詞の目的語に対応する．しかしながら，並行性がみられるからといって，(57i–ii) における名詞句は能動態かそれとも受動態かなどという点で違いがあると分析するには根拠が十分ではない．というのも，名詞句内には態というものが文法の仕組みとして組み込まれていないからである．節には態が文法体系として組み込まれているが，だからといって名詞句にもそれがあるとはいえない．その理由は以下のとおりである．

(a) 節内で態が文法体系として関与するのは，意味役割と補部の結びつきにみられる多くのパターンのうち 1 つだけである．[33] 節における態は，そのほかの (たとえば次の対比にみられるような) 文法体系とは異なるものである．

Kim gave the book to Pat.　vs.　Kim gave Pat the book
(キムがパットに本をやった)

すなわちそれは，(58) の例でいえば conquered と was conquered のペアにみられるように，名詞句補部だけでなく動詞の形態によっても態の違いが標示されるという点において，ほかの仕組みとは異なるのである．名詞句構造においてはこの種の相違は存在しない．

(b) 名詞句には (57) で示したように 3 つの異なる構造があるが，(58) に示したように節には 2 つしかない．つまり，節において二重斜格構造の態を決定する方法は存在しない．二重斜格構造は of 斜格句と被動作主が結びつけられる点で能動態と考えられそうだが，動作主が by 斜格句と結びつけられ

[33] 訳者注：本シリーズ第 2 巻『補部となる節，付加部となる節』参照．

る点では受動態とも考えられる.[34]

(c) 名詞句における by 斜格句は，節における by 斜格句に比べて結びつけられる意味役割の幅が狭い．名詞句において by 斜格句は常に動作主役割をもつが，節においては，たとえば，経験者を表すこともある．例：

These facts were known by his father.
(これらの事実は彼の父に知られた)
*the knowledge of these facts by his father
(これらの事実について彼の父が知っていること)[35]

■1 価構造 (monovalent construction)：of 句に相当する主語兼決定詞

2 価構造において主語兼決定詞は of 句と共起することが可能であることを上で述べた．しかし 1 価構造においてはこの 2 つのタイプの補部が競合する．

(59) 属格の主語兼決定詞 / of＋非属格句

	属格の主語兼決定詞	of＋非属格句
i.	a. Mary's sister (メアリーの姉／妹)	b. the sister of Mary
ii.	a. the accident's result (事故の結果)	b. the result of the accident

(59i) においては，(a) のタイプが一般的に好まれる．しかし (59ii) においては (b) のタイプが好まれる．どちらが好まれるかにかかわるいくつかの要因を以下において概観する．第一の要因は属格を非文法的として排除する構造にかかわるものであり，それ以外については (59) に示したような好みの問題である．

(a) 名詞句と主要部名詞の意味関係

主語兼決定詞構造から排除されるが，of 句では容認される意味関係がある．以下に示すとおりである．

[34] 訳者注：(57iii) のように of 句と by 句が現れる構造を二重斜格構造というが，このような構造は名詞句内部にしか現れず，節には現れない．

[35] 訳者注：名詞句内部に現れる by 斜格句は経験者役割を担えないため，この例は容認されないということ．

(60)

主語兼決定詞構造	of 句構造	属格名詞句 d とその主要部 h のあいだの意味関係
i. *Roman coins' collection	the collection of Roman coins (ローマのコインのコレクション)	[h は d のコレクションである]
ii. *shrub's two kinds	two kinds of shrub (2種類の低木)	[h は d のタイプである]
iii. *red wine's glass	the glass of red wine (そのグラス一杯の赤ワイン)	[h は d の量である]
iv. *gold's colour	the colour of gold (金の色)	[h は d の色である]
v. *honour's men	the men of honour (名誉ある男)	[h は人の属性 d を有する]
vi. *despair's cry	the cry of despair (絶望の叫び)	[h は d をその源とする]
vii. *unemployment's problem	the problem of unemployment (失業問題)	[h の内容は d である]
viii. *washed silk's dress	the dress of washed silk (洗いざらしの絹でできたドレス)	[h は d によって構成されている]
ix. *twelve years' girl	the girl of twelve years (12歳の少女)	[h の年齢は d である]
x. *purple's veil	the veil of purple (紫色のベール)	[h の色は d である]
xi. *2%'s rise	the rise of 2% (2%の上昇)	[h のサイズは d である]
xii. *the cross's sign	the sign of the cross (十字のサイン)	[h の形態は d である]
xiii. *the hay stack's painting	the painting of the hay stack (干し草の山を描いた絵)	[h は d の描写である]

xiv. *all battles' battle　the battle of all battles　［h は d の最たる例である］
（戦いの中の戦い）

また，14.1 節で議論した叙述構造や部分詞（partitive）構造を属格句に置き換えることもできない．

the stupid nitwit of a husband（夫のお人よし）
*a husband's stupid nitwit
the youngest of the boys（その少年たちの中で最年少の少年）
*the boys' youngest

(b)　名詞句の意味的特性

人間や（人間ほどではないにしても）動物を表す名詞句は主語兼決定詞として現れる頻度がはるかに高い．たとえば，Mary's green eyes（メアリーの緑色の目）や the cat's paw（その猫の足）は the green eyes of Mary や the paw of the cat よりもはるかに好まれる．[36] しかしながら，時間や地理的実体（エンティティ）を表す名詞句もまた主語兼決定詞として現れることが（人間や動物ほどではないが）好まれる．たとえば October's weather（10 月の天気）は the weather of October よりも好まれる．そして London's pubs（ロンドンのパブ）は the pubs of London よりも好まれる．これ以外の無生物名詞句は主語兼決定詞にもっともなりにくい．たとえば「家の屋根」といいたい場合には the house's roof よりも the roof of the house のほうが好まれる．[37]

(c)　名詞句の統語的特性

もっとも驚くべきは，代名詞が主語兼決定詞を非常に強く好むということであり，of の補部として現れることはまれである．her money（彼女のお金）や your nose（あなたの鼻）と非常に不自然に響く the money of her や the nose of you を比べてみるとよいだろう．しかしながら，代名詞が of 構造から完全に排除されるわけではない．次のような例文があるからだ．

The only portrait of her can be found in the National Gallery.
（彼女の唯一の肖像画がナショナルギャラリーでみられる）

このようにいうと，her は（54xiv）の「人にかかわる話題（human topic）」と

---

[36] 訳者注：(59i) も参照．
[37] 訳者注：(59ii) を参照．

して解釈される．このことから，of の補部として代名詞が容認される場合というのは，代名詞が（54）の意味階層の比較的低い位置を占める場合であるということがいえる．[38] それに対して，主語兼決定詞を用いて her only portrait と表現すると，her は（54ix）の「製作者」や（54x）の「所有者」とも解釈できることから，この代名詞は（54）の意味階層では少し高い位置を占めている．of 代名詞には次のようなほぼ慣用句といってよいものもある．

That will be the death/undoing/making of him.
（それは彼の死／破滅／成功の原因となるだろう）

この例でもやはり，of の補部として現れる代名詞の意味役割は（54xiii）の「被験者」として解釈され，（54）の意味階層の低い位置を占めるといえそうだ．

つぎに，ほかの条件が同じであれば，比較的短く主要部が最後に現れる名詞句は，一般的に主語兼決定詞の位置を好む．一方，比較的長く主要部に後続する依存要素をともなう名詞句は，一般的に斜格の位置を好む．

(61) i. a. the city's usual rush-hour traffic
（その都市の通常のラッシュアワーの交通）
b. the usual rush-hour traffic of the city
ii. a. a relatively young designer from Italy's creations
（イタリア出身の比較的若いデザイナーによる創作）
b. the creations of a relatively young designer from Italy

（61i）においては（a）のタイプが好まれ，（61ii）のタイプにおいては（b）のタイプが好まれる．これは，重い依存要素が主要部の右側に位置するという，言語の一般的傾向を反映している．

(d)　名詞句の形態的特性

主語兼決定詞において規則変化の複数形語尾が脱落しがちである．たとえば，実際の会話において，the king's horses（その王様のお馬さんたち）と the kings' horses（その王様たちのお馬さんたち）は区別できないが，the horses of the king と the horses of the kings は区別可能である．[39]

---

[38] 訳者注：(54) は意味階層をなしており，(i) に近づくほど階層の高い位置を占める．nose は (54i) の身体部位 h，money は (54x) の所有物 h に当たる．

[39] 訳者注：主語兼決定詞の複数形語尾 kings/kɪŋz/ から複数形語尾 -s/z/ が脱落したあとに，'s がつき，kings'/kɪŋz/horses となる．これは会話では king's horses と区別できなくな

■斜格属格との比較

斜格属格構造（たとえば，a friend of Kim's などのタイプ IV）は主語兼決定詞構造に比べると意味的な制限が厳しい．主語兼決定詞構造を対応する斜格属格構造に置き換えたとしよう．斜格属格構造の容認可能なのは，(54) にあげてある意味関係の上半分であって，それ以外の例は容認性が疑わしいか，明らかに容認不可能である．主語兼決定詞構造 (54) と斜格属格構造 (62) を比べれば，斜格属格の意味的制限の厳しさがよくわかるだろう．

(62) i. those green eyes of Mary's（メアリーのあの緑色の目）
that younger sister of Mary's（メアリーのあの妹）
that husband of Mary's（メアリーのあの夫）
that boss of Mary's（メアリーのあのボス）
that secretary of Mary's（メアリーのあの秘書）
that friend of Mary's（メアリーのあの友人）
that team of Mary's（メアリーのあのチーム）
that debut of Mary's（メアリーのあのデビュー）
that book of Mary's（メアリーのあの本）
that new house of Mary's（メアリーのあの新しい家）
ii. ?that honour of Mary's（メアリーのあの名誉）
?that anger of Mary's（メアリーのあの怒り）
?that letter of Mary's（メアリーのあの手紙）
*that obituary of Mary's（メアリーのあの死亡記事）
*that spire of the cathedral's（大聖堂のあの尖塔）
*that heat of the summer's（夏の暑さ）

それゆえ，斜格属格構造と非属格 of 句構造は一般に置き換え可能な関係にはない．なぜならば属格でない of 句構造は有生の依存要素と相性が悪く，人称代名詞の場合は実質的に排除されるからである．たとえば，those green eyes of hers（彼女のあの緑色の目）は容認可能だが，*those green eyes of her は容認不可能である．ただしどちらかが他方より好まれるようなケースが２つある．第一に，主要部に後続する比較的長くて重い依存要素は主語兼決定詞構造よりも of 句構造を好むが，この違いは斜格属格と単純な of 句のあいだの競合にも引き継がれる．すなわち，those green eyes of Mary より those green eyes of Mary's のほうがよく用いられる一方で，同じ程度に，those green

---

るが，文字表記上は区別できる．

eyes of the girl who lives next door's（隣に住んでいる少女のあの緑色の目）よりも those green eyes of the girl who lives next door のほうがかなり好まれる．第二に，主語兼決定詞構造と斜格属格構造が同じ意味関係を表しているという特殊な場合なのであるが，2 つの構造の相違が異なる視点を示すことがある．Mary's friends（メアリーの友人）（(54vi) の複数形）に対しては「d は対等な立場の h を有する」という意味関係が成り立つと (54) で述べたが，その関係は Mary の視点からみられている．これは those friends of Mary's においても同様である．しかしながら，those friends of Mary と表現すると，視点が友人からのものになっており，それに対する適切な意味関係はといえば d と h の関係が逆転した「h は対等な立場の d を有する」となる．

16.6　主要部と句属格名詞句（phrasal genitives）

属格名詞句は通常，主要部名詞の屈折によって属格で標示される．ここではそのような名詞句を**主要部属格名詞句（head genitive）**とよぶ．また，名詞句の主要部に後続する（名詞句の末尾の）依存要素の最後の単語に属格標示が現れることも可能である．これらは**句属格名詞句（phrasal genitive）**とよばれる．以下の例を比べてみよう．主要部と属格接尾辞に下線を付しておく．

(63)　主要部属格　　　　句属格

i. a. [Edward's] daughter（エドワードの娘）　　b. [the King of England's] daughter（イングランドの王の娘）

ii. a. [everyone's] responsibility（皆の責任）　　b. [everyone else's] responsibility（ほかの皆の責任）

iii. a. [somebody's] initiative（誰かのイニシアチブ）　　b. [somebody local's] initiative（地元の誰かのイニシアチブ）

iv. a. [the doctor's] house（医者の家）　　b. [a guy I know's] house（私が知っている男の家）

たとえば，(63ib) において属格名詞句の主要部は King であるが，接尾辞 's は the King of England という句の最後の単語である England に添加されている．フォーマルな書き言葉の文体よりも，インフォーマルなとくに会話の文体のほうが幅広く句属格構造が用いられる．フォーマルな文体においては通常，(63ib/iib) のように，主要部名詞に後続する前置詞句の形式をした依存要素や else にしか句属格は用いられない．インフォーマルな発話においては，関係節（(63ivb)）や出てきたり出てこなかったりする後置修飾の形容詞句にも句属格が用いられる（(63iiib)）．以下の例に示すように，主要部に後続する依存要素の重さや複雑性が増えるにしたがって句属格が現れにくくなる．

(64) i. a. [the Head of Department's] speech（学科長のスピーチ）
b. ?[the Head of the newly formed Asian Studies Department's] speech
（新設されたアジア学科の学科長のスピーチ）
ii. a. [the man she was speaking to's] reaction
（彼女が話しかけている男性の反応）
b. ?[the man she and her friend had been complaining to's] reaction
（彼女と彼女の友人が文句をいい続けてきた男性の反応）
c. #[the man she and her friend had been complaining to so angrily's] reaction
（彼女と彼女の友人がカンカンに怒って文句をいい続けてきた男性の反応）

(64ia) はどのような文体においても容認可能であり，(64iia) もインフォーマルな発話においては完全に容認可能である．しかし，残りは文法性が疑わしく，一般的には回避される．その場合，ほかの構造，とくに，the＋名詞＋前置詞句が好まれる．次の例を (64ib) と比べよう．

the speech by the Head of the newly formed Asian Studies Department.
（新設されたアジア学科の学科長のスピーチ）

さらに，(64iic) のタイプは (64iib) のタイプよりはるかに容認性が低いとみなすことができる．これほど複雑な例になると間違いなく容認不可能である．

[専門的解説]

■ なぜ主要部属格と句属格を区別する必要があるのか

主要部属格と句属格のいずれにおいても属格標示's が名詞句の末尾の単語につく．主要部に後続する依存要素がある場合は，主要部に属格標示を添加するわけにはいかないからである．つまり，次のようにいうことはできない．

*[the Head's of Department] speech
*[the man's she was speaking to] reaction[40]

---

[40] この規則の例外がタイプ III の構造（すなわち決定詞と主要部を兼ねる融合形（fused determiner-head））に時折みられる．たとえば，次がそうである．

すると，なぜ主要部属格と句属格を区別する必要があるのかということが問われるかもしれない．Edward's daughter（エドワードの娘）や the manager's departure（マネージャーの出発）のようなすべての属格について主要部が最後の単語になっていると考え，句属格（すなわち，最後の単語に標示がつく）として扱うことはできないのであろうか．これが否定される理由，つまり主要部属格と句属格が区別される必要がある理由は，属格の形態的具現と関係があり，次のような対比に観察することができる．

(65) i. a. [my] facial expression（私の顔つき）
b. [the man opposite me's] facial expression
（私の反対側にいる男の顔つき）
ii. a. [my friend's] father（私の友人の父）
b. [a friend of mine's] father（私の友人の父）

(65i) において属格は代名詞 I に標示されている．主要部属格構造 (65ia) においては，代名詞が my となって具現されているが，句属格構造 (65ib) においては me's となって具現されている．(65ii) においてはそれぞれの例に 2 つの属格が含まれている．(65iia) においては 1 つが my として具現され，もう 1 つが friend's として具現されている．一方 (65iib) においては，2 つの属格が単一の語に重なった結果，mine's として具現されている．したがって me's も mine's も，内部格 (inner case) と外部格 (outer case) を二重に格標示しているといえる．me's においては [the man opposite me] の内部で標示される内部格が対格であり，これはその代名詞が前置詞 opposite の目的語であることから要求される．その一方 (65iib) において mine が担う内部格は，この代名詞が斜格属格構造 [a friend of mine] の内部にあるので属格である．この mine につく句属格（つまり's）は，外部格である．この外部格は，内部

I could feel the hair stand up on the back of my neck like [a dog's that is going to get into a fight].
（喧嘩しようとしている犬が毛を逆立てるように，私は身の毛もよだつほどの恐怖を感じた）

この例は関係節が長すぎてその最後の単語に 's の標識がつくことが容認されない．しかしこのことは，like that of a dog that is going to get into a fight のように，属格（='s）そのものを避けることに繋がるだろう．本文中で引用したような例は容認不可能であり，文法的と判断できるほどに頻繁に用いられない．

格を具現している形式 mine そのものに形態的に追加されている.[41] [the King of England's] daughter（イングランド王の娘）のような例では，England's の内部格は常格（England）であり，それは形態的標示をもたない．しかし，原則は同じである．外部属格は内部名詞句 the King of England 内で **England** によって要求される形態に対して追加される．the man she was speaking to's（彼女が話しかけている男の）においては，この名詞句の外部に追加される外部格（=’s）しか現れていない．というのは内部名詞句の最後の単語 to は前置詞であり名詞ではないため，内部格をもたないからである．

■ **属格（=’s）は接語ではなく屈折格である**

これまで，(63)-(65) においてはすべての例が属格の**格屈折（case-inflection）**をもつと仮定してきた．ここで，属格標識が屈折格であって**接語（clitic）**ではないということを明らかにしておかねばならない．たとえば I’m ill.（私は病気である）における ’m が接語であり,[42] これは am であったものが，I と併合したものである．このように，もともと統語的に独立していた語であったものが先行する語と音韻的に併合するものを接語という．

[専門的知識]

接語 ’m と属格標識の明らかな違いは，後者が決して音韻的に独立した語として分離できない一方で，接語 ’m は接語でない am と交替可能であるということである．しかしながらこれだけでは属格の接語分析を否定する決定的な論拠とはいえない．接語化が起きるのは英語では偶然にも常に随意的であるというだけのことで，そうでない言語も存在する.[43] たとえば，フランス語の人称代名詞主語 je（私が），tu（君が）などは義務的に動詞に接語化する．英語の属格標識は原則的にこの種の接語であるといえるかもしれない．

---

[41] 訳者注：’s が形態的に具現されるところが句属格と主要部属格の違いであると上で述べている．このように，内部格が主要部属格に mine として標示され，さらにこれとは別に外部格（=’s 接尾辞）が句属格としてこの主要部属格 mine に標示されて mine’s になる．このため，主要部属格と句属格を区別する必要があると主張している．

[42] 訳者注：本シリーズ第 10 巻『形態論と語形成』参照．

[43] 訳者注：接語化とは，接語が他の要素に付着することである．一般に接語には単独で現れる独立形が存在する（接語 ’m に対する am がそうである)．属格標識 ’s にはこのような独立形が存在しないことから，接語ではないといえるわけだが，これは証拠としては決定的なものではない．なぜならば，英語の属格標識は義務的に接語化されねばならない種類の接語であるかもしれないからである．つまり，これが義務的に接語化されるため，独立形を必要としな

・主要部属格が屈折であることを支持する論拠

属格が屈折格であることが一番よくわかるのは主要部属格である．人称代名詞にはほかのいかなる分析も不可能である．my，our，your，his，her，そして their は完全に不規則形態であり，2 つの連続する統語的な語に分割することはできない．これらの属格形と主格形 **I**，**we**，**you**，**he**，**she** や **they** の関係は屈折形態論によって説明される．cats，dogs，horses のような名詞において，属格は接尾辞によって標示され，その接尾辞の発音は，それがついている語基（base）の音韻特性に応じて変化する．本シリーズ第 10 巻『形態論と語形成』で詳細に論じているように，次のような交替がみられる．

歯擦音（しさつおん）(sibilant) の後では /ɪz/ (/hɔːʳs-ɪz/ horse's)[44]
無声の非歯擦音の後では /s/ (/kæt-s/ cat's)
有声の非歯擦音の後では /z/ (/dɒg-z/ dog's)

このような交替は語基の後ろの要素つまり属格を接語とみなす分析と一致しなくはないが，属格形成が名詞内の**形態的**（**morphological**）構造に関係していることが，属格を屈折とみなす分析を支持するさらなる証拠を提供してくれる．以下の例を比べてみよう．

(66)		単数形	複数形
i.	a.	[the duck's] plumage /dʌk · s/ （アヒルの羽毛）	b. [the ducks'] plumage /dʌks/　*/dʌks · ɪz/ （アヒルたちの羽毛）
ii.	a.	[the goose's] plumage /guːs · ɪz/ （ガチョウの羽毛）	b. [the geese's] plumage */giːs/　/giːs · ɪz/ （ガチョウたちの羽毛）

(66ia) ならびに (66iia) においては属格名詞句が単数であり，その形態はすぐ上で述べた通常の発音規則に従っている．つまり，duck の /k/ の後は /s/ であり，goose の歯擦音 /s/ の後は /ɪz/ である．しかしながら，複数形 ducks も歯擦音 /s/ で終わっているにもかかわらず属格を形成する際に /ɪz/ 語尾がつかない．つまり，*/dʌks · ɪz/ ではなく，「裸属格（bare genitive）」/dʌks/ となっているのである．この場合の「裸」とは非属格の（常格）複数形 ducks と

い接語であるという可能性があるということである．

[44] 訳者注：歯擦音とは，/s/ や /z/ などの音をいう．/ɪ/ は，/i/ と /u/ の中間あたりの舌位をもち，唇の丸みをともなわない非円唇の中舌母音である．dogs /dɒg-z/ の /ɒ/ は /ɔ/ と /ɑ/ の中間あたりの舌位をもつ後舌母音である．

音韻的にまったく同じという意味である．これについて，属格形態が，語の内部構造に関係なく，単にその名詞が単数であるか複数であるかに依存するだけであるという主張があるかもしれない．しかしこの可能性は goose のような不規則な複数形をもつ名詞によって排除される．geese も複数形であるが，こちらは裸属格が不可能であり，規則変化の /ɪz/ 接辞が用いられなければならない．つまるところ，裸属格は名詞の複数形が規則的に -s で形成される限りにおいて義務的であり，複数形が -s で形成されない場合は規則形の ’s 属格が要求されるという一般化が成り立つ．したがって，属格の具現は名詞の屈折形成と決定的に結びついており，これが，人称代名詞の補充属格（suppletive genitive）のように，独立した単語が名詞に接語化することによって属格が形成されたという分析を排除するのである．[45]

・句属格の位置づけ

属格語尾 ’s が接語ではなく屈折格であるというここでの分析を支持する論拠を前節では補充法に求めたが，この論拠は主要部属格にしか成り立たない．すなわち my，our など（そしてそれらに対応する独立形 mine，ours など）は常に属格名詞句の主要部である．しかし，規則変化をする属格と裸属格の違いに注目した上述の論拠は，何も主要部属格に限った話ではなく，句属格でもある程度成立する．以下の例を比べてみよう．

(67) i. [one of my students’] assignment %/stjuːdənts/ %/stjuːdənts · ɪz/
(私の学生のうちの 1 人の課題)
ii. [one of my mice’s] tail */maɪs/ /maɪs · ɪz/
(私のネズミのうちの 1 匹の尻尾)

(67i) (the assignment of one of my students（私の学生のうちの 1 人の課題）と言い換えられる）において規則変化を受けた複数名詞 students に属格 ’s がついている．この場合，話者によって違いがみられ，裸属格を用いる話者もいれば規則変化の /ɪz/ をつける話者もいる．(67ii) (the tail of one of my

[45] 訳者注： 語基とは起源の異なる別の語を当てることを補充法（suppletion）という．I に対する my や we に対する our は補充属格とよばれている．属格語尾’s が複数形の名詞につくのは，その名詞が裸属格をもたない（たとえば，geese など）場合である．人称代名詞の属格は補充形を用いており，やはり ’s がつかない．もし ’s が接語であるならば，複数形の名詞が裸属格をもつ場合や補充形である場合には接語化が起こらない理由が説明できないため，’s が接語であると考えるのは疑わしいということである．

mice（私のネズミのうちの１匹の尻尾）と言い換えられる）においては複数形名詞が不規則変化しており，属格は /ɪz/ がつくほかない．するとここでも，句属格の形成規則は属格がつく名詞の内部の形態構造がどうなっているかに応じて適用されるということになり，属格標識 /ɪz/ は統語的な（操作によって一律に付着される）接語ではなく形態的な（環境に応じて添加される）接辞だということがわかる．

以上のことから，主要部属格でも句属格でも格屈折（接辞添加）が行われていると結論づけることができる．主要部属格において屈折するのは常に名詞であるが，句属格においてはほとんどのクラスの語に接辞添加が行われてもかまわない．

■属格と外心構造（non-headed constructions）

これまでは名詞句に対する属格標示，つまり主要部のある構造，について考察してきたが，属格は主要部のない構造，すなわち，名詞句等位構造あるいは補足構造（supplementation）においても観察される．

(a)　等位構造

主語兼決定詞が名詞句等位構造に具現される場合，属格は両方の等位項あるいは最後の等位項にのみ標示される．

(68) i. [Kim's and Pat's] views（キムとパットの考え方）　[多重標示]
　　ii. [Kim and Pat's] views　[単一標示][46]

[専門的解説]

(68) に例示したパターンは主要部属格と句属格の違いを超えて観察される．(68) の両方において Pat's は主要部属格であるが，句属格においても同様に両方のパターンが容認される．

(69) i. [Kim's and the guy next door's] views　[多重標示]
　　（キムと隣の部屋の男の考え方）
　　ii. [Kim and the guy next door's] views　[単一標示]

---

[46] 訳者注：属格が１つの等位項にだけ標示されることを単一標示（single marking），両方の等位項に標示されることを多重標示（multiple marking）とよぶ．

(68) と (69) の両方の例において，等位構造全体が属格であり，違いは属格がいかに具現されるか，つまり等位項の両方かそれとも最後の等位項かの問題である．いずれの等位項も名詞句であり，したがって，いずれの名詞句も原則的に主要部属格あるいは句属格のいずれかをとる可能性がある．

たとえ 1 つでも等位項が人称代名詞になっていたら，最終等位項だけに属格が標示されるような表現は，大目にみても容認性が疑わしいといわざるをえない．

(70) i. a. [his and her] views b. [my and her] views [多重標示]
(彼と彼女の考え方) (私と彼女の考え方)
ii. a.?[you and Kim's] views b.*[Kim and your] views [単一標示]
(あなたとキムの考え方)

すべての等位項が属格標示されている場合でも，(70ib) の my のように，代名詞によってはややぎこちなく響く場合がある．可能な構造の範囲については本シリーズ第 8 巻『接続詞と句読法』においてより包括的に考察するが，ここでもう 1 点指摘すべきことは，代名詞を最終等位項にもち，属格が 1 つの等位項にだけ標示される単一標示構造は 's 接尾辞を決してとらないということである．したがって，次の 2 つの表現のうち，1 つめの表現が唯一可能な形態であり，2 つめは排除される．

?These are Kim and yours. (これらはキムとあなたのものである)
*These are Kim and you's.

なぜなら you は最終等位項の主要部であるので，主要部に必要なのは主要部属格であり，句属格ではないからである．

(b) 補足構造

1 つの名詞句を拠点要素 (anchor) とし，別の名詞句を補足要素 (supplement) とする補足構造も同じように，多重標示と単一標示のどちらも可能である．

(71) i. [the Prime Minister's, Mr Howard's,] tax package [多重標示]
(首相つまりハワード氏の税金一括法案)
ii. [the Prime Minister, Mr Howard's] tax package [単一標示]

書き言葉においては間違いなく多重標示が好まれる．というのもそれによって補足要素がカンマによって分離されることが可能になるからである．しかしながら話し言葉においては通常単一標示のほうが用いられる．

16.7　属格をともなう構造における形容詞 own

形容詞 own は，実質的に属格の主語兼決定詞の後にしか現れることができないという点でユニークである.[47] それは後続する主要部とともに現れる場合か，修飾要素と主要部を兼ねる融合形（fused modifier-head）として現れる場合である.

(a)　主要部前位の own

(72) i. a. The children had to make [their own beds].
（子どもたちは自分たち自身のベッドメーキングをしなければならなかった）
b. Sue set up [her own marketing business].
（スーは彼女自身の販売事業を立ち上げた）
［特別用法］

ii. a. Jill prefers [her own car].
（ジルは彼女自身の車を好んでいる）
b. [Jill's own car] is out of service.
（ジル自身の車は運転不能になっている）
［一般用法］

限られた環境で用いられる特別用法では属格の主語兼決定詞が人称代名詞でなければならないが，一般用法では（72iib）の Jill's のようにほかのタイプの属格名詞句も容認される.（72ia）の解釈は子どもたちが自分たちの寝床は自分たち自身で整えなければならなかった，つまり，ほかの誰も彼(女)らの代わりにそれをしてくれないであろう，ということである．この用法において属格の代名詞は主語と照応関係を結ばねばならない．たとえば次の例はこの点で異なる.

---

[47] 唯一の例外は，次のような決まり文句になっている句である.
They won by an own goal.（彼(女)らはオウンゴールで勝利した）
Own brands are often the best value.（往々にして自社ブランド商品が一番お買い得だ）
（own brands は「スーパーマーケットの独自商品ブランド」の意味）
own は通常，動名分詞節の主語に続いて現れることはできない．たとえば次の例は非文法的である.
*No one would object to your own giving yourself a modest pay-rise.
（あなたがあなた自身の給料をわずかに引き上げたところで誰も反対しないだろう）
下線部は動詞句であり小名詞句ではない．したがって形容詞的修飾要素をとることはできないのである.

The children had to make my own bed
（子どもたちは私自身のベッドメーキングをしなければならなかった）

この文は上記のような照応的解釈をもたず，一般用法に分類される．(72ib) において own は，所有，獲得，あるいは所有にいたる原因を意味する動詞とともに現れ，当該のビジネスが彼女のものであることを強調している．この例における先行詞は主語であるが，次の例のように，主語以外の要素が先行詞となる可能性もある．

They gave Sue her own business.
（彼(女)らはスーに彼女自身の仕事を与えた）

一般用法においても同様に，own は強調の役割を担っている．(72ii) において，own は言及されている車がほかの誰のものでもなくジルの車であることを強調している．たとえば (72iib) に対する自然な文脈は，ジルが彼女の車が利用できないためにほかの誰かの車で行かなければならないという状況である．この一般用法に三人称代名詞が出てくると，(72iia) のように主語と照応関係を結ぶことが多い．しかし，繰り返すが，それは義務ではない．以下の例を比べてみよう．

(73) i. Bill advised Fred to take his own car.
（ビルはフレッドに自分自身の車を使ったらどうなんだいといった）
ii. Bill offered to let Fred take his own car.
（ビルはフレッドに自分の車を使ってくれたらいいんだよといった）

his に許されるもっとも可能性の高い解釈は，(73i) では Fred's（フレッドの車）という解釈であり，(73ii) においては Bill's（ビルの車）という解釈である．つまり，(73i) においては先行詞が take を主要部とする節の主語であると解釈される一方で，(73ii) ではそのように解釈されない．

(b) 修飾要素と主要部を兼ねる融合形としての own

(74) i. Your proposal is no better than my own. ［単純用法］
（あなたの提案は私自身の提案と変わり映えがしない）

ii. a. A: Is this your father's?
(これはあなたのお父さんのものですか)
B: No, it's my own.
(いいえ．それは私自身のものです)
b. I've got a car of my own.
(私は私自身の車を手に入れた)
c. She is living on her own.
(彼女は1人暮らしをしている)
［特殊用法］

前節 (a) のように，属格の人称代名詞は my などの依存形で現れる．mine などの独立形は代名詞自体が主要部の機能をはたしている時のみである．したがって *mine own は非文法的であり，my own が文法的である．

own は融合主要部構造の3タイプのうち2つに現れる．own は形容詞 (の原級 (plain grade)) であるので，部分詞タイプには現れることができない．*three of the books* (それらの本のうちの3冊) と **my own of the books* (それらの本のうちの私自身の本) を比べてみるとよいだろう．(74i) の例は単純なタイプであり，my own は my own proposal として照応的に解釈され，mine を強調した表現となっている．それ以外の例つまり (74ii) は特殊な用例である．(74iia) の my own は叙述補部であり，It's mine. (それは私のものです) における叙述属格と等価である．(74iib) において a car of my own は a car which belongs to me (私の所有する車) を意味するが，(74iic) の on her own は by herself (彼女自身で (1人で)) を意味する．類例を上げよう．

She did it on her own. (彼女はそれを自分自身でやり遂げた)

これらの例 (74iib–c) において，属格主語兼決定詞は先行詞と結びつけられた人称代名詞でなければならない．

*I've got a car of their own. (私は彼(女)ら自身の車を手に入れている)

そして，この場合 own を脱落させて属格を融合主要部構造とすることはできない．つまり，(74iib) は，それ自身ありそうもない文ではある I've got a car of mine. (私は私のものである車を手に入れた) と同じではない．own の脱落に対する制限は，特殊な融合主要部構造といえるさまざまな慣用的表現にも適用される．たとえば，次のような例がある．

I want to get my own back. ［仕返しをする］
(私は鬱憤(うっぷん)をはらしたい)

It's at times like this that she really comes into her own.［真価を示す］
（彼女が本当に実力を発揮するのはこのような時である）
We have to look after our own.［親戚や関係のある人の面倒をみる］
（私たちは（育児や介護などといった）身の回りの世話をしなければならない）

■修飾

用法によっては副詞 very が own を修飾することが可能である．

This is my very own work.（これはまさに私自身の仕事である）

これは当該の仕事が他人のものではなく私のものであるという点をとくに強調するものである．a room all of my own（私だけの部屋）［完全に私だけのものである部屋］のように，名詞の補部 of one's own に all をつけて，この補部を修飾してもよい．

第 17 章　性と代名詞・先行詞一致

17.1　文法範疇としての性

性という文法範疇は第一義的には名詞のいくつかのクラスが属する文法体系をいう．その名詞のクラスは，関連する語とのあいだにどのような一致のパターンを示すかに応じて分類される．英語では統語論で性があまり役割をはたさないが，性がもっと大きな役割をはたす言語では，さまざまな依存要素が主要部名詞と一致を起こす．冠詞や限定用法の形容詞までが名詞と一致を引き起こすというところが，そのような言語の特徴なのだ．

フランス語とドイツ語の基本的な例を (1) にあげる

(1)	i.	a.	un grand château (大きな城)	[男性]
		b.	une grande maison (大きな家)	[女性]
	ii.	a.	der Garten (庭)	[男性]
		b.	die Wand (壁)	[女性]
		c.	das Haus (家)	[中性]

フランス語の性は 2 つだけであり，(1i) は不定冠詞と形容詞 **grand** (大きな) が男性あるいは女性の主要部名詞と一致し，それが屈折に具現されていることを表す例である．したがって性という用語は第二義的にはこのような依存要素を分類するのに使われる．[1] つまり un と une はそれぞれ不定冠詞の男性形態と女性形態であり，grand と grande はそれぞれ形容詞の男性と女性の (単数) 形態である．ドイツ語には 3 つの性がある．(1ii) の例には形容詞がないが，

[1] 訳者注：主要部名詞が一致の発生源となって，そこから周りの依存要素に性の一致が及ぶため，性は第一義的には主要部名詞のクラスであり，第二義的には主要部名詞の依存要素のクラスであると捉えられている．

冠詞と主要部名詞の一致を例示しており，der，die，das がそれぞれ定冠詞の（主格単数）男性，女性，中性の形態となっている．

この例において，主要部名詞を一致の**発生源（source）**とよぶことにし，依存要素である冠詞や形容詞をその**標的（target）**とよぶ．[2] 主要部名詞は，標的がこの名詞に従って性の形式を一致させるという意味で発生源である．性が第一義的に名詞のいくつかのクラスが属する文法体系のことであると述べたのもこのためである．つまり，性の一致における発生源は名詞（あるいは名詞句）である．名詞クラスの意味的特徴が性範疇の名称の由来である．男性と女性という文法性のクラスがそのようによばれるのはなぜか？ それは，自然性の男性と女性を表す名詞がそれぞれ文法性の男性と女性に属しているという特徴がみられるからだ．フランス語でもドイツ語でもこれらのクラスが多くの無生物の語も含んでいる．もちろん，フランス語には男性と女性以外の性がないので必然的にそうなる．このため，文法用語としての**男性（masculine）**や**女性（feminine）**を，意味的あるいは言語外的な**男性（male）**や**女性（female）**と注意深く区別しておくことが重要となる．

比較的最近まで，たとえば tense（時制）と time（時）のように，文法的な **gender（文法性，ジェンダー）**と言語外的な **sex（自然性）**をいま述べたのと同じ意味で区別するのが一般的であった．しかしながら，社会科学においては自然性が生物学的属性に言及するものとして，そしてジェンダーが社会規範によって構築された性差に言及するものとして使われるようになり，この慣用が言語学にも持ち込まれてきている．したがって，「言語と性（language and gender）」についての本があったとすると，その本は第一義的には，文法性に関するものではなく，女性と男性の話し方の違いのような問題を扱うものになる．しかしながら，この章における関心は上で定義したような以前の，厳密に文法上の性にある．そして，上述したように，文法性においては形態と意味の関係が決して 1 対 1 ではないため，文法性を意味的範疇としても使用することによって混乱が起こるのは避けたい．したがって，ここからは，文法性をいうときには masculine（男性）と feminine（女性）を用い，自然性をいうときには male（男または雄）と female（女または雌）を用いることにしよう．さらに，

---

[2]「発生源」より一般的な用語は「コントローラー（controller）」である．しかしここでは前者の用語を使用することにする．というのは「コントローラー」という用語は，Kim wants to leave.（キムは出発したがっている）における leave の非顕在的主語のように，省略された要素の解釈を決定する要素にも使用されるからである（本シリーズ第 1 巻『動詞と非定形節，そして動詞を欠いた節』参照）．

名詞の文法性という文法体系がしばしば自然性としての男性と女性に重要な相互関係を示すのだが，必ずそうでなければならないというわけではないことに留意しておくことが重要である．語源を紐解けば，gender はもともとラテン語の genus（kind，sort（種類））にまで遡り，さまざまなタイプの名詞を区別する目安はそれらの名詞が指示する自然性ではなかった．言語によっては，「有生」対「無性」，「人間」対「人間以外」，強弱，大小といった区別に基づく性（gender）を分類体系としてもつものもある．また，昆虫，液体，食品などと関係するより個別的な範疇をもつ言語も存在する．また英語においても，文法性による区別は確かに，人称代名詞 he，she や it のあいだばかりでなく，関係代名詞 who と which のあいだの区別にも反映されており，その差は自然性に基づくものではない．

英語はフランス語やドイツ語のような言語と 2 つの重要な点で異なっている．第一に，英語においては，名詞句構造内における依存要素と主要部名詞のあいだの性の一致，つまり（1）でみた一致現象はない．性は英語において屈折範疇ではない．性のクラスは（2）で例示するような代名詞に関してのみ区別される．（2）においては，代名詞と先行詞（の主要部）の照応関係が同一指標（すなわち，$_i$）で標示されている．

(2) i. The $\underline{\text{King}_i}$ declared $\underline{\text{himself}_i}$ satisfied.　［男性］
（王は満足の意を示した）
ii. The $\underline{\text{Queen}_i}$ declared $\underline{\text{herself}_i}$ satisfied.　［女性］
（女王は満足の意を示した）
iii. The $\underline{\text{machine}_i}$ had switched $\underline{\text{itself}_i}$ off.　［中性］
（その機械は勝手に止まった）

第二に，代名詞の選択は，先行詞の統語的特性だけで決まるのではなく，どんな意味をもつか，何を指示するかによって決まる．すでにフランス語やドイツ語において自然性としての男性と女性を示す名詞は，一般的にそれぞれ文法性としても男性と女性になることを観察したが，それ以外については名詞の文法性を意味から予測することはできない．フランス語における château（城（男性））や maison（家（女性）），ドイツ語の Garten（庭（男性）），Wand（壁（女性））や Haus（家（中性））については辞書の項目に明示的にその文法性が記載されているが，英語の辞書でこのような性の指定は必要ない．

これらの違いにより，英語が単に文法性という文法体系をもたない，つまり文法性という範疇は英語とは無縁のものであると主張する言語学者もいる．ただし本シリーズではそのような考え方を採らない．英語とフランス語やドイツ語のあいだの違いは，文法性がこれらの言語においてどの程度文法化しているかという程度の違いであり，文法性という範疇をもっているかどうかの違いではないと考える．フランス語とドイツ語においては，代名詞と先行詞のあいだの一致は，主要部名詞と依存要素である冠詞や形容詞のあいだの一致と非常に類似した方法で機能するが，この2つはまったく同じというわけではなく，代名詞と先行詞の一致は，意味的に決まる部分がやや多い．そして，英語における代名詞-先行詞のペア成立条件は，フランス語やドイツ語におけるペア成立条件との共通点を十分に備えているので，英語の代名詞-先行詞のペアの成立条件に文法性の一致が関与しているといえるのである．これに関して留意しなければならないのは，英語における代名詞の選択が先行詞の意味や指示に依存している一方で，先行詞の言語的形態が代名詞の選択を制限する場合があるということである．以下の例を比べてみよう．

(3) a. The dog_i has lost his_i/its_i bone.（その犬は自分用の骨をなくした）
  b. $Fido_i$ has lost his_i/*its_i bone.（ファイドーは自分用の骨をなくした）

The dog と Fido はどちらも同一の動物の雄の個体を指示するのに使えるだろう．(3a) では he の代わりに中性代名詞 it が使われている．しかし，(3b) ではこれは排除される．なぜなら固有名詞 Fido が先行詞になっているからである．同様のことが人間の赤ちゃんの場合にも成り立つ．

(4) a. Her $baby_i$ had lost its_i rattle.
  （彼女の赤ちゃんがガラガラをなくした）
  b. *Her son_i/*Max_i had lost its_i rattle.
  （彼女の息子／マックスがガラガラをなくした）

この例においても，her baby，her son，そして Max はすべて，同一人物を指示するものとして使われてよいのだが，中性の代名詞 it の使用が許されるのは her baby のみである．

したがって，文法性が代名詞の一致にしかみられないという点で，性の文法化が一部にとどまっているが，英語は文法性をもっているといえる．代名詞と先行詞の一致については2つの文法体系について考える必要がある．1つは人称代名詞にかかわるものであり（それは文法性と同様に人称や数についても先行詞と一致する），もう1つは関係代名詞 who と which にかかわるものである．これらを順に考察しよう．

17.2　人称代名詞と先行詞の一致

17.2.1　一致関係の性質

人称代名詞は人称と数において先行詞と一致する．また三人称単数においては文法性でも先行詞と一致する．ここでは（発生源である先行詞に対して）一致の標的が再帰代名詞になっている例をあげてみよう．

(5)	性	人称	数
i. I$_i$ may hurt myself$_i$. （私が怪我をするかもしれない）		一人称	
ii. You$_i$ may hurt yourself$_i$. （あなたが怪我をするかもしれない）		二人称	
iii. The King$_i$ may hurt himself$_i$. （王が怪我をするかもしれない）	男性		単数
iv. The Queen$_i$ may hurt herself$_i$. （女王が怪我をするかもしれない）	女性	三人称	
v. The dog$_i$ may hurt itself$_i$. （その犬が怪我をするかもしれない）	中性		
vi. We$_i$ may hurt ourselves$_i$. （私たちが怪我をするかもしれない）		一人称	
vii. You$_i$ may hurt yourselves$_i$. （あなた方が怪我をするかもしれない）		二人称	複数
viii. The children$_i$ may hurt themselves$_i$. （子どもたちが怪我をするかもしれない）		三人称	

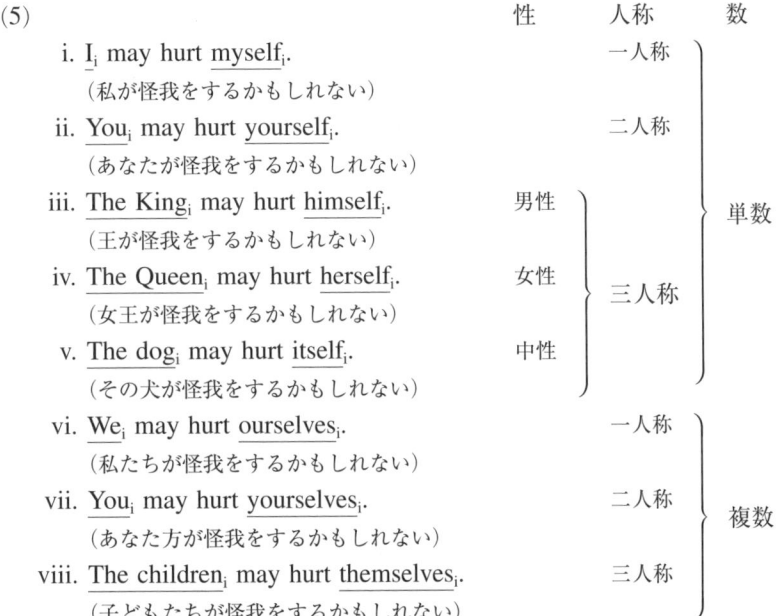

ここでは単複で 2 つの **you** があると仮定しておく．単数形の you のほうは再帰形 yourself とともに用いられ，複数形の you のほうは再帰形 yourselves とともに使われる．その違いは再帰形にしないと標示できないので，次のような例では単数の解釈と複数の解釈のあいだで曖昧性が生じる．

You may have missed your chance.
（あなた（たち）はチャンスを逃したのかもしれない）

代名詞と先行詞のペア成立条件が（1）で例示した冠詞あるいは限定用法の形容詞と主要部名詞のあいだのペア成立条件と十分な共通点を有しているため，ここでは前者のペア成立条件を一致として扱ってよいことはすでに指摘した．それにもかかわらず，この 2 つのタイプのあいだには重要な違いが存在する．

(a) 先行詞と人称代名詞のあいだに固定された構造関係は存在しない

発生源である先行詞と標的である人称代名詞は，フランス語やドイツ語における主要部としての名詞と決定詞としての冠詞あるいは修飾語としての形容詞とは違い，統語構造において固定された位置関係にはない．以下の例を比べてみよう．

(6) i. The King$_i$ says he$_i$ will see you tomorrow.
(王は明日あなたに会おうといっている)
ii. The King$_i$ wants you to help him$_i$.
(王はあなたに助けてほしいと願っている)
iii. We found the King$_i$ examining one of the recommendations of his$_i$ advisors.
(王が自分の相談役の勧告の 1 つを検討していることが我々にはわかった)
iv. I'm looking for the King$_i$. He$_i$ sent for me this morning.
(私は王を探している．彼が今朝私を呼び出したからだ)

本シリーズ第 9 巻『情報構造と照応表現』で述べるさまざまな制約に従って，先行詞である名詞句と代名詞は，名詞句が現れるすべての位置に現れてよい．とくに，注意しなければならないのは，(6iv) にみられるように，先行詞と代名詞が同じ文の中に現れる必要がないということである．代名詞と先行詞の機能はそれぞれ完全に独立している．(6i) においては両方とも主語であり，(6ii) においては先行詞が主語で，代名詞が（異なる節の）目的語であり，(6iii) においては先行詞が目的語で代名詞が名詞句構造における主語兼決定詞である．代名詞の屈折格は完全に代名詞それ自体の機能に依存しており，先行詞の機能は関係ない．

これらの例において男性代名詞を女性あるいは中性の代名詞で置き換えること自体は非文法的ではなく，単に the King を代名詞に対する可能な先行詞から排除するだけである．そして同時に，男性代名詞は必ずしも the King を先行詞とする必要はない．

(7) i. The King$_i$ says she$_j$ will see you tomorrow.
(王は彼女が明日あなたに会うだろうといっている)
ii. The King$_i$ says he$_j$ will see you tomorrow.
(王は彼が明日あなたに会うだろうといっている)

再帰形はその分布がより制限されており，(5) あるいは (2) のような例において，再帰代名詞を別の再帰代名詞で置き換えると非文法的となる．

(8) i. *The King$_i$ declared herself$_i$ satisfied.
(王は彼女自身が満足したと宣言した)
ii. *The Queen$_i$ declared itself$_i$ satisfied.
(女王はそれ自体が満足したと宣言した)
iii. *The machine$_i$ had switched himself$_i$ off.
(その機械は勝手に止まった)

しかし分布が制限されている再帰形でさえ，特定の機能関係に制限されるということはない．たとえば次の文のように，再帰形の先行詞は一貫して主語であるとは限らない．

She was telling Max$_i$ some home-truths about himself$_i$.
(彼女はマックスに彼自身についての耳の痛い話をしていた)

(b)　代名詞は非照応的（先行詞なし）に用いることができる

三人称の再帰形を除いて，人称代名詞はその解釈に当たり，先行詞を要求しない．なぜならば人称代名詞は，発話の時点で言及されていない（そしてその後も言及されない）人やものを直接指示することができるからである．これは一人称と二人称の代名詞のほぼもっとも頻度の高い用法であり，主語代名詞として（5i–ii）と（5vi–vii）に例をあげておいた．しかしながら，三人称の代名詞も非照応的に用いることができる．そのような場合，指示対象は通常，発話の状況の中に存在するが，それさえ必要でない場合もある．[3] 加えて，it には指示がまったくない非照応的用法がある．これはたとえば，次のような虚辞としての用法である．

It is raining.（雨が降っている）
We finally made it to the shore.（我々はついに海岸まで到達した）

(c)　文法性（gender）の一致は関連する素性の完全な一致よりも意味の一貫性を要求する

次の例について考えてみよう．

(9) i. My tutor wants to see me.
(私の個別指導教員が私に会いたがっている)

---

[3] 訳者注：本シリーズ第 9 巻『情報構造と照応表現』参照．

ii. My tutor$_i$ wants me to go and see her$_i$.
（私の個別指導教員は私に彼女のところへ会いに行ってほしいと思っている）

iii. My tutor$_i$ wants me to go and see him$_i$.
（私の個別指導教員は私に彼のところへ会いに行ってほしいと思っている）

名詞 tutor は当該の人物の自然性 (sex) について何も情報を記号化していない．(9i) の例は当該の個別指導教員が男性なのか女性なのかについて曖昧なのではなく，個別指導教員が結婚しているのかどうかや個別指導教員としての十分な実力の持ち主かどうか，などといったことについてそれが無指定であるのとまったく同じように，単に無指定であるというだけである．(9ii–iii) においてtutor はそれぞれ女性 her と男性 him の先行詞である名詞句の主要部である．しかし tutor 自体は男性か女性かについて無指定であるので，先行詞と代名詞の両方の文法性が (9ii) では女性であるが，(9iii) では男性であるなどということはできない．この代名詞は先行詞に記号化されていない当該人物の属性を記号化している．ある名詞句が代名詞の可能な先行詞になるうえで要求されるのは，それがその代名詞の意味とのあいだに齟齬を来さないあるいは適合していることである．したがって，人称代名詞と先行詞の文法性における一致は，人称や数における一致（あるいはフランス語やドイツ語における冠詞や形容詞と主要部名詞のあいだの性の一致）よりやや緩いタイプの一致であるといえる．

17.2.2 男性，女性，中性

■ he，she，it の中核的用法

もっとも一般的な場合，**he** は男性，**she** は女性，そして **it** は男性でも女性でもない人やものに使われる．

(10) i. My father$_i$ has lost his$_i$ watch.
（私の父は腕時計をなくした）

ii. One woman$_i$ said she$_i$ would make a formal complaint.
（ある女性が，正式に苦情を申し立てるといった）

iii. Have you seen my diary$_i$? I had it$_i$ a few minutes ago.
（あなたは私の日記をみかけませんでしたか．数分前にはあったのですが）

it が先行詞として節をとったり，虚辞要素として使われたりするのもこの it の用法である．

(11) i. I'd like to help$_i$ but I'm afraid it$_i$ is just not possible.
（助けになりたいが，それはまったく不可能だと思う）

ii. It looks as though we're going to be late.（私たちは遅刻しそうだ）

■女性を指示しない she

she が，**it** の代わりとして，男性でも女性でもないものについて用いられる場合が 2 つある．

(a)　政治的実体とみなされる国名

(12) i. This country$_i$ / England$_i$ has no sense of her$_i$ / its$_i$ place in the world.
（この国／イングランドは世界の中の自国の立ち位置というものがまるでわかっていない）

ii. From this map of England$_i$ you can see that it$_i$ / *she$_i$ lies north of the 50th parallel.
（イングランドのこの地図から，それが北緯 50 度より北にあることがわかる）

iii. England$_i$ has won its$_i$ / their$_i$ / ?her$_i$ first victory over Australia for five years.
（イングランドはオーストラリアに対して 5 年ぶりにその勝利を手にした）

she は，(12ii) のように，当該の国が地理的実体とみなされる場合は用いることができない．また，(12iii) のように，国名がスポーツチームに対して使われる場合にも she を用いると非常に文法性が疑わしい．

(b)　船など

(13) i. The Titanic$_i$ sank on her$_i$ / its$_i$ maiden voyage.
（タイタニックはその初航海で沈没した）

ii. It$_i$ / She$_i$ is a beauty, this Ferrari$_i$.
（こいつ，カッコいいよね，このフェラーリ）

男性でも女性でもない事物を指す場合に，it の代わりに she の使用範囲を広げて使うケースとして，船は典型的な例である．しかしそれは車のようなほかの無生物でもみられる．この種の擬人化がどの程度広く行われるかは話者のあいだでかなりの違いがある．次の例のように，**she** の非照応的用法でもこのようなことはよくみられる．

Here she is at last.
［おそらく船かバスを指しながら］（やっと来たぞ）

Down she comes.
[she は，たとえば，いま伐採している木を指して]（倒れるぞ）

■有生物を指す it

it は男性でも女性でもない人やものにしか使われないということは決してない．it は **he** や **she** と相互に排除しあうのではなく競合関係にあることが多いからである．これについて，人間の場合と人間以外の場合に分けて考えてみよう．

(a) 人間以外

(14) i. The $bull_i$ turned his_i / its_i head.
（その雄牛は振り返った）

ii. The cow_i was lying on her_i / its_i back.
（その乳牛はあおむけに横たわっていた）

iii. The dog_i looked as if he_i / she_i / it_i needed a good brush.
（その犬は十分にブラシをかけてやらないといけないような有様だった）

このような場合，**it** を使う場合と，**he** や **she** を使う場合があるが，両者の違いはその指示対象そのものにあるわけではない．それは話し手が指示物の自然性（sex）を記号化するかどうかの問題である．(14i–ii) で明らかなように，先行詞の自然性の記号化はそれが代名詞にも記号化されることを要求しない．ここでも要求されるのは単に意味的整合性である．つまり，dog を主要部とする名詞句は 3 つの代名詞すべてと整合性が保たれ，bull あるいは cow を主要部とする名詞句は (14i-ii) にあげた代名詞とだけ整合性が保たれる．**it** を使ったとしても，何ら意味的に齟齬を来さない．つまり，**it** は自然性（sex）としての男性も女性も意味しない．多くの場合において中性名詞は，話し手にとって当該の自然性が不明である場合に使用されるが，そのような文脈においても，当該の事物を男性あるいは女性のいずれに見立てようとも話し手の自由であるため，**he** あるいは **she** のいずれを使ってもよいのである．一般的に，ペットや家畜や（ライオンやトラやゾウなどのような）野生の王国に君臨する生き物には，男性形代名詞や女性形代名詞が使われることが多い．そのような代名詞を使うのは，**it** を使うのに比べて指示対象に対するやや高度な関心や共感の現れなのである．先に述べたように，話題に上がっている動物が固有名称でよばれる場合には **he** や **she** が義務的に用いられる．

(b)　人間

(15)　The baby$_i$ lost his$_i$/her$_i$/its$_i$ rattle.（赤ちゃんがガラガラをなくした）

人間を先行詞とする it は赤ちゃんに使用することができる．人間に対する普通の代名詞は he と she であるので，**it** の使用は指示対象が人間ではないという解釈を生み出す効果をもたらすことが多い．赤ちゃんが 1 人か 2 人しかいない個人宅というよりは，見分けのつかないほどの赤ちゃんでにぎわっている産婦人科病院のような場面で，**it** が使われる可能性が高くなる．個人宅といった場面で **it** を使うと，そこには悪意や嫌悪感が込められていることが多いだろう．したがって，先行詞である主要部名詞が son（息子）や daughter（娘）である場合には **it** は使われない．なぜなら，この場合，赤ちゃんが男の子か女の子かわかっているのに，その性別を言語表現に表したくないという気持ちにはならないからである.[4]

17.2.3　普通名詞の性のクラス

ここまでの議論から，普通名詞を三人称単数形代名詞で受けることができるものとできないものに分ける必要が出てくる．第一に，普通名詞を，中核的単数形代名詞である **he**，**she**，**it** のうち 1 つにだけ適合するのか，2 つに適合するのか，それとも 3 つすべてに適合するのかにしたがって，**単性（single-gender）**，**両性（dual-gender）**，そして**鼎(てい)性（triple-gender）**に分類する.[5]

[4] 例外として，人類全般について話している文中で **it** が非指示的に使われている文を紹介しておこう．

> Darwin felt that a so-called lower form of life, like an amoeba, could be as adapted to its environment as a human is to its—humans in other words, are not necessarily closer to some evolutionary ideal than other animals. (Joseph Ledoux, *The Emotional Brain: The Mysterious Underpinnings of Emotional Life*)
>
> （アメーバなどのいわゆる下等生物は環境にうまく適応できたから単純な体のつくりでいたのであり，それはヒトが環境に適応できたのと比べても少しも引けをとらない．言い換えれば，ヒトがほかの動物よりも進化の理想的な姿に必ずしも近いというわけではない．ダーウィンはそう感じていたのだった）
>
> （ジョセフ・ルドゥー著『感情をつかさどる脳 ― 情動の不思議』）

it がこの文で使われている理由は，人間がほかの動物と区別されるのではなく，動物と同様に扱われているからである．つまり同じ代名詞を使うのは両者が類似しているからである．さらにこの例においては，男性と女性を包括する代名詞としてどんな代名詞を当てればよいかが問題となるが，**it** を使えば一件落着となる（17.2.4 節参照）．

[5] 訳者注：he，she，it のすべてに適合する場合にはこれを「鼎性」と訳すことにする．「鼎(かなえ)」

先の議論からわかるように，両性名詞は2つの性をもつ名詞のことだと考えるのは間違いである．ある名詞句があるとき，それを先行詞として男性代名詞で受けても，女性代名詞で受けてもよいとしよう．そのような先行詞になれる名詞を両性名詞という．たとえば tutor は **he** と **she** のいずれにとっての先行詞にもなりえるという点で両性名詞であるが，それは tutor 自体が男性名詞にも女性名詞にもなりえるということではない．もし tutor が男性名詞にも女性名詞にもなれるとすると困ったことになる．たとえば次の例をみるとよい．

My tutor wants to see me. (= (9i))
(私の個別指導教員が私に会いたがっている)

このような文では，男性の tutor と女性の tutor のいずれかであるという点で曖昧であるという誤った解釈を生んでしまうからだ．また，次の例でも問題が生じる．

No tutor should be expected to put up with that kind of treatment.
(そのような扱いにどの個別指導教員も我慢できないことは目にみえているさ)

この例では，特定の個別指導教員を一切指示していないにもかかわらず，tutor が男性か女性かといった的外れな問題を提起することになってしまうだろう．同様に，parent は，mother と同じ意味をもつことも father と同じ意味をもつこともあるというような曖昧な語ではないのだ．なぜなら，parent はより一般性の高い名詞なのであって，mother や father のような個別的な語のいずれからも意味的に区別されるからである．diner という語では状況が異なる．diner はまさしく2つの意味をもち両義的であるからだ．diner は，「(列車の) 食堂車」という意味では単性の名詞であり，**it** を代名詞として選択する．もう1つの意味「(レストランで) 食事する人」では両性の名詞であり **he** か **she** を選択する．同様に，fellow も「男」を意味する口語的な語としては単性の名詞で **he** を選択するが，「学術団体の正会員」を意味する場合は両性の名詞で **he** か **she** を選択する．

単性と両性の名詞は共起可能な代名詞による下位分類が可能であり，全体として7つのクラスが成立する．

という漢字は3つからなるものをよぶ言い方である．

(16)

単性	男性	**he** のみ
	女性	**she** のみ
	中性	**it** のみ
両性	男性／女性	**he** あるいは **she**
	男性／中性	**he** あるいは **it**
	女性／中性	**she** あるいは **it**
鼎性		**he** あるいは **she** あるいは **it**

(a)　単性男性名詞

(17)

bachelor	boy	bridegroom	chap	husband	king
（独身男性）	（少年）	（花婿）	（おとこ）	（夫）	（王）
man	monk	policeman	son-in-law	stepson	widower
（男性）	（修道士）	（警察官）	（娘婿）	（継息子）	（寡夫）

このクラスには man や，程度の差こそあれ口語で用いられるいくつかの類義語,[6] 婚姻関係にかかわるさまざまな親族名称あるいはそれに類する語,[7] 職名と man からなる多くの複合語,[8] そして duke（公爵），count（伯爵），squire（郷士，大地主）のようなさまざまな社会的地位を表す名称が含まれる．

(b)　単性女性名詞

(18)

actress	bride	girl	heroine	nun	policewoman
（女優）	（花嫁）	（少女）	（ヒロイン）	（修道女）	（婦人警官）
princess	queen	spinster	widow	wife	woman
（王女）	（女王）	（未婚女性）	（寡婦，未亡人）	（妻）	（女性）

このクラスは (a) の単性男性名詞のクラスよりもかなり大きく，その中には (a) の男性名詞に対応する女性名詞が含まれるだけでなく，このリストの中にある actress や heroine のように，両性名詞に接尾辞を添加して派生されたかなりの数の名詞も含まれている．[9]

---

[6] 訳者注：guy（男），bloke（やつ），lad（少年）など

[7] 訳者注：father-in-law（義父），uncle（おじ），nephew（甥）など

[8] 訳者注：cameraman（カメラマン），salesman（男子販売員），postman（郵便集配人）など

[9] 訳者注：性 (gender) の形態的標示については本シリーズ第 10 巻『形態論と語形成』で考察している．

(c) 単性中性名詞

(19)

arrival	beer	fact	finger	garage	glove
（到着）	（ビール）	（事実）	（指）	（ガレージ）	（手袋）
idea	piece	sincerity	thing	title	window
（考え）	（かけら）	（誠意）	（物）	（題名）	（窓）

これは最大のクラスであり，この中には抽象名詞や無生の具象名詞が含まれる．

(d) 両性の男性／女性名詞

(20)

actor	atheist	dwarf	friend	hero	manager
（俳優）	（無神論者）	（小人）	（友人）	（英雄）	（部長）
narrator	nurse	parent	person	poet	writer
（ナレーター）	（看護師）	（親）	（人間）	（詩人）	（作家）

このクラスは単性男性および単性女性のクラスを合わせたよりもはるかに大きい．このクラスには性を特定されない人間を示す語が含まれる．それらの多くは，本シリーズ第 10 巻『形態論と語形成』で説明しているように，さまざまなプロセスにより形態的に派生される．また，god（神）や angel（天使）のように，人間でないものを指す語もいくつかある．

(e) 両性の男性／中性名詞

(21)

brother	buck	bull	cock	drake	father
（兄弟）	（鹿(じか)）	（雄牛）	（雄鶏(おんどり)）	（鴨(がも)）	（父）
gander	gelding	he-goat	ram	stallion	tom-cat
（雄のガチョウ・ガン）	（去勢された動物）	（雄ヤギ）	（雄羊）	（種馬）	（雄猫）

これはきわめて小さいクラスであり，人間および動物の雄を意味する親族名称を含め，さまざまな種の動物（とくに家畜）の雄の名前がこれに属す．親族名称については中性より男性の代名詞で代用されやすい．

(f) 両性の女性／中性名詞

(22)

boat	car	country	cow	earth	hen
（ボート）	（車）	（国）	（牛(うし)）	（地球）	（鶏(どり)）

lioness	mare	mother	she-goat	ship	sister
（雌ライオン）	（雌馬）	（母）	（山羊）	（船）	（姉妹）

このクラスには，さまざまな動物の雌の名前，(e) における男性名称に対応する女性の親族名称，そして boat や car などを示す語が含まれる．she のこの種の拡張的使用を許す名詞と，これを許さずしたがってクラス (c) に属する名詞のあいだに明確な境界はない．先に述べたように，どの程度広く she を無生物に使用するかは話者によってかなりの差がある．

(g)　鼎性名詞

(23)

baby	blackbird	child	dog	elephant	frog
（赤ちゃん）	（ムクドリモドキ）	（子）	（犬）	（象）	（カエル）
goat	horse	infant	lion	octopus	snake
（ヤギ）	（馬）	（乳幼児）	（ライオン）	（タコ）	（ヘビ）

このクラスには幼い人間を表すいくつかの語や，性を特定しないまま動物を表す語が含まれる．先に述べたように，進化した体の構造をもち器官が分化した動物に比べて，体の構造が簡単な動物（ただし，ペットを除く）には，**he** や **she** が使われにくい．しかし，動物を意味する語をクラス (c) と (g) のどちらに分類すべきかという見極めは困難であろう．

17.2.4　性別を指定せず人間を表す単数形代名詞

人間を指示したり人間を意味したりする単数形名詞句には性別が指定されていないものが多くある．

(24) i. My tutor wants to see me.
（私の個別指導教師が私に会いたがっている）（= (9i)）

ii. I'm having lunch with a friend from College.
（今ね，大学時代からの友人と昼食を食べているのよ）

iii. Someone has borrowed my stapler.
（誰かが私のホッチキスを借りたままなのよ）

iv. The successful candidate will be required to take up duties in January.
（当選者は 1 月に職務に就くよう求められるだろう）

v. No one in the class had noticed the mistake.
（クラスの誰もそのミスに気づかなかった）

(24i) のようなケースに照応的な人称代名詞が出てきても何ら支障はない. my tutor は特定の人物を指示し, 次の例のように he と she のどちらでも適切な用法として使うことができる.

My tutor$_i$ wants me to go and see her$_i$.
(私の個別指導教師は私に彼女のところへ会いに行ってほしいと思っている)
My tutor$_i$ wants me to go and see him$_i$.
(私の個別指導教師は私に彼のところへ会いに行ってほしいと思っている)

(24ii) においても, 話し手が当該の人物の性別を明らかにしたくないかもしれないが, 同様のことがいえる (もちろん, 可能性はかなり低くなるが (24i) においてもこれと同じことがいえる). (24iii) においても特定の人物を念頭においているが, この人物が誰であるか話し手がおそらく知らないために, (24i–ii) とは異なって照応的代名詞を選択することができない. (24iv) において下線部は特定の人物を指示していない. 意図されている文脈は, 少なくとも 1 人の男性と 1 人の女性を含む幾人かの人がある職に応募し, 現時点で誰も採用されていないということである. 最後の (24v) において下線部はいかなる一個人を取り上げてもいない. この学級は男女共学だとするとこの例は, 小名詞句が男性と女性の両方を含む集合をその値にとる変数を表しているという, ありふれたケースである.[10]

したがってこのような名詞句を指示するのに必要になるのは, 性別を指定することなく単に「人間」を意味する代名詞であるが,[11] いうまでもなく, 英語には, 専用の人称代名詞が存在しない.[12]

この問題を解決するさまざまな方策を以下に例示する.

---

[10] 訳者注：名詞句 no one in the class のうち, no が決定詞であり, one in the class は小名詞句を形成しいる. この小名詞句は変数, すなわちその値は可変的であって, その値は男子生徒と女子生徒からなる集合の構成員のだれか 1 人になる.

[11] この問題は人間と同様に動物についても起こるので,「人間」を意味する代名詞が必要だと述べたが, 厳密にいえば, animate (有生) を意味する代名詞というべきである. もちろん **it** はより一般的に動物に対して用いることができる. しかし Fido, Rex, Lassie (いずれも犬の名前) が先行詞になっている場合には it を照応的に使用できないであろう. しかしながら話を単純にするために, そのようなケースは無視して, 人間を先行詞とする場合に生じる問題に的を絞ることにする.

[12] この空白を埋め合わせるために, 19 世紀から, 新しく代名詞を作り出そうという試みが幾度となく繰り返されてきた. そうして thon, unus, co などのほかにもいくつも新しい新語や造語が考案されてきたが, そのような形態は過去には受け入れられてこなかった. また, 将来もっと受け入れられることを見込めるわけでもない.

(25) i. %his　［性別不問を建前とする **he**］
ii. %her　［性別不問を建前とする **she**］
iii. Everyone had cast { his or her } vote.　［離接的等位接続］
iv. his/her　［複合］
v. their　［単数の **they**］
vi. All had cast their votes.　［代名詞使用回避］

(25iii–iv) のタイプには her or his, her/his のように，構成している代名詞を入れ替えた異形態もある．

(a) 建前上は性別不問ということになっている（が本音ではそう思っているかどうか疑わしい）he (purportedly sex-neutral *he*)

he は単数の **they** とは対極にあって，従来，（規範文法家にいわせれば）「文法的に正しい言い方」とされてきた．この **he** はフォーマルな文体ならではの代名詞である．**he** と **they** のどちらを使えばよいかという問題は，およそ 200 年ものあいだ，語法書を書く者を悩ませてきた．しかし，**he** のこの用法が言語における性差別のもっとも明白かつ中心的な事例の 1 つとされてきたために，この問題は女性の地位の社会的変化という時代の中で 1980 年代初頭からさらに広い関心を集めるようになった．

he には男性のみならず女性もカバーする第二義があるのだからと，第二義でこの代名詞を用いることがある．しかし **he** にはその第一義として「男性」という意味がある以上，第二義で使っても不満が残る代名詞なのだ．女性を含むつもりで男性語を使うのなら，やはりそれは「ことばの性差別 (linguistic inequality)」ということになる．ことばの性差別は，社会的差別 (social inequality) につながるものであり，社会的差別に荷担するきらいがあるものだと周りから思われる可能性がある．性別不問の he に対して女性解放運動の支持者が行ってきた強力かつ説得力のある批判は，この代名詞の使用の著しい減少をもたらしてきた．現在では多くの人々がその使用を避けており，それを受けて，本シリーズでも (25) の例文に％を付している．

he を性別不問の代名詞として使用することへの反発は，とりわけ先行詞が何らかの雇用と関係する場合に切実なものになる．例として (26) について考察してみよう．

(26) i. %A Member of Parliament should always live in his constituency.
(国会議員は常に彼自身の選挙区で暮らすべきである)
ii. %The successful candidate will be required to take up his duties in January.
(当選した候補者は1月に彼自身の職務に就くよう求められるだろう)
iii. A: They're going to appoint a new manager.
(彼(女)らは新しい部長を任命する予定だよ)
B: %Well, I hope he does a better job than the present one has.
(それなら，彼が今の部長よりいい仕事をしてくれることを望むね)

(26i–ii) の例文はどう受け取られるだろうか．国会議員や選挙の当選者というのはふつう男性がなるものだと話し手や書き手が思っているというふうに伝わりやすい．そして (26iii) においては，話し手 B がそもそも he を性別不問の代名詞だと意図しているかどうか疑わしい．新しいマネージャーが男性であろうと話し手 B が頭の中で思い描いているから，それが he という代名詞の使用に反映されているのだと解釈される可能性がきわめて高い．したがって，このような he の用法を「(本音では性別不問を意図しているかどうか疑わしいが) **建前上は**性別不問**ということにしてある**代名詞 **he** (**purportedly** sex-neutral ***he***)」とここでは名づけたのである．つまりそれは純粋に性別に中立的な形態ではない．というのは第一義である男性の意味がその程度に差こそあれ，頻繁に解釈に影響しているからである．

以下の実例にみられるように，基本的な **he** と性別不問の **he** の区別がやや不鮮明になっている場合が存在する．

(27) An independent counsel cannot let himself get caught up in a political process.
(独立検察官は政治的プロセスに引きずり込まれてはいけない)

これは，独立検察官の合法的な活動一般に対する制限についての判断として法案化された文である．an independent counsel はここでは非指示的であり，したがって **he** は，建前上は性別に関係なく用いられているという解釈をもつ．しかし，その声明は特定の男性独立検察官に対する間接的批判としてつくられたものであり，彼が政治的プロセスに巻き込まれてしまっていたことを示唆している．このような文脈における **he** は，(26) における **he** よりも批判を受けないであろうし，一概に避けられるものでもない．

(b)　性別不問を建前とする she (purportedly sex-neutral *she*)

これは新しく，かつ，きわめて少数派の用法である．性別不問を建前とする **he** が使われてきたが，その裏には男性優位のことばの性差別がまかりとおってきた長い歴史がある．そしてそれによって生じた影響を相殺するために，女性優位のことばの性差別を意識的に導入しようという考え方がある．建前上は性別不問ということになっている she を使うことは，そのような考え方にのっとった言語における差別是正措置 (affirmative action) と考えられなくもない．書き手によっては **he** と **she** を使い分けることもある．たとえば言語に関して書かれた書物において，著者によっては話し手を指示する照応形として一方の代名詞を使い，聞き手を指示する照応形としてはもう一方の代名詞を使うかもしれない．また一般的な声明がなされていても，それが特定の女性にかかわることだとわかるような文脈でならば，(27) のような非指示的用法の **she** の使用が（少数派とはいえないような）もっと幅広い層から支持される可能性もある．

(c)　離接等位接続

単数の **they** を使わなくても，**he** が生じさせる性差別的偏見を避ける手段として **he** or **she** が長いあいだ用いられてきた．それは比較的フォーマルな文体においてより一般的であるが，インフォーマルな文体，たとえばインフォーマルな会話においても決してまれではない．それが頻繁に繰り返される場合，とくに再帰形をともなう場合には，ややぎこちない表現とみなされやすい．

(28) ?<u>Everyone</u> agreed that <u>he or she</u> should apply <u>him- or herself</u> without delay to the task which <u>he or she</u> had been assigned.
(皆は，自分たちがやらなければならない仕事にはぐずぐずせずすぐに専念すべきであるということで合意に達した)

(d)　複合形

複合形の使用は比較的最近の方策であり，前節でみた離接的等位接続表現を簡略化したものである．それは通常書きことばに限定される．主格に関しては，he/she の代わりに括弧を使って (s)he と書いたり，斜線を使って s/he と書いたりする．

(e)　単数の they (singular *they*)

単数形の先行詞を指すのに使われる **they** には，中英語まで遡る長い歴史がある．そして，この代名詞は最初期の規範文法家たちからの批判にも屈することなく，インフォーマルな文体では非常に一般的な言い方としてとおってきた．近年では，性別不問を建前とする **he** の使用が減少するにつれて，それがほかの文体においても広く受け入れられるようになっており，とくに everyone, someone, no one といった先行詞とは日常的に使用される．

No one$_i$ felt that they$_i$ had been misled.
（誰も自分たちが間違った道を歩まされているとは思っていなかった）

確かに，このような例文における they の使用は人口に膾炙しているので，おそらく文体的に中立とみなすことができるであろう．普通名詞を主要部とする先行詞を単数の they で受けるのは，いくらか制限される．

(29) i. The patient$_i$ should be told at the outset how much they$_i$ will be required to pay.
（患者は最初に，いくら支払いを求められるか告げられるべきである）

ii. But a journalist$_i$ should not be forced to reveal their$_i$ sources.
（しかし，ジャーナリストは自分の情報源を明らかにするよう強制されるべきではない）

iii. A friend of mine$_i$ has asked me to go over and help them$_i$ with an assignment.
（私の友人の 1 人が仕事を手伝いに来てくれるよう私に頼んできた）

(29i–ii) における先行詞は非指示的である．それらは 8.3 節で議論したタイプの多重状況拘束型解釈 (multiple-situation-bound) をもっており，患者が治療を受けるたびに最初に告知を受けるということと，ジャーナリストがレポートの情報源を開示することを強制されないということが述べられている．この種の例は（比較的フォーマルなラジオやテレビのインタビューを含め）会話においては一般的である．しかしフォーマルな書き言葉では，この種の文脈でも (25) に例示したほかの方策が好まれ，**they** はしばしば回避される．たとえば (29iii) は先行詞が指示的であるまれなケースであり，話し手は指示対象の性別について知っているものの，当該の友人が男性であるか女性であるかを明確にするのを避けるために **they** を使用している．**he** や **she** はそのような文脈において性別を不明にしておくことができないであろう．その一方で，he or she や he/she は文体的にフォーマルすぎ，また，性別を隠す意図が明白になりすぎるとして一般的には回避される．

(25v) や (29) のような例に対して，規範文法家たちならこう反発するだろう．**they** が複数形の代名詞であって，したがってそのような例は先行詞と代名詞の一致の規則に違反しているので正しくないのだと．しかしそれに対して，**you** が単数にも複数にも使えるのだから，**they** だって同じように使ってよいというのが，ここでの考え方である．もちろん複数形としての **they** の用法が第一義であるが，ここで問題にしている用法は，性別不問を建前とする **he** がそうであるように，第二義，つまり拡張された意味である．複数形の **you** が（**thou** に取って代わって）単数形へと歴史的に拡張を受けても動詞の形態に何の影響も及ばなかったが，それとまったく同じように，複数形の **they** が単数形へと意味拡張を受けても，主語と動詞の一致には反映されてきていない．したがって，**they** に関していえば，主語と動詞の一致の発生源（つまり **they**）は複数形しかもたないわけだが，一致の標的（つまり，再帰形 themself と themselves）は単数形でも複数形でもよいため，この両者には数の矛盾が生じる．標的が単数形になるか複数形になるかは，意味に基づいて決まるところが大きい．

単数の **they** の再帰形には themselves と themself の2つの形態がある．

(30) i. Everyone promised to behave themselves.
　　(だれもが行儀よくすることを約束した)
　ii. %Someone had apparently locked themself in the attic.
　　(みたところ，誰かが屋根裏部屋に閉じこもっているようだった)

themselves は形態的に複数であり，したがって単数形の先行詞とは数の衝突を生じている．そのような衝突の影響は，everyone を先行詞とした際にはほとんどない．しかし，someone のような先行詞の場合には問題になる可能性がある．形態的に単数形である themself の例は1970年代以降標準方言に観察されるようになっているが，きわめてまれであり，これを容認する話者は少数派である．しかしながら，この形態は，単数形代名詞としての **they** の容認度が高まるにつれてその用例が増えていきそうである．

単数形名詞句どうしが離接的に等位接続されてできている名詞句があるとしよう．それを先行詞とする代名詞として用いられるのは，上でみたのと同じように，単数の **they** である．

(31) i. Let me know if your father or your brother changes their mind.
　　(あなたのお父さんかお兄さん（または弟さん）の気が変わったら教えてください)
　ii. Let me know if your father or your mother changes their mind.
　　(あなたのお父さんかお母さんの気が変わったら教えてください)

(31i) において their の代わりに his を使うこともできるが，(31ii) において **he** が容認可能であると考える話者がいたとしてもごくわずかである（そして，これは he のその用法が純粋に性別不問の代名詞ではないというさらなる証拠にもなる）．この種の文脈において，形態的に複数形の再帰形 themselves もまたその容認可能性が非常に疑わしい．themself という形態を採用してきた話者にあっては themself のほうが明らかに好まれる．

(32) Either the husband or the wife has perjured *himself/?themselves/ %themself.
（夫か妻のどちらか一方が偽証している）

(f) 代名詞使用の回避

代名詞回避策とは，性別が問題になるような代名詞を使わなくても済むような表現方法をとるという策である．たとえば，(32) の例でいうと，単純に次のようにいうこともできる．

Either the husband or the wife has committed perjury.
（夫か妻のどちらか一方が偽証にかかわった）

もっとも一般的な回避策は複数形の先行詞を用いることである．これは，フォーマルな文体として they が完全に容認可能とまではみなされない (29i–ii) のようなケースでとくに有効である．

(33) i. Patients should be told at the outset how much they will be required to pay.
（患者は最初に，いくら支払いを求められるか教えてもらうべきだ）
ii. But journalists should not be forced to reveal their sources.
（しかし，ジャーナリストは自分の情報源を明らかにするよう強制されるべきではない）

本シリーズにおいても，the speaker（話し手）や the addressee（聞き手）の代わりにそれぞれ **I** や **you** を使うことによって the speaker や the addressee に照応する代名詞を選択する必要をなくすという，はるかにより具体的な回避策を一貫して採用している．本シリーズは共著であるので，**I** は特定の個人を指すものとして解釈されなくともよく，それゆえに自由に非指示的に用いられる．

17.2.5　人称と数

人称代名詞とその先行詞のあいだの人称・数の一致は，第 18 章で述べる動詞とその主語のあいだの人称・数の一致とほぼ同様である．すなわち，ある名詞句が主語になったときに三人称単数形の動詞の一致を引き起こす．その同じ名詞句が先行詞になったときには，三人称単数形の代名詞を要求するのである．したがって本節においては代名詞については比較的手短に考察することとし，主語・動詞一致と先行詞・代名詞一致とではいくつかの違いが存在することを観察する．

(a)　集合名詞（collective）と部分詞（partitive）

committee（委員会）のような集合名詞を主要部とする単数形名詞句は主語・動詞一致の観点からは単数にも複数にも解釈されうる．同じことが先行詞・代名詞の一致についても成り立つ．

(34) i. The committee$_i$ hasn't yet made up its$_i$ mind.
（委員会はまだ意思決定をしていない）
ii. The committee$_i$ haven't yet made up their$_i$ mind / minds.

ここでは，(34i) においては単数形，(34ii) においては複数形というように，代名詞が動詞形態と一致している．しかしながら，動詞が単数形で代名詞が複数形というような数の不一致は可能であるが，動詞が複数形でそしてすぐ近くに単数形代名詞が現れるというような数の不一致は一般的には容認されない．

(35) i. The committee$_i$ hasn't yet made up their$_i$ mind.
（委員会はまだ意思決定をしていない）
ii. *The committee$_i$ haven't yet made up its$_i$ mind.

複数形代名詞は，顕在的複数形斜格名詞句がある場合にはとくに好まれる．

(36) i. A group of bystanders were having their names and addresses taken down.
（見物人の一団が名前と住所を記録させられていた）
ii. A group of bystanders was having their names and addresses taken down.
iii. #A group of bystanders was having its names and addresses taken down.

(36i) は問題ない．(36ii) は可能だが動詞が単数形であることに明確な意味的動機づけがない．つまりいわゆる単純な（主語・動詞）一致規則が適用されただけのようである．しかし，(36iii) のように代名詞の単数形をもってくる理由がない．単純な一致規則では理由にならないのだ．さらに，この例において複数形の代名詞を選択するのには強力な語用論的理由が存在する．つまり，名前や住所というものは，単一の集団にあてがわれるものではなく，集団のメンバー1人1人にあてがわれるものである．すなわち，名前や住所は複数の人間の1人1人に振り分けられるので，分配的解釈をもつ．それゆえ，代名詞の複数形が必要になるのだ．((36iii) において複数形の names and addresses を単数形の name and address に置き換えると，この文は語用論的に容認可能性を下げることになる点に注意.)

しかしながら，複数形の再帰代名詞が単数形動詞の補部として現れることはできないであろう．

(37) i. A group of bystanders were behaving themselves rather badly.
（見物人の一団はかなり行儀が悪かった）
ii. A group of bystanders was behaving itself / *themselves rather badly.

one を主要部とする部分詞（たとえば one of the boys）は単数形代名詞を選択する．

(38) i. [One of the boys]$_i$ was behaving himself$_i$ rather badly.
（少年たちの 1 人はかなり行儀が悪かった）
ii. [One of the boys]$_i$ had forgotten his$_i$ lunch.
（少年たちの 1 人が弁当をもってくるのを忘れた）

この手の言いまわしはしばしば，先に 17.2.4 節で議論した問題，つまり，次の例のように性別を指定しない単数形代名詞を選択するという問題を引き起こす．

[One of the children]$_i$ had forgotten their$_i$ lunch.
（子どもたちの 1 人が弁当をもってくるのを忘れた）

・一人称と二人称の部分斜格句

部分斜格句が一人称か二人称複数である場合，先に概観した三人称斜格の場合とほぼ同様に，以下のパターンがみられる．

(39) i. a. [A group of us]$_i$ are in the process of getting ourselves$_i$ ready for the election.
(私たちの 1 グループが選挙に向けた準備に入っている)

b. [A group of you]$_i$ are behaving yourselves$_i$ rather badly.
(あなた方の 1 グループはかなり行儀が悪い)

ii. a. [A group of us]$_i$ has spent all morning filling in our$_i$ application forms.
(私たちの 1 グループが申込用紙に記入するのに午前中いっぱいかかった)

b. [A group of you]$_i$ is going to have your$_i$ results sent to you$_i$ by email.
(あなた方の 1 グループがあなた方の結果を E メールで通知してもらうようにする予定である)

iii. a. [A group of us]$_i$ is in the process of getting itself$_i$ ready for the election.
(私たちの 1 グループが選挙に向けた準備に入っている)

b. [A group of you]$_i$ is behaving itself$_i$ rather badly.
(あなた方の 1 グループはかなり行儀が悪い)

(39i) において，主語・動詞一致の観点からみれば，先行詞は複数であると解釈できる．(39i) では代名詞が，その人称と数を部分斜格句の人称と数に合わせている．もしこの代名詞が themselves になっていたら，かなり文法性が疑わしくなるであろう．(39ii) においては，先行詞が三人称単数形の動詞をとっているが，代名詞は一人称あるいは二人称の複数形になっている．このような相違により，多くの場合，当該の構文は完全に適切とは感じられないであろう (そして，動詞を複数形にしたほうがよいとされるであろう)．しかし，話者によってはこのような構文も容認可能であり，その理由はつぎのように説明できる．すなわち，代名詞の一致とくらべて，主語・動詞一致は機械的な性質をもっている可能性があることから，代名詞は一,二人称の斜格名詞句に一致していても，動詞は三人称主格主語に一致するというわけである．再帰形と斜格名詞との一致は，ここでもほとんど不可能であり，(39iii) においてはそれぞれ ourselves と yourselves が，(37ii) においては themselves が排除される．

[専門的解説]
one of ... 構造においては一人称と二人称のあいだにわずかな違いがある．

(40) i. a. [One of us]$_i$ will have to move his$_i$/her$_i$/their$_i$/our$_i$ car.
(私たちのうちの１人が彼の／彼女の／彼(女)らの／私たちの車を移動させなければならないだろう)

b. [One of you]$_i$ will have to move his$_i$/her$_i$/their$_i$/your$_i$ car.
(あなた方のうちの１人が彼の／彼女の／彼(女)らの／あなた方の車を移動させなければならないだろう)

ii. a. [One of us]$_i$ is going to hurt himself$_i$/herself$_i$/%themself$_i$/themselves$_i$/*ourselves$_i$.
(私たちのうちの１人が怪我をしそうだ)

b. [One of you]$_i$ is going to hurt himself$_i$/herself$_i$/%themself$_i$/themselves$_i$/yourself$_i$.
(あなた方のうちの１人が怪我をしそうだ)

(40i) においては属格代名詞が用いられており，一人称でも二人称も同じように，４つの代名詞すべてが可能である．先行詞の中で言及されている集合が男性のみあるいは女性のみであれば his や her も用いることができる．[13] one of us が先行詞であるので，our car は分配的解釈をもつ．つまり分配的解釈とは我々のそれぞれが１台の車を所有しており，

for one person *x* among us, *x* will have to move *x*'s car
(我々の中のある人物 x に対して，x が x の車を移動させなければならないであろう)

という読みである．(our についてはまた one of us ではなく us と同一指標づけされる可能性もある．この場合，存在する車は１台のみであり，それは集団としての我々が所有している) 同じことが (40ib) の your car にもいえる．(40ii) においては再帰代名詞が用いられており，一人称と二人称のあいだの違いが観察される．**we** は複数でしかありえないので，再帰形は ourselves であり，それは主語兼先行詞内の単数 one と衝突する．その一方，**you** は単数でも複数でもありえるので，単数の yourself で数の衝突を回避することができる．しかしながらこのような場合でも，次の例文のように再帰形が三人称単数の動詞の近くに現れると容認可能性が低下する．

?[One of you]$_i$ always behaves yourself$_i$ badly when we have guests.
(あなた方のうちの１人は客の前でいつも行儀が悪い)

[13] 訳者注：17.2.4 節で議論した性別不問の問題も参照．

(b) 等位構造

先行詞が and で等位接続されている場合，代名詞の選択は実に明快である．

(41) i. [Kim and I]$_i$ have had our$_i$ applications turned down.
（キムと私は私たちの申請を断られた）

ii. [You and Kim]$_i$ need to get your$_i$ passports renewed.
（あなたとキムはあなた方のパスポートを更新する必要がある）

Kim and I は話し手を含む集団を指しているので，通常の **we** の意味で **we** を代名詞としてとっている．注意したいのは，**we** が先行詞なしでもキムと話し手からなる集団を指せるということである．この点は（41ii）における **you** も同様である．

単数形どうしを or で等位接続する場合も，一人称や二人称の複数形代名詞を用いることができる．

(42) i. [Either Kim or I]$_i$ will have to move our$_i$ car.
（キムか私のどちらかが私たちの車を移動させなければならないだろう）

ii. [You or Kim]$_i$ will need to take your$_i$ secretary to the meeting to take minutes.
（あなたかキムのどちらかが，あなた方の秘書を会議に連れていって，議事録を録らせる必要があるだろう）

ここでの等位接続は排他的に（exclusively），つまり，one of us/you（私たち／あなた方のうちの一方が）のような意味に解釈されやすい．[14] そうであるならば，この主語を指す代名詞としては (42) のように our や your が好まれるが，(40i) のように his, her, their も許されなくはないだろう．しかし，次の再帰形の場合のように属格以外の代名詞の場合は，一筋縄ではいかない．

(43) i. ?[Either Kim or I]$_i$ may find ourselves$_i$ having to chair the meeting.
（キムか私のどちらかが，自分たち自身が会議を進行しなければならないことに気づくかもしれない）

ii. ?[You or Kim]$_i$ may find yourself$_i$/yourselves$_i$ having to chair the meeting.
（キムかあなたのどちらかが，自分自身が／自分たち自身が会議を進行しなければならないことに気づくかもしれない）

---

[14] 訳者注：排他的離接（exclusive *or*/exclusive disjunction）とは，「A または B で，かつどちらか一方だけ」という関係をいう．

ourselves や yourselves の複数性は主語名詞句のもつ排他的単数形の意味と衝突するし，単数の yourself は等位構造全体ではなく you にのみ関連づけられるように思われる．等位接続の通常の規則を用いたのではこのようなケースに対して十分な納得解が得られない．そして，注意深く発せられる話し言葉や推敲のなされた書き言葉ならば通常，このような等位構造は回避されることであろう．

主語・動詞一致について注意してほしいことがある．それは，規範文法家たちの用例事典によっては，or による等位接続の最終等位項が動詞の形態を決定すると記述しているものがあるということである．[15] そのような規則は代名詞と等位構造の一致には適用されない．

(44) i. #Kim or I may have my application knocked back.
(キムか私が私の申請を却下されるかもしれない)
ii. Kim or I will have to move my car.
(キムか私が私の車を移動させなければならないだろう)

my の先行詞は Kim or I ではなく I でなければならない．したがって，(44i) の例は変則的であり，[16] (44ii) において関与している車は私の車 1 台のみとなる．

17.3 関係代名詞と先行詞のあいだの一致

本節では，関係代名詞 **who** と **which** を対比する．この 2 つは「人間 (person)」か「人間でない (non-personal)」かという性 (gender) の対比なのである．このような第二の性体系は，人称代名詞の一致にみられる性体系とは主に次の 2 点で異なっている．

---

[15] 訳者注：等位構造の最終等位項が動詞の一致を引き起こす例については，18.4 節 (b) の (35) のような例を参照するとよい．

[16] 訳者注：代名詞は等位構造の最終等位項と一致を起こすという規則がはたらくわけではないので，(44ii) のように my が許される場合もあれば，(44i) のように my が変則的である場合もあるということをここで読者に例示しようとしている．(44i) が変則的であるのは，その述語が受け身の意味合いをもつためと考えられる．すなわち，「私」の申請が却下されることで影響を受けるのは「私」であるのが自然である．にもかかわらず Kim or I が主語になっていると，「私」の代わりに「キム」が影響を受けることもありうるということになり，この点が不自然なためと考えられる．

(a)　第二の性体系は単数と同じように複数にも適用される
(b)　先行詞が男性か女性かによる違いが存在しない

ということである．以下の例を比べてみよう．

(45)　単数　複数

	単数	複数
i.	a. the man who lost his head（気が動転した男性）	b. the men who lost their heads（気が動転した男性たち）
ii.	a. the woman who lost her head（気が動転した女性）	b. the women who lost their heads（気が動転した女性たち）
iii.	a. the house which lost its roof（屋根を失った家）	b. the houses which lost their roofs（屋根を失った家）

(45ia) の男性単数形 man と (45iia) の女性単数形 woman を比べてみると，人称代名詞には his 対 her で違いがあるが，関係詞にはそのような違いはない．しかし，**man** や **woman** といった語彙素 (lexeme)[17] に用いられる who と，**house** という語彙素に用いられる which のあいだの違いは，単数の (45i–iii) の (a) でも複数の (45i–iii) の (b) でも観察される．

■ which と who の関係が it と he/she の関係に似ているところ

先行詞が単数形である場合，**which** はほとんどのケースで **it** をとる名詞とともに現れ，**who** は **he** や **she** をとるような名詞とともに現れる．人間を表す名詞と **which** は性別を特定しない乳幼児とのみ共起可能である．

(46) i. a. The baby had lost his/her/its rattle.
(赤ちゃんが自分のガラガラをなくした)
b. the baby who/which took the rattle
(ガラガラをとった赤ちゃん)
ii. a. The boy had lost his/*its rattle.
(男の子が自分のガラガラをなくした)
b. the boy who/*which took the rattle
(ガラガラをとった男の子)

---

[17] 訳者注： 語彙素とは，統語環境によって異なる複数の異形を語彙的に（辞書という観点から）同一のものとみなしたものである．たとえば hard と harder をとりあげてみよう．生起する統語環境によって hard と harder は区別される．このとき，これら 2 つは 1 つの語彙素の異形であり，同一の hard という語彙素に属している．

したがって，動物を意味する名詞は，それが it をとったり，あるいは he あるいは she をとったりすることができたのとまったく同じように，which あるいは who のいずれもとることができる．そして，動物が固有名称でよばれる場合は，it でそれを指すことができないわけだが，それと同じように which も使えない．

(47) i. a. The dog had lost his / her / its bone.
(その犬は自分の骨をなくした)
b. the dog who / which took the bone
(骨をなくした犬)
ii. a. Fido was wagging his / *its tail.
(ファイドーは自分の尻尾を振っていた)
b. Fido, who / *which was barking again
(また吠えていたファイドー)

我々は **it** ではなく，**he** や **she** を代名詞に使って動物を指すことがある．それと同じように，関係詞に **which** ではなく **who** を動物に使うこともある．それは，我々がその動物により強い関心や共感を抱いているからだ．先行詞が人間である場合，関係詞には主として **who** を用いるし，そうすることが義務である．そしてそれを動物にまで拡張するということは，それらの動物を擬人化しているということである．それゆえこのような代名詞は人間を表す (personal) 代名詞とよばれるのである．

■ **which と who の関係が it と he/she の関係とは異なるところ**

(46)-(47) で例示した類似性にもかかわらず，関係代名詞と人称代名詞とではふるまいがやや異なる．このため，**which** に対しては**人間以外の（nonpersonal）代名詞**，**it** に対しては**中性（neuter）代名詞**と，別々の名称が用いられている．

(a) she と違い who は船などを意味する名詞に対して使用できない

(48) The ship, which / *who was on its / her maiden voyage, was way behind schedule.
(初航海中のその船は予定よりもはるかに遅れをとっていた)

無生物は常に which をとる．

(b)　人間の集まりを意味する集合名詞は who をとれるが，he や she はとれない

(49)　i.　The committee, who haven't yet completed their report, must be in disarray.
(委員会はまだ報告書を完成させていないが，さぞかし内部でもめているに違いない)
　ii.　*The committee, who haven't yet completed his report, must be in disarray.
　iii.　The committee, which hasn't yet completed its report, must be in disarray.

committee のような単数形の集合名詞は統一体としても集合としても解釈が可能である.[18] 集合的解釈においては，委員会の個々のメンバーに焦点が当たっており，これが形態統語的単数の素性より優位に立つ．したがって，主語・動詞の一致において，committeeは複数のようにふるまい，これを指す照応的人称代名詞として **they** を選択する．委員会の個々のメンバーは人間であるので，この集合的解釈は人間を意味する **who** を関係代名詞として選択する．したがって，(49i) に示した，who と have と their の組み合わせが得られる．統一体としての解釈においては，焦点が単体としての委員会に当たっており，それは主語・動詞の一致において単数のようにふるまう．しかし，この単体それ自体は人間ではないので，**who** に加えて **he** や **she** も容認されない．これにより，(49iii) に示した which と has と its の組み合わせが得られる．その一方で (49ii) は排除される．話者によっては下記のような例が容認される．

%which hasn't yet completed their report

この例においては，統一体から集合への焦点の移行がみられるが，それがこの章の論点に影響を及ぼすことはない．集合的解釈は **who** の生起を容認するが，いずれの解釈にあっても **he** や **she** は容認されない．というのも，いずれのケースにおいても committee は単数男性や単数女性を意味するとは解せないからである．

---

[18] 訳者注：18.2 節参照.

(c) which はそれ自体が he あるいは she の先行詞となりえる

(50) i. That's the dog who attacked his owner.
ii. That's the dog which attacked its owner.
iii. That's the dog which attacked his owner.
(あれが飼い主に襲いかかった犬だ)

he や **she** と **who** のような人間を表すものどうしの組み合わせ，および，**it** と **which** のような人間でないものどうしの組み合わせに加えて，**he** や **she** と **which** のような人間と人間でないものの組み合わせも，頻度は少ないものの，可能である．もう一方の人間と人間でないものの組み合わせである **who** と **it** については，次の文のように，容認可能性がかなり疑わしい．

?That's the dog who attacked its owner.

第 18 章　主語・動詞一致

18.1　単純一致 (simple agreement)

主語を発生源とし，動詞を標的とする一致は節にしかみられない．その際動詞はつぎにあげる種類のいずれかになる．

(1) i.　法助動詞以外の動詞の現在形
　ii.　**be** 動詞の過去形

以下の例を比べてみよう．

(2)　動詞の形態が主語と一致して変化する場合
　i. a.　The nurse wants to see him.（看護師が彼に会いたがっている）
　　b.　The nurses want to see him.（看護師たちが彼に会いたがっている）
　ii. a.　The dog was sleeping.（犬が眠っていた）
　　b.　The dogs were sleeping.（犬たちが眠っていた）

(3)　動詞の形態に変化がない場合
　i. a.　The nurse will see you now.
　　（看護師がこれからあなたに会うでしょう）
　　b.　The nurses will see you now.
　　（看護師たちがこれからあなたに会うでしょう）
　ii. a.　The dog slept all day.（その犬は一日中眠っていた）
　　b.　The dogs slept all day.（その犬たちは一日中眠っていた）

(2) において屈折形態が wants か want か，および，was か were かは主語によって決定されるが，(3) において法助動詞 will と過去形 slept は主語が変わっても形態を変化させない．

一致には数と人称が一緒にかかわっている．wants が三人称単数現在時制の形態である一方，want は現在時制の原形であり，三人称単数形以外のあらゆるタイプの主語（すなわち三人称複数形や一人称／二人称単数形および複数形の主語）と共起する．例：

They/I/You/We want to see him.
（彼(女)らは／私は／あなた(たち)は／私たちは彼に会いたがっている）

同様に，was は **be** の一人称／三人称の単数過去形である一方，were は，一人称／三人称の単数過去形以外のあらゆる主語（すなわち，一人称／三人称複数形および二人称の主語）と共起する形態である．そして **be** の現在時制においては，am（一人称単数），is（三人称単数），そして are（二人称単数および複数）の 3 通りの区別が存在する．

一人称と二人称の主語についていうべきことはあまりない．なぜなら，主語・動詞一致の複雑なところは三人称主語の単数形と複数形の違いぐらいしかないからである．このため，下記の論点はもっぱら，便宜上，「単数形動詞」と「複数形動詞」についてのものとなる．

(2) は**単純一致 (simple agreement)** とよぶタイプの一致の例である．それはまず次のように定義される．

(4) 単純一致において動詞は，主語名詞句の形態と一致する．
主語名詞句の人称や数は，その主要部名詞によって決まる．

たとえば，(2) の wants や was はそれぞれ the nurse や the dog と一致するが，それらの名詞句は nurse や dog を主要部とするがゆえに三人称単数形の名詞句なのである．また，want や were はそれぞれ the nurses や the dogs と一致するが，それらの名詞句は nurses や dogs を主要部とするがゆえに三人称複数形の名詞句なのである．

■単純一致の拡張

(a) 関係節

(5) i. a. the nurse [who wants to see him]
（彼に会いたがっている看護師）

b. the nurses [who want to see him]
（彼に会いたがっている看護師たち）

ii. a. the dog [that ___ was sleeping]（眠っていた犬）

b. the dogs [that ___ were sleeping]（眠っていた犬たち）

関係節の主語がその先行詞に人称と数を合わせるのが関係節内部にみられる通例の一致パターンである．(5i) における 2 つの who は，それぞれ先行詞 nurse と nurses との照応関係により，(5ia) では三人称単数と解釈され，(5ib) では三人称複数と解釈される．(5ii) において，主語は明示されることなく，空所になっているが，[1] この空所も同様に，先行詞の人称・数に関する特性を受け継いでいる．[2]

(b)　主語が節であるか名詞句以外の句である場合

単純一致の概念は，主語が節であったり名詞句以外の何らかの句であったりする構造にも当てはまる．このような主語は三人称単数として扱われる．

(6) i. That he is trying to hide something is all too plain.　［平叙節］
(彼が何かを隠そうとしていることはあまりにも見え透いている)

ii. Why he resigned remains a mystery.　［疑問節］
(彼がなぜ辞めたのかは謎のままだ)

iii. Not informing the neighbours was a serious mistake.　［動名分詞節］
(ご近所に知らせなかったのは重大な誤りだった)

iv. From here to London is over fifty miles.　［前置詞句］
(ここからロンドンまでは 50 マイルを超える)

v. Rather too big for your boots is what you are, my boy.　［形容詞句］
(随分うぬぼれているじゃないか，君)

通常の一致が起こらないときのために，人称はその体系の中に不履行形 (default) を用意している．それが三人称である．数の一致においては単数形が不履行形である，したがって，一人称，二人称あるいは複数のいずれの一致をする理由もない場合，(6) に例示したような主語は三人称単数形の動詞すなわち不履行形を選択する．

---

[1] 訳者注：本シリーズ第 7 巻『関係詞と比較構文』参照．

[2] 同様に，虚辞（ダミー）代名詞 there も，それとは離れた位置にある主語の一致特性を引き継ぐ（本シリーズ第 2 巻『補部となる節，付加部となる節』参照）．

［訳者注：(5ii) に関して，関係節を導く that は，関係詞ではなく従属接続詞 (subordinator) であると本シリーズでは捉えられていることに注意しよう．(5ii) で空所になっている主語は先行詞に人称と数を合わせていると本文で述べられているのは，動詞の一致に人称と数が反映されていることから自明である．］

■単純一致からの逸脱

単純一致の規則が破られる場合も多く存在する．書き言葉からの実例を以下に列挙する．

(7) i. *The Directors believe that [the effect of the above resolutions] are in the best interests of the Company and strongly recommend you to vote in favour of them.
（取締役たちは，上記の決議の効果が会社の利益を最大化すると信じており，それに賛成票を投じるよう強くあなたに薦めるであろう）

ii. *But at this stage, [the accuracy of the quotes] have not been disputed.
（しかしこの段階で，その見積価格の正確性については争点となっていなかった）

iii. *Cognitive scientists seek … to model the ways in which [the ability to perform such tasks] are acquired, changed or impaired.
（認知科学者は，そのような仕事をこなす能力を人が身につけたり，それが変化したり，あるいは損なわれたりする筋道をモデル化することを … 追究している）

iv. *In this case a woman may continue to use both names provided [the use of both commonly known names] are disclosed.
（この場合女性は，（旧姓と現姓の）両方の名義を使い続けてもかまいません．ただし，どちらの通称もそれを使うことが公（おおやけ）になっていることとします）

v. ?It is part of one's linguistic competence to be able to control and interpret variations of word-order and grammatical structure of the kind that are exemplified in the sentences cited above.
（上で例としてあげたようなたぐいの多種多様な語順や文法構造を使いこなし，解釈することができることは人間の言語能力の一部である）

vi. [A number of special units] are available for patients requiring hospitalisation.
（入院をご希望の患者様にはいくつかの特別な設備が利用可能です）

vii. [The committee] were informed that the proposal to close the canal had been made by the British Transport Commission …
（その運河を閉鎖するという提案が英国運輸委員会によって行われていたという情報がその委員会にもたらされた）

(7i–iv) の例は，英国の主要企業の会長から株主への手紙，新聞，政府奨学金応募要領，信用組合のオフィス内で告示された正式通知であるが，間違いなく非文法的である．しかし，この種の例はまれではなく，書き言葉においてさえもしばしばみられる．それらは明らかに文構造の解析を間違えたもの（processing error）である．主語が比較的複雑で，動詞は単数の主語名詞句そのものとではなく，主語内部にある複数名詞句と一致している．おそらく，この文を書いた人は動詞を選ぶ際に，動詞の直前にある複数形名詞句に気をとられてしまったと考えられる．それぐらい，主語よりもその内部の複数形名詞句のほうが際立った存在であるということである．(7i) と (7iv) の場合，そしておそらく (7ii) でも，たとえば次の例のように，単数形の主語名詞句の代わりに，その内部の複数形名詞句を主語にもってくるとどうなるだろうか．

The Directors believe that the above resolutions are in the best interests of the Company.
（取締役たちは上記の決議の効果が会社の利益を最大化すると信じている）

複数形名詞句が主語に置き換わっても，その文の意味はほとんど変わらない．複数形名詞句を一致の発生源に選んでしまうという誤りはこうして起こりやすくなるのだ．

この現象はしばしば「近接性 (proximity)」の概念，つまり，動詞は近接する先行名詞句と一致するという考えから説明される．近接する先行名詞句とはその主要部が動詞に対してもっとも近くにあるものである．(7i) においては the effect of the above resolutions と the above resolutions のいずれの名詞句も動詞に直接先行しているが，後者の名詞句の主要部 resolutions が effect よりも動詞に近いので，後者の名詞句のほうが近接しているといえる．英語において，動詞が近接する先行名詞句と一致するという一般規則といったものが存在しないことは明らかである（それゆえにこれらの例には * マークがついている）．そうではあるが，単純一致が破られているにもかかわらず，それが容認可能な場合がある．それを誘発しているのは近接性であり，そのような事例を以下で観察することにしよう．実際のところ，(7vi) はこれに該当する例である．

(7v) の例は，著名な言語学者によるテキストから引用したものであり，[3] (7i–iv) よりも容認可能性が高いが，それでもこれを保証してくれる正規の文法規則は皆無である．下線を付した動詞は関係節内にあり，その主語は単数の kind を先行詞としているので，単純一致の規則では動詞は are ではなく is に

[3] 訳者注：Lyons, John (1995) *Linguistic Semantics: An Introduction* (Cambridge Approaches to Linguistics), Cambridge University Press, p. 157.

なるはずである．are は variations of word-order and grammatical structure の複数性と合致している．ここでも下記のように下線部を関係詞の先行詞として書き換えることができる．

to control and interpret the kind of variations of word-order and grammatical structure that are exemplified in the sentences cited above
（上で例としてあげたような多種多様な語順や文法構造を使いこなし解釈することができること）

（7vi–vii）の例は完全に容認可能であり，文法的である．これらの例からわかることは，単純一致という一般規則が帳消しになることを要求あるいは容認する「解除」というもっと特異な規則が存在するということである．[4,5]

18.2 意味的な理由で集合名詞や数透過性名詞（number-transparent noun）に起きる単純一致規則の解除

単純一致規則の解除がみられるもっとも一般的な事例を 2 つあげよう．単数形の集合名詞と，先に 3.3 節で紹介したような数透過性（number-transparent）とよばれる，それ自体では数を決定しない数量名詞からなる構造である．

（8） 主語名詞句の主要部としての単数形集合名詞

i. The committee has not yet come to a decision. ［単純一致］
（委員会はまだ結論にいたっていない）

ii. The committee have not yet come to a decision.
［単純一致を解除して複数形の一致を優先］
（（全）委員たちはまだ結論にいたっていない）

---

[4] 訳者注：そのような単純一致規則の解除がみられるさまざまな構文（override constructions）については 18.2 節ならびに 18.3 節で考察する．また 18.4 節では，等位構造と一致の相互作用についても観察する．

[5] 次のような例は単純一致規則に従っており，ここで扱う必要はない．

More than one glass was broken.
（複数のガラスが割れた）
One more application has been received than we had expected.
（予想していたよりも 1 つ多い応募があった）（第 11 章（6）より引用）

そのような例においては，主語名詞句の統語上の数と意味上の数が一致していないことに注意しなければならない．

(9)　主語名詞句の主要部としての数透過性名詞

i.　A number of spots have / *has appeared.

［単純一致を解除して複数形の一致を優先］

（いくつかのシミが現れた）

ii.　Heaps of money has / *have been spent.

［単純一致を解除して単数形の一致を優先］

（お金が湯水のごとく使われてきた）

集合名詞についていえば，解除は主語が主要部として単数形の名詞をもつ場合にのみ適用される．複数名詞が主要部である場合には単純一致規則に従い複数形の動詞が選択される．例：

The committees have not yet completed their reports.
（委員会はどれもまだ報告書を完成させていない）

数透過性構造については両方のタイプの解除がある．すなわち，(9i) においては主語の主要部が number という単数形の名詞であるにもかかわらず動詞は複数形であり，(9ii) においては主語の主要部が heaps（たくさん）という複数形の名詞であるにもかかわらず動詞は単数形である．本節においては集合名詞と数透過性構造をまとめて考察する．というのは，(9i) における複数による解除は (8ii) のそれと類似しており，集合名詞と数透過性名詞のあいだの区別は決して明確ではないからである．

■随意的解除か義務的解除か

この 2 つの構造の本質的相違は，集合名詞については単純一致規則の解除が随意的であるのに対し，数透過性名詞構造においては解除が義務的であるということである．(8) と (9) の例からわかるように，this committee（この委員会／この(全)委員たち）は単数形の動詞でも複数形の動詞でもとることができる．その一方，a number of spots（いくつかのシミ）は複数形動詞を要求する．[6]

---

[6] a numer と単数形の動詞が共起する例は時折観察される．オーストラリアの全国紙の社説から例を紹介しよう．

In the past year a number of illegal drug operations has been uncovered in relatively close proximity.

（昨年いくつかの違法な薬物の取扱いが比較的近接した地域で発覚した）

このような例はあるものの，それらはきわめてまれであり，標準英語の正規の用法とは認められていない．それらは単純一致規則を過度に適用したことにより，結果的に一致規則の解除を

集合名詞の場合に単純一致規則が随意的に解除されたり，されなかったりするのは，単数形動詞をともなう場合と複数形動詞をともなう場合において意味が異なる可能性があるからである．1つの考え方において委員会は単体であるが，委員会は（通常）複数の委員によって構成されているので，複数の集合を表すものとして概念化することも可能である．複数形の動詞が出てくる場合は単体としての委員会ではなく，委員会のメンバーに焦点を当てている．したがって，ある述語が集合の個々のメンバーを叙述することなしにその集合全体を叙述する場合には，単純一致規則の解除および複数形の一致は容認されない．[7] また，集合名詞が one（あるいは a/another）を決定詞としてとる場合には，複数形の一致はその容認性が疑わしい．

(10) i. The committee consists/*consist of two academic staff and three students.
(委員会は2人の研究員と3人の学生によって構成されている)
ii. This committee, at least, is/*are not chaired by one of the premier's cronies.
(この委員会は少なくとも首相のとり巻きの1人によって統括されてはいない)
iii. One committee, appointed last year, has/?have not yet met.
(1つの委員会は昨年委員の任命がされたが，未だ開催されていない)

単数形の一致は集合全体に焦点が当たっている結果とみてもよいであろうし，単に単純一致の規則が適用された結果とみても良いであろう．複数形の一致はアメリカ英語よりもイギリス英語でより一般的である．そして，フォーマルな書き言葉よりもインフォーマルな文体で一般的である．書き言葉では単数形のほうが文法的により正しいという感覚をもつ書き手がいるかもしれない．しかしながら強調しておかなければならないのは，複数形の一致が標準英語において疑問の余地なく完全に文法的であり，このことが規範文法家の用例事典においても一般に認識されているということである．集合全体ではなく複数個の個体だけを叙述する述語が現れる場合，単純一致規則の解除および複数形の

過剰に修正したものと分析できるだろう．ほかにも，だれもが単純一致規則を適用しなければならないと自覚することなく，複数形の一致を行っているようなケースがある．その1つとして lot が主要部である場合をあげることができる．例：

A lot of people like/*likes it.（多くの人がそれを好んでいる）

[7] 訳者注：(10i–ii) では，consists of ... や is chaired by ... のような集合の個々のメンバーを叙述せず，集合全体を叙述する述語が現れている．このため，複数形の一致が容認されないということ．

一致がとくに起こりやすくなる．そして，all のような数量化の付加詞が節内に含まれる場合には複数形の一致はほぼ義務的に起きる．

(11) i. The other crew were not even born at the time I won my first championship.
(私が初めてチャンピオンになった当時，ほかの仲間は生まれてもいなかった)
ii. The class have / ?has now all received certificates of merit.
(ついにクラスの全員が賞状を受け取った)

対照的に，(9i) の a number of spots のような数透過性名詞の場合には，意味が異なる可能性はない．意味的によく似た some spots の場合にも同じことがいえる．[8]

■補部パターン

committee と数透過性名詞 number のあいだの第二の違いは，後者が大半の例において of 補部をともない，もしそのような補部が現れていなくても，それが文脈から照応的に復元可能でなければならないということである．たとえば，

A number have accepted the offer. (いくつかがその提案を受け入れている)

には省略が含まれており，斜格名詞が再構築できる場合にのみ適切な解釈が可能である（例：部分詞の of the shareholders や非部分詞の of shareholders)．[9]これは committee には当てはまらない．

The committee has / have finally reached a decision.
(その委員会／委員たちはついに結論に達した)

この例はそのままで解釈可能であり，委員会のメンバーに関する文脈上の情報を必要としない．

ここで次の名詞について考察したい．

---

[8] 訳者注：数透過性名詞を主要部とする名詞句には，単数と複数という違いによって意味が異なる可能性がないのは，集合全体の解釈ではなく，複数個の個体の解釈しかないからである．ゆえに複数形の一致しか認められない．以前の注で a number of illegal drug operations（違法な薬物の取扱い）のような名詞の場合に，その主語名詞句の後ろに単数形の動詞が現れる用法は標準英語で確固たる地位を得ていないと述べていたことも思い出そう．

[9] 訳者注：部分詞表現 a number of the shareholders は全体のうちの部分集合つまり，「全株主の何人か」を表すのに対し，非部分詞表現 a number of shareholders は部分集合ではなく，「何人かの株主」を表す．

(12) i. administration（行政機関，管理部，経営陣），army（軍隊），$band_1$（楽団），board（理事会），$class_1$（クラス），clergy（聖職者たち），$couple_1$（カップル），crew（乗組員たち），enemy（敵軍），family（家族），government（政府），intelligentsia（知識階層），jury（陪審，陪審団），$party_1$（政党），public（大衆），staff（職員たち），team（チーム），union（組合），university（大学の構成員たち（学生たちと大学当局）），woodwind（木管楽器部）

ii. $band_2$（集団），batch（一束），bunch（房，束），$class_2$（類），$couple_2$（一対），flock（一団），group（集団），herd（群れ），host（多数），majority（大多数），minority（少数），number（多数），$party_2$（集団），rash（多発），set（一式）

(12i) の名詞は通常，自由に，つまりいつでも of 補部なしで現れることができる．その一方で (12ii) の名詞は主に，あるいは，いつでも of 補部が明示されるか，明示されなくてもわかる状況で現れる．($band_1$ は音楽バンドを意味し，a band of ruffians（ごろつき集団）という場合の $band_2$ は「集団」を意味する．$class_1$ は学校や大学におけるクラスに該当し，$class_2$ は，a class of words（語類）のように，分類によってつくられた類を意味する．$couple_1$ は結婚しているあるいはそれに類する関係にある男女を意味し，$couple_2$ は，a couple of days（2，3 日）のように，「(およそ)2 つからなる集合」を意味する．$party_1$ は政党を意味し，$party_2$ は，a party of hitchhikers（ヒッチハイカーの一団）のように，「集団」を意味する．clergy と intelligentsia は語用論的理由により，通常は単数に限定され，決定詞として the を選択する．)

(12i) の名詞は集合名詞の典型例として取り上げた committee とまったく同様にふるまう．このタイプの名詞が単純一致規則を解除して複数形の一致をみせるのは随意的であり，単数と複数の概念化には潜在的に明確な相違がみられる．それに比べて (12ii) の名詞は，単数と複数のあいだで異質な意味になる．たとえば bunch はぴったりと結びつけられるか密接にまとめられた集合という意味と単なる人間のグループという意味をもつからである．[10] 単体としての概念化が前者の意味において強く好まれるのに対し，後者の意味において

[10] 訳者注： committee は単数形の一致になる場合には委員会を，複数形の一致になる場合には委員会を構成する委員たちを意味する．このように committee や (12i) の語は単複でわかりやすい違いがある．とはいえ，単数形でも複数形でもまったく異質の意味になるわけではない．(12ii) はこの点で (12i) とは違い，単数形と複数形で異質な意味になるという．bunch は単数形では「束（たば）」，複数形では「連中」という意味をもつからである．

は単純一致の解除が起こりやすい．次の 2 文は対照的である．

A bunch of flowers was presented to the teacher.
（花束が先生に贈られた）
A bunch of hooligans were seen leaving the premises.
（フーリガン集団はその施設から出ていくところをみられた）

bunch を使った後者の例や次の例のように，bunch や group が単に数量化のために用いられている場合に，単純一致の解除および複数形の一致がきわめて起こりやすい．

A group of onlookers were injured.（多くの見物人が怪我をした）

そのような場合，次のような文のようにあえて単純一致を行おうものなら，多くの話者，とくにイギリス英語の話者にとって，容認しがたいほど知識をひけらかしている感じがする．

%A bunch of hooligans was seen leaving the premises.
（たくさんのフーリガンはその施設から出ていくところをみられた）

lot や number，couple_2 は明らかに数透過性単数名詞であり，majority や minority は微妙なケースである．(13i) のような例では単純一致の解除および複数形の一致が確かに義務的であるが，(13ii) のように単数形動詞をともなう例も実際にみられる．[11]

(13) i. The majority of her friends are/*is Irish.
（彼女の友人の大半がアイルランド人である）
ii. %The fact the overwhelming majority of Americans doesn't want the President impeached does not necessarily mean that that would be

[11] 次のような例においては単純一致の解除がみられない．
The government's majority is likely to be reduced.
（政府与党が選挙で議席を失いそうだ）
これは，次の例における number の用法と平行的である．
The number of fatalities has risen.
（死者の数が増加した）
the silent majority（声なき大衆，声なき声）については，単純一致の解除すなわち複数形の一致が必ずしも起こるわけではない．例：
The silent majority takes/take a different view.
（物いわぬ多数派は異なる考え方をしている）

the right decision.
(圧倒的大多数のアメリカ人が大統領が弾劾されるのを望んでいないという事実は，それが正しい決定であるということを必ずしも意味しない)

最後に述べておかなければならないのは，集合名詞における単純一致の解除ならびに複数形の一致は crockery や luggage などのような不可算名詞には決して適用されないということである．これらの名詞は，異質のものからなる集合体を示す．[12] 例をあげよう．

Her crockery was / *were very ornate. (彼女の食器類はとても華美であった)
The luggage has / *have been lost. (手荷物がなくなった)

18.3 解除のさらなる例と交替

(a) 度量句 (measure phrase)

複数形の度量句すなわち度量衡を表す句が名詞句内部の小名詞句として現れるとき，名詞句内での一致や選択のために単数形として再指定されることがあることはすでに述べた．これは，名詞句内に何らかの単数標識があるないに関係なく，主語・動詞の一致にもいえることである．

(14) i. That ten days we spent in Florida was fantastic.
(フロリダで過ごしたあの 10 日間は素敵だった) (＝第 3 章 (71i))
ii. Twenty dollars seems a ridiculous amount to pay to go to the movies.
(その映画に払う額として 20 ドルっていうのはとんでもないような気がする)
iii. Five miles is rather more than I want to walk this afternoon.
(5 マイルは今日の午後私が歩きたい距離をかなり超えている)
iv. Three eggs is plenty. (卵 3 つは多い)

これは集合名詞によって起きる解除とは逆である．こちらでは，形態的に複数である名詞句が (時間や金銭や距離などといった) 単数形の寸法や分量に言及するものとして概念化されており，それに応じて単数形の動詞が現れている．度量句による一致の解除は典型的に，be やそのほかの ((14ii) における seem のような) 複雑自動詞 (complex-intransitive verb) が現れる場合に観察される．叙述補部が単数形の名詞句になっている (14ii) においては解除が義務的

---

[12] 訳者注：陶器類 crockery は，plate (平皿) や cup や dish など異質なものの集合であるということ．3.1 節参照．

である.

*Twenty dollars seem a ridiculous amount to pay.

(14iii–iv) においては，解除は随意的であるが，きわめて強く好まれる.

(b)　比率表現 (proportional construction)

比率を表す表現にもさまざまなものがある. (15) からみてみよう.

(15) i. [One student in a hundred] takes / *take drugs.　[単純一致]
(100 人中 1 人の学生が麻薬を使用している)
ii. In a hundred students, [only one] takes / *take drugs.　[単純一致]
(100 人の学生のうち，1 人だけが麻薬を使用している)
iii. [One in a hundred students] takes / take drugs.
[随意的な単数形の一致 (単純一致の解除)]
(100 人の学生中 1 人が麻薬を使用している)

すべての例において out of で in を置き換えることができる. (15i–ii) の例は単純一致の規則に従っている. 主語が (下線を引いた) 単数形の主要部をもっており，動詞も単数形でなければならない. しかしながら (15iii) においては，主要部が複数形であるにもかかわらず，動詞は複数形でも単数形でもかまわない. 単数形の一致は随意的だが，one があるために単純一致の解除が起きていることはいわずもがなである. (15iii) は (15i–ii) と同義になる.[13]

・per cent (イギリス英語) や percent (アメリカ英語) をともなう比率表現

(16) i. One percent of students *takes / take drugs.
(学生の 1 パーセントが麻薬を使用している)
ii. One percent of the electorate takes / take drugs.
(有権者の 1 パーセントが麻薬を使用している)
iii. One percent of the cheese was / *were contaminated.
(チーズの 1 パーセントが汚染された)

percent は of 補部をとる名詞として分析するのが話の整合性という点から最善である (そしてそれゆえに，percent を 1 語として扱うアメリカ英語の綴りをここでは使用してきた). この名詞はそれ自体では数を決定しない数透過性

---

[13] 訳者注：(15iii) における主語名詞句の構造については第 11 章を参照.

名詞であるため，(16i) においては複数形の students が複数形動詞を要求し，(16iii) においては単数の cheese が単数形動詞を要求している．a lot of students と a lot of the cheese を比べるとよいだろう．(16ii) においては，斜格句の主要部が electorate (有権者) であり，この名詞は集合名詞であるので，次の例のように単数形での単純一致が解除されてもよい．

The electorate aren't going to like this.
(有権者の方々はこんなのお気に召さないわ)

(c)　融合型関係節 (fused relative)

ここで単純一致の例をあげる．

(17) i. [What money remains] is in the bank.
(残金は銀行にある)
ii. [What errors were made] were relatively minor.
(発生したエラーは比較的軽微であった)
iii. [What amuses you] doesn't necessarily amuse everybody else.
(あなたが楽しいからといってほかの人も皆そうだとは限りません)

[ ] で囲まれた表現は名詞句の範疇に属する融合型関係節構造である．これらの例においては，関係詞化された句[14] が従属節の主語になっており，融合型関係節構造全体としては主節の主語になっている．したがって数の一致の問題は両方の節で発生する．たとえば (17i) においては 2 つの単数形の動詞があり，remains が従属節に現れ，is が主節に現れている．融合型関係詞が主節の目的語になっている次の例では，従属節においてのみ数の一致がみられる．

I have already committed what money remains.
(私はすでに残額を支出した)

関係詞化された要素が従属節の目的語になっている次の例では主節でのみ数の一致がみられる．

What she says amuses me.
(彼女の話を聞いていると楽しいわ)

(17i–ii) において，what は money と errors というそれぞれの主要部名詞

---

[14] 訳者注：関係節内部で関係代名詞になっているということ．

に対する決定詞として機能する決定詞類である．主節，従属節いずれの節においてもこれらの主要部名詞が数を決定しており，(17i) においては単数形動詞が 2 つ，(17ii) においては複数形動詞が 2 つ現れている．この構文については，これだけ述べれば十分であろう．(17iii) のように what が代名詞である場合だけが複雑である．

一般的に，代名詞 what はデフォルトとして，つまり特別なことがない限り，単数の値をとる．このため，(17iii) では動詞 amuses と doesn't が単数形をとっている．また同様の理由が次の例にも当てはまる．たとえ彼が皿を 5 ～ 6 枚買っていたとしてもこの文は逸脱した文である．

*What he bought have all been broken.
（彼が買ったものはすべて壊れていた）

しかしながら，関係詞化された句や融合型関係節構造全体が複数形名詞句を叙述補部とする被叙述要素となる場合には，単純一致の解除および複数形の一致が許される．

(18) i. a. He withdrew his motion for [what were obviously very sound reasons].
（彼は非常にまっとうな理由で自分の動議を取り下げた）
b. He has given me [what appear to be forged banknotes].
（彼は偽札と思しきものを私に渡した）
c. [What appeared to be forged banknotes] were lying all over his desk.
（偽札と思しきものが彼の机の上のいたるところに置かれていた）
ii. a. [What we need] are managers with new ideas and the will to apply them.
（我々に必要なのは新しいアイデアとそれを実行する意志をもったマネージャーである）
b. [What is needed] are managers with new ideas and the will to apply them.
（必要とされるのは新しいアイデアとそれを実行する意志をもったマネージャーである）
c. [What are needed] are managers with new ideas and the will to apply them.

(18i) においては従属節内に複数形の叙述要素が現れており，(18ii) においては主節に現れている．(18ic) においては従属節の動詞が appeared というように過去形であり一致を示さないが，what の複数としての解釈は主節動詞の複数形に現れている．この例のように，従属節において複数という解釈がえられる場合には，融合型関係節全体も複数として解釈され，were を was で置き換えることはできない．主節の複数形叙述要素が主節において単純一致の解除ならびに複数形の一致を引き起こす場合，従属節ではそれに呼応した解除が起こってもよいし，起こらなくてもよい．(18iic) においては複数による解除が起こっており，(18iib) においてはデフォルトである単数形 is が維持されている．

複数形の動詞が出てくることを可能にする複数形の叙述要素が主節にある場合，解除は随意的である．つまり，(18iia-c) において are は is によって置換可能である．複数形の叙述要素が従属節にある場合は解除が起きるかどうかはさほどはっきりしていない．(18ib) においては単数形動詞 (appears) が可能であるが，(18ia) あるいは (18ic) においては不可能 (*was) である．

(d) 疑問文

一般的に，疑問代名詞 who や what は特別なことがない限りデフォルトとして単数の値をとる．以下の例を比べてみよう．

(19) i. a. Who wants some more ice-cream?
(誰がもっとアイスクリームを欲しがっていますか)
b. What remains to be done?
(やるべきことで何が残っていますか)
ii. Which (of these) is/are yours?
((これらのうちの) どちらがあなたのものですか)

(19i) において，もっとアイスクリームを食べたいと思っている人が 1 人だけであるとか，やるべきことが 1 つしか残っていないという前提はない．デフォルトとしての単数が単数の答えと複数の答えのいずれも可能にする．(19ii) においては決定詞類 which が決定詞と主要部を兼ねる融合形になっているが，想定される答えが単数であるか複数であるかによって単数形動詞と複数形動詞のいずれもとることができる．

しかしながら，who や what のデフォルトとしての単数の値は，答えが複数であるという前提がある場合には解除されることが可能である．

(20) i. What are going to be the deciding factors?
(何が決め手になりますか)

ii. Who haven't yet handed in their assignments?
(まだ宿題を提出していないのは誰ですか)

iii. Who have excelled themselves in this year's coxed pairs?
(今年の漕艇で腕を上げたのは誰ですか)

iv. What have pointed ears and long tails?
(先のとがった耳と長い尻尾をもっているのは何ですか)

(20i) においては what のデフォルトとしての単数の値が義務的に解除される．なぜならこの例については，複数形の叙述補部 the deciding factors が what の複数としての解釈を強制しているという点で，(18i) のような融合型関係詞についての議論と同様のことがいえる．(20ii) も同様の文脈であり，教師が学生のグループに話しかけ，彼(女)らの中に宿題を提出していない者が複数いると仮定している．単数形の hasn't が who の後ろに出てくることも可能であろう（ただし，単数形の hasn't が可能になるには，複数形の答えを予期させるだけのいかなる予備知識もあってはならないという条件がつく．そして各学生につき宿題が 1 つしか出題されていないのであれば，単数形の assignment が好まれる）.[15] (20iii) においては漕艇のチームが 3 人（2 人の漕ぎ手と舵手(だしゅ)）からなり，この場合も答えが複数であることが前提となっている．再帰代名詞は複数形でなければならず，したがって複数形動詞が好まれることになる．(20iv) においては，たとえば foxes（キツネという生き物は総じて ...）のように，無決定詞の総称的な複数形の答えが前提とされている．しかし，たとえば a fox（キツネという生き物は総じて ...）のように，総称的な単数形による答えも可能なので，デフォルト値が解除されねばならない程度にまで複数形の答えが求められているわけではない．

---

[15] 訳者注： 宿題を未提出の学生が複数いると教師が想定している場合，単数形の hasn't は出てこない．ゆえに宿題を未提出の学生が複数人いそうだという予備知識が教師の側にないことが hasn't がでてくるためには必要になる．そして，hasn't が選ばれるときに，各学生に複数個の宿題が出題されているならば assignments は複数形のままでよい．教師が各学生につき宿題を 1 つしか出題していないのであれば，その宿題忘れの学生は 1 つの宿題を忘れているわけなので，次の文のように単数形 assignment が好まれる．

Who hasn't yet handed in their assignment?

この文の their は三人称単数形の性別不問の代名詞である．

(e) one of X who ... における単数による解除

「one of＋決定詞＋名詞＋関係節」の形式をもつ名詞句は，その関係節の文構造上の位置に応じて，2つの構造のいずれを有することも可能である．まず関係節が埋め込まれた名詞句内にある場合には，この名詞句はその名詞を主要部とする構造を有する．つぎに関係節が上位の名詞句内にある場合には，この名詞句は one が決定詞と主要部を兼ねる融合主要部構造を有するのである．以下の例を比べてみよう．

(21) i. Max is [one of the people the previous head had appointed]. ［タイプ I］
(Max は前任の長が任命した人材のうちの 1 人である)

ii. [One of her colleagues whom she deeply admired] had betrayed her. ［タイプ II］
(彼女の同僚たちのうち，彼女が心底（しんそこ）尊敬していた者が彼女に裏切り行為をはたらいていたのだった)

(21i) においては関係節が people を修飾している．前任の長が任命した人々の集団があり，マックスはこの集団の 1 メンバーである．しかし，(21ii) の解釈はこれとは異なる (あるいは少なくとも (21ii) の自然な解釈ではない)．どんな解釈になるのか説明しよう．この関係節は，colleagues を主要部とする名詞句ではなく，最上位の名詞句内にある．すなわち，彼女が尊敬した同僚の集合が存在するという解釈ではなく，彼女が尊敬した 1 人の同僚が存在するという解釈になることが重要である．

これらの例において関係詞化されている要素は目的語である．主語が関係詞化されている場合，動詞の数は先行詞によって決定されると予想されるので，タイプ I では複数形が，そしてタイプ II では単数形が予想される．しかしながら実際にはタイプ I でも複数形の代わりに単数形動詞もよくみられる．

(22) i. He's [one of those people who always want to have the last word]. ［タイプ I］
(彼はいつも相手を言い負かして二の句が継げないようにしないと気が済まない連中のうちの 1 人である)

ii. He's [one of those people who always wants to have the last word]. ［タイプ I］
(同上)

iii. He's [one of her colleagues who is always ready to criticise her]. ［タイプ II］

（彼は彼女の同僚たちのうち，彼女を批判してやろうと手ぐすねを引いて待っている人物である）

(22i) と (22iii) の例は通常の規則に従っているが，(22ii) では単数による解除が起こっている．それはおそらく全体の構造における one の卓立や，タイプ II の構造（(22ii) は実質的にタイプ I と II の混合である）の影響とみなしてよかろう．しかし，それを意味に動機づけられた解除とみなすことはできない．意味的には関係節は people を修飾している．この単数による解除は関係節が those あるいは those＋名詞に後続する場合にもっともよくみられる．

(f)　決定詞と主要部を兼ねる融合形としての any と none ならびに either と neither

any と none は不可算の単数として解釈される場合には通常単数形動詞を選択する．たとえば，次の例のように斜格部分詞として単数形の名詞句をとる場合である．

Has any of the money been recovered?
（いくらかでもお金を回収できたの？）
None of the food was contaminated.
（食べものはどれも汚染されなかった）

any と none はそれらが複数の集合を数量化する場合には複数形，単数形のどちらの動詞をとってもよい．

(23) i. Please let me know immediately if [<u>any</u> of the set texts] <u>are</u>/<u>is</u> unavailable.
（もし指定教材のどれも手に入らない場合はすぐに私にお知らせください）
ii. He made quite a few mistakes but [<u>none</u> (of them)] <u>were</u>/<u>was</u> very serious.
（彼は実に多くのミスを犯したが，どれもさほど重大なものでなかった）

単数形と複数形の交替が可能であるということは純粋な決定詞としての any と no が複数形主要部とも単数形主要部とも結びつくことができるという事実と関係している．

either と neither は 2 つのメンバーからなる集合を数量化し，純粋な決定詞として単数形の主要部のみをとる．決定詞と主要部を兼ねる融合主要部構造においてはデフォルトの動詞形態は単数形である．複数形もみられるが，フォーマルな文体では回避されがちである.

(24) i. Has/Have [either of the candidates] arrived yet?
(候補のうちのどちらかが到着しましたか)
ii. He made two mistakes but [neither (of them)] was/were very serious.
(彼は2つのミスを犯したが，いずれもさほど重大なものではなかった)

(g) 分裂関係節 (cleft relatives) における三人称による解除

(25) i. It is I [who am at fault]. (悪いのは私だ) [単純一致]
ii. It is me [who is at fault]. (同上) [三人称による解除]

(25i) は関係節における一般的な規則に従っており，関係代名詞 who が I との照応関係により一人称単数と解釈されている．しかしながら，よりフォーマルでない (25ii) においては，先行詞が対格であり，この場合一人称の特性が who に引き継がれない．したがって who はデフォルトとしての三人称の形式をとっている.

18.4 主語内の等位接続

等位構造がほかの何かと一致を示すことがあるが，その際に個々の等位接続された要素の値を総合して，等位接続構造全体の一致の値を決定する規則がある．それを一般に**等位構造解決規則 (resolution rules)** という.

(a) and による等位接続

名詞句どうしが and で結ばれた等位構造があるとしよう．一般に，そのような等位構造になっている主語の後ろには複数形の動詞が現れる．たとえば次の例がそうである.

Mary and John are here. (メアリーとジョンがここにいる)

等位接続されたそれぞれの名詞句が単数形であろうと複数形であろうと一致には関係がない．なぜならば，等位接続はこの場合全体として少なくとも2つのメンバーからなる集合を表すがゆえに複数形動詞をとるからである.

・and による等位接続と単数形動詞

しかしながら，動詞が単数形になるいくつかの構文がある．一例が次のような場合である．

(26) i. [Eggs and bacon] is/*are my favourite breakfast.
(エッグアンドベーコンは私の大好物の朝食です)

ii. The hammer and sickle] was/*were flying over the Kremlin.
((旧ソ連国旗の) ハンマーと鎌がクレムリン宮殿の上にはためいていた)

iii. [Your laziness and your ineptitude] amazes/amaze me.
(あなたの怠惰と愚かさは私を驚かせる)

このような例においては，度量句において観察したのと同様の単数による解除が起こっていると考えることができる．それは主語が単体として概念化されており，これが単数形動詞の選択を決定しているからである．(26i) においては，my favourite breakfast が単体としてのエッグアンドベーコンを叙述しているので，複数形動詞が不可能になっている．もし叙述要素をたとえば good for you (体に良い) に変えれば，単数形と複数形の両方の動詞が可能になるが，意味は異なる．動詞が単数形である次の文において主語は単体 (卵とベーコンからなる1つの料理) として概念化されている．

Eggs and bacon is good for you. (エッグアンドベーコンは体にいいわよ)

これに対して動詞が複数形である次の例においては2つの食材がそれぞれあなたの体によいということになる．

Eggs and bacon are good for you. (卵とベーコンは体にいい)

(26ii) においては2つの名詞句ではなく2つの名詞が等位接続されているが，ここでも単体としての概念化が行われている．つまり，主語は1さおの旗に言及している．(26iii) においては単数形と複数形のどちらの動詞も可能である．単数形の場合，怠惰と愚かさが1つになって，それが人を驚かせる原因になるという意図が伝わり，複数形の場合では，それぞれが人を驚かせる原因になるという意図が伝わる．単数でも複数でもどちらにでも容易に概念化できるのかというと，具象名詞句よりも，(26iii) でみたような抽象名詞のほうが容易である．たとえば，次の具象名詞の例を (26iii) と比べるとよいだろう．

*John and his father amazes me. (ジョンと彼の父親が私を驚かせる)

and による等位構造が単数の一致を示す第二の場合は次の例にみられる．

(27) i. [The chair of the finance subcommittee, and the source of all our

problems,] has voted in favour of cuts for the twenty-first time.
（財政小委員会の委員長であり，かつ，あらゆる問題を引き起こした張本人が賃金の引き下げに 21 回目の賛成票を入れた）

ii. [Our chef and chauffeur] has decided to emigrate.
（我々の料理人兼運転手は国外移住を決意した）

単数形動詞は，主語が全体として 1 人の人物に言及していることを反映している．財政小委員会の委員長と我々のすべての問題の元凶はほかの誰でもない同一人物である．そして料理人と運転手も同様である．(27ii) においては次のようにいうこともできる．

Our chef and chauffeur have decided to emigrate.
（我々の料理人と運転手が国外移住を決意した）

これは 2 人の異なる人物が関与していることを意味するであろう．同じことが原則的には (27i) にもいえるが，実際問題としては第 2 等位項が「我々が直面しているすべての問題の元凶」であるため，別人を指しているようには感じられない．

最後に，分配詞 (distributive) each あるいは every を含む名詞句を等位接続すると，その動詞が単数形動詞を選択することを述べておく．

(28) i. [Each dog and each cat] has/*have to be registered.
（犬や猫は一匹ずつ届け出をしておかないといけませんよ）

ii. [Every complaint and every suggestion] was/*were thoroughly investigated.
（どんな注文も苦情も 1 つ残らず徹底的に調査された）

・and による節の等位接続

主語が and による節の等位構造になっている場合，一般的には単数形動詞を選択する．

(29) i. [That the form was submitted on the very last day and that the project had not been properly costed] suggests that the application was prepared in a rush.
（書類がまさに最終日に提出され，プロジェクトの費用見積もりも適切に行われていなかったということは，その申請が性急に準備されたということを示唆している）

ii. [How the dog escaped and where it went] remains a mystery.
（その犬がいかに逃げどこへ行ったかは謎のままだ）

しかし，そのような等位接続された節が単一でなく別個の事実，問題，などを表していると叙述要素が判断している場合には複数形動詞が選択されることもありえる．

(30) i. [That the form was submitted on the very last day and that the project had not been properly costed] are two very strong indications that the application was prepared in a rush.
（書類がまさに最終日に提出されたということと，プロジェクトの費用見積もりが適切に行われていなかったということは，その申請が性急に準備されたということの 2 つの非常に強力な証拠である）

ii. [How the dog escaped and where it went] are questions we may never be able to answer.
（その犬がどうやって逃げ，どこへ行ってしまったか．そんなの，俺たちに答えられっこない疑問だよ）

(b)　or を用いた等位接続

or が使われるのをみてわかることは，いくつかある等位項がそれぞれ別々に捉えられることになるということである．したがって 2 つの単数形どうしを and で等位接続する場合には，これらは一般的に複数形の単体になるのだが，or で単数形どうしを等位接続する場合にはそうはならない．or の使用により対称的な等位接続が成立している場合，すなわち，等位項どうしが完全に対等であり順序の入れ替えも可能である場合，等位構造解決規則により，等位項の単複がそろっている場合，すなわち等位項がみな単数形どうしの組み合わせ，あるいは，複数形どうしの組み合わせになっている場合にのみ完全に容認可能な結果が得られる．

(31) i. [(Either) Mary or John] is/*are sure to go.　[単 or 単＝単]
（メアリーかジョン（のいずれか）がきっと行く）

ii. [(Either) Mary or the twins] ?is/?are sure to go.　[単 or 複＝?単／?複]
（メアリーか双子（のいずれか）がきっと行く）

iii. [(Either) the twins or Mary] ?is/?are sure to go.

[複 or 単＝?単／?複]

(双子かメアリー (のいずれか) がきっと行く)

iv. [(Either) the twins or their parents] are/*is sure to go.

[複 or 複＝複]

(双子かその両親 (のいずれか) がきっと行く)

(31i) と (31iv) においては，等位構造全体において各等位項の単複がそろっており，(31i) においては単数どうしの組み合わせに，(31iv) においては複数どうしの組み合わせになっている．しかし，等位項どうしで単複がそろっていない場合，単数形での一致も複数形での一致も正しいとは感じられない．どちらを選択しても動詞の数と等位項のどちらかの数とのあいだで矛盾が生じることになるからである．規範文法家の用例事典では一般的に，動詞をその直近の等位項と一致させるべきであるという，近接性の原則に従うよう求めている．この規則によると (31ii) では are が選択され，(31iii) では is が選択されるであろう．しかしながら現実には多くの話し手がどちらの形態でもよくないと感じるようであり，典型的にはそのような矛盾を避ける方法を探すであろう．たとえば，次の例のように，一致を示さない法助動詞を使うことが考えられる．

(Either) Mary or the twins will be sure to go.
(メアリーか双子 (のいずれか) がきっと行くだろう)

等位項どうしで単複がそろわない場合，あるいは等位項がすべて単数である場合，次のような文脈では複数形動詞が容認されやすくなる．

(32) i. I don't think [(either) Mary or the twins] are/?is going to help you.
(メアリーにせよ例の双子にせよ，いずれもあなたを助けるとは私は思わない)

ii. I don't think [(either) Mary or John] is/are going to help you.
(メアリーにせよジョンにせよ，いずれもあなたを助けるとは私は思わない)

この場合，等位構造は否定辞の作用域内にあり，否定で用いられている or はすべての等位項が問題となっている属性をもたないということを意味している．したがって，(32i) の例はメアリーと双子の両方があなたを助けないであろうということを意味し，(32ii) も同様である．等位項どうしで単複のそろわない等位構造や等位項がすべて単数形である等位構造を，(32i, ii) のような文脈にはめ込むことで，複数形 are は容認されやすくなる．それでも，フォーマルな文体では (32ii) における複数形の使用は一般的に回避されるであろう．

また，X or Y という形をとる等位構造の意味が排他的ではなく包含的[16] に考えられる場合，すなわち「X または Y またはその両方」として解釈できる場合には，等位項が単数形であっても複数形動詞が用いられる場合が時としてある．

(33) ?Problems arise when emotional involvement or lack of experience prevent an objective appraisal of the situation.
(感情移入または経験不足あるいはその両者が客観的状況判断を妨げる時，問題が起きる)

・補足箇所の or

以下において，or は先行する名詞句と厳密に等位接続関係を構築しているというよりも，補足情報を導入している．

(34) i. His proposal, or rather the ramifications of it, are/*is going to have a serious effect on our plans.
(彼の提案というよりその影響は我々の計画に重大な結果をもたらすであろう)

ii. Her eyes, or rather the visible one, was/*were pale blue.
(彼女の両眼は，というか私から見えた片眼は，淡い青色だった)

iii. Arhythmia, or irregular contractions of the ventricles, is/*are a serious heart condition.
(不整脈すなわち心室の不規則な収縮は重篤な心臓疾患である)

(34i–ii) において下線を引いた名詞句は先行する名詞句を取り消す訂正箇所になっている．それゆえこの訂正箇所が先行する名詞句に優先して動詞の数を決定している．(34i) においては動詞が複数形であり，(34ii) においては動詞が単数形である．(34iii) においては補足箇所が先行する名詞句を訂正するので

[16] 訳者注：包含的離接 (inclusive disjunction) とは「A または B またはその両方」である場合をいう．排他的離接 (exclusive disjunction) とは「A または B で，かつ，どちらか一方のみ」である場合をいう．

日常会話の「か」や「または」は排他的離接を表すことが多い．(33) の文を「感情移入または経験不足のどちらか一方のみが客観的状況判断を妨げる時，問題が起きる」と読めば排他的離接の解釈になる．一方，この文を「感情移入あるいは経験不足あるいはその両者が客観的状況判断を妨げる時，問題が起きる」と読めば包括的離接の解釈になる．

はなく，単にわかりやすい説明を差しはさんで言い換えたに過ぎない．したがって，先行する名詞句のほうが動詞の数を決定している．

・人称

等位項の一方が一人称か二人称の単数形である場合，最終等位項と一致するほうが好まれる傾向がある．ただし，一人称単数形の am はぎこちなく感じられ，推敲のなされた文体（monitored style）では回避されがちである．

(35) i. You mustn't go unless [either I or your father] comes / ?come with you.
（私かあなたのお父さんがあなたについていくのでなければ，あなたは行ってはいけないわ）
ii. I don't think [either your father or I] have / ?has had much say in the matter.
（あなたのお父さんも私もその件であまり発言権があるとは私は思わないわ）
iii. [Either your father or I] ?am / ?is going to have to come with you.
（あなたのお父さんか私があなたについていくつもりよ）

(c) neither ... nor による等位接続

neither ... nor による等位構造を主語として含む節は意味的に 2 通りの解釈が考えられる．[17]

(36) i. Neither Mary nor John will help.
ii. "It isn't the case that either Mary or John will help"
(36i) の解釈①「メアリーかジョンのいずれかが手伝うというわけではない．」
iii. "Both Mary and John will not help"
(36i) の解釈②「メアリーとジョンの両方ともが手伝わないだろう．」[18]

---

[17] 訳者注：本シリーズ第 8 巻『接続詞と句読法』参照．

[18] 訳者注：(36i) の読みは，(36ii) と (36iii) の 2 通りの解釈があるという．(36iii) はメアリーとジョンを and で等位接続した構造が否定よりも広い作用域をもつ解釈であり，「手伝わないのはメアリーとジョンの両方だ」という意味解釈になる．(36ii) は，メアリーとジョンが or で接続されている等位構造が否定よりも狭い作用域をもつ解釈である．「メアリーまたはジョンのうちのどちらか一方が手伝うというわけではない」つまり，「メアリーが手伝うわけでもないし，ジョンが手伝うわけでもない」．それゆえ，「メアリーもジョンもどちらも手伝わない」ということになる．

(36ii) で起きている概念化は or による等位接続を組み込んだものになっている．その一方 (36iii) で起きている概念化は，neither ... nor (〜も〜もどちらも〜ない) が (both ...) and (〜も〜もどちらも〜だ) に似ていることを表している．このことは次のような一致のパターンを引き起こす．

(37) i. [Neither Mary nor John] is / are here yet.　[neither 単 nor 単 = 単／複]
(メアリーもジョンもまだここに来ていない)
ii. [Neither Mary nor the twins] are / ?is here yet.
[neither 単 nor 複 = 複／?単]
(メアリーも双子もまだここに来ていない)
iii. [Neither the twins nor Mary] are / ?is here yet.
[neither 複 nor 単 = 複／?単]
(双子もメアリーもまだここに来ていない)
iv. [Neither the twins nor their parents] are / *is here yet.
[neither 複 nor 複 = 複]
(双子もその両親もまだここに来ていない)

(37i) においては，単数形であるものどうしが or によって等位接続され，単数形の単体になる場合がある．このとき，単数形の動詞が現れる．その一方で (36iii) と同じ概念化が起こり，Both Mary and John are not here yet. (メアリーとジョンの両方ともがまだ来ていない) のような意味になる場合がある．このときは複数形の動詞が現れるのである．単複のそろわない等位項どうしを or で等位接続する場合には，単数形の一致も複数形の一致もどちらも容認性に問題があるということを上で述べた．したがって (37ii–iii) に単数形の動詞が現れる場合には (とくに直近の等位項が複数である (37ii) において) 容認可能性が疑わしい．しかしながら，「両方とも ... でない」という概念化が行われる場合には複数動詞の容認可能性が上がる．この場合は確かに完全に容認可能であると判断され，単数形よりも強く支持される．

(d) not only ... but also

この種の構造において，数は第 2 等位項によって決定される．

(38) i. Not only Mary / her parents but also Helen has been questioned.
(メアリー／彼女の両親だけでなくヘレンもまた取り調べを受けていた)
ii. Not only Mary / her parents but also the twins have been questioned.
(メアリー／彼女の両親だけでなく双子もまた取り調べを受けていた)

(e) and not あるいは but not による等位接続

and not や but not による等位接続に関する規則は簡単である．述語から得られる属性をもつのは第 1 等位項だけなので，動詞の形態は第 1 等位項によって決まる．

(39) i. a. Ed, and not the twins, is / *are here.
(双子ではなくエドがここにいる)

b. The twins, and not Ed, are / *is here.
(エドではなくて双子がここにいる)

第 19 章　叙述部とその被叙述部における数[1]

19.1　合致する数の意味的性質

叙述部（predicative）として機能する名詞句の数がその被叙述部（predicand）の数と合致することが非常に多い．

（1）　単数の被叙述部　複数の被叙述部

i. a. My daughter is a doctor.　　b. My daughters are doctors.
（うちの娘は医者です）　　（うちの娘たちは医者です）

ii. a. #My daughter is doctors.　　b. #My daughters are a doctor.

（1）では，被叙述部は主語であり，叙述部としての名詞句は主語と同じ数をもたなければならない．つまり，（1a）では単数，（1b）では複数である．被叙述部が複雑他動詞構造（the complex-transitive construction）の目的語の場合も同様である．（2）に具体例を示す．

（2）　i.　He considers his colleague a complete idiot/#complete idiots.
（彼は同僚のことをまったくぼんやりした奴だと思っている）

ii.　He considers his colleagues complete idiots/#a complete idiot.
（彼は同僚たちのことをまったくぼんやりした奴らだと思っている）

これらの例では，叙述部は動詞の補部である．しかし，叙述部が as 句の付加部内にある場合にも同じ数の合致が観察される．

[1] 訳者注：以下では，叙述補部（predicative complement）と叙述付加部（predicative adjunct）をまとめて predicative と著者たちはよんでいるため，本巻ではこれを被叙述部（predicand）に対する「叙述部」と訳している．

(3) i. As a doctor/#doctors, my daughter makes vital decisions.
（医者として，うちの娘は重要な決定をした）
ii. As doctors/#a doctor, my daughters make vital decisions.
（医者として，うちの娘たちは重要な決定をした）

この現象は一致（agreement）とよく似ており，実際に，叙述部はその被叙述部と一致するということが一般的にいわれている．しかしながら，文法的一致（grammatical agreement）と単なる意味の合致（semantic congruence）を区別するのは簡単ではない．それは本シリーズが指摘してきたことである．そして，(3) の例では，意味による説明のほうが，文法的一致よりも適切であると考えられる．こういうわけで，上述のこれらの容認不可能な例に * ではなく # が付いているのである．以下では，意味的に制限された事例にのみ数の合致が求められることをみていく．つまり，数の合致が求められるからといって，一致の文法規則を仮定する必要はない．

■人称の一致がない場合

まず指摘しておきたいのは，叙述部（predicative）と被叙述部（predicand）のあいだには人称（person）という範疇に関する一致がまったく存在しないという点である．それゆえ，叙述部と被叙述部の関係は主語と動詞（つまり，述部（predicator））との関係とは明らかに異なる．たとえば，次の例を比べるとよい．

(4) i. I am [a doctor who believes/*believe in euthanasia].
（私は医師として安楽死に肯定的な立場をとります）
ii. It is I who am master now.
（いま，お前の主（あるじ）はこの私だ）
iii. You are obviously [someone who has/*have thought carefully about this issue].
（あなたがこの問題を慎重に考えてきたことはいうまでもない）
iv. [The one who is causing all the trouble] is you.
（これだけの問題を引き起こしている張本人はあなたです）

(4i) では，主節の主語の I は一人称であるが，一方，doctor が主要部となっている名詞句叙述部は三人称である．人称の違いは動詞の形式 am と believes の対比に反映されている．am は I に一致する一人称単数形であるが，一方，believes は who に一致する三人称単数形であり，この who は先行詞 doctor の人称・数の特性を引き継いでいる．反対に，(4ii) の主節の主語は三人称であるが，叙述部は一人称である．(4iii) では，二人称の主語が三人称の叙述部と現れているが，(4iv) ではそれらの配置が逆になっている．

■性の一致がない場合

代名詞とその先行詞との関係でみた人称の一致とは異なって，叙述部と被叙述部のあいだに性 (gender) の一致は存在しない．叙述部の主要部は名詞である．その名詞はそれ自体の固有の内容をもつ．そして，この内容によって，その名詞にかかわる性の特性が決まるのである．次の例を考えてみよう．

(5) i. [Your brother] is clearly [a problem which/*who we will have to resolve].
(ご兄弟が悩みの種になっていることは間違いないわね)
ii. [The dean] is [an obstacle which/*who I didn't foresee].
(学部長が，私の想定外の壁となって立ちはだかっているんですよ)

(5) の例では，関係節は意味的に叙述補部 (predicative complement) の主要部名詞だけを先行詞としているので (たとえば，解消できるのは悩みの種であって，兄 (あるいは弟) ではない)，関係代名詞は人間以外に用いられる which (non-personal *which*) でなければならない．

[専門的解説]

下記の例では，叙述部の性が変化して被叙述部の性と合致しているように思われる．

(6) i. [This house] is [a shambles which is going to take days to sort out].
(この家は片づけるのに数日はかかるほどのごみ屋敷だ)
ii. [The government] are [a shambles who don't deserve to be in power].
(政府は政権を握るに値しないほどめちゃくちゃだ)

しかしながら，(6i) の which が (6ii) で who に変わるのは，shambles (修羅場，混乱状態) が人の集合名詞として解釈することができるためであり，このことが who を認可している．しかし，shambles が人間でも人間以外でもどちらでも叙述できるのは，(統語というよりも) 単に意味にかかわる事実を述べているに過ぎない．

同様に，(7) の人称代名詞と主節の主語の合致は，意味的に説明することができる.

(7) [The younger daughter] is [a doctor$_i$ who$_i$ is dedicated to her$_i$/#his$_i$ patients].
(下の娘は自身の患者の治療に専念している医師である)

doctor は, 性別に関する情報を示さない両性 (dual-gender) の名詞であるが, 属格の人称代名詞と関係代名詞 who と doctor のあいだの照応関係によって, 叙述部に女性か男性かという情報が与えられている. 治療に取り組んでいる医師を「彼」とよんでおきながら, それが「女性」の属性であるというのは不適切である. ここで his を用いるとおかしいのは, このような意味にかかわる事実を反映している.

■数の一致がない場合

数に関していえば, 叙述部と被叙述部の文法 (上の) 数 (grammatical number) が一致しない事例が多くみられる. このことを連結詞の指定用法 (specifying use) と属性用法 (ascriptive use)[2] を使って順に説明しよう.

・指定用法の be (specifying be)

(8) i. [The only thing we need now] is [some new curtains].
(我々にいま唯一必要なものは新しいカーテンだ)
ii. [The major asset of the team] is [its world-class opening bowlers].
(チームの一番の強みは世界レベルのオープニング・ボウラー[3] がいることだ)

(8) では, 主語 (被叙述部) は単数で, 叙述補部は複数である. この種の節は決して珍しいものではない. 加えて, 一般に主語と叙述補部を逆にすることができるので, 複数の主語が単数の叙述補部と現れる事例も観察される. すなわち次のようにもいえる.

Its world-class opening bowlers are the major asset of the team.
(世界レベルのオープンング・ボウラーがそのチームの一番の強みである)

[2] 訳者注 : これら 2 つの区別については, 本シリーズ第 2 巻『補部となる節, 付加部となる節』を参照.
[3] 訳者注 : クリケットの試合で最初にボールを投げる投手をいう.

次の文とも比べるとよい.

The Morning Star and the Evening Star are both Venus.
（明けの明星と宵の明星はどちらも金星である）

主語と叙述補部の数が合わないと文が容認されなくなる場合があるのは，項（terms）どうしの意味的な不釣り合い（sematic incompatibility）にその原因がある. 以下で具体例をみてみよう.

(9) i. #[The person who complained most] was [my parents].
（ぶつぶつと一番文句をいったのはうちの両親でした）
ii. #[The two people who complained most] were [my parents and my uncle].
（ぶつぶつと文句が多かった上位 2 名はうちの父と母と伯父でした）

(9i) では，1 人の人物を 2 人の人物の集合とみなすことにより意味的な不釣り合いが生じ，(9ii) では，2 人の集合を 3 人の集合とみなすことにより意味的な不釣り合いが生じる. (9ii) の例は，両方の要素が複数なので，文法上の数の一致を用いて説明することはできない. それゆえ，一致の条件が破られているという文法的な説明を (9i) に持ち込むのは不適切である. なぜならば，両方の事例において文が容認されない (anomaly) 原因の本質は同じだからである.

・属性用法の be (ascriptive be)

属性用法の be で数の食い違いが観察されるのは，複数主語が単数叙述部と現れる場合にもっとも多いが，その逆の組み合わせもまた観察される.

(10) i. a. [Our neighbours] are [a nuisance].
（うちの隣人たちは迷惑な存在だ）
b. [The people who live out there] are [a minority cult group].
（あそこに住んでいる人々は少数派のカルト集団である）
c. [The accidents] were [the result of a power failure].
（事故は停電の結果であった）
d. [These results] were really [something to be proud of].
（これらの結果は本当に誇らしいものだった）
ii. a. [His Ph.D. thesis] was [simply four unrelated articles collected together].
（彼の博士論文は単に関係ない 4 つの論文を集めただけのものだった）

b. [This gadget] is [five different tools in one].
（この機器は 5 つの異なる道具を兼ねている）

全般的にみて，述語と被叙述部のあいだの数の食い違いはあまりにも多すぎる．それゆえ，これはもう一般的な一致の文法規則の例外では済まなくなっている．すなわち，第 10 巻『形態論と語形成』で主語・動詞の一致の議論で指摘した「一致の解除 (override)」のようなものとしてかたづけるわけにはいかない．

#My daughter is doctors. (= (1iia)) #My daughters are a doctor. (= (1iib))

このようなごく限られた例においては，数の食い違いがもたらす容認不可能性を文法的にではなく意味的に説明するほうが納得できる．

19.2 非数量詞構文における分配的叙述部と非分配的叙述部

本節では，主語もしくは述語に明確な数量化を含む節（たとえば，下記の 2 例）は議論の対象外としておく．

All my daughters are doctors.（娘は皆医者である）
My daughters are all doctors.（同上）

なぜなら，この手の数量化は 19.3 節で論じるように複雑な問題を引き起こすからである．ここでの説明は，もっぱら属性的叙述構文 (ascriptive predicative construction) を取り扱う．

この分野を語るうえでは，**分配的** (distributive) 解釈の叙述部と**非分配的** (non-distributive) 解釈の叙述部が区別される．

(11) i. My daughters are doctors. (= (1ib)) [分配的]
(うちの娘たちは医者です)
ii. Ed's daughters are a pest. [非分配的]
(エドの娘たちは厄介者です)

分配的叙述部は複数の被叙述部と結びつく．そして，分配的叙述部が表す属性は，被叙述部によって言及される集合に含まれる個々の構成員（あるいは，その集合のさまざまな部分集合）がもつ属性である．たとえば，(11i) では，医者であるという属性は，娘たち 1 人 1 人に分配される．これとは対照的に，(11ii) では，厄介者であるという属性は，エドの娘たち 1 人 1 人の（分配的な）属性ではなく，エドの娘たちをひとまとめとした集合全体の（非分配的な）

属性である．

分配的解釈は（12）の規則に従う．

(12)　被叙述部が意味的に複数形である場合，
  i.　叙述部が複数形ならば，叙述部が表す属性は被叙述部に対して分配される．
  ii.　叙述部が単数形ならば，叙述部が表す属性は被叙述部に対して分配されない．

この規則があれば，（11）の例の解釈を説明できる．（11i）では叙述部が複数であり，（ii）では単数であるからだ．[4]（11ii）とは対照的に，（11ii）の叙述部を複数形にした次の文には分配的解釈が得られる．

Ed's daughters are pests.（エドの娘たちは（それぞれが）厄介者だ）

この例は（11i）と似ている．すなわち，厄介者であるという属性が，（まとめて）娘の集合に属しているのではなく，娘たち 1 人 1 人に属していると考えられる．意味的に複数の被叙述部という観点から定義されている（12）のような定式化は次のような例にも当てはまる．

This group are doctors.（こちらのご一行はお医者様でいらっしゃいます）

この例では，this group は文法的には単数であるが，個人からなる意味的には複数の集合（おそらく，代表の集団[5]）を表しており，医者であるという属性はそれぞれの個人に対して分配される．

したがって，異なるタイプの属性，つまり，**集合的（collective）**か非集合的（non-collective）あるいは，そのどちらでもなく**中立的（neutral）**かを区別する必要がある．

---

[4] 訳者注：（11i）では叙述部が複数形になっているので，叙述部（＝医者であるという属性）が被叙述部（＝うちの娘たち）に対して分配される．一方，（11ii）では叙述部が単数形になっているので，叙述部（＝厄介者であるという属性）が被叙述部（＝エドの娘たち）に対して分配されない．

[5] 訳者注：医師が集まった医師団があり，その医師団には，それを代表する医師がいるとしよう．そして，そのような代表の医師たちが集まって 1 つの集合になっているとしよう．このとき，this group は複数の医師団からなる集合と考えられるため，意味的には複数形であるということと考えられる．

■非集合的属性 (non-collective properties)

この属性は個体（individual entitiy）にのみ属していると考えられる．**doctor** は医者がもつ属性を表す．したがって，（1ia）の My daughter is a doctor.（うちの娘は医者です）は，医者であるという属性が一個人の属性であることを表す例である．それゆえ，（1iib）の #My daughters are a doctor. が意味的に容認されない理由はこういうことである．叙述部（a doctor）が複数形になっておらず，そのため，1 人の医者であるという属性が，話者の娘たち 1 人 1 人に分配されればよいものを，娘たちをひとまとめにした集合にあてがわれてしまうからである．これではもちろん，つじつまが合わない．（1ib）の My daughters are doctors. では，doctors が複数形になっていることによって，1 人の医者であるという属性が娘たちの 1 人 1 人に分配されることがわかる．ゆえに，この文は容認可能なのである．

・中立的属性 (neutral properties)

集合的でも非集合的でもない中立的な属性は，個体の属性になりうるし，ひとまとめにして 1 つの集合の属性にもなりうる．次の例を比べてみよう．

(13) i. Our neighbour is a nuisance.
(うちの隣人は迷惑な奴だ)
ii. Our neighbours are a nuisance. (= (10ia)) ［非分配的］
(うちの隣の住民は迷惑な存在だ)
iii. Our neighbours are nuisances. ［分配的］
(うちの隣の住民は迷惑な奴らだ)

（13i）では，主語は単数で現れ，叙述部のはたらきにより，our neighbour が表している個人はある属性をもつことになる．（13ii）では，主語は複数で現れ，叙述部のはたらきにより，our neighbours が表している集合が 1 つの迷惑な存在であるという属性をもつことになる．つまり，隣人たちを集合的に，ひとまとめにして，1 つの迷惑な存在とみなしているのだ．（13iii）では，主語は再び複数で現れ，叙述部のはたらきにより，our nieghbours が表している集合の構成員 1 人 1 人が迷惑な存在であるという属性をもつことになる．つまり，隣人の 1 人 1 人が，別々に，迷惑な存在であるということだ．集合的でも非集合的でもない中立的な属性を帯びたほかの名詞の実例を以下にあげる．

(14) delight　disgrace　embarrassment　godsend　mess
(喜び)　(不名誉)　(困惑)　(幸運)　(乱雑)
obstacle　pest　pigsty　problem　tip
(障害)　(厄介者)　(豚小屋)　(問題)　(祝儀)

shambles（大混乱の場）という名詞には複数形が無いので，分配的に使うことはできない．つまり，次の 3 つの例のうち最初の 2 つはいうが，3 つめのようにはいわない．

This room is a shambles.（この部屋はめちゃくちゃになっている）
These rooms are a shambles.（これらの部屋はめちゃくちゃになっている）
*These rooms are shambles.

・集合的属性 (collective properties)

叙述部が複数形であり，分配的解釈をもっている場合でも，集合的属性は複数の集合がもつ属性になる．次の例を使って説明しよう．

(15) i. #This stamp is a superb collection of rare issues.
(この切手は希少発行の素晴らしいコレクションだ)
ii. Bill's stamps are a superb collection of rare issues.　[非分配的]
(ビルの切手は希少発行の素晴らしいコレクションだ)
iii. Bill's stamps are superb collections of rare issues.　[分配的]
(ビルの切手は希少発行の素晴らしいコレクションだ)

(15i) が意味的に容認されないのは，this stamp は個体を表しているが，個体というものは，(この例文で切手自体があたかももつかのように扱われている) 集合的属性をもつことができないからである.[6] もし主語が集合を表すのであれば，文法的に単数の主語は容認される．たとえば次の例がそうである．

This is a superb collection of rare issues.
(これは希少発行の素晴らしいコレクションだ)

(15ii) において，叙述部は集合的属性，つまり，ビルの切手からなる 1 つの集合の属性を表しているのだ．(15iii) は現実味に欠ける例文である．たしか

[6] 訳者注：1 枚の切手は 1 個体であり，1 個体は集合ではないので集合的な属性をもたない．なのに 1 枚の切手には集合的属性があるかのように，叙述部 a collection of rare issues が現れているため，この文は容認されない．

に希少切手1枚ずつに集合的属性をあてがう解釈ではこの文は容認されない．そうではなく，希少切手をいくつかの部分集合に分け，その部分集合のそれぞれに集合的属性が分配されるという解釈が与えられる場合には，(15iii) は容認可能である．

twin のような名詞は，非集合的属性でも集合的属性でもどちらでも表すことができるが，集合の解釈はこの名詞 twin が複数の場合のみ可能である．次の例を比較してみよう．

(16) i. Bill is a twin.
(ビルは双子のうちの片方だ)
ii. Bill and Fred are twins.
(ビルとフレッドは双子だ)
iii. Bill, Fred, and Mary are twins.
(ビルとフレッド，メアリーは双子だ)
iv. Bill and Fred, and Mary and Jane are twins.
(ビルとフレッド，メアリーとジェーンは双子だ)

(16i) では，ビルという個人が，(誰かと双子の関係にあり，その) 双子のうちの片方であるという非集合的属性をもつ．(16ii) がもつ顕著な解釈は，お互いが双子の関係にあるという集合的属性がビルとフレッドに分配されることなく，ビルとフレッドからなる集合にあてがわれる解釈である．ここで関係する集合はちょうど2人のメンバーから構成されていなければならないので，(16iii) は，(この3人は血がつながっていなくてもよく) 誰かと双子の関係にあり，その双子のうちの片方であるという集合的属性がビルとフレッドとメアリーに分配される解釈しか容認されない．[7] では，(16iv) にはどのような解釈が考えられるだろうか．まず，主語によって表される2つの部分集合がある．つまり，ビルとフレッドからなる部分集合＝{Bill, Fred} とメアリーとジェーンからなる部分集合 {Mary, Jane} である．互いが双子の関係にあるという集合的属性が，これら2つの部分集合に分配されるという (つまり，ビルとフレッドは互いに双子の関係にあり，メアリーとジェーンが互いに双子の関係にあるという) 解釈が，(16iv) のもっともふさわしい解釈である．

---

[7] 訳者注：つまり「3人が双子である」というとき，その3人には，双子のうちの片方であるという特性が共通してみられるという解釈しかないということ．

19.3　数量詞構文における分配的解釈

ここまで議論してきた分配性（distributivity）とは，叙述部によって表される属性を主語の言及する集合のあらゆる個体に必ずあてがわねばならないということではない．たとえば，次の例を考えてみよう．

(17)　The office buildings downtown are skyscrapers.　［分配的］
（都心部のオフィスビルは超高層ビルである）

この例は，都心部にあるあらゆる個々のオフィスビルが超高層ビルであるということを明確に述べているわけではない．これはこの文にとっての真理条件（truth condition）ではない[8]（たとえば，古い裁判所は平屋の建物かもしれないからだ）．叙述補部が分配的である場合，そのあらゆる被叙述部（これはそれ以上分割できない原子的な要素である）には叙述補部の表す属性を個別的・分配的に所有するという分配的解釈が得られる．叙述補部が非分配的である場合，そのあらゆる被叙述部（これもそれ以上分割できない原子的な要素である）には叙述補部の表す属性を集合的・非分配的に所有するという非分配的解釈が得られる．そして，これらの解釈を確実に導き出したいのであれば，（被叙述部に）both や each や every といった明示的な数量詞をもってこなければならないのである．このことは (18) からわかる．(12) の規則どおり，(18) には分配的解釈が与えられる．

(18)　i.　All/Both the office buildings downtown are skyscrapers.
（都心部のすべての／両方のオフィスビルは超高層ビルである）
ii.　The office buildings down town are all/both skyscrapers.
（都心部のオフィルビルはすべて／両方とも超高層ビルである）

[専門的解説]
しかし（叙述部が意味的に）複数形でなくても分配的解釈が可能である．ゆえに（被叙述部を）明示的に数量化すればどんな場合でも（12）の規則が当てはまるというわけではない．[9] 以下で具体例をみてみよう．

---

[8] 訳者注：真理条件とはある文が真になるために必要にして十分な条件をいう．ここでは (17) の文が真であるためには，都心部の個々のオフィスビルがみな超高層ビルでなければならないというのではないということ．

[9] 訳者注：(12) の規則は，被叙述部が意味的に複数形である場合，かつ，叙述部が複数形

(19) i. Ed's daughters are a nuisance. [非分配的]
(エドの娘たちは迷惑な存在だ)
ii. Both Ed's daughters are nuisances/a nuisance. [分配的]
(エドの娘は両方とも迷惑な人たち／迷惑な存在だ)

(19i) は a nuisance の集合的解釈のみが可能である．なぜならば，叙述部を意味的に複数形にせず，また，被叙述部に数量詞を付け足さない場合に得られる解釈は，非分配的解釈だけだからである．[10] しかし，(19ii) において，被叙述部に数量詞 both を用いて明示的に数量化すると（この数量化のはたらきにより），叙述部が nuisances であろうと，a nuisance であろうと，どちらも意味的に等価になる．ゆえに，娘たちが，1 人 1 人，個々に迷惑な存在であるという分配的解釈が可能になる．[11] このように，数量詞がもつ効果を意味に基づいて支持してくれる根拠は，明快でわかりやすい．被叙述部に both という数量詞を付け足せば，both そのものによって分配的解釈が確実に得られるので，[12] 叙述部を複数形にしなければならないわけではないということである．それゆえ，叙述部はその基本形である単数形のままでよい．[13] しかしながら，このように叙述部が単数形のままでよいというのは狭い範囲に限った話であり，叙述部を複数形にしておくのが分配的解釈を得るための正攻法なのである．たとえば，(18) の both をともなう例に単数形を用いることはできない．

#Both the office buildings downtown are a skyscraper.
(都心部の両方のオフィスビルは 1 棟の超高層ビルである)

ならば，叙述部が表す属性は被叙述部に対して分配される解釈が生じるというものである．しかし，つぎにみる (19ii) では叙述部が複数形でない a nuisance の場合でも，(被叙述部 Ed's daughters に数量詞 both が付け足されていれば) 分配的解釈が可能であることから，(12) の規則が当てはまらないことになる．

[10] 訳者注： うえで，叙述補部が非分配的である場合，その被叙述部は叙述補部の表す属性を集合的・非分配的に所有するという非分配的解釈が得られ，この解釈を確保するには数量化が必要であるという趣旨の記述がある．(19i) では，被叙述部 Ed's daughters には明示的な数量詞がつけられていないこと，叙述部を複数形にしないことによって非分配的解釈が確保されるということになるだろう．

[11] 訳者注： これは被叙述部に数量詞を付け足すことで分配的解釈が確保される例である．これは，(19i) では both がないために分配的解釈が得られないことと対照的である．

[12] 訳者注：7.3 節を参照．

[13] 数量詞 each と every はこれら自体，分配的解釈を強いる明示的な標識であり，これらが主語名詞句の数量詞になると，叙述補部を含む節全体が単数形にならなければならない．すなわち，

Each/Every office building downtown is a skyscraper.

（都心部のオフィスビルは，おのおのが／どれも，（1 棟の）超高層ビルである）

このような each と every の特性は，分配的数量詞が出てくれば複数形を用いる必要がなくなるという意味的な原理を，完全に文法的な原理に置き換えたものであるといえるだろう．

第20章　固有名称，固有名詞と呼称

20.1　固有名称と固有名詞の区別

固有名称 (proper names) が用いられる主な場合を考えてみよう．固有名称は，特定の人やものの名称として，あるいは，the Hebrides（イギリス・スコットランド北西部のヘブリディーズ諸島）のような複数形の名詞の場合には，人やものの集合の名称として，これまでの慣習にのっとって採用されてきた表現である．これらを列挙しておこう．

特定の人や動物の名称
（例：Mary（メアリー），Smith（スミス），Fido（ファイドー））
多くの種類の場所の名称
（例：Melborune（メルボルン），Lake Michigan（ミシガン湖），the United States of America（アメリカ合衆国））
機関の名称
（例：Harvard University（ハーバード大学），the Knesset（クネセト：イスラエル国会））
歴史上の出来事
（例：the Second World War（第2次世界大戦），the Plague（ペスト大流行））

また，固有名称には，曜日，月，年，そして周期的な祭りや祝日（たとえば，Easter（キリスト教の復活祭），Passover（ユダヤ教の過ぎ越しの祭り），Ramadan（イスラム教の断食月））なども含まれる．典型的な固有名詞には正式名称がついている．また，多くの固有名詞にはさまざまな別称がついている．たとえば，the United States of America と the United States, the US, the States や Elizabeth（エリザベス）と Liz（リズ），Lizzie（リズィー）などである．

固有名称の主な用法は，通常，その名でよばれる特定の人やものを指示することである．つまり，この用法では，固有名称は名詞句としての統語的位置づけをもつ.[1] しかしながら，ほとんどの場合，固有名称はより大きな名詞句の一部である小名詞句にもなることができる．すなわち，そのような小名詞句は限定的修飾要素になることも，また固有名称自体には含まれない依存要素を引きつれた主要部になることもできる.[2] 次の例を比較してみよう．

(1) i. a. She lives in New Zealand.（彼女はニュージーランド在住だ）　b. Clinton was re-elected.（クリントンは再選された）　［完全な名詞句］

ii. a. the New Zealand government（ニュージーランド政府）　b. the Clinton administration（クリントン政権）　［修飾要素］

iii. a. the New Zealand of my youth（わが青春のニュージーランド）　b. the new Clinton（クリントン新政権）　［主要部］

対照的に，**固有名詞**（proper nouns）は名詞の範疇に属する単語レベルの単位である．Clinton と Zealand は固有名詞であるが，New Zealand は固有名詞ではない．America は固有名詞であるが The United States of America は固有名詞ではない．また，The United States も固有名詞ではないし，United と States もそれら自体は固有名詞ではない．固有名詞は固有名称の主要部として機能するが，すべての固有名称が固有名詞をその主要部とするわけではない．つまり，たとえば，The United States of America，the Leeward Islands（リーワード諸島），the University of Manchester（マンチェスター大学）などの固有名詞の主要部 states，islands，university は普通名詞である．普通名詞を主要部とする固有名称は，しばしば依存要素としてあるいは依存要素内に，より小さい固有名称を含んでいるが，必ずしもそうである必要はない．たとえば，内部に固有名詞を含む Madison Avenue（マディソン通り）と固有名詞を含まない Central Avenue（中央通り）を比べればわかるだろう．あるいは，Harvard

[1] 固有名詞の主要な用法には，識別陳述文（indentification statements）における固有名称の非指示的用法も含まれる．前述の 8.3 節を参照．

[2] 訳者注：(1i–iii) では下線部に固有名称が現れている．(1i) の例では固有名称が名詞句になっている．(1ii) では固有名称が小名詞句として名詞の限定的修飾要素になっている．(1iii) では固有名称が主要部として固有名称自体には含まれない of my youth や new のような依存要素をとっている．

University（ハーバード大学）と The Open University（オープン大学）を比べてもよい．多くの固有名称には別称があることを上で述べたが，普通名詞を主要部とする正式名称と普通名詞を省いた非正式名称とのあいだに一種の交替がみられる．たとえばテート美術館がその例で，The Tate Gallery の代わりに The Tate ともいう．

固有名詞というものは，固有名称の主要部として機能することに特化されており，その機能しかはたさない名詞である．固有名詞と普通名詞は同音異義 (homonymy) の関係にあり，これはしばしば，一方から他方への歴史的再分析から生じる．たとえば，the Earl of Sandwich（サンドイッチ伯爵）の Sandwich は固有名詞であるが，一方，a ham sandwich（ハムサンドイッチ）の sandwich は普通名詞である．同様に，固有名詞の Rosemary（女性の名前）は普通名詞 rosemary（これは低木の一種）と同音異義である．このような歴史的再分析からわかるとおり，この手の同音異義では，普通名詞と固有名詞という異なる 2 つの語がペアになっている．そして，それゆえやはり固有名詞の Sandwich と Rosemary には固有名称の用法しかないといえる．これとは対照的に，the University of Manchester と

I haven't yet decided which university to apply to.
（私はまだどの大学に願書を出すか決めていない）

のような組み合わせは，同音異義の関係にはないということに注意しよう．つまり，この場合にはまず university という単語があり，これが，最初の例つまり University of Manchester では固有名称である名詞句の主要部として機能しており，2 番めの例では university が通常の名詞句の主要部として機能している．もちろん，これらの違いには，マンチェスター大学は大学であるが，サンドイッチ伯爵はサンドイッチではないなどといったことがある．

20.2 固有名称の形式

ほとんどの固有名称は，その主要な用法では名詞句になって出てくる．さまざまな種類の人工物の名前，つまり，著作物，映画，テレビ番組などの**表題** **(title)** には，幅広い表現形式が許され，それらは以下のような主節や従属節疑問文などの形式をとることもある．

主節	平叙文	White Men Can't Jump (白人は跳べない (邦題：ハード・プレイ))
	疑問文	Who's Afraid of Virginia Woolf? (ヴァージニア・ウルフなんか怖くない)
	命令文	Kiss Me Kate (キス・ミー・ケイト)
従属節	疑問文	How the West was Won (西部開拓史) How to Marry to a Millionaire (百万長者と結婚する方法)

表題が名詞句になっている場合でも，それらはほかの固有名称よりはるかに自由奔放に表現されるため，以下では説明から除外する．

固有名称の統語構造は，通常の名詞句の構造規則に大部分は従うものの，一般規則に従わないところがある．以下ではまず，決定詞の問題について考え，次いで，複合主要部をもつ固有名称の構造についてみていく．

20.2.1　強固有名称と弱固有名称

固有名称の用途は，その名でよばれる特定の人やもの，あるいは，それらからなる集合体を指示することである．それゆえ，固有名称は本質的に定表現である．このため，固有名称には，不定の決定詞がつくことはないし，定の決定詞がつく必要もない．したがって，決定詞をもたない Kim（キム）や New York（ニューヨーク）のような**強**固有名称（**strong** proper name）と，余剰的にも定冠詞 the をつけて定であることを標示している the Thames（テムズ川）や the Bronx（ニューヨーク市のブロンクス区）のような**弱**固有名称（**weak** proper name）とを区別しておこう．固有名称の中には，the が任意に現れ，強弱両方の形式をもつものもある．たとえば，Gambia と the Gambia（アフリカのガンビア共和国）などである．[3]

弱い固有名称が完全に名詞句になりきっていない場合，つまり，それらが名詞句の主要部を修飾するかそれら自体が修飾される場合は，定冠詞が付かないのがふつうである．次の例を考えてみよう．

---

[3] 通言語的観点からみると，固有名称が強いか弱いかはかなり恣意的な問題である．Mary のような人名は，現代ギリシャ語では弱固有名称であるが，英語では強固有名称である．同様に，川の名前は英語では例外なく弱固有名称である．ブルガリア語ではあるものは強固有名称，またあるものは弱固有名称である．それにもかかわらず，以下でみるように，英語の強弱の由来についての一般論を述べておくことができる．

(2) i. a Thames cruise（テムズ川巡航）
two United States warships（2艘のアメリカの軍艦）
both Republic of Chad delegates（チャド共和国の両方の代議員）
ii. It was [a very different Thames from the one I remembered from my youth].
（それは幼いころから見慣れたものとは似ても似つかぬテムズ川だった）

(2) の下線部の位置は，文法上，名詞句ではなく小名詞句が容認される位置であり，固有名称から定冠詞を落とすことで小名詞句になっている．[4] しかしながら，同じ弱固有名称であっても，(2) のような表現に使われやすいものとそうでないものがある．たとえば，the Hague（ハーグ市）から the を落とすことはまず不可能である．すなわち，*two Hague councillors（2名のハーグ市議員たち）や *an impressively modernised Hague（見事に現代的な姿になったハーグ市）にはできない．

複数形の固有名称は常に弱固有名称である．複数形の名称が使われるのは，山脈（たとえば，the Alps（アルプス山脈），the Himalyas（ヒマラヤ山脈），the Urals（ウラル山脈）），諸島（たとえば，the Bahamas（バハマ諸島），the Hebrides（ヘブリディーズ諸島），the Maldives（モルディヴ諸島）），その他の散発的にみかけられる地理的実体（エンティティ）（たとえば，the Netherlands（オランダ），the Balkans（バルカン諸国・バルカン山脈），the Dardanelles（ダーダネルス海峡））である．芸能人のグループ名は，複数形の弱固有名称であることもあれば (the Beatles（ザ・ビートルズ）)，集合的単数形の強固有名称であることもある (AᗺBA（アバ）)．

固有名詞を主要部とする単数形の弱固有名称には以下のタイプがみられる．

---

[4] 限定的修飾機能でも定冠詞が例外的に現れる事例がある．たとえば，The Gap State High School（ザ・ギャップ州立高等学校）である．この例は The Gap（ブリスベンの郊外）にある州立高校のことである．これとは対照的に，オーストラリア郊外の Kenmore（ケンモア）は強固有名称であり，そこにある学校をいう場合，限定修飾機能の Kenmore に冠詞が付かない．つまり，Kenmore State High School（ケンモア州立高等学校）となる．これら2つを比較するとよいだろう．それゆえ，The Gap の The は Gap と構成素を形成しているのであって，母体となる名詞句 The Gap State High School の直接構成素ではないと推測される．しかしながら，この場合の母体となる名詞句自体は固有名称であるということに注意しよう．つまり，母体となる名詞句が residents などのような，通常の名詞句である場合には，定冠詞は通常どおり消されて，次のように使われる．

Gap residents are protesting against the decision.
（ザ・ギャップの住民はその決定に抗議している）

(3)	i.	the Argentine（アルゼンチン），the Ukraine（ウクライナ），(the) Sudan（スーダン），(the) Yemen（イエメン）	［国］
	ii.	the Crimea（クリミア半島），the Caucasus（カフカス山脈），the Ruhr（ルール地方）	［地理的に定義される地域］
	iii.	the Colosseum（円形競技場コロセウム），the Pantheon（パンテオン神殿），the Parthenon（パルテノン神殿）	［有名な建造物］
	iv.	the (River) Thames（テムズ川），the Potomac（ポトマック川），the Bosphorous（ボスポラス海峡）	［川，海峡］
	v.	the Adriatic（アドリア海），the Atlantic（大西洋），the Mediterranean（地中海）	［海，海洋］
	vi.	the Gobi（ゴビ砂漠），the Sahara（サハラ砂漠），the Negev（ネゲヴ地帯）	［砂漠］
	vii.	the Eiger（アイガー），the Jungfrau（ユングフラウ），the Matterhorn（マッターホルン）	［スイスアルプスの最高峰］
	viii.	the Knesset（イスラエル国会），the Kremlin 政府），the Pentagon（米国国防総省）	［政治／軍の当局］
	ix.	the Bodleian（ボドレアン図書館），the Guggenheim（グッゲンハイム美術館），the Tate（テート美術館）	［図書館，美術館など］
	x.	the Bible（聖書），the Koran（コーラン），the Talmud（タルムード）	［宗教聖典］
	xi.	The Economist（エコノミスト），The Guardian（ガーディアン），The Times（タイムズ）	［新聞，定期刊行物］

これ以外に，(3) には含まれない別の範疇に属す，弱固有名称もある．たとえば，都市名の the Hague（ハーグ市），マンハッタンにある地区名の the Bronx（ブロンクス区）などである．(3i) の名称は比較的例外的である．つまり，国名はふつう，強固有名称であるからだ（さらに，アルゼンチンには，弱固有名称の the Argentine しかないと誤解を与えるかもしれないが，強固有名称の形式 Argentina もあるので注意しよう）．(3ii)-(3vi) に例が上がっている範疇に属す名称は，通常は弱固有名称であるが，-ia で終わるラテン語由来の固有名詞から形成される地域の名称は強固有名称である．すなわち，Scandinavia（スカンジナビア），Siberia（シベリア），Transylvania（トランシルバニア））などである．山脈の名前が弱固有名称であるのとはうってかわって，個々の山の名前は一般

に強固有名称である．ところが，スイスアルプスの山々の名前には，(3vii) のように，弱固有名称も容認される．(3viii)-(3x) の範疇は，(大文字の The をともなう) 新聞の名称と同様，弱固有名称がふつうである．定期刊行物の正式名称は，強固有名称であることが多い．たとえば，New Scientist (ニュー・サイエンティスト誌)，Journal of Linguistics (英国言語学会誌) がそうである．しかしながら，ほとんどの文脈において，弱い交替形が使われる．例をあげておこう．

I doubt whether the New Scientist would publish a paper like that.
(ニュー・サイエンティスト誌がそのような論文を掲載するかどうか疑わしいね)

20.2.2 単純主要部をもつ固有名称と複合主要部をもつ固有名称

固有名称の主要部は，弱固有名称の場合，冠詞を除いた名称である．このような名称は，**単純**主要部 (**simple** head) であってもよいし，**複合**主要部 (**composite** head) であってもよい．前者は，Fortescue-Smythe (フォーテスキュー・スミス (人名)) や Alsace-Lorraine (アルザス・ロレーヌ地方) のような，さまざまな種類の複合名詞を含んでいることもある単一の名詞である．後者は，複合名詞 (composite head)，つまり内部に統語構造をもった小名詞句である．これらを順にみてみよう．

■ 単純主要部

強固有名称では，単純主要部は固有名詞であることが多い．たとえば，Kim (キム)，Jones (ジョーンズ)，Boston (ボストン)，Italy (イタリア) などである．しかし，家族の中では，ファーストネーム (名字の下の名前，姓に対する名) を使うには制約があって，子どもが大人をよぶときや，子に語りかけるときに，ファーストネームの代わりに親族名称が使われる．たとえば，次のようにいう．

Mum/Mom/Mummy/Mother wants you.
(お母さんがよんでいるよ)
Have you seen Grandma/Granny/Nana?
(おばあちゃんをみかけなかった？)

このような事例において，親族名称は統語的に普通名詞の範疇に属するが，それらは固有名称としての位置づけをもっている．固有名詞と同等に使える普通名詞が二,三あるが，これらは使える状況が限定される．例をあげよう．

Have you seen Nurse?（ばあやをみましたか）

■ 複合主要部

主な種類の複合主要部構造の例を (4) に示す.

(4) i. Kim Jones（キム・ジョーンズ），Emma Ann Barton（エマ・アン・バートン），J. C. Smith（J・C・スミス），John C. Smith（ジョン・C・スミス），J. Edgar Hoover（J・エドガー・フーヴァー）

ii. Queen Mary（メアリー女王），Pope John Paul（教皇ヨハネ・パウロ），Major White（ホワイト少佐），Nurse Fox（フォックス看護師），Dr Brown（ブラウン博士），Mr Black（ブラックさん／殿／様／氏）

iii. British Columbia（ブリティッシュ・コロンビア州），Upper Saxony（オーバー・ザクセン（ヴェッティン家によって支配されていたドイツの地域）），North America（北アメリカ），the Northern Territory（北部特別地域（ノーザーンテリトリー）（オーストラリアの準州）），New York（ニューヨーク），Long Island（ロングアイランド島），Good Friday（聖金曜日つまり復活祭前の金曜日），the Iron Duke（鉄の公爵（初代ウェリントン侯爵アーサー・ウェルズリーのあだ名）），the National Gallery（ロンドン国立美術館）

iv. Oxford Road（オックスフォード街道），Harvard University（ハーバード大学），the Ford Foundation（フォード財団），Christ's College（クライスツ・カレッジ（ケンブリッジ大学のカレッジの 1 つ））

v. Lake Michigan（ミシガン湖），Mount/Mt Everest（エベレスト山），the River Thames（テムズ川），Ward 17（第 17 区）

vi. The Isle of Skye（スカイ島），the Bay of Biscay（ビスケー湾），the University of Sydney（シドニー大学），John of Gaunt（ジョン・オブ・ゴーント（イングランドの王族の 1 人）），Massachusetts Institute of Technology（マサチューセッツ工科大学），the Institute of Modern Art（ブリスベン現代美術館）

vii. Henry Cotton Senior（ヘンリー・コットン・シニア），[5] Peter the Great（ピョートル大帝），(Kind) George the Fifth/V（ジョージ 5 世）

・姓と名の組み合わせ

人名は，(4i) のように典型的に 1 つまたは複数の名（ファーストネーム，洗

[5] 訳者注：シニアは親族で同じ名前をつけた場合の年上の者につける語.

礼名）と姓（ファミリーネーム，名字）の組み合わせからなる．ファーストネームは，略して頭文字だけにしてよい．このように姓と名が組み合わさるのは人名に特有であり，姓名を構成する要素1つ1つが主要部であると考えることはできないわけではないが，納得のいく証拠がない．

・称号

(4ii) の下線部の要素は，人名の主要部前位修飾要素である称号 (appellation) であり，それが付いている人の地位や身分を表している．[6] 称号が示す地位や身分の種類には，王侯貴族の地位や階級（たとえば，King（王），Queen（女王），Prince（王子），Earl（伯爵），Lord（君主），Emperor（皇帝），Count（伯爵）など），聖職者の地位（たとえば，Pepe（教皇），Archbishop（大司祭），Sister（修道女）など），軍隊や警察の階級 (Private（兵卒），Captain（司令官），Squadron Leader（空軍少佐），Admiral（海軍大将），Inspector（警部）)，政治家の官職 (President（大統領），Senator（上院議員），Governor（知事），Councillor（議員）など），司法家の職位（たとえば，Judge（裁判官）など），学者の地位（たとえば，Dr（博士），Professor（教授）など）がある．地位や階級を表さないという意味でもっとも一般的な称号として使われるものに一連の敬称がある．Mr（～様，～さん），Ms（～様，～さん），Mrs（～様，～さん），Miss（～様，～さん），Master（名人～，～名人，～親方，～先生）などの敬称は，性別を表したり，ものによっては，既婚あるいは未婚の別，何かに精通した者であることを表す．称号が固有名称の一部なのかそれとも，名前を引き立てる装飾部 (embellishment) なのかについては，議論の余地がある．しかしいろいろな事例のうち，とりわけ King George（ジョージ王）や Pope John（教皇ヨハネ）のような場合をみてみると，即位によって受ける称号とともに個人名が使われており，それゆえ称号は装飾部ではなく，名称の一部になっていると考えるべき論拠がより強まるような認識をもつことがあるだろう．複数の称号が重なる場合もある．すなわち，Professor Sir Ernest Ruther Ford（アーネスト・ラザフォード卿(きょう)教授）や Her Majesty Queen Elizabeth（エリザベス女王陛下）のようにである．

---

[6] 称号という場合に appellation よりも title という語が一般的に使われる．しかし，本シリーズではこれまで，文学作品やそれに類する作品を表す固有名称に title（表題）のほうを使ってきている．そして，文法の観点からみれば，appellation と title はかなり異なる．
［訳者注：それゆえ，称号には appellation を用いることにする．］

・その他の主要部前位依存要素

主要部の前に現れる依存要素には，通常の名詞句と同様に，形容詞の形式をもつもの（＝(4iii)）や，[7] 一般的にそれら自体が固有名称である名詞の形式をもつもの（＝(4iv)）や，[8] その名称でよばれる人やものがどんな種類のものであるかを表す**記述語（descriptor）**がある．記述語は省略できるのが一般的である．すなわち，記述語が省略されている，Everest（エヴェレスト山），the Thames（テムズ川）などと（4v）とを比べるのがよい．その他の主要部の前に現れる依存要素は概して，名称の必要不可欠な部分であることが多いが，口語では，the United States（合衆国）の代わりに the State が使われるように，依存要素は省略できる場合がある．固有名称以外の環境でもそうであるが，この種の依存要素は，反復的に主要部の前に現れることができる．[New [South Wales]]（ニュー・サウス・ウェールズ州）や [[Cambridge University] Press]（ケンブリッジ大学出版局）を参照してほしい．[9]

（4iv）の Christ's のような属格句は，決定詞ではなく修飾要素とみなしておくことにする．これらは，a Christ's College don（クライスツ・カレッジの教師）のように，より大きな構造内で修飾要素として機能する名称内に容易に現れることができる．つまり，この構造は修飾要素の位置に小名詞句は容認するが完全な名詞句は容認しないのである．[10] このような属格句は，決定詞を取れないのが通例である．たとえば，King's College（キングスカレッジ）や Women's College（女子大学）と比較するとよい．

---

[7] 訳者注：British Columbia（ブリティッシュ・コロンビア）の British がこれに当たる．

[8] 訳者注：Oxford Road（オックスフォード街道）の Oxford がこれに当たる．

[9] 訳者注：たとえば 2 つめの例では，University という名詞の依存要素である Cambridge がこの名詞の前に現れて，[Cambridge University] という小名詞句がつくられる．この小名詞句が今度は Press という名詞の依存要素としてこの名詞の前に現れて，[[Cambridge University] Press] という名詞句がつくられる．このように反復的に依存要素が名詞の前に現れることが可能である．

[10] 訳者注：[a [Christ's College] don] のような大きな構造の中に埋め込まれている（修飾要素として機能する）固有名称 Christ's College の内部にある名詞 College の修飾要素の位置には，（つまり，[a [___'s College] don] という構造の下線部の位置には）小名詞句は現れてもよいが，完全な名詞句は現れることができないということである．つまり，Christ には冠詞がないため小名詞句であり，完全な名詞句ではないので，この下線部の位置に現れてよい．しかし，this man などのような完全な名詞句は，この位置に現れることができないので，たとえば，*[a [this man's college] don] という構造は非文法的である．

・主要部後位依存要素

主要部後位依存要素は，(4vi) に示されるように，一般的に of が主要部となる前置詞句の形式をとることがもっとも多い．この主要部後位の斜格名詞句は，これもまた固有名称であり，ごく一般的にみられる．これとは別の主要部後位依存要素として，(4vii) のような表現がある．つまり，Senior は形容詞であるが，これに対して他の 2 つの例は，修飾要素と主要部を兼ねる融合形からなる名詞句 (fused modifier-head NP) になっている．the Great (大王，大帝) のような主要部後位依存要素は固有名称とのみ現れる．

20.3 装飾部

固有名称が小名詞句であるとき，(その名称がついているより大きな) 名詞句の主要部になることができる．

(5) i. architect Norman Foster (建築家ノーマン・フォスター)
mother of two Eileen Jones (2 児の母アイリーン・ジョーンズ)
special agent Cully (特別捜査官カリー)
well-born Hampshire gentleman John Grant
(名門の出のハンプシャー紳士ジョン・グラント)
nuclear physicist Lord Rutherford
(原子物理学者ロード・ラザフォード)

ii. beautiful Italy (美しいイタリア)
dear old Mr Smithers (懐かしの愛しいスミザース様)
poor Henry (気の毒なヘンリー)
sunny Italy (太陽が降り注ぐイタリア)
historic Virginia (歴史の古いヴァージニア州)
the inimitable Oscar Wilde (比類なき存在のオスカー・ワイルド)
the distraught Empress Alexandra (悲しみに打ちひしがれた皇后アレキサンダー (ロシア皇帝ニコライ 1 世の妻))

iii. Who's [this Penelope who's been sending you emails]?
(あなたにメールを送ってきているこのペネロペという人は誰ですか)
[That Senator Fox] should be locked up.
(あの上院議員のフォックスの野郎は刑務所にぶち込んでやるべきだ)
[Your Mr Jenkins] has been arrested again!
(お宅の／あなたがいつも話している／あなたがよく知っているジェンキンス

さんがまた逮捕されましたよ）

下線部の要素は，固有名称の**装飾部**（**embellishment**）という呼び名がふさわしいとここでは考えており，意味的に非制限的な依存要素である．(5) では，3 つの主要な装飾部の例を示している．すなわち，(5i–iii) はぞれぞれ，小名詞句，形容詞の限定的修飾要素，そして決定詞である．

(5i) の小名詞句の修飾要素は，一般的に人名と共起し，それが付いている人を範疇化するはたらきがある．この構造は，固有名称が同格になっている構造とは区別すべきである．つまり，architect Norman Foster（建築家ノーマン・フォスター）という表現では，固有名称 Norman Foster が主要部で，architect は省略可能な装飾部であるが，一方，the architect Norman Foster（建築家ノーマン・フォスター）では，主要部は architect であって，固有名称 Norman Foster は省略可能な同格の依存要素である.[11] すでに述べたように，称号を固有名称の一部として考えるか装飾部として考えるかについては議論の余地がある．確かに，Secretary of State Colin Powell（国務長官コリン・パウエル）や Prime Minister Tony Blair（イギリス首相トニー・ブレア）のような表現は，イギリス英語よりアメリカ英語で広く使われるが，(5i) の例ととてもよく似ている．

形容詞が固有名称の装飾部として現れる構造は次の 2 つである．すなわち，無決定詞名詞句か，(5ii) の最後の 2 つの例にあるように，(不必要な) the がついている名詞句において，形容詞が固有名称の装飾部になっている．無決定詞名詞句構造は感情的色彩 (emotive colouring) をともなう，かなりわずかな

[11] Emperor（皇帝），Empress（女帝・皇后），Archduke（大公）のような称号（title）の場合には，同格か同格でないのかを区別する上で the の有無は決め手にならない．なぜならば，これらの称号は強固有名称と弱固有名称のどちらにでも使えるからである．つまり，エチオピア皇帝ハイレ・セラシエ 1 世は，Emperor Haile Selassie でも the Emperor Haile Selassie でもよい．しかし，the emperor Haile Selassie という言い方は可能であるものの，同格構造になっている可能性は低い．

［訳者注：Emperor Haile Selassie という強固有名称になっている場合にも the Emperor Haile Selassie という弱固有名称になっている場合にも，同格構造である（つまり，この名詞句の主要部は Emperor であって，固有名称は同格依存要素である）可能性もあるし，同格構造ではない（つまり，固有名称が主要部であって，(the) Emperor は装飾部であるという）可能性もある．一方，the emperor が小文字になっている the emperor Haile Selassie の場合，同格構造になっている可能性は低い．つまり，この名詞句の主要部は Haile Selassie であり，emperor が装飾部になっているということらしい.］

形容詞に限られる．それらには，beautiful や ugly，young，old などがある．名詞句内部で決定詞がついている構造は，beautiful や，dazzling（見事な），incomparable（類まれなる），inimitable（比類なき），irrepressible（こらえきれない），unfortunate（不運な），wretched（哀れな）を含むいくらか広い範囲の形容詞と，distraught（取り乱した），furious（激怒した），jealous（羨んだ）などの感情的な心理状態を示す形容詞を容認する．このような形容詞は，一般的に，the ill-fated Titanic（不運なタイタニック号）のように，弱固有名称の主要部を修飾することができる．

装飾部として使われる主要な決定詞は，(5iii) に示されるように，指示詞と属格人称代名詞である．属格は親密な人間関係を示す．つまり，your Mr Jenkins（おたくのジェンキンスさんがね ...）と誰かにいわれたらあなたはジェンキンスさんと親しい間柄であるということである．親子関係も表すことも多い．例をあげておく．

[My Jennifer] has won the school prize again.
（うちのジェニファーがまた学校賞をとったのよ）

20.4 固有名称の二次的用法

固有名称はその一義的な用法において，本質的に定表現 (definite) である．そのため，名詞句構造の通常の主要部と同じように，固有名称の主要部が適切な決定詞を選んでそれとともに現れるということはない．また，固有名称は，さまざまな二次的用法も持ち合わせている．その用法では，本来備わっている定性 (definiteness) を喪失しているため，通常の規則にのっとって適切な決定詞を選び出し，それとともに現れる．[12] 固有名称の用法は以下にあげる 5 つに分類できる．

---

[12] 固有名詞の一義的な用法では，Kim のような名詞は不可算名詞であることに注意しよう．つまり，ある特定の二次的用法においてのみ，そのような名詞が数詞と結合して可算名詞としての資格を得ることができる．

(a)　固有名称の担い手の集合を表す用法

(6) i. [The Mary that you met yesterday] is my fiancée.
(あなたが昨日会ったメアリーは私の婚約者です)
ii. I've never met [an Ophelia] before.
(オフィーリアという名前の人に会ったことがない)
iii. There are [two Showcase Cinemas] in Manchester.
(マンチェスターには 2 つのショウケース・シネマがある)
iv. Shall we invite [the Smiths]?
(スミスさん一家／スミスご夫妻をお誘いしましょうよ)
v. Was it [the Bill Gates] he was talking about?
(あのビル・ゲイツの話を彼はしていたのですか)

名称というものは，何か 1 つのものだけに与えられるのではないという，典型的な性質をもつわけだが，この用法はこのことを巧みに利用している．Zaire (ザイール) という名称の国は 1 つしかないが，Mary (メアリー) という名のつく人はそれこそ何千，何万といる．それゆえ，Mary という名称は，第一義的な用法であれば特定のだれかを表すわけだが，二次的な用法ではこの名称でよばれる人々の集合を表すことができる．したがって，集合を示す名詞として，Mary という名称は，決定詞や制限的修飾要素を含むすべての範囲の依存要素をとることができる．これはあたかも，普通名詞がありとあらゆる依存要素を容認するのと同じである．たとえば，(6i) では，Mary という名称の人々の集合の中からあなたが昨日会った特定の 1 人を選び出している．そして (6ii) は，Ophelia (オフィーリア) という名称の人物に会ったことがないことを意味している．(6iii) の例は，普通名詞の主要部をもつ固有名称の用法である．すなわち，マンチェスターにそういう名称の映画館が 2 つあることを意味している．もっと特殊な用法が，(6iv) の事例にみられる．つまり，the Smiths (スミスさん一家あるいはスミスさんご夫妻) は Smith と同じ名字をもつグループを指す．そのようなグループは，夫婦かもしれないし家族かもしれないが，ほかの文脈では王家であるかもしれない．(6v) では，強勢の置かれた冠詞は，同じ名前をもっているほかの人とは異なって，その名称がついた例の有名人のことを述べているのだということを明示している．[13]

[13] 訳者注：ビル・ゲイツはビル・ゲイツでもほかならぬ，あの有名なビル・ゲイツを指しているということを聞き手にわからせようとしているということ．

(b) 固有名称の担い手にかかわりのある属性をもつ人やものの集合を表す用法

(7) i. We need [another Roosevelt].
(この国には，ルーズベルトの再来といわれるぐらいの偉大な大統領が必要だ)
ii. She's [no Florence Nightingale].
(彼女はフローレンス・ナイチンゲールどころか，その足元にも及ばぬ看護師だよ)

(7i) の another Roosevelt は「ルーズベルトと関係する属性をもつもう 1 人別の人物」という意味である．一方，(7ii) は，彼女がフローレンス・ナイチンゲールの生まれ変わりといわれるに足る力量を欠いていることを述べている．

(c) 名称の担い手が (その時々に) 見せるさまざまな様子を表す用法

(8) i. This is not [the Paris I used to know].
(これは私の知っていたパリではない)
ii. This is [a United States I prefer to forget].
(これは忘れ去りたいアメリカ合衆国の一面である)
iii. [The young Isaac Newton] showed no signs of genius.
(若き日のアイザック・ニュートンは天才の片鱗(へんりん)をみじんも垣間(かいま)見せることはなかった)

(8i) は，パリの (おそらく好ましいものであった) 以前の様子 (manifestation) と，現在の様子を区別している．この用法を用いると，話者が単一の様子を表現したい場合には，通常は複数形をとる名称であっても，単数形名詞句を導くことができるということが (8ii) からわかる．(8iii) では，形容詞 young が制限的に使われている．つまり，言及されているものは，科学者としての確固たる地位を築いたアイザック・ニュートンというよりも，若き日のアイザック・ニュートンの様子である．このような用法は，次の例にある形容詞の非制限的装飾部としての用法と対比すべきである．

Young Isaac Newton went off to Cambridge.
(青年アイザック・ニュートンはケンブリッジに赴いた)

(d) 名称の担い手によってつくられたものの集合を示す用法

(9) i. The gallery has acquired [a new Rembrandt].
(その美術館は新しいレンブラントを 1 枚入手した)

ii.　Let's listen to [some Beethoven] tonight.
（今夜はベートーヴェンを少し聞いてみよう）

(9i) では，美術館は新しいレンブラントの絵を入手しており，(9ii) では，ベートーヴェンの楽曲を聴くことを提案している．後者の例からわかるように，この用法は可算の解釈だけでなく不可算の解釈も容認する．

この用法にはさまざまな商品が含まれる．たとえば，

She was driving [a Ford].（彼女はフォードを運転していた）

では，「フォード（つまり Ford Motor Company）によって製造された車」と理解できる．しかしながら，この例は

She was driving [a Cortina].（彼女はコルティナを運転していた）

とは区別されるべきである．Cortina は商品名 (tradename) であって，固有名称ではない．それは**個体 (individual)** に与えられた名称ではなく，むしろ，種類 (kind) を表すためにつくられた語である．同じことが商業目的でつけられる数多くの名称に当てはまる．たとえば，次の例がそうである．

I bought [some Maltesers].（私はモールティーザーをいくつか買った）

こういう場合，**Malteser** は単にある種のチョコレート菓子を意味する普通名詞である．

(e)　固有名称でよばれている著作物などを印刷，編集・演出などしたものの集合を表すための用法

(10)　i.　Can I borrow [your Guardian] for a few minutes?
（あなたがおもちのガーディアン紙をちょっと借りていい？）

ii.　The film was reviewed in [yesterday's Herald-Tribune].
（その映画は昨日のヘラルド・トリビューンに批評(レビュー)が載っていた）

この用法は，大部分が題名 (title) という部類に属す固有名称に限られる．(10) の例は新聞名である．すなわち，「あなたがおもちのガーディアン（英字新聞）を 1 部」と「ヘラルド・トリビューン（英字新聞）の昨日の朝刊（または夕刊）を」と理解できる．表題がついている作品の種類に応じて個別の解釈が出てくる．次の例を比べてみるとよい．たとえば，last night's 'Carmen'（昨夜の「カルメン」）といえば performance（上演）という解釈になるし，Peter Hall's 'Hamlet'

(演出家ピーター・ホールの「ハムレット」) といえば，production (演出) という解釈になる．

20.5 よびかけ語の機能をもつ名詞句

呼称 (terms of address) として機能する名詞句は**よびかけの** (**vocative**) はたらきをもつ．[14]

(11) What do you think, <u>Senator Fox</u>?
(どのように思いますか，フォックス上院議員)

呼称としての機能を果たせる名詞句の主な種類を (12) に示す．

(12) i. Mary (メアリー)，Smith (スミス)，Mary Smith (メアリー・スミス)，Mr/Dr Smith (スミスさん／様／スミス博士)，Sir John (ジョン卿) ［人名の呼称］
ii. Mum/Mom/Mummy (お母さん／ママ)，son (息子)，daughter (娘)，aunt (おば)，uncle (おじ)，cousin (いとこ) ［親族名称］
iii. Your Majesty (陛下)，Your (Royal) Highness ((妃) 殿下)，Ma'am ((女性によびかけて) 奥様，お嬢様，先生)，sir ((男性によびかけて) 旦那様，あなた様，先生)，madam ((女性によびかけて) 奥様，お嬢様，先生) ［身分や地位を表す呼称］
iv. driver (運転手)，officer (警官，警察官)，waiter (ウェイター)，vicar (牧師) ［職称］
v. buddy (君 (アメリカ英語))，mate (君 (イギリス英語／オーストラリア英語))，gentlemen (男性の皆さん)，ladies (女性の皆さん)，guys (あなたたち) ［一般呼称］
vi. darling (愛しいあなた)，dear (愛しいあなた)，honey (愛しいあなた)，love (愛しいあなた)，sweetheart (愛しいあなた)，gorgeous (イケメン君，べっぴんさん)， ［愛称］

---

[14] vocative という用語は，通例，2 つの意味で使われる．まず，ここで論じているよびかけ機能の意味で，つまり呼称の意味で使われる．そしてもう 1 つは，格が問題になるような場合に，主格 (nominative) や対格 (accusative) などと並んで，よびかけ機能をもつ格，つまり，呼格 (vocative case) という意味で使われる．もちろん，英語には呼格がないため，vocative をここではもっぱら呼称の意味で使うことにする．

handsome（二枚目なあなた）

vii. fatty（ふっくらさん），idiot（忘れんぼさん），imbecile（うっかりさん），nitwit（ぼんやりさん），slowcoach（のんびり屋さん），swine（いじわる）　［蔑称］

viii. you（あなた），you-all（あなた方（アメリカ南部）），you with the glasses（眼鏡をかけているあなた）　［二人称代名詞］

ix. somebody（誰か），anybody（誰も），everybody（みんな），someone（誰か）　［複合決定詞類］

人称名詞（personal noun）は単独で，あるいは称号と一緒に使われる．名字のみの使用は，かつてヴィクトリア朝のイギリスできわめて広く認められていたが，今では，特定のイギリスのパブリックスクールと軍隊（低い階級の軍人へのよびかけ）のような，ほんのわずかな状況に限定されている．Mary Smith のような形式もまた使用状況が限定されるが，学校の教室で，とくに Mary が 2 人以上いるような場面で，使われることがあるだろう．親族名称には，固有名称として使われる語が含まれるが，それ以外にも son や cousin のような，固有名称としてはほとんど使うことのできないほかのものも含まれる（呼称として，son は若い男性ならだれにでも使うことができるが，この意味では，それは（12v）の一般的な用語に属する）．身分や地位を表す呼称には多くの称号が含まれる．また，貴族とその他のとくに高い身分の人に対する特別な呼称がある．つまり，Your Majesty（陛下），（女王に対する）Ma'am（王女様，女王様），My Lord（閣下），（裁判官に対する）Your Honour（裁判官，裁判長）などである．称号とその他の用語に呼称に付け加えられる Mr や Madam がある．すなわち，男性の大統領や社長に対して Mr President（大統領，社長），女性の議長に対して Madam Chair/%Chairman（議長）ということができる．男性に対して Sir（旦那様，あなた様，先生）と女性に対して Madam（奥様，お嬢様，先生）は，見知らぬ人（もしくは，特定の文脈で，より高い社会的身分の人）に対する敬称である．Miss は少女や若い女性（そして学校の先生）に使われるが，Mr と Mrs は，一般的に，呼称として非標準的なもしくは無礼なものとして考えられているだろう．（12iv）の職称は称号として使われないが，よびかけられた人が当該の職業に従事している場合のみ，呼称として使われる．

一般的な人を表す名詞は，my，old，young のような依存要素をともなうことがしばしばある．すなわち，my boy/girl（おい君，ねえあなた），old chap（おい君（イギリス英語）），young man（お兄さん！）のようにいえる．また，属格の my は愛称（terms of endearment）と一緒にしばしば使われる．すなわち，my darling（おまえ，あなた）といえる．これらの用語のいくつかは，darling Anna（最愛のアナ）や my dear friends（私の大切な友だち）のように，人名や一般名詞の属性を表す用語として使われる．呼称としての gorgeous，handsome とそれらに類似した用語は，統語的には名詞句である．そしてこの名詞句内では，呼称としての機能をはたす場合に限って，修飾要素と主要部が融合されている．蔑称（derogatory terms）は，you stupid bastard（あなたって最低！）などのように，決定詞類 you と一緒に使われるのが一般的である．対照的に，(12viii) の代名詞 you（もしくは you-all（あなた方））は，呼称として機能する名詞句の主要部である．複合決定詞類（(12ix)）の中でも，特定の個人によびかけない場合に，some- と any- が使われる．すなわち，次のようにいえる．

Fetch me a chair, somebody!（誰かイスをもってこい）

さらにもう 1 つの呼称のタイプは，たとえば，次のような，融合型関係代名詞である．

Come out, whoever you are!（誰でもいいから出てこい）

これは，相手が見えない場合や，さもなければ相手が誰か知らない場合に使われるのが特徴である．

呼称は，次のような用途に使うことができる．

誰かをよぶため
（たとえば，Kim, dinner's ready!（キム，晩御飯ができたよ））
誰かの注意を引くため
人の集まりから話し相手を 1 人選び出すため

しかしながら，これまでみてきたことから明らかなように，呼称は一般に話者と聞き手の社会的関係，聞き手に対して話者がとっている感情的な態度といったかなりの情報を伝達する．そして，この種類の意味を表現することが，呼称がはたす主たる，もしくは，唯一の目的であることが多い．例をあげておこう．

Yes, sir!
（かしこまりました）
I agree, my dear, that it's quite a bargain.
（ねえ君，これは君のいうとおり，掘り出し物だね）

呼称はそこに何が省略されているわけでもないのに，単独で現れており，このため，動詞の依存要素としてみなすことはできない．呼称は一種の挿入句（interpolation）であると考えるのがもっとも良い．つまり，特定の付加部のように，文頭，文中，文末に現れることができる．[15]

---

[15] 訳者注：第 2 巻『補部となる節，付加部となる節』を参照．

文献情報：もっと知りたい人のために

英文法に関する膨大な文献をカバーする解説書，これをつくるのは私たちにとってほとんど不可能といってもいいくらいの試みである．また，もしできたとしても，かなりの大著になってしまうであろう．本シリーズを準備するにあたって，参照したすべての著作に解説をつけようとするならば，それはそれでページ数を超過してしまうことになるだろう．しかし，本シリーズを執筆するにあたって参考にし，大いに影響を受けた文献が実際にあるわけであり，読者の皆さんがさらに研究を進めるためにどういった文献に目を向ければよいかをここで説明しておくことは，著者としての務めであると考える．とはいうものの，やはりここでの注釈も，また以下にあげる文献も，けっして代表的なサンプルとはいえないし，さらに，本シリーズではここにあげている以外にもたくさんの本や論文にあたり，それらからも有益な情報を得ていることを強調しておきたい．もう 1 つ明記しておきたいことがある．それは，以下の文献リストにあげられているからといって，私たちがその参考文献の立場を採用しているわけでもなければ，そこでいわれていることが正しいと考えているわけでもないということである．巻によっては，そこで示されている分析を直接使うためではなく，その分析がどう改良できるかを読者の皆さんに考えてもらうために言及した場合もある．そういった場合も，ほかの著者の分析に従って忠実に説明を行っている場合と同じように，本シリーズへの貢献として，適切に評価されるべきことは当然である．(もちろん，本シリーズに間違いや欠点があるとすれば，それは私たち著者のみに帰せられるべきものであることはいうまでもない.)

■英語

英語とその使用に関し，世界中の何千という書物のなかで英語の主要な地域差について概説しているものとして Trudgill and Hannah (1985) がある．また，英語がいかにして現在の国際語としての地位を獲得したかについては Crystal (1997) の解説がある．

■辞書

英語に関する辞書類のなかでもっとも重要なものは *Oxford English Dictionary* (*OED*) 第 2 版である．これは言語を問わず，これまでに編纂された辞書のなかでもっとも優れ，もっとも完成されたものといえる．アメリカ英語の辞書で，とくに「問題のある語法」にもしかるべき注意を払ったものとして *American Heritage Dictionary*（第 4 版，2000）がある．オーストラリア英語の標準的辞書で本シリーズでも利用したものとしては *Macquarie Dictionary of Australian English* がある．上記以外にも，実際のコーパスからの優れた用例集で，本シリーズを編纂するにあたって助けとなった辞書に Paul Procter (1995) 編の *Cambridge International Dictionary of English* と John Sinclair (1987) 編の *Collins COBUILD English Language Dictionary* の 2 冊がある．

■ 用語集

非常に有益な言語学用語集で，本シリーズで頻繁に活用したものとして，Peter Matthews の *Concise Oxford Dictionary of Linguistics* (Matthews (1997)) と Larry Trask の *Dictionary of Grammatical Terms in Linguistics* (Trask (1993)) の 2 冊がある．

■ 文法書

20 世紀前半のもっとも完成された英文法書の 1 つとして Otto Jesperson による 7 巻本（1909–1949）があげられる．真摯な英文法学者であれば，誰もが定期的に紐解く著作であろう．それより幾分前に書かれた同類の著作として Poutsma（1926–1929）がある．20 世紀後半に出版され，もっとも充実し，もっとも影響力のある文法書としては Quirk et al.（1985）があげられる．同書は，The Survey of English Usage at University College London の調査をもとに，1970 年代初め以来出版されてきた文法書の集大成である．Biber et al.（1999）のコーパスに基づく文法書は基本的に同じ分析手法を用いている．しかし，話しことばと書きことばの文体やレジスターの違いによる異なった構文とそれらの出現頻度を定量的に細かく見ることに，通常の文法書には見られないほどの紙面を割いている．*Collins COBUILD English Grammar* には，さまざまな文法特性を共有する多くの単語リストが掲載されており，非常に有益な文法書である．また，Renaat Declerck の *A Comprehensive Descriptive Grammar of English* (1991a) も本シリーズを編纂するにあたり参考にした文献の 1 つである．変形生成文法学者による英語統語論の包括的な著作は比較的少ないが，そうしたなかでも，Stockwell, Schacter and Partee（1973）はかなり広い射程をもった生成文法初期の共同研究であり，McCawley（1998）は，それ以降に出版された最良にしてもっとも詳しい変形文法に基づく著作となっている．

■語法マニュアル

権威主義的な語法マニュアルの古典的なもので，第 0 巻で批判的に論じたものに Phythian (1979) がある．権威主義的でない，経験的データに基づく現代の著作の好例としては *Merriam-Webster's Dictionary of Contemporary English* があり，本シリーズ執筆にあたっても有益な例文を提供してくれた．*American Heritage Dictionary* (2000) の用例解説もまた有益である．本シリーズが参照したそのほかの語法マニュアルとしては，Fowler の古典 *Modern English Usage* の第 3 版となる Burchfield (1996) や Reader's Digest から出版されている *The Right Word at the Right Time* (1985) がある．

■歴史

第 0 巻でも強調したように，本シリーズは英語の歴史的な説明を目指すものではない．他方，Jespersen (1909–1949) は明らかに歴史的アプローチをとっており，今なお高い価値のある著作である．*OED* も英文法史にかかわる巨大な資料集である．英語統語論の歴史に関する研究としては Visser の 4 巻本 (1963–1973) がきわめて重要である．また，*The Cambridge History of the English Language* (6 巻本：Hogg (1992–2002)) は，英語の歴史に関する綿密な調査書であり，おそらく現在入手できるものとしてはもっとも完成されたものである．

■発音と綴り

本シリーズでは，英語の音声および音韻は扱っていない．ただし，屈折形態にかかわる資料で必要となる音声表記法については，第 10 巻で紹介している．英語の発音についてさらに知りたい人は Wells (1990) を読むことをお薦めする．これは，イギリス英語とアメリカ英語の両方の標準語をカバーする，現在もっとも信頼のおける発音辞典である．音声学の専門知識がない人には，Pullum and Ladusaw (1996) が発音記号とその使い方を知る参考図書として使いやすいであろう．Mountford (1998) は，近年発行された英語の綴りに関する重要な著作であり，第 10 巻で使っている書記記号について重要な概念を紹介している．

■動詞

英語の動詞体系についてこれまで多くの研究がなされてきた．第 1 巻の内容に影響を与えたもっとも重要な著作として Palmer (1987) と Leech (1987) があげられる．時制一般に関する概説書としては Comrie (1985) が，英語の時制にかかわる重要な研究としては Binnick (1991), Declerck (1991b), McCoard (1978) などがある．また，本シリーズで採用している分析と同じ立場に立つ Huddleston (1995a, 1995b) の論文も参照．アスペクトについては，Comrie (1976) および Tobin (1993) を参照．モーダル動詞およびモダリティ一般については，Coates (1983) と Palmer (1990, 2001)，さらに Duffley (1994) の *need* と *dare* の特徴を扱った議論を参照．英語の仮定法と関連する研究については Jacobsson (1975) の研究がある．

■節構造と補部

本シリーズ第 2 巻では節構造と補部について扱ったが，そこで参考にした多くの文献のなかでも，とくに，初期の重要な研究としては Halliday (1967–1968) を，便利な概説書としては Matthews (1981) と Dixon (1991) を，そして補文特性についての非常に有用な語彙集としては Levin (1993) をあげておきたい．主題役割に関しては，Wilkins (1988) と Dowty (1991) にある論文で詳しく論じられている．主題役割について概観した文献としては Palmer (1994) を参照．非標準的な構文の主語に関しては Seppänen, Granath and Herriman (1995) が，目的語と述語的補部の区別については Seppänen and Herriman (1997) が有用である．連結節に関しては Declerck (1988) に詳しい説明があり，非常に重要な文献となっている．そのほか，本シリーズでとくに参考にした著作としては，Wierzbicka (1982) の軽動詞に関するものがある．前置詞をともなう動詞についてはさまざまな先行研究があるが，ここではそのなかでもとりわけ，Bolinger (1971), Cattell (1984), Cowie and Mackin (1993) を参考にした．

■名詞

名詞の数と可算性に関する研究として，Reid (1991), Wickens (1992), Allan (1980) などの研究があげられる．性に関して広範に扱った対照言語学的研究としては Corbett (1991) がある．Bauer (1998) は，複合名詞と「修飾語＋主要部名詞」構文の関係について，本シリーズとは異なる見方を提示している．

■限定詞と限定要素

本シリーズでは，限定詞を名詞句構造における主要部としてではなく，ある種の依存要素つまり限定要素として扱っている．これに関して理論的な議論を行っているものとして，Payne (1993) がある．定・不定限定詞の用法については John Hawkins（1991）の研究がある．属格（「所有格」）限定要素については，Roger Hawkins（1981）と Alexiadou and Wilder（1998）に有益な言語資料が収められている．一般的に数量詞（all や some など）として知られている限定詞は，意味論および論理学の分野で極めて重要なテーマとなっており，現代意味論の代表的な研究としては（そうした研究は一般的にとても難解で専門性を要する研究ではあるが），Barwise and Cooper（1981），Keenan and Stavi（1986），Bach, Jelinek, Kratzer and Partee（1995）などがあげられる．

■名詞句

名詞句（NP）構造に関する一般的な研究としては，変形生成文法の枠組みだと，Jackendoff（1977）と Selkirk（1977）がある．部分詞構文については，Hoeksema（1996）編の論文集で広範に論じられている．NP の定性・不定性については，Reuland and ter Meulen（1987）および Christopher Lyons（1999）で詳しく論じられている．意味的に確定記述としての機能をもつ NP については，これまで言語学者だけでなく哲学者によっても精力的に研究が行われてきた．このテーマに関する論集としては Ostertag（1998）がある．Carlson and Pelletier（1995）には総称名詞句に関する論文がいくつかまとめられている．名詞化については，Lees（1960）および Koptevskaya-Tamm（1993）の研究を，同格については Acuña-Fariña（1999）の研究を参照．

■形容詞と副詞

限定用法の形容詞の位置とその複雑な意味的対応関係に関しては，その重要な文献として Ferris（1993）がある．また，形容詞句および副詞句の内部構造を扱った生成文法の研究に Jackendoff（1977）がある．また，Dixon（1982）では，英語よりも形容詞の数が圧倒的に少ない言語が存在するのはなぜかという興味深い問題が論じられている．

■前置詞と前置詞句

本シリーズの前置詞に関する記述および前置詞と副詞との区別に関しては，とくに強く影響を受けた変形生成文法に基づく重要文献として，Emonds（1972）と Jackendoff（1973）の 2 つをあげることができる．また前置詞と副詞の違いに関する論考としては，Burton-Roberts（1991）や Lee（1998）なども参照．教育的観点から英語の前置詞の多様な意味と用法を記述した著作としては Hill（1968）が有益である．in front of のような複合前置詞に関する本シリーズの説明に関しては，Seppänen, Bowen and Trotta（1994）からいろいろ影響を受けている．前置詞の意味に関する学際的な研究に関しては Herskovits (1986) を参照.

■付加詞

第 2 巻で付加詞を扱っているが，以下でとりあげる著作以上のものに負うところが大きい．変形生成文法の立場で書かれた入門的なものとしては，Jackendoff (1991) の 9 章，Jackendoff (1995) の 9 章，Baker (1995) の 11 章がある．付加詞の統語論に関するより専門的で理論的な論考としては，Bellert (1977)，Cinque (1999)，(Cinque の説明に対する代案を提示している) Ernst (2001) をあげることができる．特定の付加詞を扱った研究としては，とくに Parsons (1990) の（修飾語一般に関する）4 章と（時間的修飾語に関する）11 章，程度修飾語を扱った Bolinger (1972)，頻度修飾語を扱った Lewis (1975)，条件節を扱った Traugott (1986) や Dudman (1994) などをあげることができる.

■否定

否定に関する古典的な変形生成文法研究としては Klima (1964) が，また幅広いデータを扱った生成文法初期の研究としては Stockwell, Schachter and Partee (1973) がある．また，そのほかの変形文法による研究としては McCawley (1998: 17 章) がある．含意の方向性に関する概念および第 5 巻での極性項目の扱いについては，Ladusaw (1980) に負うところが大きい．第 5 巻の増加特定性の説明については，否定に関する多くの意味的特徴を詳述している Horn (1989) をとくに参考にした.

■節タイプと発話の力

発話の力に関する一般的な問題は，言語哲学分野の研究のなかでも，とくに Austin (1962) に端を発している．Cole and Morgan (1975) には，それに関連する論文が収められているが，そのなかでもとりわけ，間接発話行為に関する Searle の論考が重要である．疑問文についてはかなりの数の文献が存在するが，ここであげておきたいものとしては，極性（‘yes/no’）疑問文と選択疑問文の区別に関する Bolinger (1978)，多変数疑問文に関する Hirschbühler (1985)，不定詞疑問節に関する Duffley and Enns (1996)，従属疑問節に関する Ohlander (1986)，疑問補文をとる語彙素の意味分類に関する Karttunen (1977)，統語範疇としての疑問文と意味範疇としての疑問の区別をより精密に扱っている Huddleston (1994) がある．また，命令文については，

Bolinger（1977: 8-9 章）と Davies（1986）を，感嘆文については Elliott (1974) を参照.

■関係詞節の構造

変形文法の枠組みで関係詞節を扱った，包括的かつ重要な研究に McCawley（1981）がある．また，変形を用いない理論的な分析に Sag（1997）がある．Bresnan and Grimshaw（1978）は，融合関係詞（彼らの用語では「自由関係詞」）を扱っている．不定詞目的節と不定詞関係詞節の関係については Green (1992) を参照．関係詞 that の範疇の問題については Auwera (1985) を，（本シリーズの用語でいうところの）統合関係詞節および補足関係詞節の違いについては Jacobsson (1994) を参照.

■非局所的依存関係

変形生成文法初期の文献で，非局所的依存構文に課せられる制約を扱っていて重要なものに，1967 年の自身の博士論文に基づく Ross (1986) がある．変形文法理論の立場から非局所的依存を扱った文献は数多く存在するが，ここではそうした先行研究を振り返ることはしていない．第 7 巻では変形を用いない分析がとられているが，同じ路線のものが Gazdar（1981）や Gazdar et al. (1985) でも提案ならびに展開されている.

■比較構造

比較構文（第 7 巻）を説明するにあたって本シリーズが参照した文献として，変形生成文法研究の重要なものの 1 つである Bresnan (1973) および機能主義的な概念を記述に取り入れた Kuno (1981) がある．意味論的な視点を含む研究としては，Allan (1986) および Mitchell (1990) があげられる.

■非定形節

不定詞構文の研究では Mair（1990）と Duffley（1992）が重要である．第 1 巻で紹介した連鎖動詞構文の分析は Palmer (1987: 9 章)に多くを負っている．本シリーズで複合連鎖動詞構文とよんでいるものを包括的に扱った研究としては Postal（1974）を，知覚動詞の連鎖動詞補文をとくに扱った研究としては Akmajian（1977）を参照．動詞およびその補文の主部動詞の屈折に課せられる統語的制約に関しては Pullum and Zwicky（1998）を参照．コントロールの研究としては，それがいかに意味的な現象であるかを示した Sag and Pollard (1991) が有益である.

■等位接続と補足

等位接続全般に関する有益な研究としては Oirsouw（1987）が，言語間の比較対照研究としては Payne (1985) がある．Gazdar et al. (1985: 8 章) では，第 8 巻で紹介したものと同じくらい詳しい（かつかなり専門的な）記述がなされている．等位接続の一般的な特徴をいくつか紹介した文献に Ross（1986）がある．等位接続要素間に求められる近似性の問題については Schachter (1977) が，また統語的に異なる範疇間の等位接続については Sag et al. (1985) を参照．本シリーズで「補足」とよぶ現象については Peterson (1998) を参照．

■情報のまとめ方

第 9 巻で扱った情報パッケージ構文（補文前置，後置，主語・依存詞倒置，右方転移，存在・提示節，長距離受動文）に課せられる語用論的制約については Birner and Ward (1998) で詳しく論じられており，本シリーズの説明の基盤となっている．談話的新情報・旧情報の区別と聞き手の新情報・旧情報の区別に関する議論は Prince（1992）をもとにしている．また，存在文の転移主語に適用される聞き手の新情報条件に関する本シリーズの説明は, Prince (1992) を修正したものとなっている．存在文に関する初期の重要な研究については Erdmann（1976）と Lumsden (1988) を参照．本シリーズの命題肯定に関する議論は Horn（1991）によるところが大きい．左方転移に関する議論は Prince（1997）に負っている．受動文に関しては Tomlin（1986）が有益である．分裂文の機能に関しては Prince (1978) および Delin (1995) に重要な考え方が示されている．また，Collins（1991）にはこれらの構文に関する有益なデータが含まれている．英語のトピックとフォーカスの区別に関する総合的な情報源としては Lambrecht (1994) がお勧めである．

■直示と照応

直示と照応を扱った理論的な研究で重要なものに John Lyons（1977: 11 章）がある．直示については，ほかに，Anderson and Keenan（1985），Jarvella and Klein (1982)，Fillmore (1997) も参照．照応を変形文法の枠組みで説明したものとしては McCawley（1998: 11 章）が有益であり，照応表現の分類を扱った研究としては Hankamer and Sag (1976) が重要である．英語の照応構文について詳細かつ包括的な記述をしているものに Halliday and Hasan (1976) が，代名詞をとくに取り上げたものに Wales (1996) がある．第 9 巻の再帰代名詞の取り扱いについては，Pollard and Sag（1992），Reinhart and

Reuland（1993），Zribi-Hertz（1989）に多くを負っている．強調的再帰代名詞の使用範囲を詳細に扱ったものに Edmondson & Plank（1978）がある．相互代名詞だと，Kim & Peters（1998）が近年の重要な成果としてあげられる．本シリーズの予期的照応の議論は，とくに，Carden（1982）および Mittwoch（1983）によるところが大きい．再帰代名詞と予期的照応については Van Hoek（1997）にためになる議論がある．

■屈折

屈折を論じる際，発音に注意を向ける必要がある．第 10 巻では主に，発音については，Wells（1990）を参考にした．第 10 巻で紹介したような形態論分析の入門としては Matthews（1991）が，また本シリーズのアプローチとは矛盾せず，しかもより専門的な理論にかかわる議論を行っているものとしては Anderson（1992）がある．動詞の形態（およびそのほかの特徴）は Palmer（1987）で詳しく論じられている．形容詞の比較級と最上級の屈折については Rowicka（1987）を参照．接語的助動詞の発音に課せられる統語条件を詳しく論じた理論的研究には，Selkirk（1980, 1984）や Kaisse（1985）がある．

■語彙的語形成

語彙的語形成（第 10 巻）との関連でとくに有益な辞書として，Barnhart et al.（1990）や Knowles（1997）がある．語形成の標準的な研究としては，Jespersen（1909–1949, part vi: Morphology, 1942），Marchand（1969），Adams（1973），Bauer（1983），Szymanek（1989）がある．変形生成文法の枠組みでの研究としては，Lees（1960），Aronoff（1976），Plag（1999）がある．複合語については Ryder（1994）を，その生産性に関するコーパス研究については Baayen and Renouf（1996）を参照．

■句読法

英語の句読法（第 8 巻）を包括的に扱っているものとして *Chicago Manual of Style* の 5 章をあげることができる．また，よく参考にされるものとして Partridge（1953）がある．句読法だけを扱った便利な本としては，Sumney（1949）と Meyer（1987）がある．後者には句読法のパターンに関する豊富な統計的な情報が含まれている．句読点の規則についてより理論的な議論を行っているものに Nunberg（1990）がある．句読法の歴史については Parkes（1992）を参照．

参考文献

以下の文献リストは，本シリーズ『英文法大事典（全 11 巻）』（原著 *The Cambridge Grammar of the English Language*）で触れているものに限定されている．よく知られている辞書やそのほかの主だった参考書籍は，編者名ではなく書名で示してある．出版都市名は出版社の名称から直接わからない場合に限って記してある．アメリカおよびオーストラリアで出版された著作については，はっきりしない場合に限り，郵便で使う州名の略語を付け加えてある．

Acuña-Fariña, J. C. (1999) "On Apposition," *English Language and Linguistics* 3, 59–81.

Adams, Valerie (1973) *An Introduction to Modern English Word-Formation*, Longman, London.

Akmajian, Adrian (1977) "The Complement Structure of Perception Verbs in an Autonomous Syntax Framework," *Formal Syntax*, ed. by Peter W. Culicover, Thomas Wasow and Adrian Akmajian, 427–460, Academic Press, Orlando, FL.

Alexiadou, Artemis and Chris Wilder, eds. (1998), *Possessors, Predicates and Movement in the Determiner Phrase*, Linguistik Aktuell, 22, John Benjamins, Amsterdam.

Allan, Keith (1980) "Nouns and Countability," *Language* 56, 541–567.

Allan, Keith (1986) "Interpreting English Comparatives," *Journal of Semantics* 5, 1–50.

American Heritage Dictionary of the English Language (2000), 4th ed., Houghton Mifflin, Boston, MA.

Anderson, Stephen R. (1992) *A-Morphous Morphology*, Cambridge University Press, Cambridge.

Anderson, Stephen R. and Edward L. Keenan (1985) "Deixis," *Language Typology and Syntactic Description*, Vol. iii, ed. by Timothy Shopen, 259–309, Cambridge University Press, Cambridge.

Aronoff, Mark (1976) *Word Formation in Generative Grammar*, MIT Press, Cambridge, MA.

Austin, J. L. (1962) *How to Do Things with Words*, Clarendon Press, Oxford.

Auwera, Johan van der (1985) "Relative *That*—a Centennial Dispute," *Journal of Linguistics* 21, 149–179.

Baayen, H. and A. Renouf (1996) "Chronicling the *Times*: Productive Lexical Innovations in an English Newspaper," *Language* 72, 69–96.

Bach, Emmon, Eloise Jelinek, Angelika Kratzer and Barbara Partee, eds. (1995) *Quantification in Natural Languages*, Kluwer, Dordrecht.

Baker, C. L. (1995) *English Syntax*, 2nd ed., MIT Press, Cambridge, MA.

Barnhart, R. K., C. Steinmetz and C. L. Barnhart (1990) *Third Barnhart Dictionary of New English*, H. W. Wilson, New York.

Barwise, Jon and Robin Cooper (1981) "Generalized Quantifiers and Natural Language," *Linguistics and Philosophy* 4, 159–219.

Bauer, Laurie (1983) *English Word-formation*, Cambridge University Press, Cambridge.

Bauer, Laurie (1998) "When Is a Sequence of Two Nouns a Compound in English?" *English Language and Linguistics* 2, 65–86.

Bellert, Irena (1977) "On Semantic and Distributional Properties of Sentential Adverbs," *Linguistic Inquiry* 8, 337–351.

Biber, Douglas, Stig Johansson, Geoffrey Leech, Susan Conrad and Edward Finegan (1999) *Longman Grammar of Spoken and Written English*, Longman, Harlow.

Binnick, Robert I. (1991) *Time and the Verb*, Oxford University Press, Oxford.

Birner, Betty and Gregory Ward (1998) *Information Status and Noncanonical Word Order in English*, John Benjamins, Amsterdam.

Bolinger, Dwight (1971) *The Phrasal Verb in English*, Harvard University Press, Cambridge, MA.

Bolinger, Dwight (1972) *Degree Words*, Mouton, The Hague.

Bolinger, Dwight (1977) *Meaning and Form*, Longman, London.

Bolinger, Dwight (1978) "Yes-No Questions Are Not Alternative Questions," *Questions*, ed. by Henry Hi˙z, 87–105, Reidel, Dordrecht.

Bresnan, Joan (1973) "Syntax of the Comparative Clause Construction in English," *Linguistic Inquiry* 4, 275–343.

Bresnan, Joan and Jane Grimshaw (1978) "The Syntax of Free Relatives in English," *Linguistic Inquiry* 9, 331–391.

Burchfield, R. W. (1996) *The New Fowler's Modern English Usage*, 3rd ed., Clarendon Press, Oxford.

Burton-Roberts, Noel (1991), "Prepositions, Adverbs and Adverbials," *Language Usage and Description*, ed. by Ingrid Tieken-Boon van Ostade and J. Frankis, 159–172, Rodopi, Amsterdam.

Cambridge International Dictionary of English (1995), ed.-in-chief Paul Procter, Cambridge University Press.

Carden, Guy (1982) "Backwards Anaphora in Discourse Context," *Journal of Linguistics* 18, 361–387.

Carlson, Gregory N. and Francis J. Pelletier, eds. (1995) *The Generic Book*, University of Chicago Press, Chicago.

Cattell, Ray (1984) *Syntax and Semantics 17: Composite Predicates in English*, Academic Press, Orlando, FL.

Chicago Manual of Style (1993), 14th ed., University of Chicago Press.

Cinque, Guglielmo (1999) *Adverbs and Functional Heads*, Basil Blackwell, Oxford.

Coates, Jennifer (1983) *The Semantics of the Modal Auxiliaries*, Croom Helm, London.

Cole, Peter and Jerry L. Morgan, eds. (1975) *Syntax and Semantics 3: Speech Acts*, Academic Press, New York.

Collins, Peter (1991) *Cleft and Pseudo-cleft Constructions in English*, Routledge, London.

Collins, Peter and David Lee (1998) *The Clause in English: In Honour of Rodney Huddleston*, John Benjamins, Amsterdam.

Collins COBUILD English Grammar (1990), Collins, London.

Collins COBUILD English Language Dictionary (1995), ed. John Sinclair, HarperCollins, New York.

Comrie, Bernard (1976) *Aspect*, Cambridge University Press, Cambridge.

Comrie, Bernard (1985) *Tense*, Cambridge University Press, Cambridge.

Corbett, Greville G. (1991) *Gender*, Cambridge University Press, Cambridge.

Cowie, A. P. and R. Mackin (1993) *Oxford Dictionary of Phrasal Verbs*, Oxford University Press, Oxford.

Crystal, David (1997) *English as a Global Language*, Cambridge University Press, Cambridge.

Culicover, Peter W., Thomas Wasow and Adrian Akmajian, eds. (1977) *Formal Syntax*, Academic Press, Orlando, FL.

Davies, Eirlys E. (1986) *The English Imperative*, Croom Helm, London.

Declerck, Renaat (1988) *Studies on Copular Sentences, Clefts and Pseudo-Clefts*, Louvain University Press, Louvain.

Declerck, Renaat (1991a) *A Comprehensive Descriptive Grammar of English*, Kaitakusha, Tokyo.

Declerck, Renaat (1991b) *Tense in English: Its Structure and Use in Discourse*, Routledge, London.

Delin, Judy (1995) "Presupposition and Shared Knowledge in *It*-Clefts," *Language and Cognitive Processes* 10, 97–120.

Dixon, Robert M. W. (1982) *Where Have All the Adjectives Gone?: And Other Essays in Semantics and Syntax*, Mouton de Gruyter, Berlin.

Dixon, Robert M. W. (1991) *A New Approach to English Grammar, on Semantic Principles*, Clarendon Press, Oxford.

Dowty, David (1991) "Thematic Proto-Roles and Argument Selection," *Language* 67, 547-619.

Dudman, V. H. (1994) "On Conditionals," *Journal of Philosophy* 3, 113-128.

Duffley, Patrick J. (1992) *The English Infinitive*, Longman, London.

Duffley, Patrick J. (1994) " *Need* and *Dare*: The Black Sheep of the Modal Family," *Lingua* 94, 213-243.

Duffley, Patrick J. and Peter J. Enns (1996) " *Wh*-Words and the Infinitive in English," *Lingua* 98, 221-242.

Edmondson, Jerry and Franz Plank (1978) "Great Expectations: An Intensive Self Analysis," *Linguistics and Philosophy* 2, 373-413.

Elliott, Dale (1974) "Toward a Grammar of Exclamations," *Foundations of Language* 11, 231-246.

Emonds, Joseph E. (1972) "Evidence that Indirect Object Movement Is a Structure-Preserving Rule," *Foundations of Language* 8, 546-561.

Erdmann, Peter (1976) *'There' Sentences in English*, Tudov, Munich.

Ernst, Thomas (2001) *The Syntax of Adjuncts*, Cambridge University Press, Cambridge.

Ferris, D. Connor (1993) *The Meaning of Syntax: A Study in the Adjectives of English*, Longman, Harlow.

Fillmore, Charles W. (1997) *Lectures on Deixis*, CSLI Publications, Stanford, CA.

Gazdar, Gerald (1981) "Unbounded Dependencies and Coordinate Structure," *Linguistic Inquiry* 12, 155-184.

Gazdar, Gerald, Ewan Klein, Geoffrey K. Pullum and Ivan A. Sag (1985) *Generalized Phrase Structure Grammar*, Basil Blackwell, Oxford; and Harvard University Press, Cambridge, MA.

Green, Georgia M. (1992) "Purpose Infinitives and Their Relatives," *The Joy of Grammar: A Festschrift in Honor of James D. McCawley*, ed. by Diane Brentari, Gary N. Larson and L. A. Mcleod, 95-127, John Benjamins, Amsterdam.

Halliday, M. A. K. (1967-1968) "Notes on Transitivity and Theme in English," *Journal of Linguistics* 3, 37-81 and 199-244, and 4, 179-215.

Halliday, M. A. K. and Ruqaiya Hasan (1976) *Cohesion in English*, Longman, London.

Hankamer, Jorge and Ivan A. Sag (1976) "Deep and Surface Anaphora," *Linguistic Inquiry* 7, 391-426.

Haspelmath, Martin (1999) "Explaining Article-Possessor Complementarity: Economic Motivation in Noun Phrase Syntax," *Language* 75, 227-243.

Hawkins, John (1991) "On (In)definite Articles," *Journal of Linguistics* 27, 405-442.

Hawkins, Roger (1981) "Towards an Account of the Possessive Constructions: *NP's N* and *the N of NP*," *Journal of Linguistics* 17, 247-269.

Herskovits, Annette H. (1986) *Language and Spatial Cognition: An Interdisciplinary Study of the Prepositions in English*, Cambridge University Press, Cambridge.

Hill, L. A. (1968) *Prepositions and Adverbial Particles: An Interim Classification, Semantic, Structural and Graded*, Oxford University Press, Oxford.

Hirschbühler, Paul (1985) *The Syntax and Semantics of Wh-Constructions*, Garland, New York.

Hoeksema, Jacob, ed. (1996), *Partitives: Studies on the Syntax and Semantics of the Partitive and Related Constructions*, Mouton de Gruyter, Berlin.

Hogg, Richard M., gen. ed. (1992–2002) *The Cambridge History of the English Language* (6 vols.), Cambridge University Press, Cambridge.

Horn, Laurence R. (1989) *A Natural History of Negation*, University of Chicago Press, Chicago.

Horn, Laurence R. (1991) "Given as New: When Redundant Information Isn't," *Journal of Pragmatics* 15, 305–328.

Huddleston, Rodney (1994) "The Contrast between Interrogatives and Questions," *Journal of Linguistics* 30, 411–439.

Huddleston, Rodney (1995a) "The English Perfect as a Secondary Tense," *The Verb in Contemporary English: Theory and Description*, ed. by Bas Aarts and C. F. Meyer, 102–122, Cambridge University Press, Cambridge.

Huddleston, Rodney (1995b) "The Case against a Future Tense in English," *Studies in Language* 19, 399–446.

Jackendoff, Ray (1973) "The Base Rules for Prepositional Phrases," *A Festschrift for Morris Halle*, ed. by Stephen R. Anderson and Paul Kiparsky, Holt, Rinehart and Winston, New York.

Jackendoff, Ray (1977) *$\overline{X}$ Syntax: A Study of Phrase Structure*, MIT Press, Cambridge, MA.

Jackendoff, Ray (1991) *Semantics and Cognition*, MIT Press, Cambridge, MA.

Jackendoff, Ray (1995) *Semantic Structures*, MIT Press, Cambridge, MA.

Jacobsson, Bengt (1975) "How Dead Is the English Subjunctive?" *Moderna Språk* 69, 218–231.

Jacobsson, Bengt (1994) "Non-Restrictive Relative *That*-Clauses Revisited," *Studia Neophilologica* 62, 181–195.

Jarvella, Robert J. and Wolfgang Klein, eds. (1982) *Speech, Place and Action: Studies in Deixis and Related Topics*, John Wiley, Chichester.

Jespersen, Otto (1909–1949) *A Modern English Grammar on Historical Principles* (7 vols.), Munksgaard, Copenhagen. [Republished, Carl Winter, Heidelberg; George Allen and Unwin, London.]

Kaisse, Ellen (1985) *Connected Speech: The Interaction of Syntax and Phonology*, Academic Press, New York.

Karttunen, Lauri (1977) "Syntax and Semantics of Questions," *Linguistics and Philosophy* 1, 3–44.

Keenan, Edward L. and Jonathan Stavi (1986) "A Semantic Characterization of Natural Language Determiners," *Linguistics and Philosophy* 9, 253–326.

Kim, Yookyung and P. Stanley Peters (1998) "Semantic and Pragmatic Context-Dependence: The Case of Reciprocals," *Is the Best Good Enough?*, ed. by Pila Barbosa, Danny Fox, Paul Hagstrom, Martha McGinnis and David Pesetsky, 221-247, MIT Press, Cambridge, MA.

Klima, Edward S. (1964) "Negation in English," *The Structure of Language: Readings in the Philosophy of Language*, ed. by Jerry A. Fodor and Jerrold J. Katz, 246–323, Prentice-Hall, Englewood Cliffs, NJ.

Knowles, Elizabeth (1997), with Julia Elliot, *The Oxford Dictionary of New Words*, Oxford University Press, Oxford.

Koptevskaya-Tamm, Maria (1993) *Nominalizations*, Routledge, London.

Kuno, Susumo (1981) "The Syntax of Comparative Clauses," *Papers from the 17th Regional Meeting, Chicago Linguistic Society*, ed. by Roberta A. Hendrick, Carrie S. Masek and Mary Frances Miller, 136–155, Chicago Linguistic Society.

Ladusaw, William A. (1980) *Polarity Sensitivity as Inherent Scope Relations*, Garland, New York.

Lambrecht, Knud (1994) *Information Structure and Language Form*, Cambridge University Press, Cambridge.

Lee, David (1998) "Intransitive Prepositions: Are They Viable?" *The Clause in English: In Honour of Rodney Huddleston*, ed. by Peter Collins and David Lee, 133-147, John Benjamins, Amsterdam.

Leech, Geoffrey N. (1987) *Meaning and the English Verb*, Longman, London.

Lees, Robert B. (1960) *The Grammar of English Nominalizations*, Mouton, The Hague.

Levin, Beth (1993) *English Verb Classes and Alternations*, University of Chicago Press, Chicago.

Lewis, David K. (1975) "Adverbs of Quantification," *Formal Semantics of Natural Languages*, ed. by Edward L. Keenan, 3–15, Cambridge University Press, Cambridge.

Lumsden, Michael (1988) *Existential Sentences: Their Structure and Meaning*, Croom-Helm, London.

Lyons, Christopher (1999) *Definiteness*, Cambridge University Press, Cambridge.

Lyons, John (1977) *Semantics* (2 vols.), Cambridge University Press, Cambridge.

Macquarie Dictionary (1991), 2nd ed., ed. by Arthur Delbridge et al., McMahon's Point, NSW, Macquarie Library, Australia.

Mair, Christian (1990) *Infinitival Complement Clauses in English: A Study of Syntax*

in Discourse, Cambridge University Press, Cambridge.
Marchand, Hans (1969) *The Categories and Types of Present-Day English Word-Formation*, Beck, Munich.
Matthews, Peter H. (1981) *Syntax*, Cambridge University Press, Cambridge.
Matthews, Peter H. (1991) *Morphology*, 2nd ed., Cambridge University Press, Cambridge.
Matthews, Peter H. (1997) *The Concise Oxford Dictionary of Linguistics*, Oxford University Press, Oxford.
McCawley, James D. (1981) "The Syntax and Semantics of English Relative Clauses," *Lingua* 53, 99-149.
McCawley, James D. (1998) *The Syntactic Phenomena of English*, 2nd ed., University of Chicago Press, Chicago.
McCoard, Robert W. (1978) *The English Perfect: Tense-choice and Pragmatic Inferences*, North-Holland, Amsterdam.
Merriam-Webster's Dictionary of Contemporary English Usage (1994), Merriam-Webster, Springfield, MA.
Meyer, Charles F. (1987) *A Linguistic Study of American Punctuation*, Peter Lang, New York.
Mitchell, Keith (1990) "On Comparisons in a Notional Grammar," *Applied Linguistics* 11, 52-72.
Mittwoch, Anita (1983) "Backward Anaphora and Discourse Structure," *Journal of Pragmatics* 7, 129-139.
Mountford, John D. (1998) *An Insight into English Spelling*, Hodder and Stoughton Educational, London.
Nunberg, Geoffrey (1990) *The Linguistics of Punctuation*, CSLI Publications, Stanford, CA.
Ohlander, S. (1986) "Question-Orientation versus Answer-Orientation in English Interrogative Clauses," *Linguistics across Historical and Geographical Boundaries*, Vol. ii: *Descriptive, Contrastive and Applied Linguistics*, ed. by D. Kastovsky and A. Szwedek, 963-982, Mouton de Gruyter, Berlin.
Oirsouw, Robert R. van (1987) *The Syntax of Coordination*, Croom Helm, London.
Ostertag, Gary, ed. (1998) *Definite Descriptions: A Reader*, MIT Press, Cambridge, MA.
Oxford English Dictionary (1989), 2nd ed. (20 vols.), prepared by J. A. Simpson & E. S. C. Weiner, Oxford University Press, Oxford.
Palmer, F. R. (1987) *The English Verb*, 2nd ed., Longman, London.
Palmer, F. R. (1990) *Modality and the English Modals*, Longman, London.
Palmer, F. R. (1994) *Grammatical Roles and Relations*, Cambridge University Press, Cambridge.

Palmer, F. R. (2001) *Mood and Modality*, 2nd ed., Cambridge University Press, Cambridge.

Parkes, Malcolm (1992) *Pause and Effect: An Introduction to the History of Punctuation in the West*, Scolar Press, Aldershot.

Parsons, Terence (1990) *Events in the Semantics of English*, MIT Press, Cambridge, MA.

Partridge, Eric (1953) *You Have a Point There*, Routledge and Kegan Paul, London.

Payne, John (1993) "The Headedness of Noun Phrases: Slaying the Nominal Hydra," *Heads in Grammatical Theory*, ed. by Greville G. Corbett, Norman M. Fraser and Scott McGlashan, 114–139, Cambridge University Press, Cambridge.

Payne, John (1985) "Complex Phrases and Complex Sentences," *Language Typology and Syntactic Description*, Vol. ii, ed. by Timothy Shopen, 3–41, Cambridge University Press, Cambridge.

Peterson, Peter (1998) "On the Boundaries of Syntax: Non-Syntagmatic Relations," in Collins and Lee (1998), 229–250.

Phythian, B. A. (1979) *A Concise Dictionary of Correct English*, Teach Yourself Books, London; Littlefield, Adams, Totowa, NJ.

Plag, I. (1999) *Morphological Productivity: Structural Constraints in English Derivation*, Mouton de Gruyter, Berlin.

Pollard, Carl and Ivan A. Sag (1992) "Anaphors in English and the Scope of Binding Theory," *Linguistic Inquiry* 23, 261–303.

Postal, Paul M. (1974) *On Raising*, MIT Press, Cambridge, MA.

Poutsma, Hendrik (1926–1929) *A Grammar of Late Modern English*, Noordhoof, Groningen.

Prince, Ellen F. (1978) "A Comparison of *Wh*-Clefts and *It*-Clefts in Discourse," *Language* 54, 883–906.

Prince, Ellen F. (1992) "The ZPG Letter: Subjects, Definites and Information-Status," *Discourse Descriptions: Diverse Analyses of a Fundraising Text*, ed. by William C. Mann and Sandra A. Thompson, 295–325, John Benjamins, Amsterdam.

Prince, Ellen F. (1997) "On the Functions of Left-Dislocation in English Discourse," *Directions in Functional Linguistics*, ed. by Akio Kamio, 117–143, John Benjamins, Amsterdam.

Pullum, Geoffrey K. and William A. Ladusaw (1996) *Phonetic Symbol Guide*, 2nd ed., University of Chicago Press, Chicago.

Pullum, Geoffrey K. and Arnold Zwicky (1998) "Gerund Participles and Head-Complement Inflection Conditions," *The Clause in English: In Honour of Rodney Huddleston*, ed. by Peter Collins and David Lee, 251–271, John Benjamins, Amsterdam.

Quirk, Randolph, Sidney Greenbaum, Geoffrey Leech and Jan Svartvik (1985) *A Comprehensive Grammar of the English Language*, Longman, London.

Reader's Digest (1985) *The Right Word at the Right Time: A Guide to the English Language and How to Use it*, Reader's Digest, London.

Reid, Wallis (1991) *Verb and Noun Number in English: A Functional Explanation*, Longman, London.

Reinhart, Tanya and Eric Reuland (1993) "Reflexivity," *Linguistic Inquiry* 24, 657–720.

Reuland, Eric and Alice ter Meulen, eds. (1987) *The Representation of (In)definiteness*, MIT Press, Cambridge, MA.

Ross, John R. (1986) *Infinite Syntax!*, Erlbaum, Hillsdale, NJ.

Rowicka, G. (1987) "Synthetical Comparison of English Adjectives," *Studia Anglica Posnaniensa* 20, 129–149.

Ryder, M. E. (1994) *Ordered Chaos: The Interpretation of English Noun-Noun Compounds*, University of California Press, Berkeley.

Sag, Ivan A. (1997) "English Relative Clause Constructions," *Journal of Linguistics* 33, 431–483.

Sag, Ivan A., Gerald Gazdar, Thomas Wasow and Steven Weisler (1985) "Coordination and How to Distinguish Categories," *Natural Language and Linguistic Theory* 3, 117–171.

Sag, Ivan A. and Carl Pollard (1991) "An Integrated Theory of Complement Control," *Language* 67, 63–113.

Schachter, Paul (1977) "Constraints on Coordination," *Language* 53, 86–103.

Searle, John R. (1975) "Indirect Speech Acts," in Cole and Morgan (1998), 59–82.

Selkirk, Elisabeth O. (1977) "Some Remarks on Noun Phrase Structure," in Culicover, Wasow and Akmajian (1977), 285–316.

Selkirk, Elisabeth O. (1980) *The Phrase Phonology of English and French*, Garland, New York.

Selkirk, Elisabeth O. (1984) *Phonology and Syntax: The Relation between Sound and Structure*, MIT Press, Cambridge, MA.

Seppänen, Aimo, Rhonwen Bowen and Joe Trotta (1994) "On the So-Called Complex Prepositions," *Studia Anglica Posnaniensia* 29, 3–29.

Seppänen, Aimo, Solveig Granath and Jennifer Herriman (1995) "On So-Called "Formal" Subjects / Objects and "Real" Subjects / Objects," *Studia Neophilologica* 67, 11–19.

Seppänen, Aimo and J. Herriman (1997) "The Object / Predicative Contrast and the Analysis of "She Made Him a Good Wife"," *Neuphilologische Mitteilungen* 98, 135–146.

Stockwell, Robert P., Paul Schachter and Barbara Hall Partee (1973) *The Major Syn-*

tactic Structures of English, Holt, Rinehart and Winston, New York.

Sumney, G. (1949) *Modern Punctuation*, Ronald Press, New York.

Szymanek, B. (1989) *Introduction to Morphological Analysis*, Panstwowe Wydawnictwo Naukowe, Warsaw.

Tobin, Yishai (1993) *Aspect in the English Verb*, Longman, London.

Tomlin, Russell S. (1986) *Basic Word Order: Functional Principles*, Croom Helm, London.

Trask, R. L. (1993) *A Dictionary of Grammatical Terms in Linguistics*, Routledge, London.

Traugott, Elizabeth C., ed. (1986) *On Conditionals*, Cambridge University Press, Cambridge.

Trudgill, Peter and Jean Hannah (1985) *International English: A Guide to Varieties of Standard English*, 2nd ed., Edward Arnold, London.

Van Hoek, Karen (1997) *Anaphora and Conceptual Structure*, University of Chicago Press, Chicago.

Visser, F. T. (1963-1973) *An Historical Syntax of the English Language* (4 vols.), E. J. Brill, Leiden.

Wales, Katie (1996) *Personal Pronouns in Present-day English*, Cambridge University Press, Cambridge.

Wells, John C. (1990) *Longman Pronunciation Dictionary*, Longman, London.

Wickens, Mark A. (1992) *Grammatical Number in English Nouns: An Empirical and Theoretical Account*, John Benjamins, Amsterdam.

Wierzbicka, Anna (1982) "Why Can You *Have a Drink* When You Can't **Have an Eat?*" *Language* 58, 753-799.

Wilkins, Wendy, ed. (1988) *Syntax and Semantics 21*: *Thematic Relations*, Academic Press, New York.

Zribi-Hertz, Anna (1989) "Anaphor Binding and Narrative Point of View: English Reflexive Pronouns in Sentence and Discourse," *Language* 65, 695-727.

索　引

1. 日本語は五十音順に並べてある．英語（などで始まるもの）はアルファベット順で，最後に一括してある．
2. ～は直前の見出し語を代用する．
3. 数字はページ数を示し，n は脚注を表す．

［あ行］

愛称（term of endearment）　496–497
曖昧　90, 98, 213, 227, 411, 414
赤ちゃん　376, 410, 417, 435
アステリスク記号　91
穴開き節（hollow clause）　311
依存形（dependent）　83, 347, 348
依存属格（dependent genitive）　5
依存要素（dependent）　4, 13, 74, 249, 257, 300, 334, 385, 407, 489
依存用法（dependent use）　224
一義的　91
一重否定（single negation）　89
1 価（monovalent）　388
一致（agreement）　23, 72, 407, 413, 431
　～の解除（override）　472
意味関係　383, 391
意味の合致（semantic congruence）　468
意味役割　309, 327, 346, 385, 387–390
インフォーマル　352, 366, 446
韻律（prosody）　90
遠称の that（distal *that*）　132
横溢（おういつ）数量詞（multal quantifier）　182, 233
横溢(性)数量化（multal quantification）　109
横溢的　146

［か行］

外延（denotation）　68, 196–198, 309, 322, 328
下位修飾（submodification）　321, 326
解除　444–446, 448–459
外心構造（non-headed constructions）　401
解析　443
概念化　28, 34, 76, 448, 459, 465
外部依存要素（external dependent）　14
外部修飾要素（external modifier）　15, 276, 285, 335, 341
格（case）　343
格屈折（case-inflection）　398
核前位（prenuclear）　71, 368
下限（lower bound）　102
可算　24, 28, 29, 80, 94, 117, 120, 126, 135, 170, 181, 188, 193
可算単数(形)名詞　35, 46, 61, 79, 120, 149, 153, 227
可算複数(形)名詞　59, 117, 135, 181, 188, 230
可算名詞（count noun）　10, 24, 25, 28–34, 37–38, 48, 51, 53, 126, 152, 492
過剰修正　367
含意（entail）　43, 94, 96–97, 101, 104–106, 111, 114, 200, 321, 323

関係決定詞類 (relative determinative) 89, 193, 195
関係代名詞 9, 254, 271-272, 275, 297, 347-348, 368-369, 409-410, 434, 436-437, 452, 469-470
冠詞 (article(s)) 37, 117, 120-123, 125-129, 131, 134, 150-156, 159, 175, 215-219, 285-291, 407-408, 483-484
感情的色彩 (emotive colouring) 492
間接補部 (indirect complement) 310-311
期間を表す名詞 (timeperiod noun) 139
擬似可算名詞 (quasi-count nouns) 53
記述語 (descriptor) 489
記述属格 (descriptive genitives) 374
基数詞 (cardinal numerals) 46, 83, 129, 161, 163-165, 287
基数詞決定詞類 (numeral determinative) 102
基礎決定詞 (basic determiners) 82, 84, 87
疑問・関係決定詞類 (interrogative and relative determinatives) 83
疑問決定詞類 191
疑問代名詞 9, 254, 271, 275
疑問文 93, 97, 119, 191, 363, 366, 368, 483
強意再帰代名詞 (emphatic reflexive) 341
強固有名称 (strong proper name) 483
強勢 98, 151, 153, 155, 332
極性 148, 152, 155, 279
虚辞 there (dummy *there*) 7, 107, 268, 308-309, 413-414
近似性 (approximation) 278
近似否定語 279
僅少決定詞類 (paucal determinatives) 177
僅少数量詞 few 234
僅少(性)数量化 (paucal quantification) 111
僅少(性の)解釈 (paucal interpretation) 193
近称の this (proximal *this*) 132
近称の these (proximal *these*) 234
近接性 (proximity) 443
空間的直示 (spatial deixis) 132
空所化構文 (gapping construction) 353
具象名詞 288
句属格名詞句 (phrasal genitive) 395
具体名詞 (concrete noun) 33, 35
屈折 (inflection) 4, 23, 40, 72, 83
屈折格 (inflectional case) 346
繰り上げ補部 (raised complement) 308
経験者 (experiencer) 309
結果名詞 32
決定詞 8, 11, 35, 79, 131, 285, 335
　～がついている 80
　～と主要部を兼ねる融合形 (fused determiner-head) 84, 146, 396
決定詞前位外部修飾要素 (predeterminer external modifier) 335
決定詞前位修飾語 (predeterminer modifier) 285
決定詞前位修飾要素 (predeterminer modifiers) 15, 276
決定詞前位要素 (predeterminers) 16, 138, 246, 371
決定詞類 (determnatives) 12, 81, 117, 131
決定詞類句 (DP) 13, 74n, 277
原級 (plain grade) 405
限定形容詞 (attributive adjective) 310
限定詞前位修飾 285
限定修飾要素 (attributive modifier) 46n
限定属格 (attributive genitive) 369, 374

限定的修飾要素（attributive modifier） 129
限定部前位要素　285
限定用法（attributive） 300, 316–317, 374, 407, 411
厳密語順制約（rigid ordering constraint） 334
個（entities/entity） 10, 33, 34, 38, 40, 76, 121, 160, 306　☞もの
語彙化　34, 169
語彙素（lexemes） 435
後置（postposing） 341
肯定僅少(性)決定詞類（positive paucal determinatives） 83
肯定的　160, 177, 182
呼格（vocative case） 496n
語基（base） 23, 40, 58, 257, 399
語基複数形（base plurals） 40
呼称（terms of address） 496
個体（individual(s)） 33, 495
ことばの性差別（linguistic inequality） 423
語尾　55, 57–61, 245, 345, 393, 399–400
個別化　54
固有名詞（proper noun(s)） 5, 9, 324, 481
固有名称（proper name(s)） 9, 480
混成名詞句（hybrid NP） 19n

[さ行]

再帰形（reflexive） 5
再帰代名詞　16, 266, 411
最上級（superlative） 108, 184, 239
再範疇化（recategorisation） 56, 60
作用域（scope） 89, 210, 334
刺激（stimulus） 309
歯擦音　399
指示（reference） 123, 188, 194, 196–197, 205, 275, 409, 418, 422, 481
指示決定詞類（demonstrative determinatives） 83
指示指定的用法（reference specifying use） 202
指示対象（referent） 123–124, 194, 197, 416
指示的（referential） 131, 194–209, 211–215, 217, 219, 221–223, 424–426, 481
自然性（sex） 264, 408, 414, 416
質量名詞（mass noun） 39n
指定文（specifying construction） 202
指定用法の be（specifying *be*） 470
斜格（oblique） 371
斜格句（oblique） 63–64, 66–67, 71, 228, 307–308, 324, 388–390
斜格述語（oblique predicative） 220
斜格属格（oblique genitive） 369, 371, 394
斜格属格句（oblique genitive） 84
斜格補部（oblique complement） 124
弱固有名称（weak proper name） 483
尺度（scale） 104–105, 109–112, 114, 294–298
尺度含意（scalar entailment） 102
尺度推意（scalar implicature） 102, 104, 127
弱化　149
集合体（aggregate） 29, 35
集合的（collective） 473
集合的属性（collective properties） 475
集合名詞（collective） 137, 429, 437, 444–446, 448, 450, 452, 469
修飾　160
修飾語(句)／修飾要素（modifier） 14, 63, 65–67, 129, 141, 185, 285, 290
　～と主要部を兼ねる融合形（fused

modifier-head) 403, 490
自由選択 (free choice) 98, 148
～の any 154
終端主要部 (ultimate head) 13, 15, 319, 382
柔軟語順制約 (labile ordering constraint) 334
十分数量詞 237
十分(性)決定詞類 (sufficiency determinatives) 83, 188, 189
周辺部外部修飾要素 (peripheral external modifier) 335
周辺部修飾要素 (peripheral modifier(s)) 15, 16, 149
主格 (nominative) 5, 83, 133, 265, 271, 343–345, 347, 348, 350, 352, 358, 365, 367, 399, 496n
主格 (subjective) 345
樹形図 12, 70, 229
主語兼決定詞 (subject-determiner) 6, 81, 84, 309, 370, 380, 390
主語項 (subject-argument) 87
主語叙述補部 (subjective predicative complement) 350
受動 389
主要部 (head) 3, 7, 11–13, 18, 335, 382, 385
主要部後位 (post-head) 300
主要部後位依存要素 (post-head dependents) 13, 274, 313, 490
主要部後位外部依存要素 335
主要部後位外部修飾要素 (post-head external modifier) 341
主要部後位修飾要素 (post-head modifier) 190, 244, 259, 300, 315
主要部後位内部依存要素 (post-head internal dependent) 335, 339
主要部前位 (pre-head) 300
主要部前位依存要素 (pre-head dependents) 13, 260
主要部前位外部修飾要素 (pre-head external modifier) 335
主要部前位内部修飾要素 (pre-head internal modifier) 335, 336
主要部前位補部 335
主要部前位外部修飾要素 335
主要部属格名詞句 (head genitive) 395
照応 (anaphora) 263
照応関係 (anaphoric relation) 132, 197, 270, 304, 319, 403, 441, 458, 470
照応代名詞 206
常格 (plain case) 4, 265, 271, 311, 344
上限 (upper bound) 102
称号 (appellation) 488
焦点化修飾要素 (focusing modifier) 341
商品名 (tradename) 495
情報のまとめ方 (information packaging) 334
小名詞句 (nominal) 10, 14, 76, 80, 246, 300, 319, 374, 382, 481, 490
省略 65, 250, 261
叙述 (predication) 100, 125, 351, 446, 469
叙述属格 (predicative genitive) 369, 373
叙述属性 (predication property) 87–88, 98, 100, 108, 131, 141, 143, 145, 154, 171
叙述部 (predicative) 350, 467, 468, 470, 472
叙述付加部 (predicative adjunct) 3n
叙述補部 (predicative complement) 3n, 7, 53, 84, 128, 178, 187, 201, 202, 220, 260, 298, 351, 362, 469
序数形容詞 (ordinal adjective) 241

女性（feminine）　265, 267, 407–409, 411–423, 425–426, 435, 470, 496–497
所有形容詞（possessive adjective）　174, 378
所有代名詞（possessive pronoun）　174, 378
親族名称　496
真理条件（truth condition）　89
数（number）　23, 264, 411
推意（implicature）　96, 98–99, 102–116, 127–128, 149, 151, 154–155, 162, 168, 178–179, 181, 188, 194, 212, 227, 281, 283, 322
数詞　10, 33, 53, 69, 75, 77, 128–129, 161–165, 279–280, 283–288, 292, 336–337
数透過性（number-transparent）　73, 444
　～をもつ（number transparent）　63n
数透過性名詞（number-transparent noun） 65
数量化（quantification）　62, 68, 74, 87–111, 135, 213, 285, 447, 449, 457, 472
数量詞（quantifier）　46, 62, 69, 75, 87, 91, 111, 211, 233, 269, 477–478
数量名詞句拘束型（NP-bound）　210
数量を表す付加詞（quantificational adjunct）　233
性（gender）　264, 411, 434, 469
正確さ（precision）　278
制限的　114, 244, 322, 335, 493–494
制限部（restrictor）　258, 317, 340–341
正書法　332
性別不問を建前とする he（purportedly sex-neutral *he*）　267, 423–427
性別不問を建前とする she（purportedly sex-neutral *she*）　423, 425
接語（clitic）　398
絶対否定　296
絶対否定標識（absolute negation marker）　278
絶対複数（pluralia tantum）　40n
選言（disjunction）　☞離接
先行詞（antecedent）　197
全称決定詞類(universal determinative(s)) 83, 135
全称数量化（universal quantification） 88, 135
全称数量詞（universal quantifier(s)） 90, 134, 233, 286
全称的人称代名詞（universal personal pronoun）　268, 270
全体性（totality）　121
選択（selection）　23, 72
選択・追加決定詞類（alternative-additive determinative）　83
前置詞残留　366
前提　98, 121
(前方) 照応的（anaphoric）　263
前方名詞前位修飾要素（early pre-head modifier）　336
総計複数（summation plurals）　41n
相互代名詞（reciprocal pronoun）　147, 270
相互的特性　143
総称　44
総称的（generic）　138, 214
装飾部（embellishment）　491
双数性　167
挿入句（interpolation）　498
属格（genitive）　4, 81, 84, 265, 271, 272, 311, 312, 343, 347, 348, 369, 399
属格決定詞　35
属格代名詞　378
属性的（ascriptive）解釈　202
属性的叙述補部（ascriptive predicative complement(s)）　128, 172
属性文（ascriptive constrcution）　202

属性用法　470
～の be（ascriptive *be*）　471
存在決定詞類（existential determinatives）　83
存在数量化（existential quantification）　88, 148
存在数量詞　90
存在的前提（existential presupposition）　101

［た行］

態（voice）　389
対格（accusative）　5, 83, 133, 265, 270, 271, 343–345, 347, 348, 352, 356, 358, 365, 367, 496n
代名詞（pronoun）　5, 9, 225, 248, 263, 264, 266, 268
代名詞回避策　428
代小名詞句すなわち小名詞句の代用形　231, 236, 238, 304, 308, 325
多義性（polysemy）　25, 29
多重状況拘束型（multiple-situation-bound）　212, 426
段階的形容詞（gradable adjectives）　133
単純一致（simple agreement）　440
単純一致規則の解除　☞解除
単純主要部（simple head）　486
単純融合主要部　82, 226
単純融合主要部名詞句（simple fused-head NP）　20
単数性（singularity）　128
単数の they（singular *they*）　425
単数類（singulative）　163
単性（single-gender）　417, 419
男性（masculine）　408, 412, 414, 416, 418, 420, 422, 424, 426, 435, 437, 470, 497
遅延右側構成素等位接続（delayed right constituent coordination）　326
抽象名詞（abstract noun）　31, 35, 75, 288
中性（neuter）　409, 436
中和（neutralisation）　347
直示（deixis）　263
直接主要部後位修飾要素（immediate post-head dependent）　340
直接補部（direct complement）　124
追加的意味　175
積み重ね現象（stacking）　319, 326
積み重ね修飾（stacked modification）　319
強意的修飾語（intensifying modifier）　141
定（definite）　79, 117
定義される語句（definiendum）　205
定義する語句（definiens）　205
定決定詞（definite determiners）　134
定性（definiteness）　79, 117, 133, 492
鼎(てい)性（triple-gender）　417, 421
程度決定詞類（degree determinative(s)）　83, 279
程度修飾語　290
程度副詞　291
定表現（definite）　64, 492
出来事の名詞化（event nominalisation）　386
出来事名詞　31
デフォルト　150, 171, 303, 389, 453, 455
転換（conversion）　245
等位項　97, 402
等位構造解決規則　458
等位接続　97, 357, 433
同一指示的（coreferential）　199
同音異義（homonymy）　25
等価（equivalent）　89, 92, 95
同格　321

同格斜格句（appositive oblique）　324
同格修飾要素（appositive dependent）　321
統合型（integrated）　273, 364
統合型関係節（integrated relative）　195, 275, 364
統合型同格（integrated appositive）　300, 322
統語構造　34, 69, 161, 325, 327, 329, 332, 412, 483, 486
動作主（agent）　309, 385–390
動詞（由来の）派生名詞（deverbal noun）　303
同族名詞　59
同定可能性（identifiability）　117
動名分詞（gerund-participle）　20n, 311, 351, 370, 377, 403, 441
時を表す直示的代名詞（deictic temporal pronoun）　272
特殊融合主要部　82
特殊融合主要部名詞句（special fused-head NP）　21
特定的解釈（specific interpretation）　208
独立形（independent）　83, 347, 348
独立属格（independent genitive）　5
独立用法（independent use）　224
度量句（measure phrase）　450
度量衡　149
度量属格（measure genitive）　375
度量名詞（measure noun）　75

[な行]

内部依存要素（internal dependent(s)）　14, 274, 300
内容節（content clause）　319
2 価（bivalent）　388
2 項等位接続（binary coordination）　97
二者択一的意味　175
二重斜格　389
二重属格　372n
2 部構成語（bipartites）　41
人間　409, 417
　～でない／人間以外の（non-personal）　192, 195, 235, 254–255, 257, 269, 271, 306, 409, 416–417, 420, 434, 436–438
　～でない有生物（non-human animate）　271
　～に使われる（personal）代名詞　271
　～を表す（personal）　192, 195, 234, 254, 256, 435
人称（person）　411, 468
　～の直示（person deixis）　133
人称決定詞類（personal determinatives）　83, 134
人称代名詞（personal pronouns）　4, 9, 134, 163, 199, 206, 255, 264, 275
人称名詞（personal noun）　497
濃度（cardinality）　102
能動　389

[は行]

倍数　246
倍数詞（multiplier）　288
排他的離接（exclusive or/exclusive disjunction）　433n
裸関係節（bare relative）　368
裸属格（bare genitive）　399
発生源（source）　408, 427
発話行為（utterance-act）　264
罵倒語（epithet）　150
範疇（category）　81
非肯定的 any（non-affirmative *any*）　152
非肯定的環境（non-affirmative context）　93

非肯定的存在数量詞　98
非指示的分配不定類（non-referential distributive indefinites）　318
非照応的　413
被叙述部（predicand）　128, 308, 351, 467, 468, 470, 477
被叙述要素（predicand）　53
非前方主要部後位修飾要素（residual post-head dependent）　340
非前方主要部前位修飾要素（residual pre-head modifier）　337
非前方名詞前位修飾（residual pre-head modifier）　336
否定決定詞類（negative determinative）83
否定拘束型（negative-bound）　209
否定の存在数量詞（negative existential quantifier）　91
被動作主（patient）　309
非特定的（non-specic）　208
非部分詞（non-partitive）　64
非部分斜格句　64
非分配的（non-distributive）　472
非分配的解釈（non-distributive interpretation）　142
標示（mark）　343
標識（marker）　344
表題（title）　482
標的（target）　408
漂白　65
比率（proportional）　106, 184, 451
比率的　128
フォーマル　352, 365
付加疑問文　166, 183
不確定（indeterminate）　206
不可算　28, 29, 67, 94, 117, 146, 148, 158, 170, 181, 188
不可算数量名詞　63, 68
不可算単数(形)名詞　35
不可算複数(形)名詞　35, 52
不可算名詞（non-count noun）　10, 24, 450
副決定詞（minor determiner）　84
複合決定詞類（complex determinative） 180, 497
複合語　175
複合主要部（composite head）　486
複合小名詞句（conposite nominal）　325, 329
複合代名詞（compound pronoun） 269–270
複合名詞　329
複雑自動詞（complex-intransitive verb） 450
複雑他動詞構造（the complex-transitive construction）　467
複数形専用名詞（plural-only nouns）　40, 46
2つの部分からできている語　☞ 2部構成語
普通名詞（common noun）　5, 9, 55, 117, 125, 163, 417, 481
物質（substance）　33
不定冠詞　37
不定性（indefiniteness）　79, 117, 127
部分詞（partitive）　21, 63–64, 66, 69, 82, 107, 128, 139–140, 147, 165, 174, 178, 184, 192, 226, 231, 251, 255, 262, 270, 392, 405, 429, 447
部分（詞）斜格句（partitive oblique）　20, 64
部分（詞）名詞句（partitive NP）　20
部分詞融合主要部　82
部分詞融合主要部名詞句（partitive fused-head NP）　20
分数　246

分数詞（fraction）　287
分析格（analytic case）　346
文体　464
分配　143, 184, 472–474, 476, 478
分配決定詞類（distributive determinatives）　83
分配詞（distributive）　460
分配性（distributivity）　100, 141, 144
分配的（distributive）　472
分配的解釈　142
分配的数量化（distributive quantification）　100
文法項（argument）　197
文法的一致（grammatical agreement）　468
文脈依存（context-dependent）　196
分裂関係節（cleft relatives）　458
蔑称（derogatory term）　497
方言　61, 368
補足型（supplementary）　364
補足型関係詞（supplementary relative）　195
補足型同格（supplementary appositive）　321
補足構造（supplementation）　401
補足要素（supplement）　402
補部（complement(s)）　ix, 3, 14, 20, 300, 306, 347, 381, 447

[ま行]

無決定詞（bare）　39, 79–80, 156, 158, 201, 209, 214, 217, 222, 455
無決定詞複数形　64n, 204, 212, 240n
無決定詞役割名詞句（bare role NP）　7, 200, 219
無性　409
無動詞叙述極性問い返し疑問文（bare predication polar echo construction）　353
無標　23
名詞句　3, 9, 13, 79, 160, 251, 273, 371, 387, 483
名詞句等位構造　401
明示的部分詞（explicit partitive）　20, 168, 192, 226–227, 233–234
命題　102
メタ言語的（metalinguistic）　201
網羅的条件文（ exhaustive conditional construction）　191
黙示的部分詞（implicit partitive）　20, 170, 192, 226–227, 233–234, 262
黙示的部分詞融合主要部構造　226, 227
目的格（objective）　345
もの（entity）　24, 196　☞個

[や行]

唯一性（uniqueness）　120
有決定詞（determined）　80
融合　238
融合型関係詞構造（fused relative construction）　☞融合型関係節
融合型関係節（fused relative）　18, 193, 206, 244, 250, 271–272, 286, 452–453, 455, 498
融合型関係代名詞（fused relative pronoun）　275
融合主要部　3, 139, 165, 170, 173, 177, 178, 186, 189, 192, 195, 224, 247
融合主要部構造（fused-head construction）　13, 18
有生　394, 409
有生代名詞　271
有標　23
　～の同格（marked appositive）　324

曜日のよび名や時を表す代名詞（temporal pronouns） 85
余剰性（redundancy） 143n
よびかけ（vocative） 75n, 496

[ら行]

ランクづけ表現（ranking expressions） 239
離接（disjunction） 169, 423, 427
離接等位接続 425
両数（あるいは双数）（dual） 23
両性（dual-gender） 417, 420
量的でない（non-quantitative） 127, 158
量的な（quantitative） 127
臨時構造（nonce-formations） 314
離接決定詞類（disjunctive determinatives） 83
類語反復（tautology） 143n
連続して発音される話し言葉（connected speech） 125

[英語]

bare（無決定詞，無動詞，裸） 7, 80, 158, 353, 368, 399
gender（文法性，ジェンダー） 408
one 304
predicative（叙述部） 3n
sex（自然性） 408
themself 266, 427

原著者・編集委員長・監訳者・訳者紹介

【原著者】
Rodney Huddleston　クイーンズランド大学 名誉教授
Geoffrey K. Pullum　エジンバラ大学 教授

【編集委員長】
畠山雄二　　東京農工大学 准教授

【監訳者】
藤田耕司　　京都大学 教授
長谷川信子　神田外語大学 教授
竹沢幸一　　筑波大学 教授

【責任訳者】
寺田　寛　　大阪教育大学 教授

【共訳者】
中川直志　　　中京大学 教授
柳　朋宏　　　中部大学 教授
茨木正志郎　　関西学院大学 准教授

「英文法大事典」シリーズ　第３巻
名詞と名詞句

著　者	Rodney Huddleston・Geoffrey K. Pullum
編集委員長	畠山雄二
監訳者	藤田耕司・長谷川信子・竹沢幸一
訳　者	寺田　寛・中川直志・柳　朋宏・茨木正志郎
発行者	武村哲司
印刷所	日之出印刷株式会社

2019 年 11 月 16 日　第 1 版第 1 刷発行©

発行所　株式会社　開 拓 社

〒113-0023 東京都文京区向丘 1-5-2
電話　(03) 5842-8900（代表）
振替　00160-8-39587
http://www.kaitakusha.co.jp

ISBN978-4-7589-1363-8　C3382